近代広告の誕生

ポスターがニューメディアだった頃

竹内幸絵

青土社

近代広告の誕生　ポスターがニューメディアだった頃　目次

5 広告に写真を使え！　ヨーロッパ前衛と広告

☆　本書の資料・文献の引用に関しては、一部旧漢字、旧仮名遣い等を書き改めた個所があります。
☆　引用文中にある現在では不適切とされる表現も、当時を示す資料として修正を加えず掲載しています。

近代広告の誕生

ポスターがニューメディアだった頃

はじめに

ポスターがニューメディアだった。

今日あなたはどこかでポスターを見ただろうか。

ああ綺麗だなあとか、かっこいいなあ、などとぼんやりと思いながら、電車や駅で見るともなしに目にしているポスター。時にはあれ買ってみようかな、と、購買欲をそそられるかもしれない。ポスターは今日でも有力な広告メディアである。とはいえ、電車内にも動画コマーシャル、手にする携帯にも動画が流れる現代。ありふれた日常風景となっているポスターが放つメッセージに、現代人である私やあなたが、「驚嘆する」ことは……まずないだろう。

だが、初めて屋外ポスターに出会った日本人が受けた印象は、このようなものだった。

戦慄すべきポスターの表現そのものに驚嘆の声をあげた……ポスターとは、このような強烈な力を発揮するものか……その形に、大きさに、色に、構図に、姿勢に、そして凄い感じに表現されているイデオロギーの力に。[1]

時は一九二〇年代、大正時代後半である。当時の大きな絵画といえば屏風か掛け軸。当たり前のことだがテレビもなく、雑誌の二色刷りさえまだまれな時代。驚きの対象は、二メートルを超すヨーロッパのリトグラフポスターなのだが、当時の日本ではポスターといえば屋内に飾るカレンダーのような大きさだった。日本人にとっては、壁一面に貼られる大きな色刷りの印刷物の存在そのものが、まずショッキングだったのだ。

しかし人々は、その大きさだけに驚いたのではなかった。

このとき日本人が初めて出会ったヨーロッパのポスターは、「美しい」ことが売りではなかった。「絵」とは心を癒す穏やかで美しいものだった時代に、異国からきた「ポスター」は美しくはなかった。見るものに訴えかける迫力、「メッセージ力」が売りだった。人々は「ポスター」が放つこの力に圧倒されたのだ。

さらにもう少し、このときの人々の経験に思いを巡らせてみよう。

このとき、大勢の人々が同じポスターを見、同じように驚愕した。ポスターに圧倒されたのは、ひとりだけの個人的な経験ではなかった。つまりこの経験は、同じもの＝複製物のビジュアル（見た目）から発信されるメッセージに、大勢の人間が瞬時に影響を受けるという初めての経験でもあった。ヨーロッパのポスターとの出会いは、日本人が初めて「視覚に訴えるマスメディア」の存在に気づいた瞬間でもあったのである。

意図的につくられたビジュアルが放つメッセージを、多くの人が同時に受け取るという経験。ポスターをはじめテレビＣＭやＷｅｂ広告などなど、今日ではそれはあまりにも日常的すぎて、意識さえしなくなっている。だが日本人は、大正時代後半にヨーロッパのポスターに出会って初めて、視覚効果のある画面の持つ力が「大勢の人々」に「瞬時に」強いメッセージを伝えうることに気づいたのである。

日本人がそれまで慣れ親しんでいたポスターは、明治期から続く「美人画ポスター」だった。日本人が衝撃を受けたヨーロッパのポスターとこれの成り立ちは、決定的に異なっている。

今日でも立ち飲み屋に貼られているビール会社のグラビア水着美女ポスターの性質を考えれば、この違いはわかりやすい。美女ポスターは無料で配られ、受け取った店主に気に入られて初めて、酒屋の店頭や銭湯の脱衣所に張ってもらうことができる。気に入られる美しさがなければ媒体として成立しない。このため広告本来の目的は二の次にされる。

このような流通経路を持つ広告のルーツは江戸時代の錦絵で背景や歌舞伎役者の持ち物などにさりげなくスポンサー名が記載された「入銀もの」である（図1）。非常に早い時期のビジュアル広告物だ。

江戸後期になると、有力商店は錦絵の背景に自店を描かせ、これを買い取り顧客に配布した（図2）。このような「入銀もの」も、役者絵などの美しいブロマイドがまずありきで、これが個人に気に入られ、自宅内で愛好されてはじめて、横に書かれたスポンサー名が広告として機能するのだ。

近世日本の広告の姿は、この「入銀もの」をルーツとする、「美しく」「見る人が限られる」「屋内で楽しむ」ための広告図だった。ということは、ここから屋外に飛び出し、不特定多数の人に影響を与えうるマスコミュニケーション媒体へと脱皮することが、日本の広告が近代へ向かう第一歩だった。

そしてその引き金となったのが、大正時代後期、一九二〇年代前半にヨーロッパからもたらされた、強いメッセージ性を持つポスターとの出会いだったのだ。

ビジュアル系媒体の影響力に目覚めた人々は、その後の日本

(図1)「入金もの錦絵」1839年(天保10年)。歌舞伎『関取に大勝負』の錦絵。花魁が手をかける鳥居に、粉白粉の商品名「京橋　仙女香」が見える。(左)

(図2) 国芳による「入金もの錦絵」江戸末期。お茶販売の山本嘉兵衛商店がのれんを背景に描かせた。

の広告界にどんな風を起こしたのだろうか。

広告丸の船旅

結果から振り返れば、この衝撃の経験から一九三〇年代後半までの僅か十数年間で、日本の広告はあざやかに今日的なメディアへと転身した。長く続いた近世的「美人画ポスター」一辺倒の状況から脱皮し、一気に今日に近い広告スタイルを実現できるまでに変貌したのだ。

見た目の変化の大きさは、戦前の日本で唯一の広告業界誌『広告界』の表紙が物語っている（口絵参照）。一九二四年創刊の前誌『広告と陳列』は、美術工芸と呼ぶにふさわしい影絵風装飾図で始まる。次に、プロレタリア芸術運動機関誌『マヴォ』の影響を強く感じるスタイルとなり、一九二六年『広告界』と改題。しばらくは、欧州のリトグラフポスターに倣った描写が表紙を飾る。一九三〇年代に入ると構成的な表現を経て、一九四一年廃刊前の数年は、今日の写真週刊誌の表紙につながるような、いわば「今風」の写真を構成するスタイルになっている。

劇的な変わり方だ。たとえれば、職人の「手書き図案」から「モダン・デザイン」へ、と言えようか。なぜこの十数年間で、ここまで急激に変化し得たのだろう。

月刊誌『広告界』は実用雑誌だった。どのような読者層を持っていたのだろうか。

　新しく移った小さな印刷所の主人は、はじめて基礎から版下のかき方を教えてくれた。同時に広告図案というものに初めて目がさめた。……今でこそデザインの雑誌は多いし、外国の専門雑誌をふんだんに見ることができるが、その頃の参考書といえば誠文堂から出ている「広告界」だけだった。この雑誌が私の図案の勉強だった。[2]

筆者は、松本清張《まつもとせいちょう》である。

清張が小倉の工房で見習い職人として働いていた一九歳の頃、一九二〇年代終わりごろの回想だが、「小学校のときから図画が好き」だった高等小学校卒という学歴の清張青年は、「『画工見習募集』という貼紙が眼についた」ことから、広告図案職人を目指したという。『広告界』は、清張青年のような人々、つまり専門的な美術教育を受けたわけではない、素人に近い街の広告制作者にとって当時唯一の教科書だったのだ。

彼らは『広告界』を手本にして、見よう見まねで、客に好まれると思われるスタイルの広告画を作成し、それを社会で使っていった。その手本が欧州の最新潮流かどうかや、どのような理念にもとづいた芸術表現なのかは、まったくどうでもよいことだった。ただただ新しいな、かっこいいな、お客が喜ぶだろうな、と感じるものを広告に取り入れていったのである。

彼らの行為を、薄っぺらな欧米の模倣だと糾弾し無視すべきだろうか？　理論や理念を理解した一握りのエリートだけが、欧米の新潮流を受け止めたのだろうか？

エリートの制作からは最新の芸術潮流を受容した日本の先駆の動向がわかる。しかしそれはほんの一握りの人々の気づきを追っているにすぎない。一方、街の制作者がつくった広告画は確かに「人まね」であろう。しかしそれらが、エリートらの実験的な「作品」よりもずっと多くの人々の目に触れ、多くの人々の美意識に働きかけたという事実を見過ごしてはならない。

街の広告の見た目に焦点を絞ることで、一握りのエリートの実験をあとづけるよりももっと深く、当時の人々や社会のありかたに近づくことができる。とりわけ日本に初めて本格的な消費社会がおとずれた激動の十数年間を見通すにあたって、庶民へとバトンをつないだ街の広告制作者の動向は重要に思われる。しかし、この時期に日本で作られ消費されていった広告がどのようなものだったかは、今日全くと言っていいほど顧みられていない。

現在では花形職種である「広告業界」だが、一九二〇年代当時「広告」は「広告術」と呼ばれていた。「術」、というのは奇術・忍術と近い扱い、つまり信用のおけない、怪しげな商売と思われていた。だがヨーロッパ・ポスターに出会い、ビジュアル系媒体の潜在力に目覚めた人々の一部は、日本の広告も近世から近代へと脱皮すべきだと声高に叫び始める。

そこには広告を商売に使おうとする経営者だけでなく、広告制作者の地位向上を画策する図案家や、広告をプロパガンダに活かそうとする軍人、広告を学問として成立させようと目論む学者もいた。彼らは立場も職業も違い、広告に対する思いもそれぞれに異なっていた。しかし、広告は決して怪しいものではなく、拡大してゆく消費社会に必要不可欠な社会装置なのだという思いは一致していた。彼らはその思いを共有し、互いに共鳴しながら、広告「術」から「業界」へと船出する、まだ小さな「広告丸」に一緒に乗り込んでいった。

さて、広告はなぜ、たった十数年間で急激に変わりえたのか、という先程の疑問に戻ろう。

急激な変化は「広告丸」の乗組員の行為と、社会の近代化という潮流がもたらした結果に他ならない。乗組員たちは、潮の流れにうまく乗るために、広告のあるべき姿、広告の本質・広告の原点について、様々な立場から繰り返し議論している。そして航海の後ろ数年は、総力戦という想定外の荒波の中を進むこととなった。この嵐は時に「広告丸」を転覆させかけたが、時に進路に向けて順風を送ることもあった。

十数年の航海の最中広告の見た目を変化させるきっかけは何だったのだろうか。見た目を変化させていった広告は社会で何を担い、どこに位置づけられていったのだろうか。

広告がまだ巨大産業ではない黎明期に、小さな「広告丸」で為されたプリミティヴで熱い議論は、広告が日常風景となった今日にも有用な本質論であったように思われる。本書の興味はここにある。マスメディアの衰退が叫ばれる今、広告がメディアとして産声を挙げたばかりの時代の葛藤が、今後にむけた羅針盤とはならないだろうか。

広告丸は、ポスターがまだニューメディアだった頃に船出した。やがて、帆を一杯に張って、本格的な消費社会の到来という順風の中を航海し、さらに戦争の嵐に出会うまで。本書の範囲はここまで、つまり大戦間だが、もちろんこの航海は今日も、巨大な豪華船団での旅となって続いている。

それでは、広告丸の処女航海を追体験していくことにしよう。

1　渡辺素舟『日本広告デザイン史』技報堂、一九七六年、一八四—五頁。一九二〇年代の経験を回想した一文。

2　松本清張『半生の記』新潮文庫、一九七〇年、四九—五〇頁。一九二八年頃に対する回想。

第1部

ポスターは淡白に鑑賞する芸術ではない。メディアだ。

1

女優や芸者の死せる肖像

「美人画ポスター」批判

一九二〇年代、大正時代後半の日本の街には、どのようなポスターが貼られていたのだろう。

過去のポスターの動向を辿ろうとすると、これが実はなかなか難しい。ポスターは作られては消費され、捨て去られるものだ。まして大正時代となると、現物はもちろん街頭の写真も多くは残されていない。

一九二四年に「美人画のみ描写され、美人画ならざればポースターに非ざる如くであった。大正八九年頃から美人画以外のものも描写されることとなって来た」[1]という記述が残されている。これからすると、二〇年代初めに美人画以外のポスターもあるにはあったようだ。しかし別の一九二五年の記述には、日本のポスターの九分九厘までは「芸者の似顔」[2]と記されており、一九二〇年代前半、ほとんどの日本のポスターは「美人画」だったのだろう。

街の風景はというと、学校や役所や都心の百貨店などの公共建築には、レンガなどが使われた近代建築がちらほら見られるようになっていた。しかし、まだほとんどの家屋が木造で、街に「色彩」は乏しい。駅や電車内といった今日思い浮かぶような有料の広告掲示場所はまだなかった。

ポスターはと言えば、小売店の店先に貼られた小型の木版のビラ、あるいは百貨店が作る絵画と見まがうばかりの職人芸による多色刷りでほほえむ「美女」(図1)。(これは額に入れて「鑑賞」されることもあった)。ポスターは掲示料無料が前提で、小売店や銭湯の屋内に張られるものだった(図2)。

(1) 三越呉服店、画：波々伯部金洲（1910 年代）

(2) クラブ美身クリーム、画：不詳（1920 年頃）

(3) キリンビール、画：不詳 (1920 年代)

(4) 滋強飲料カルピス、画：井原宇三郎（1924 年）

（図 1 ）1910 － 20 年代の「美人画ポスター」、4 点

(1) 銭湯脱衣所

(2) 酒類販売店、中央にキリンビールのポスター（図 1-3)、その右下にカルピスのポスター（図 1-4）が見られる。

（図 2）ポスター展示風景

「日本のポスターの多くは「広告」といふことが第二儀的なものになつてゐて、『美しい絵を贈り物にする』『装飾品として喜ばれる』ものとしてつくりだされている」[3]と当時も指摘されているとおり、掲示を決定する個人店主の趣向に合わせる必要性が強く、これが「美しい美人画」ポスターのみが長く作られた要因だった。広告は顧客へのプレゼントを兼ねていたのだ。

このようにまだ街は無彩色で、広告音声が流れることもなければ、ポスターがはためくこともない。そんな大正時代後半、一般大衆が、ポスターというビジュアル広告メディアが持つ力に対して、広く開眼するきっかけがあった。一九二一年に朝日新聞社と読売新聞社が相次いで開催した二つの「大戦ポスター展」である。

戦前戦後を通して広告デザイン界で活躍した山名文夫《やまなあやお》や原弘《はらひろむ》は、この展覧会が一般大衆に、そして広告関係者ら専門家にもいかに衝撃的なイベントであったかを、幾度も証言している。本書は「広告」への意識改革をもたらした、このイベントからまずポスターの旅を始めることにしよう。

大戦ポスター展というイベント

一九二一年に開催された「大戦ポスター展」は、ヨーロッパ各国とアメリカのポスターが展示されたイベントだった。では当時の欧米ポスター事情はどのようなものだったのだろう。まずは一九世紀末に遡るヨーロッパのポスター黎明期を知るところから、このイベントの様子を紐解いていこう。

欧米では一八八〇年頃、カラフルで大型の屋外ポスターが数多く作られるようになった。ドイツ人ゼネフェルダーによる大型のリトグラフ刷りの発明がきっかけだった。パリやベルリンやニューヨークの街には、広告塔やビル壁面や郊外ビルボードなど、屋外掲示場が次々と作られた（図3）。ヨーロッパではポスターは有料の屋外掲示場への掲示を前提としてスタートしたのだ。

美しい大型ポスターは街角の芸術と呼ばれ、各国にポスター・ブームが広がった。「ポスターはやがて流行にまでなり、収集の対象にされ、特定の画廊で売り捌かれることにもなった」[4]。少し時期は下るがフランスに留学していた佐伯祐三《さえきゆうぞう》が残したパリの街角の絵からも、この時期のヨーロッパの街が、カラフルなポスターで彩られていった様子が伺われる（図4）。

同じヨーロッパでも国ごとにその傾向はやや異なっていた。初期のフランス・ポスターでは、絵画のように「美しい」ことが重視された。今日の日本で開催される美術展で人気のアール・ヌーヴォー・ポスター、アルフォンス・ミュシャや、トゥールーズ・ロートレックがポスター制作を行ったのはこの頃である（図5）。一方同時期のドイツでは、即物主義と呼ばれた、広告するモノを鮮やかな色を使い大きくシンプルに扱うポスターが多く作られている。ホールヴァインやベルンハルトがその代表作家だ（図6）。国ごとに傾向の差はあったものの、世紀末から一九〇〇年代の欧州各国のポスターは、鮮明な色使いで華やかな装飾性を誇る大型リトグラフという点では共通していた。

だが第一次世界大戦の勃発によって、ポスターはがらりとその様相を変える。

募兵や、戦費調達のための節約や、国債購入・物資提供を国民に求める必要に迫られた欧米各国が、その宣伝と戦意高揚のために、競うように短期間で多くのポスターを作成した。これがいわゆる「大戦ポスター」である（図7）。一九二一年に日本で行なわれた「大戦ポスター展」（図8）は、第一次世界大戦時に大量に作られたこれらのポスター群の展覧会であったのだ。

街角の芸術からとって代わったこの第一次大戦時のポスターが、欧州でいかなる役を担ったのか、大衆に何をもたらしたのか。もう少し欧州の事情を理解しておきたい。以下の文章は、今日の私たちには想像し難い当時のメディアの状況と、当時のポスターが担った役割を教えてくれる。大戦ポスター展を記念した図録内の記述である。

> 天地を震駭せしめる大動乱の勃発、国家の運命を賭すべき大戦争、一刻を争ふ危急の場合に、何百万といふ市民、何千という都市や村落へ、一時に命令を伝へ警告を発し、用意を整へしめ、活動を要求せねばなら

（1）1932年頃、パリ、イタリアン通り
カッサンドル作「靴のウニタ」（第6章、図11-1）が左上に連貼りされている。

（2）1934年頃、パリ

（3）ポスター掲示場、ドイツ

（4）広告塔、ドイツ

（5）1920年代のニューヨークのポスター掲示の様子

（図3）欧米のポスター掲示の様子

ぬ時、口でしゃべつてゐては間に合わない。人を走らせてゐては際限がない。各階級の市民へ之を伝え、彼等を刺激し発憤せしめ、よく之を理解し徹底せしむるには、どんな手段方法を選ぶべきであらうか。……宣伝すべき事柄や、思想を簡潔明瞭にあらはして、即座に之を観る者の感情に訴へ、強く之を印象せしめることの出来るのは、ポスターを措いて他にはない。[6]

ラジオもまだ普及しておらず、識字率を考えれば新聞も媒体としての威力がまだまだ低い。そのような時代に勃発した世界大戦において、ポスターは、戦意高揚に、愛国心の啓発に、見た目で訴えかけるという独自の力を存分に発揮した。今日の私たちの想像をはるかに超える影響力を持ったのだ。

(1) ガス灯と広告、1927 年

(2) 広告塔、1927 年

(図４) 佐伯祐三

(1) アルフォンス・ミシャ、
煙草 JOB、1896 年

(2) トゥールーズ＝ロートレック、
歓楽の王女、1892 年

（図 5）アール・ヌーヴォー期、フランス・ポスター

(1) ルツィアン・ベルンハルト、
シュテイラー靴店、1908 年

(2) L・ホールヴァイン、リックエッタ
チョコレート、1925 年ごろ

（図 6）大戦期間ドイツ・ポスター

(1) 作者不詳、イギリス：あなたは彼に任せているのです（製作年不詳）

(2) 作者不詳、アメリカ：人が飢えているのに食料を無駄にするな！（製作年不詳）

(3) ユップ・ウィールツ、ドイツ：きれいな髪を求む、1915-17 年

（図 7）第一次大戦ポスター

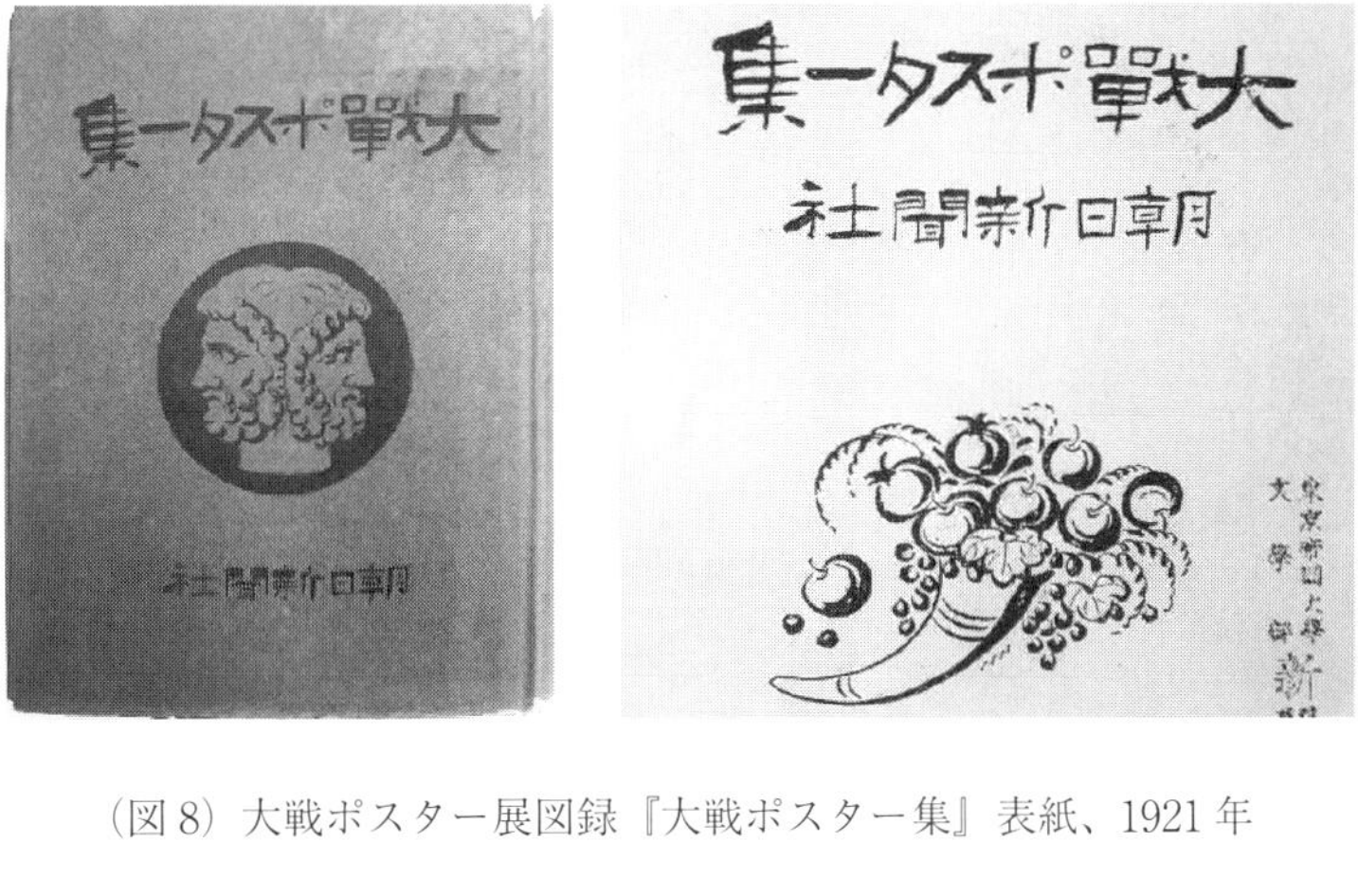

（図 8）大戦ポスター展図録『大戦ポスター集』表紙、1921 年

それまでとは異なる役割を担うこととなったポスター。当然、見た目も大きく変わった。

一九世紀末に一世を風靡し欧州の街角を飾ったベル・エポックの時代のポスターは、「芸術的」あるいは「装飾的」であるかどうかが価値基準だった。この時点でのポスターの最重要課題は、媒体としての訴求力ではなかったのだ。日本のように「美人画」一辺倒ではなかったにせよ、基本的には美しいかどうかが勝負どころだった。多くの色数で時間をかけて綿密に描かれたアール・ヌーヴォー・ポスターを見れば、その状況がよくわかる（図5、6参照）。

対して大戦ポスターの表現には、愛好される美しさは必要とされず、見るものの心にメッセージを響かせる、直接訴えかける訴求力が最重視された。そして物資不足の中で、限られた色数で素早く制作されることが求められた。

こうして大戦ポスターには、繊細で流麗な曲線を使った装飾的な十九世紀末のポスターとは全く異なる表現が生み出された。欧州のポスターは、戦争という制約を受けた場での必要に迫られた制作によって、単純な表現でもって意志を強く伝える「メッセージ媒体」としての力を培ったのである。

当時欧州の新しい芸術潮流であったドイツ表現主義は、印象派とは対極的に色数をストイックに減らし、観る者の感情を揺さぶるような、勢いのある強い描きこみを特徴としていた。これは「大戦ポスター」の要求と非常に合致していたため、多くの表現派の画家が戦時期のポスターに取り組んだ。表現派は「大戦ポスター」において開花したともいえよう。

さて話を日本で一九二一年に開催された大戦ポスター展に戻そう。

当時の日本で、ヨーロッパのポスターに触れるのは簡単なことではなかった。広告学の祖として知られる研究者、中川静《なかがわしずか》は、自身の研究のために「数年前からポスターを集めに掛りましたが、これはなかなか集まりませぬ。即ちそれをやるには相当の資金も入用であるし、奔走も盡力もしなければならぬし、其の他種々の設備が必要であるのでございます」[7]と嘆息している。

そのような状況を鑑みれば、中川が言うとおり「朝日新聞社が非常な資金を投じて、多数のポスターを御集めに」なって実現した「大戦ポスター展」は、まさしくわが国で初めて欧米ポスターを見る機会、それも「類例のない大規模」な機会であった。そして多くの日本人が初めて見たヨーロッパの屋外ポスターは、一九世紀末のアール・ヌーヴォー全盛期の華やかな欧州ポスターではなく、重い主題を劇的な筆使いで描く、大戦ポスターだったのである（図9）。

展覧会の様子を見てみよう。以下は朝日新聞社主催の展覧会についての記述である。

朝日新聞社は夙に此の趨勢に著目し、先年来百方手を盡して英米独仏のポスターを蒐集し、幸にして戦時ポスター約六千を得たり。乃ち其の中の優秀なる者三四千を選んで、大阪及東京に展覧会を催す事各一回、来り観る者日に萬を以て数ふるに至り、近時希に見るの盛況を呈したり。[8]

まず驚くのは、「日に萬」という入場者数であろう。これが正確な統計なのかはわからない。主催者の記述だから誇張も含むかもしれない。しかしこの他にも「五月の十九日から廿日迄大阪市の新築市庁舎の楼上に開いた。日に六万から八万といふ大勢の参観人」[9]という記述もある。朝日新聞社主催の大戦ポスター展は、大阪では二日間、東京では六月一六から二一日に開催されたとあるので六日間、東西合わせても八日の期間限定イベントであった。しかし東西あわせて、数万人規模の来場者があったことはほぼ確実とみてよいだろう。[10]どうしてこれほど多くの人がこのイベントに足を運んだのだろうか。何が人々を惹きつけたのだろう。

あれ丈けの多数のポスターを視ると共に、今度は、もつと廣い大きい深い根強い……人類生存の全局面にはびこつて、死者狂ひに成つて怒号し跳躍しつつある怪物の正体を、はつきり捕らへることが出来たやうな気がいたします。[11]

(1) アルノオド、ドイツ：敗戦の地の闇を労働が幸福に導く（制作年不詳）

(2)

(3)

(4)

(2) C・クレイン、ドイツ：労働しないものは子供の墓掘り人になる、1918年
(3) ルイス・オッペンハイム、ドイツ：最善の貯金は国債!、1918年
(4) モントゴメリー・ブラック、アメリカ：合衆国陸軍に君が必要だ、1917年

(1)(2) はいずれも敗戦国ドイツの怠業防止宣伝ポスター

（図9）『大戦ポスター集』より

三、四〇〇〇枚のポスターというだけでも非常な数だ。この数を思えば、展示室は、今日イメージする美術展覧会のように、整然とポスターが張られる状況ではなかっただろう。おそらく上下左右に所狭しと張り尽くされるような展示だったに違いない。それだけでも人々を圧倒する迫力があったと想像できる。

しかしこの筆者が捕らえた「怪物」は、数の問題ではなさそうだ。彼はこのように続ける。「今まで商業の侍女として広告のために仕へて居たポスターは、世界戦争が始まると共に、一躍して列国の国民的宣伝の強力な執行官と成ったのであります。ポスターは、今までのやうに、単に街の『街路の絵画展覧会』とか『無産者の画堂』とか云ふやうな、定連や定看客のきまらない散漫な団体暗示的な民衆芸術の綽名《あだな》では済まされなくなつたのであります」。どうやら、彼が捕らえた「人類生存の全局面にはびこる怪物」とは、おだやかに鑑賞する絵画的なポスターではない、強いメッセージ性を持つビジュアル媒体としてのポスターへの脅威、マス・コミュニケーション時代の到来を予感した震感だったように思われる。

怪物到来の予感、ポスターの強いメッセージ力への気づきは、評論家内田魯庵《うちだろあん》の寄稿からも読み取れる。魯庵は、作家であり古物収集家でもある淡島寒月《あわしまかんげつ》との交流から、寒月の蒐集品にあったポスターに既に触れたことがあった。内田の論考はポスターのあるべき姿から始まり、戦争ポスターの脅威にまで言及している。

> 元来ポスターは或る目的物に観者を牽きつける為めの広告媒助である。其故に作家の印象又は概念を通じて人事或は自然の眞象を伝ふる純粋絵画とは性質を異にしてをる。……ポスターは人の集まる街頭や盛り場に張り出すものゆゑ、普通の広告以上に人を牽きつける強い刺激を必要件とする。如何なる街頭の色にも負けない強烈な色彩、或は如何なる雑踏の声をも圧する力強いウォッチ・ワードが無ければ人の注意を牽きつける事が出来ない。……実を云ふと、ポスターは今までは専ら商売上にのみ使用されてゐたが、平凡な興行物や商品の広告としてよりは政治上又は思想上の宣伝として善用される方が其の特有の能力を最高度に発揮

する所以である事が、戦争ポスターに由て事実的に證據立てられた。飛行機が空中の脅威なら、ポスターは内には国民を極度に昂奮せしめ外には敵国の気勢を折いて沮喪せしむる大威嚇であった[12]。

人の集まる場に張り出すポスターは、純粋絵画とは異なる強い刺激を必要とする。その特有の能力は、ヨーロッパで商売よりも戦時プロパガンダで最高度に発揮された。明確に書く内田のポスター論は、当時一級の論であろう。

広告と宣伝の垣根は殆ど無いという見解は、先にも触れた広告研究の祖といわれる学者、中川静も書いている。

［広告には］企業的のものと、プロパガンダの二種類であると見て宜からうと思ひます、……此の思想の宣伝と商品若くは娯楽の分布とは区別はあるが、或る点に行けば区別は実際無くなる、軍需品の募集をするとか云ふやうな事、或は公債を募集すると云ふやうな事柄は、是は一面に於て愛国心の鼓吹であるとか云ふ事をやつて居ると同時に、一面に於ては丁度銀行が社債募集をやつて居ると一向違はない仕事をやつて居る、広告なるものとプロパガンダの差は、今日学問の上に於ては区別して居る様なものの、併しながら実用の上に於ては、広告の方には宣伝性を兼ねさせる、又兼ねさせる必要を感ずる、又宣伝する方のものも何らかの企業的の広告の役目を同時にさせるやうな事があると思ひます[13]。

商業広告とプロパガンダ広告の区別には意味がない。大戦ポスターの展覧で引き出されたこの認識は、軍人の記述ではさらに調子が強くなり、「宣伝とは多数人心の征服法である換言せば群集心理の操縦法である。善なる征服の意味に於ては善意或は利導である」[14]とまで言い切っている。この宣伝担当の軍人は、まるでポスターの役割には、プロパガンダしかないかのような書き方で、戦時心理戦におけるポスターの重要性を説くのである。

　このように、大戦ポスター展は、ヨーロッパのポスター事情を少しは知っていた評論家・学者・宣伝担当軍人、いわば当時最前線のポスター研究家らにとっても、さまざまな刺激に満ち満ちたイベントだった。ましてや、広告とは好ましい図柄の「絵」だと思っていて、プレゼントされると家の壁やふすまに貼るなどして楽しんでいた庶民にとって、このイベントでのポスターとの出会いは、全くの脅威、未知との遭遇だった。

　さて、どういう意図だったのかはわからないが、大戦ポスター展の展示には、一部日本のポスターも展示されていた。これが日本のポスターの貧弱さを浮き彫りにする結果ともなった。


　何の広告でも女の顔さへ使用《つか》へば必ず効きめがあると信じてゐる日本の商人……甚しいのは此手法で行けば大抵は当るだらうと予想して、未だ「何」を「奈何いふ社会に」「奈何」広告す可かの的《あて》もないのに、或印刷会社などでは美人の広告図案を懸賞で募集して置いて、それに注文次第にお誂への文字を埋めてやるといふ。苦々しい事である。困った国民である。

　一室に集められた日本の広告、成程美人画が多い。呉服屋も飲食物も汽船会社も悉く千篇一律な、美人利用一手販売である。何処から広告の一義が見出されよう。何処から購買欲が唆り出されよう。甚残念ではあるが広告の目的を徹底させるまでに人間に働きかけてゐるものは一枚もなかつたといわなければならなかつた。あまりに遊戯的分子が豊富である。冗漫である。あくどい。厭みだ。[15]

　日本のポスターは世界一の貧弱
　日本の文化の幼稚なるは、水平線に達しないものは唯独りポスターのみでは無いが、各国のポスターを見て然る後に日本のを一瞥すると、鉄筋コンクリートの大建築の傍にブリキ屋根の物置小屋を見るよりも一層貧弱の感がある。[16]

呉服屋も酒屋もみなこぞって「女の顔」。のんびりした近世の風景としては郷愁を感じるが、明治以降、国家・社会の近代化をめざして邁進しようとしていた進歩的な考えの人々にとってこれは、うんざりする状況であっただろう。広告の目的を置き去りにしているという、彼等の舌打ちが聞こえそうである。大戦ポスターを見るという経験から、そのショッキングな力に驚くだけでなく、日本はこれじゃあだめだと、より明確に気づく人も多くいたわけである。

ポスターの持つ媒体力、アドバタイジングとプロパガンダの近似性、貧弱な日本の広告……。様々な気づきを呼び覚ました大戦ポスター展のさらなる影響を、次節では、一九二一年と一九二二年にあった関連する動きから見てみよう。

社会派日本画家集団のいち早い行動

「大戦ポスター展」の影響は大きく、開催年の一九二一年と翌二二年には、ポスターに関する文献の出版が相次ぐ。「大戦ポスター展」を記念した『大戦ポスター集』、『国粋』という一般雑誌での大々的なポスター特集、研究者の留学時の収集品を出版した『最近仏蘭西ポスター集』、そして『ポスター』という三冊組み豪華図集。それまでは「ポスター」という言葉さえまだ一般的ではなかった。外国書でのポスターという記述を「絵ビラ」と訳した書籍もあったし、ポースターという記述もあった。この状況を思えば、やはり同年の出版の集中は、にわかに捲き起こったポスター・ブームといってよいだろう。

『大戦ポスター集』は、一〇本の論文と図版一七〇点が掲載されたハードカバーの単行本で、同展の評判を受けて開催終了後に刊行されたものだ。現在古本市場にそれなりに出物があることから、相応な出版部数があったと思われる。いくつかの掲載文については既に触れてきた。同書については次節でも取り上げていく。

ポスター特集を組んだ『国粋』（図10）は、漫画、日本画、生け花といった特集や、俳句や俳画、短編小説の読者懸賞を行なうような一般教養誌だった。この雑誌の一九二一年一〇月号は「ポスターと標語の研究」という特集号である。朝日新聞社主催展開催の四ヵ月後の出版だ。このような一般雑誌に特集されることも、ポスターに対して興味が高まっていた同年の特異性を物語っている。同雑誌内には木版八度刷りで縮刷した大戦ポスター二点と、内田魯庵や松宮三郎《まつみやさぶろう》らの一一本の論文が掲載されている。[17]

三番目は同じく一九二一年十月に出版された『最近仏蘭西ポスター集』（図11）。これは京都高等工芸学校出身者の団体である三K会が、同大学講師都鳥英喜《ととりえいき》が留学時に収集してきたフランス・ポスター三〇枚をポスタープレートとして出版した図集である。[18] 出版にあたっては建築家、武田五一《たけだごいち》の示教を得たという。ロートレックの「デュヴァン・ジャポネ」（日本の歌）、ミュシャ、カリリュなどのポスターが掲載されており、大戦より前、いわゆるベル・エポック時代のフランス・ポスターを初めて日本に紹介した書籍となった。

さてこの節では、四番目の書籍、『ポスター』に注目したい。

戦中戦後を通して活躍したグラフィックデザイナー原弘は、若いころに見た「高原社から出た三冊からなる「ドイツ・ポスター集」から受けて《ママ》強烈な印象も忘れられない。」[19]と書いている。この『ポスター』という書籍はどのようなものだったのだろう。誰が何の目的で出版したのだろうか。

同書は田中一良《たなかかずら》、玉村善之助《たまむらぜんのすけ》（方久斗《ほくと》）、村雲毅一《むらくもきいち》らが一九二一年

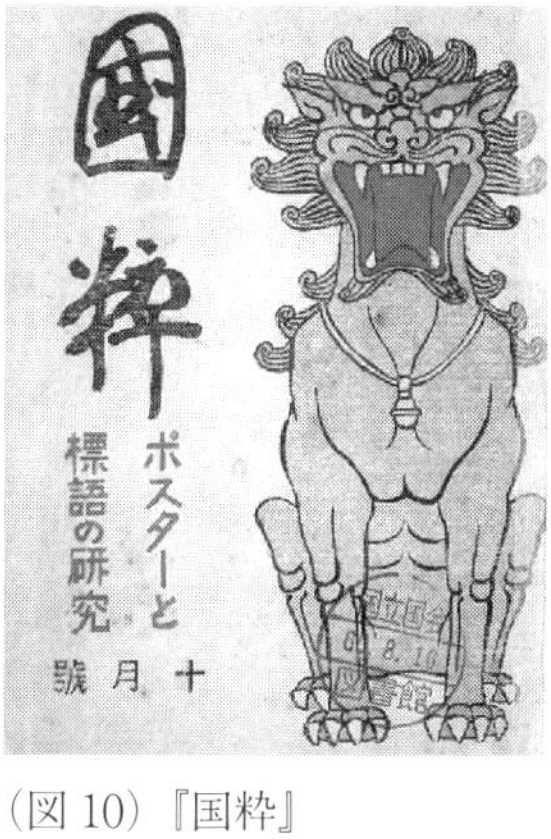

（図10）『国粋』
1921年10月号、表紙

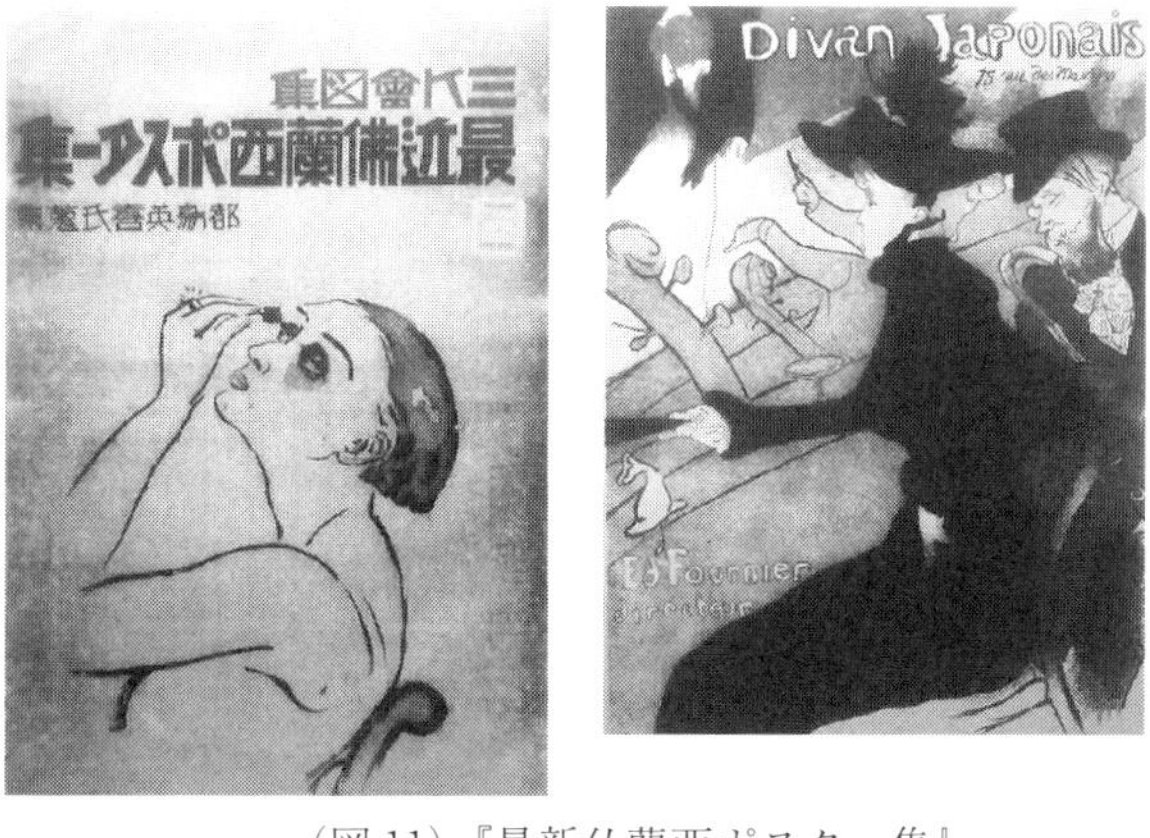

（図11）『最新仏蘭西ポスター集』

に結成した日本画家集団、高原会《こうげんかい》が出版したものである。上下二冊の多色刷り図版本と、『ポスターのきじ』というタイトルの解説本の計三冊で構成されている[20]（図12）。

この書籍『ポスター』に注目するのは、掲載された一五二点のポスターが、「平時の一般商店、劇場、音楽会、雑誌等等々《ママ》のポスター」[21]だったからである（図13）。戦時ポスターやベル・エポックのポスター、いずれにも偏らず、商業用途から政治、文化用途までを網羅しているこの書籍は、日本で最初の「非常に広い範囲を包含したポスター集[22]」だった[23]。

図版ページは採算性度外視で「百五十二図は悉く原物通りの着色版を以て複製[24]」された。つまりオールカラーだった。大会社である朝日新聞社が出版した『大戦ポスター集』でさえもカラー掲載は巻頭の一〇点のみで他は一色刷りだったのだから、その贅沢さが窺われよう。「ずいぶん念の入りすぎた出版物」「莫大な費用と

（1）上巻 1921 年

（2）下巻 1922 年

（図 12）『ポスター』表紙

（1）L・ベルンハルト、1915 年

（2）L・ベルンハルト、1914 年

（3）L・ベルンハルト、制作年不詳

（4）ドオレ・メッケンマイヤー・コツティ、制作年不詳

（図 13）『ポスター』掲載作品

ながい時間をついやし多くの物資を消耗した[25]」「吾国ポスター界の革新を促す為に損失を顧みず発行した[26]」と、高原会自身が自負するのも頷ける。

高原会は大正期前衛美術運動の一翼を担う集団。一九二一年一月に結成し、五月に機関誌『高原』を創刊している（図14）。この雑誌に『ポスター』発刊前の出版広告が掲載されているが、そこには「日本ポスター界革新の先駆」「空前にしておそらく絶後の出版物」といったキャッチコピーが躍っている（図15、16）。しかし高原会メンバーの本職は日本画である。図案家ではない。ポスターは門外漢のはずである。このような豪華本を出版した彼らの意図はなんだったのか。

彼等はポスターの持つ社会的威力をこのように明確に意識していた。

今後の社会ではあらゆる方面でポスターがますます必要となつていき、その使命はますます重大となり……国民の政治的経済的の生活から日常の感情生活までをも支配するかくれた力をもつてゐる[27]

何度も言うようだがテレビCMももちろん存在しない時代、ポスターは唯一のビジュアル・メディアであった。しかもポスターがメディアだと気づいている日本人がまだほとんどいなかったのだ。そのような時代にあって、画業での社会変革を目指していた画家集団が、ポスターの力にいち早く気づいたのである。そして彼等は「今の日本のやうな幼稚な醜い状態」を憂いて立ち上がった。

如何にして『貧弱』なる言葉を避け度いと思ひつつも、吾国ポスター界の現状は何と云ふ進歩の遅々たるものであらう。かつてより我々は秘かに此事については考慮を廻してゐた。……時たまたまポスター先進國の西欧諸国就中独逸國のものに一時に多くに接して念々此の感を深くし微力であるが多少ともに吾國ポスター界の促進に益する処あればと、久しくポスターに対する考慮を手近なる実行に移しつつ今我々はある。[28]

（図 14）雑誌『高原』表紙

（1）創刊号

（2）1922 年 2 号

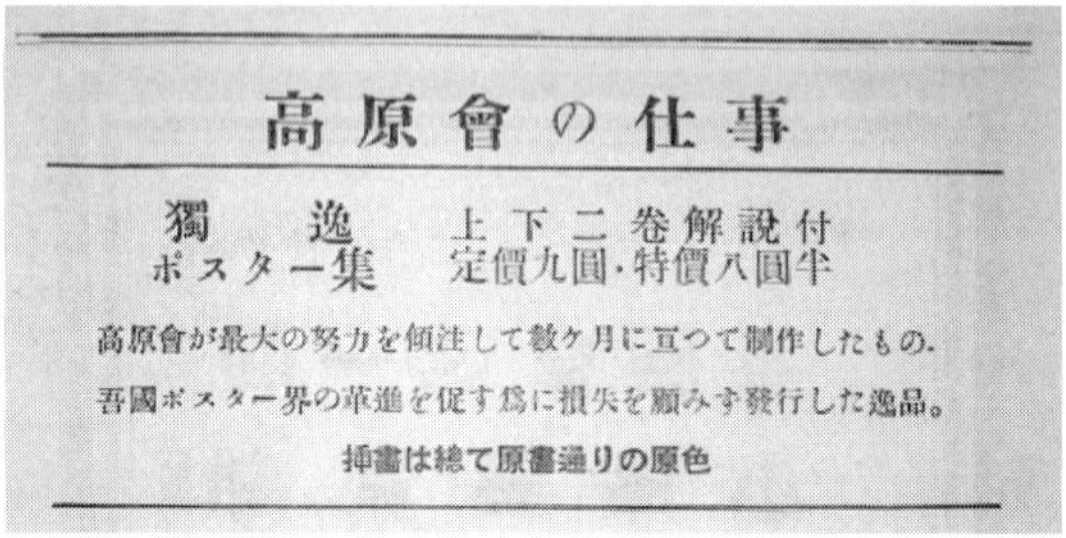

高原會の仕事

獨逸ポスター集　上下二卷解說付　定價九圓・特價八圓半

高原會が最大の努力を傾注して數ヶ月に亘つて制作したもの．

吾國ポスター界の革進を促す爲に損失を顧みず發行した逸品。

挿畫は總て原畫通りの原色

（1）雑誌『高原』1921 年 7 号

（図 15）図集『ポスター』の広告

（2）1922 年 2 号

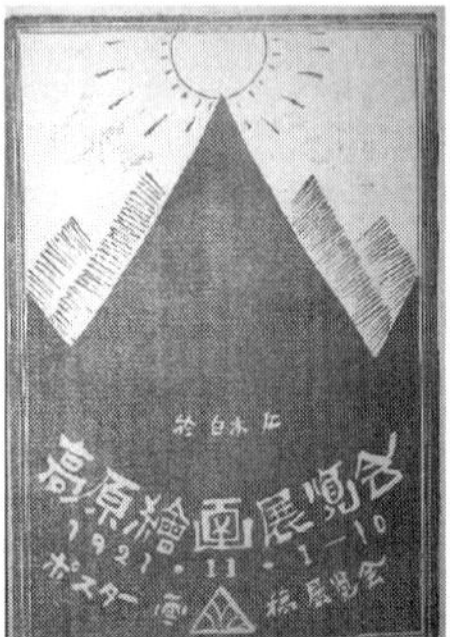

（図 16）雑誌『高原』6 号に掲載の、
高原会主催のポスター展広告

元来は吾々が差出がましくこんな事をする必要を見ないと思ふ然し吾々がやらねば誰れもやる人が無いので仕方無くやるのだ。……やむを得ず千円ばかりの欠損を見こして吾々がポスターの参考資料を提出する。吾々は高原会がかかる仕事をする事を何等名誉と心得て居るものでは無い事を断つて置く、寧ろ吾々がやらねばならぬ様な今日の状態を不名誉と思ふものである。……日本では未だ宣伝学及びポスターに就いて充分な科学的研究は積まれて居ない。然し之は必要な仕事である事を確く信じて疑はない。[29]

今日の視点からは、日本画家には進歩的とは真逆な印象を持ちがちである。しかしその固定観念は少なくとも大正期のこの時代にはあてはまらない。田中一良や村雲毅一らは、無産階級のためのプロレタリア芸術の建設を志向したいわば「社会派の日本画家」であった。高原会は一九二二年七月、第一作家同盟成立によって発展的解散となるが、その後玉村は、村山知義《むらやまともよし》らとともにマヴォ、アクション、未来派美術協会などの前衛派が合同した一九二四年の三科造形芸術協会の結成に、唯一の日本画家として参加する。

玉村については彼の回顧展で「日本画の領域でデビューし京都から東京に出て、大正期に叢生した『振興芸術運動』の渦中に飛び込んで異種の美術思潮を自ら吸い込み他にも鼓吹」した「大正時代に多い変り種のひとり」[30]と、語られている。彼らは最尖端の前衛家集団だったのだ。

高原会の興味をみると、彼らの視線が狭義の芸術だけに向かってはいなかったことがはっきりする。短命だった同会の興味は「ポスター」と「絵葉書」だった。絵はがき？　不思議に思うかもしれない。しかし、彼らの機関紙『高原』を見ると、彼らは絵はがきを、ポスターと並ぶ「大量複製印刷物時代の先端ビジュアルメディア」だと理解していたことがわかる。複製によって大量に同じ印刷が可能で、それを、整備された郵便制度が多数の人々の手に届けてくれる。なるほど、確かにメディアである。今日的に言えばダイレクトメールのデザイン研究ということになろう。ポスターと絵葉書。現代の視点からみれば、日本画家団体の興味としてはいささか奇異にも思われる。だが、高原会はこれらビジュアル複製メディアの持つ力にいち早く覚醒し、その改革に向かって進もうとした団体だったのだ。

玉村は、ポスターの研究は、画家集団である「われわれのみに出来るものではないし、又われ々がその適任者であるとも思はわれない。」と言っている。ポスター図集は、「(その適任者に)でき得るかぎり完全な資料を提供し……真面目な注意をはらっていただければ満足」という意図でもって、豪華本として出版したのだという。

自分たちは適任者ではない、他に適任者がいるはずだという控えめな発言だ。しかし、ではいったい誰がこの時代に、ヨーロッパ・ポスターを選別し、広範囲をカバーした図集を刊行する適任者だったというのだろう。先の「大戦ポスター」に論考を寄せたのは、評論家、軍人、そして装飾学の学者。どこにもデザイナー、ビジュアル・クリエーター側の人物はいない。なぜだろう。この時代、図案家はまだまだ発言力を持たない職人という地位にあったからだ。当時唯一の著名ポスター作家であった杉浦非水《すぎうらひすい》には発言の場もあったが、多くの日本人が大戦ポスターに衝撃を受けた一九二一年、杉浦はちょうど欧州留学中だった。彼は後述するとおり帰国後はポスターへの意識拡大に尽力するが、まだその時期はきていない。

「ポスター」の見た目(ビジュアル)が持つ社会的影響力にいち早く気づき、制作者視点からの感性でのポスターを選別する能力があり、しかもこれを発信してゆく実行力と社会的地位を持っていたのは誰か? 彼ら「社会派の画家」集団しかなかったのだ。彼らは、日本初のポスター図集を採算度外視で出版するまさに適任者だった。三冊からなる書籍『ポスター』は、日本で初めてクリエーター視点から行なわれた、「ポスター」への意識改革の提言として、価値ある出版だったのである。

玉村は、「ポスターを考案することは、画家としての恥辱である如く思ひ違いをなせるものもうないとも思ふ。民衆的社会化藝術については、もう余程叫ばれてゐる。先進國のこれ等運動は直接我々を刺激してゐる」[31]と書いている。ポスターを民衆的社会化芸術と位置づけているあたりは、村山知義とも親交のあった玉村らしい記述である。しかし当時はもちろんまだポスター制作は画家の余業とされる時代であり、「ポスターを考案することが画家としての恥辱ではもうない。」との記述は、画家の余業という価値観へのアンチテーゼと理解すべきであろう。[32]

「これが即ちポスター様式」――「単化」デザインの登場

さてここで、このようなポスターへの目覚めがあった時期に作り出された、ひとつの形容詞に着目してみよう。一九二一年以降、広告表現の特徴を示す用語として、「単化」式あるいは「単化的表現」という現代の私たちには耳慣れない用語がしきりに使われ出す。

この形容にあてはまる形式を持ったポスターは、一九三〇年代になると、「単化の氾濫」と言われるまでに数多く制作される。しかし第二次大戦後にはふっつりと使われなくなり、今日ではもう誰もこの言葉の意味がわからない。特定の一時期だけに使われた形容詞「単化」とは、いかなる表現を指していたのか。興味をそそられる。その成立の周辺には多くの議論があったようだ。

最初に「単化」と言ったのは誰だったのだろうか。

「単化」という用語の初出は、前出の『大戦ポスター集』である。後に服飾心理学で知られる菅原教造《すがわらきょうぞう》[33]の論考「刺激としてのポスター」の以下の文である。

> ポスターの画面が、出来る丈け了解され易い、出来る丈け強い、しかも芸術的な印象を狙ふとすれば、形の配列や色の関係を、出来る丈け単化して、且つ目立つやうに装飾的に組織して……これが即ちポスター様式であります。[34]

菅原は「単化」が「即ちポスター様式」、つまりポスターに最もふさわしい様式だという。それはどのような様式を指していたのだろう。

まず菅原は論考冒頭で「大戦ポスター展」の所感を述べている。「吾々は展覧会場に於て……ポスターが、これほどまでに絶大な功績を人類の実生活に寄与した事をば、恐らくは独逸を除いて、どの國民も、戦前には豫め考へては居なかつただらう……それほどに独逸のポスターは、吾々に多くのものを教へてくれた[35]」。ドイツが、その他欧米諸国に抜きん出て優れたポスターを創出しているという判断だ。菅原はドイツ・ポスターに造詣が深く、その特徴のひとつを「単化」と呼んだようだ。

一方、論文の後半では、ドイツ・ポスターの表現の移り変わりを解説する。菅原によればドイツ・ポスターは、大戦前は「平面的なる・ベタ塗りの・重々しい・落付いた装飾的なもの」だったが、「戦争が進んで行くにつれて……強烈な劇的な調子を帯びて来るやうになり」、ドイツ革命以降は「コンテ風な自由な描法や……活動的な線を用いたるグロテスクな様式が多く[36]」なった、という。同年、雑誌『中央美術』でも菅原は同様の主張を書いている。

ドイツ・ポスターは「革命以後に……装飾的な平面的なべた刷から、コンテ風の自由な描法に変つて……最後に表現派の出現によつて、独逸のポスター芸術の歴史の上に、非常に著しい区画線を引かせるやうに成つた[37]」。

ここで菅原の言う「装飾的」の意図が、現代の私たちが思う「装飾的」とは異なっているため、わかりにくい。解説しておこう。菅原の言う「装飾」は、決して「飾りが多い」という意味ではない。「写実」に相対する意味を担う言葉として「装飾」を使っている。現在の言い方では、「様式化」された、あるいは「デザイン」された、に近いかもしれない。ものの形態を見たとおりに写す「写実」ではなく、意図を持って計画的に形態を「装う」描き方。菅原はこれを「装飾」と言っている。

本書はここまで、一九世紀末ヨーロッパの「美しさ」を主眼としたポスターが、戦争を境にメッセージ性を重視した表現へと変化したことを述べてきた。菅原も、ドイツ・ポスターは戦前「落ち着いた装飾的（＝様式的）」なものだったが、戦時突入を機に「自由で劇的な」描写に変わったという。彼がポスターの変化に、同じ認識を持っていたことがわかる。

そしてさらに注意深く読むと、彼は戦時を期に変化した「活動的な線を用い」た表現ではないほう、戦前のドイツの「装飾的（＝様式化された）」な表現特徴を指して「単化」と呼び、これを「ポスター様式」として推奨していたことがわかる。

菅原の挙げた「装飾的なポスター様式」と「装飾的ではないポスター」の例を見てみよう。

装飾的つまり「デザイン」された「ポスター様式」には、「ヒンデンブルグの肖像」（オッペンハイム作）（図17）やホールヴァインらのポスター（図18・3点）が挙げられている。いずれのポスターも、写実的な遠近感やデッサンのタッチを排除して、ベタ塗りされた輪郭線のない色面を繋ぎ合わせて、モチーフが形成されている。一方、「ポスター様式ではない例」だと菅原が言うのは、デッサンのタッチや筆跡が残る描写である（図19）。どうだろう。この比較で彼の推奨する「単化」様式がより具体的にわかるだろう。

「単化」がなぜポスターにふさわしいのか

第一次大戦勃発以前の平時のドイツでは、平面的な処理で分析的・冷静に対象を描くポスター様式が一世を風靡し、主流となっていた（図6参照）。それは「ポスター様式（プラカートスティール）」[38]「壁面様式（フラスコスティール）」と呼ばれたが、菅原は文中でこれらの呼称にも触れ「共に装飾的と言ふ意味」であり、「ポスターの芸術的価値は、主に其の装飾的であると言ふ点」と紹介している。このようにドイツ・ポスター事情をよく知っていた菅原が、「単化」＝これぞ「ポスター様式」と推奨したのは、第一次大戦より以前、平時のドイツで興隆した様式だったのだ。

菅原はなぜ「単化」された「装飾的」な様式を、ポスターにふさわしいと考えたのか。彼の主張はこうであ

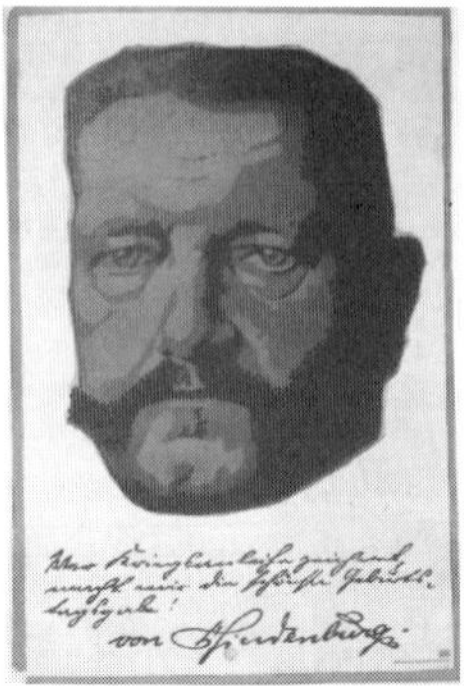

（図 17）菅原が『大戦ポスター集』で「装飾的」（単化）としたポスター。ルイス・オッペンハイム、ドイツ：戦時国債応募を求めるヒンデンブルグ将軍、1917 年

（1）ルイス・オッペンハイム、1919 年

（2）L・ホールヴァイン、1916 年

（3）作者不詳、1918 年

←↑（図 18）
菅原が『中央美術』で「装飾的」（単化）としたポスター、3 点

↓（図 19）
菅原が『中央美術』で「装飾的（単化）ではない」でないとしたポスター、3 点

（1）ワルター・シュナッケンバーグ、1916 年

（2）M・ヴェルテス、1919 年

（3）N・アルノオド、1919 年

る。

石版印刷の技巧が平面性を得意とする為に、ポスター様式が単化され装飾化されて来れば来るほど、其の印刷の仕上げが容易で且つ手際がよい。……先ず、ポスターは、遠距離から、又は短時間に、人の注意を惹き得なければならぬ。其の為には、奥行き即ち遠近法だとか、丸味や厚味即ちモデリングだとか言ふものを止めて、平面に統一的の描図を作る事が必要……次に、ポスターに刷り込んである宣伝や広告の文句……文字はどうしても平面的な画面とよく調和します。最後に、ポスターは壁に貼り付けるものであるから、壁画と等しく平面性を要求します。右に述べたやうな理由で、独逸で発達したポスター藝術は、他の國のものに比べると、著しく装飾的なものと成って居ります。[39]（傍点、原文のまま）

菅原の主張のポイントを整理するとこうだ。ポスターが遠くにいる人の注意を惹きつけ、また文字と調和するためには、平面的表現が最も適しており、同時にこれは印刷も容易である。つまり視認性、経済性、印刷スピード、そして文字との親和性。これが、菅原が「単化」が優位だと判断した理由である。

「大戦ポスター展」で来場者に強い印象を与えた表現は、大戦を契機に現れた、筆跡を残した描法をもって少ない色数で重いテーマを描き、強烈な印象を与える、「表現主義的な」様式だった。[40]しかし菅原が、これぞ来る自由経済社会にふさわしい「ポスター様式」と見極め推奨したのは、これではなかった。そして、ベル・エポック期フランスのアール・ヌーヴォー・ポスターでもなかった。確かに、「活動的な線を用いたるグローテスクな様式」や、「細密な曲線を多く含むアール・ヌーヴォー・ポスター」は、視認性、経済性、印刷スピード、いずれの点でも、平面的処理の「単化」には及ばない。

「大戦ポスター展」翌々年の一九二三年、カルピス社（当時はラクトー株式会社）が行なった自社ポスターの国際公募は、結果的には菅原の新しい価値観を具現化する機会となった。一定以上の年代の方には馴染み深い、あのカルピスのトレードマーク、シルエットで描かれた黒人がカルピスを飲む姿が選ばれた公募である。

公募には内外から一四〇〇点余の応募があり、選考結果は一等から三等までが全てドイツ作品となった。ここで三等に入賞したドイツのオットー・デュンケル作品が黒人のシルエット像だった（図20）。この入賞作は、三等であったにもかかわらず、当初から新聞広告やポスターに、一等二等作品（図21）よりもずっと多く使用された。評判も上々であった。そしてその後、長期間にわたってカルピス社のトレードマークとなった。

思えばこのシルエット像は、なるほど菅原の言うところの平面的な「単化」である。

本書第二章で紹介する雑誌『広告界』の編集長、室田庫造《むろたくらぞう》は、このオットー・デュンケルのポスターの強烈な刺激について「日本の従来の美人ポスターから画期的前進が提示され、商業美術という新しいジャンルをつくり、産業界や広告界に新風を捲き起こす契機となった」。そしてこの企画が「広告図案時代から商業美術時代への最初のたいまつをともした[41]」と書き残している。一九二三年以降、ポスター、雑誌、新聞など多くの広告に使われたカルピスのデザインは、ドイツ・ポスターの特徴である「単化」が人目を引き、印刷もしやすく、それでいて拡売に優れた効果を持つことを実践する、日本で最初の事例となったのである[42]。

「単化」と「美人画」の対立構図

菅原が意図した「単化」は、その後どう拡大するか。

先に予告しておこう。一九三〇年代になると、専門教育を受けた制作者から街のごく一般的な制作者にいたるまで、「単化」スタイルは大流行する。しかしカルピス社は稀有な先駆事例であり、一九二〇年代半ば時点では、まだそれには至っていない。ポスターの威力や、「単化」などという新たな表現方法に、一部の人々が気づき出してはいたものの、現実にはまだまだ「美人画ポスター」一辺倒が続いたのである。流行の拡大スピードは今ほどに早くはない。「単化」がひろくあまねく広告関係者にわたるムーブメントとなるにはまだ少しの時と、そして拡大戦略も必要だった。

しかし一九二〇年代中頃、専門家には「単化」という用語は、既知の用語となって、ある確かな意味を持って意図的に使用されていく。菅原の最初の意図を引き継ぎ、専門家への認知拡大に一役買ったのは、一九二六年、田附與一郎《たつけよいちろう》[43]が発行した書『欧米商業ポスター』である（図22）。

田附與一郎とは何者だろうか。

本書にここまで登場した広告関係者は、評論家や軍人、広告研究学者、そして日本画家だった。田附は、彼らよりももっと実際の「広告」に近い人物である。一般企業の実業家だったのだ。田附は日本カタン糸株式会社の広告部長を務めるかたわら、実務で渡欧する機会を利用して、ヨーロッパのポスター研究にも傾倒していった人物だ。

3位入賞、デュンケル

（図20）カルピス国際懸賞

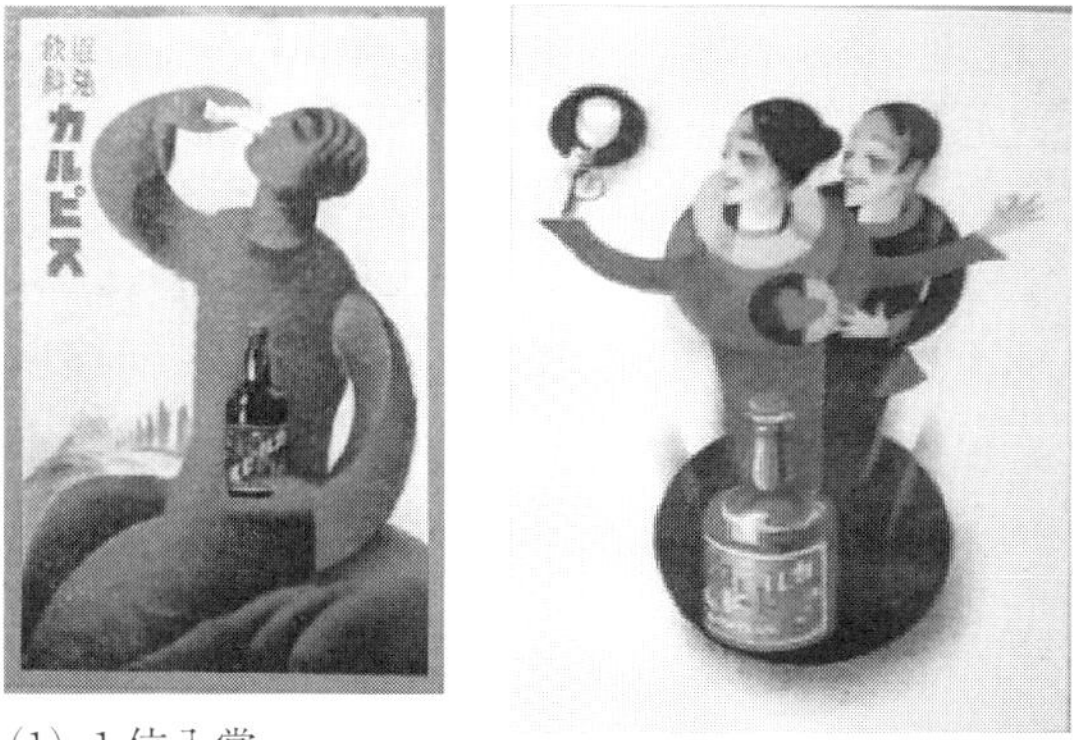

（1）1位入賞、アンロ・イエーネ

（2）2位入賞、マックス・ビトロフ

（図21）カルピス国際懸賞

実業と研究という二足のわらじであったにもかかわらず、田附の研究者としての実力も確かなものだった。第二章で詳しく見る、一九二九年から配本される日本初のデザイン全集、『現代商業美術全集』の編集委員にも選ばれているし、一九三一年から開始された毎日新聞社の「商業美術新興運動」での審査員も務めている。実業家でありながら、広告研究の第一人者としても確固たる地位を築いていたのだ。

田附の『欧米商業ポスター』は、高原会の『ポスター』と違って、図集ではなく文章主体の解説本である。一〇〇点を超えるポスター事例と、一九〇ページの本文によって構成されている。

本文には「仏蘭西、独乙、英吉利、亜米利加、墺太利、西班牙、伊太利、白耳義」といった順に章立てて、欧米各国のポスターの表現特質が示されている。フランスはロートレックやシェレ、イギリスはビアズリーやベガスタッフ兄弟、アメリカはペンフィールド。今日認識されている一九世紀末興隆期のポスター史とまったく違わない著名作家が、順に登場していることには驚かされる。しかもそれぞれの特徴が精緻に解説されている。

田附はこの書で、繰り返し「単化」という形容詞を使用している。

まず、中扉巻頭口絵（図23）や文中挿画のいくつかを、単化ポスター、単化図案と題している。それらはやはり、いずれも輪郭のない平面構成で表現された、ドイツ・ポスターだ。ヨーロッパの研究者から譲り受けたという来歴と共に掲載しているドイツ・ポスターもある[44]（図24）。

田附にはこの本でドイツ、とりわけ「北独を代表する伯林のベルンハルト」と「南独を代表するミュンヘンのホールヴァイン」を強調する意図があった。この二人は大戦前興隆期ドイツ・ポスターの二大巨頭なのだが、この本には各国紹介と同格で、「ホールヴァイン伯」、「ベルンハルト伯」という独立した章が設けられている。そして田附はこの文中で、二人の作家に顕著な特徴をいずれも「単化」という形容詞で賛美している。

（ホールヴァインは）永久の青年として五十歳の今日迄此広告美術の旗幟を押立て真摯と誠実を以て進み……其筆触、色彩の諧調、無限のリズムそれは「洗練の単化」の一句に盡きる。[45]

（ベルンハルト自身の発言）アメリカに於ける従来のポスター美術は……効果に乏しく、又見当を誤っていた……強い色彩を以て出来るだけ単化し、動態的描写の精神と勇気を以て前進する何人も出ていなかった。須《すべか》らくポスター画家否商業芸術に携われるものは此心掛を必要とする。[46]

そしてドイツ・ポスターの特質の総括には、大単化というやや奇妙な言まわしを使っている。

「此國のポスターは『大単化平面的』で所謂頑健第一主義と云つたような概念を与えへられる……仏蘭西で生れるポスターとは全く根本に相反したコントラストを示して居る[47]」。

田附は最終章では「単化」概念を、新しいポスター表現に欠かせないものとして、以下のように情熱的に書いている。

先づ極めて簡単な圧縮された要約された文字を創案し、画中に扱はんとする商品を出来得る限り単化表現する。……而して以上の結果を得んが為に商品の象徴と単化の必要は漸次最近ポスター美術界に高唱されてきた次第である。象徴の巧みなると、単化の宜しきを得ば広告掲示板の上に於て、より一層の効果を獲得し且単化は印刷上の経済的利益を伴ふわけです。ポスター美術は明らかに近年顕著な発達をなした所の現代美術の一面である。[48]

文字、色彩、線を「凝縮、要約」し、且つ、商品を出来得る限り「単化」表現することで、ポスターは一層の効果を得られるし、同時に経済的利益を伴う。第一次大戦前のドイツでは「単化」表現されたポスターが大きな効果を上げた。ポスターはこれを模範とすべきだ。

これが、実業界で広告部長として活躍した田附の主張であった。この「単化」の推奨文は、先に示した「カ

（図 22）『歐米商業ポスター』表紙

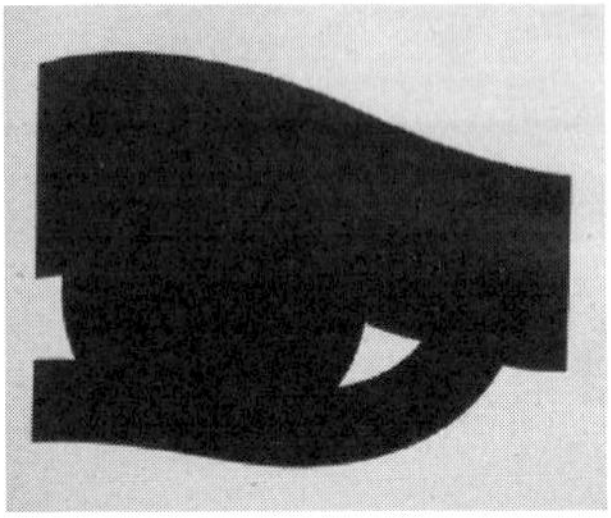

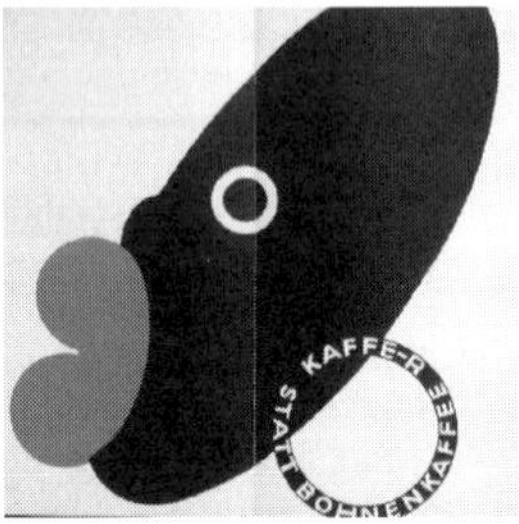

（図 23）『歐米商業ポスター』掲載作品
「単化図案三葉」中扉に織り込まれたカラー刷り 3 点。

（2）オットー・オットラー

（3）マックス・エシュレー

（1）オットー・オットラー、1925 年。このポスターは、1925 年のドイツ広告博覧会のポスターで、ドイツから直接送付されたと、文中で田附が語っている。

（図 24）『歐米商業ポスター』掲載ポスター

ルピス」ポスターが日本の市場で活躍した実例とあわせ見ると、より深く納得できる。

田附自身も述べているとおり、「単化」を強調したこの『欧米商業ポスター』は、確かに日本初の包括的な欧米ポスター情勢の概説書であった。同書はどの程度関係者に影響を及ぼしたのだろうか。

資生堂宣伝部にいた山名文夫は、同書を、戦前ドイツで活躍した制作者団体、六人組「DIE 6」を最初に紹介した功績のある書籍として評価している。[48]

雑誌『広告界』の編集長室田庫造《むろたくらぞう》へのこの書の影響も認められる。二年後一九二八年の『広告界』での「欧州の広告と広告図案家」[49]と題した記事で、室田は「ホールヴァイン氏は商業美術家として今年で二十九年常に倦むことなく永遠の青年として……商業美術の旗印を押し立てて」「色彩の階調、洗練の単化を持って今日まで三千有余の作品を残し」などと、田附の『欧米商業ポスター』内の文章とまったく同じ言い回しでドイツ事情を書いている。室田が同書を参照していることはあきらかだ。

一九二〇年代前半、雑誌『広告界』編集長就任前の室田の制作物は「ドイツの単化主義の様式を取り入れて、きわめて明快なデザインを発表していた」[50]と評価されている。彼は前に示したとおり、一九二三年頃カルピス・ポスターに感銘を受けていた。そしてその後、田附の書を参照しながらドイツの「単化」への理解を深め、これを編集長就任後『広告界』誌上で一般に啓蒙していったのだ。

(5) ベルンハルト

(4) ホールヴァイン　2点

(図24)

さてこのように「単化」を明確に大々的に推奨した田附の書籍出版の翌年一九二七年七月、日本初のポスター研究雑誌として知られる『アフィッシュ』が創刊される（図25）。アフィッシュとはフランス語でポスターのことだ。同誌創刊の意図を、出版主体の団体七人社のリーダー杉浦非水は、以下のように書いている。

日本の実業社会もお役人も画家もが、やつと、ポスター……商業図案……に目覚めて、真剣な瞳を見開いて来たのは、欧州大戦この方である。……然かし……殆んど凡ての画家は、アトリエの帳を深く垂れて、民衆と共に、実社会に喰い入つて、藝術を実業に融合しようとは考へて居ない。広告画は藝術の冒瀆であるかの様にさへ考へている人さへある。……（同書の創刊は）微力なる私を達つて、犬馬の労を吝まない七人社の若き人達と共に、ここに荒地を開拓して、一つの田園を世に提供したい心に外ならぬ。[52]

『アフィッシュ』は、杉浦という先駆者の名前と共に、今日、日本のグラフィック・デザイン史では良く知られた存在である。しかしこの宣言に象徴されるように、単に美的な興味でポスターを扱おうと考えた雑誌ではなく、ポスターの社会性と芸

（1）第 1 号、1926 年

（2）第 2 号、1927 年

（3）第 3 号、1927 年

（図 25）『アフィッシュ』表紙、作・杉浦非水

術性の融合という目的を明確に掲げた雑誌だったこと、さらに、次に示すように、創刊早々に、美人画ポスターの是非に関する著名人へのアンケートの結果を掲載していたことは、あまり知られていない。

　このアンケートは以下二つの問いで構成されている。

「問1．日本在来の所謂《いわゆる》美人画ポスターに就き其広告的効果及藝術的価値如可。」

「問2．英、米、佛、独、伊、露等のポスター図案中総括的に何れのものを最も好まるるや。並に其の理由。」

　美女ポスターに効果があると思うか？　そして、欧米のポスターで好みのものはどれか？　というわけである。なんだかわかりきった答えを誘導する質問に感じられはしないだろうか。計三十数人の関係者から回収されたアンケートの結果は、「美人ポスター及外國ポスターに対する諸名家の感想集」[53]と題され創刊号と第二号にわけて掲載された。創刊号の二〇名の回答は、予想通り総じて美人画に対し否定的である。

「これまでの美人画ポスターは余りに陳套」（金井紫雲《かないしうん》―新聞記者。美術記者で後に学芸部長）。「日本在来の所謂美人画ポスターは余りに通俗的甘美にして刺激乏しく広告的効果は稀薄」（坂井義三郎《さかいぎさぶろう》―洋画団体の白馬会機関紙『光風』編集者、美術評論家）。「所謂《いわゆる》美人画のそれに於いて卑近なる感を抱き候」（田辺孝次《たなべたかつぐ》―美術工芸史家）。「すべつこい美人画ポスターはもう広告的効果が薄くなつては居ますまいか」（石井柏亭《いしいはくてい》―洋画家）。「美人画ポスターの……概して感心し足るもの無きを遺憾とす」（武田五一《たけだごいち》―建築家）等である。二号には一三名の回答が掲載されているが、ここでも以下のように辛辣な「美人画ポスター批判」がなされている。

　今日の如く猫も杓子も美人画を用ひ、而して多数の不美人画しかも何等の新味も技術もないものは、何等広告的効果も藝術的価値も認め得ません。タダ多少のみ此れの両価値あることを認むるのみです。ポウスタとしてならば、私は最も独逸のを好みます。―その色彩の簡単にして鮮明、而して粗い線の構成で、良くポウスターの機能を発揮してゐるからであります。（井関十二郎《いせきじゅうじろう》―経営学者、明大教授）。

美人画ポスターの広告的効果は識らず、芸術的価値零点。総括して独逸のポスターを好みます（中田定之助―美術評論家。二〇年代前半にドイツ・バウハウスを訪問している）[54]。

二号にはアンケート結果の総評として杉浦自身が、「所謂美人画ポスター観」を書いている。それは、「美人画ポスター」を強烈に批判する内容であった。

（アンケート回答は）相当多数の名士から、熱心な御教答を得て、同人一同も満足し、大に教へられる処があつた。……所謂美人ポスターなるものは、原始的ポスターとして現代に残された形骸である、現代思想に掛離れた廃頽的のものである。しかして何等の新鮮味もなく、躍動もなく、刺激をも持たない、さうして単化も象徴化もないものは、人を直に把握するポスターとしての力もなく、或は一種の好色画的な存在ばかりである……要はその広告するものに対して、密接なる、或は暗示的なる内容的の物を言ひ得るものでなければならぬ。日本の所謂美人ポスターなるものは、此広告の内容と美人とが何等の関係もない、唯単なる観者の色情本能に訴へた遊蕩的興味ばかりな劣悪な考の下に並べられた女優や藝者の死せる肖像ばかりである[55]。

広告と美人とが何の関係も持たないポスターなんて、単なる色情趣味だ。強烈な存在否定だ。広告表現は、広告対象と密接な関係を持つべきで広告効果を第一に考慮せねばならない、という明確な提言でもある。広告表現は広告効果を第一に考える？　今日の視点からはごく当たり前のことだ。だが、杉浦のこの強い主張は、当時それがまだ常識ではなかったことを裏づけている。そして杉浦は、広告効果への考慮がない美人画ポスターへの批判を、「単化も象徴もない」という言い方で、「単化」という用語を用いて行なった。

杉浦は、「雑誌アフィッシュを刊行することになつて、先ず最初に諸名家へ二つの問題を提出して回答文を懇請した。そうして創刊号及本紙上を飾ることにした。」とも書いている。つまり杉浦ら『アフィッシュ』発行者は、創刊前から念入りにアンケートを計画し実行していたのだ。アンケートの問いかけは、一義的には「日本在来の美人画ポスター」と、「欧米ポスター」それぞれについて尋ねたものだった。しかしその真の意図は「美人ポスター」と「及外國ポスター」の対比と、「美人ポスター」の批判を導くところにあった。

彼らはアンケート結果が美人画批判になると事前に予想していた。そしてその結果を楯として、『アフィッ

(1) チョコレート・ポスター、野村昇、1927年

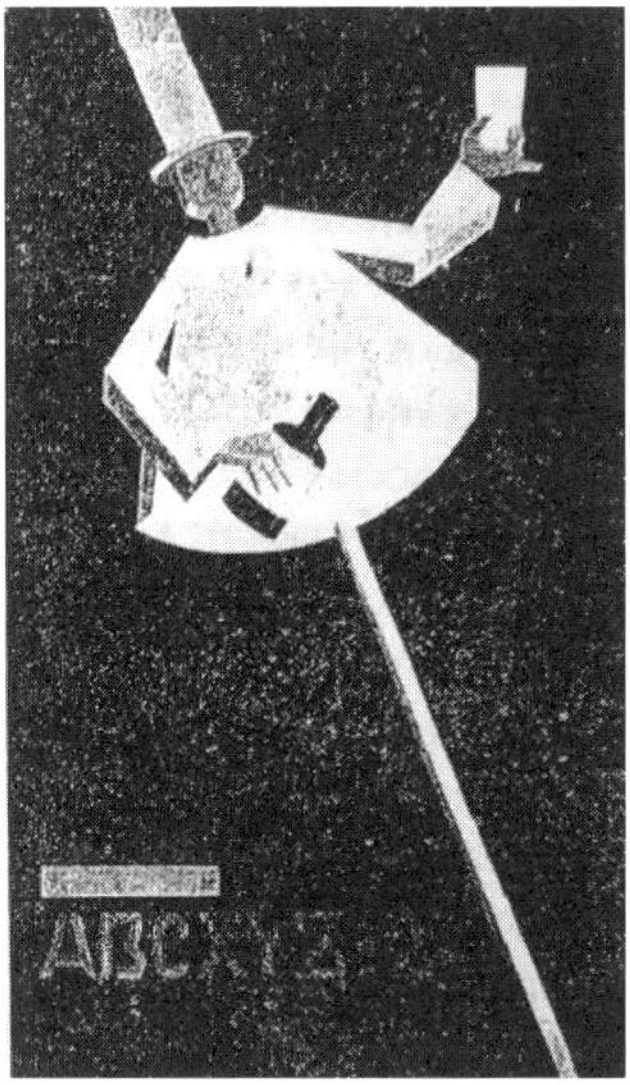

(2) 飲料水・ポスター、野村昇、1927年

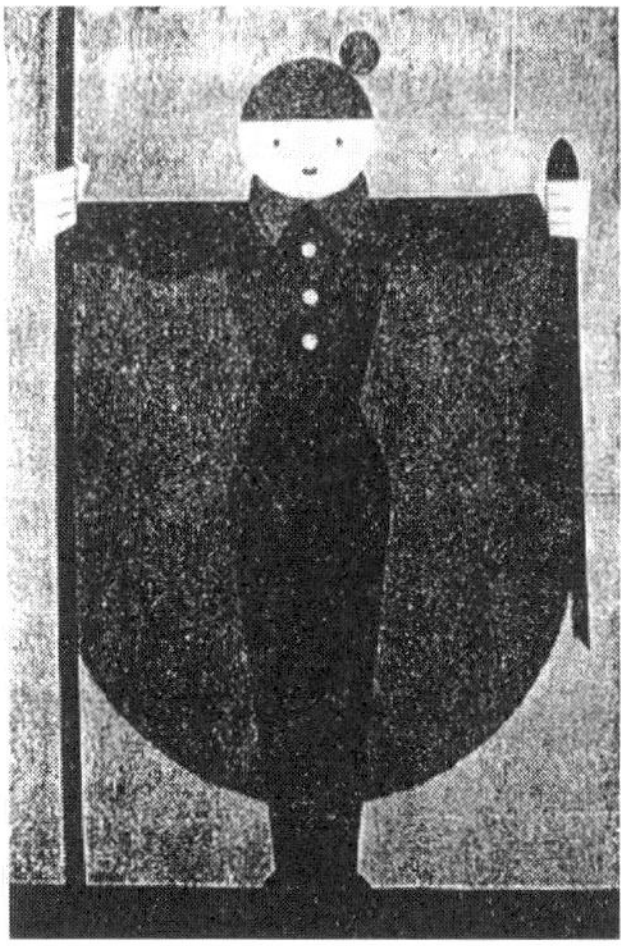

(3) 遊村誠、1927年

(4) 前島城一「石鹸のポスター」、1927年

(図26)『アフィッシュ』第2号掲載、七人社第2回制作ポスター展・出品ポスター

シュ』創刊号上で、美人画ポスターへの懸念を表明していった。自分たちだけの価値観ではないことをアンケートで裏づけた上での、周到に計画された意思表明だったのだ。

杉浦が、この創刊号と二号の中で美人画ポスターと対抗する表現として幾度も「単化」という用語を用いたことにも注目したい。たとえば二号では、七人社第二回創作ポスター展覧会出品合評で、「単化」という用語を用いている。そこでは入選作の特質に対して「ハイライトの単化法」などと表現されている。杉浦は野村昇《のむらのぼる》作の入選作品（図26）について、「単化された直線的なやり方が此作者の特徴なので、此行方で行けば、いつも間違ひなく成功する…」と評価している。「単化」という形容を今後の新しい表現として肯定的に用いていることがわかる。[56]

『アフィッシュ』の創刊と同年、一九二七年二月に発刊された雑誌、『商業美術』にも、「単化」という用語が使われている。これは、前年一九二六年に濱田増治《はまだますじ》が中心となって設立した広告制作者集団、商業美術家協会の機関紙である。

この協会は、商業美術という新たなジャンルの確立を目指した団体であった。「商業美術は……最も多数者に話しかけやうとする藝術……我々は現代大衆の友として存在する」といった自負を設立趣意で掲げている。「単化」が使われているのは、同誌の会員紹介ページで、複数の会員が得意分野として「単化ポスター」を挙げているのだ。[57]会員の得意分野には他に「新聞雑誌の挿画」「陳列装飾」「漫画」などが並ぶが、当然ながら「美人画ポスター」は一人もいない。[58]

このように、菅原が書いた「単化」という形容詞の意味は、一九二〇年代の半ば頃には、一部の制作者や研究者の間で確定的なものとなっていた。それは曲線を主体とした繊細なアール・ヌーヴォーではないし、一九二五年万国博以降フランスを中心に興隆したアール・デコでもなく、「大戦ポスター」でもない。単純化された平面で描かれた一九世紀末のドイツ・ポスターを手本とした強い印象を与える描き方が、「単化」と形容された。そして雑誌『アフィッシュ』にみられるように、「単化」を「美人画」表現の対抗馬と位置づける意識も広まろうとしていた。しかし繰り返しになるが、これら一九二〇年代半ば過ぎ、つまり大正の終わりまでの「広告」への意識改革と、その象徴とも言える「単化」を推奨する動きは、この時点ではまだ専門家に限定された議論だ。

次章では「単化」という形容詞をキーワードに、広告への意識改革が一般人に拡大していく一九二〇年代末、昭和初期の動静を辿ることにしよう。そこには「単化」一般化への戦略を強く推進した人物の存在があった。

1 中川静『広告と宣伝』寶文館、一九二四年、三三九頁。中川静（一八六六―一九三五）は神戸高等商業学校で日本初の広告論ゼミを開講した広告研究者。一九二二年に広告代理店萬年社の考案部長に転身した。一九二四年に同社が創刊した『広告年鑑』編集の指導者でもあり内外のポスター収集でも知られる。

2 『日本印刷界』一八六号、大阪印刷界社、一九二四年。宮島久雄「関西モダンデザイン前史」中央公論美術出版、二〇〇三年、二六七頁より。

3 商店界編纂部『廣告図案文案集』誠文堂、一九三〇年、二〇七頁。

4 アラン・ヴェイユ、竹内次男訳『ポスターの歴史』白水社、一九九四年、二三頁。

5 一九世紀、興隆期のドイツ・ポスターはフランスに比べると日本ではあまり紹介されてこなかった。近年以下の大々的な展覧会が催され知られることとなった。『ドイツ・ポスター 一八九〇―一九三三』京都近代美術館、宇都宮美術館、読売新聞大阪本社、二〇〇八年。

6 「大戦と各国のポスター」『大戦ポスター集』、六三頁、一九二一年。

7 中川静「ポスター其他の広告媒体に関する史的観察」『大戦ポスター集』朝日新聞社、五二頁、一九二一年。

8 「序」『大戦ポスター集』朝日新聞社、一九二一年。

9 内海幽水「大戦ポスターの蒐集から展覧会を開くまで」『大戦ポスター集』朝日新聞社、一九二一年、九〇頁。
10 「大戦ポスター展」は、東西展の好評を受けてその後全国一〇数箇所を巡回したという。田島奈津子「近代日本におけるポスターの認識とその展開―明治・大正期のポスター展を中心として」『メディア史研究』一三号、ゆまに書房、八六頁。
11 菅原教造「刺激としてのポスター」『大戦ポスター集』、一九二一年、三五頁。
12 内田魯庵「ポスター概説」『大戦ポスター集』、一九二一年、二三頁。
13 中川、前掲書、六〇頁。
14 河野恒吉「宣伝に関する予の研究」『大戦ポスター集』、一九二一年、七頁。
15 斎藤佳三「ポスター展覧会印象記」『大戦ポスター集』、一九二一年、一〇一頁。
16 内田、前掲書、三〇頁。
17 この雑誌は名前からは強いイデオロギーを感じるが、一般的な教養雑誌であったようだ。ポスター特集号に掲載された論文は、他に「宣伝に関する研究の一般」河野恒吉（陸軍少佐）、「ポスター離脱」内田魯庵、「ポスター生國日本」松宮三郎、「美術品としてのポスター」山本鼎（洋画家・版画家）。
18 三K会著、都鳥英喜蒐集『最近佛蘭西ポスター集』積善館、一九二一年。この本の掲載ポスターのほとんどは、現在京都工芸繊維大学意匠工芸資料館に収蔵されている。
19 原弘、前掲書、一九六七年、六〇頁。原は書名を『ドイツポスター集』と記憶していたが、実際の書名は『ポスター』。しかし高原会自身の広告や文章にも『独逸ポスター集』と記載されている場合もあり、ドイツ・ポスターの掲載が多かったことから通称『独逸ポスター集』であったと思われる。
20 田中一良編『ポスター』『ポスターのきじ』上下、高原会。上巻は一九二二年一〇月、『ポスターのきじ』と下巻は一九二二年六月に出版されている。解説本である『ポスターのきじ』には、掲載ポスターの目録と数本の論文が掲載された。
21 田中一良「ポスターに就いて」『高原』四号、高原詩社向上會編輯部高原会、一九二一年、六一頁。
22 玉村善之助「『高原会の仕事』記事」『高原』三号、高原会、一九二一年、一二四頁。
23 この書籍については資生堂広告部にいた山名文夫も「このポスター集はヨーロッパ九カ国の作品を

集めたもので、戦争に関するものだけでなく、商業ポスター、政治経済に関するものまで含まれ、全部で一五二点収録されている。」と、その先駆性を指摘している。

24 編纂者「編輯雑記」『ポスターのきじ』、高原会、一九二二年、二八頁。

25 高原会「序言」『ポスターのきじ』、高原会、一九二二年、一一頁。

26 『高原』二年二号掲載の広告文面。一九二二年、巻末掲載。

27 田中一良「〝ポスター〟の出版について」『高原』二年一号、高原会、一九二二年、八四頁。

28 玉村善之助「日本のポスター界」『ポスターのきじ』高原会、一九二二年、一九頁。

29 田中一良「ポスターに就いて」『高原』四号、高原会、一九二一年、六一頁。

30 山梨俊夫「玉村方久斗という絵描き」『玉村方久斗展』神奈川県立近代美術館、二〇〇七年、九頁。

31 玉村善之助、前掲「日本のポスター界」、二三頁。

32 高原会はこの『ポスター』発刊を記念して、一九二一年一一月一日から三日間白木屋屋上にて展覧会も行なった（図16）参照）。独逸ポスター展と、一般からのポスター公募展を同時開催したものだった。公募展は「［一般の人が］驚く可き名案なり……特殊の技術識見をもつてゐられる方もあるに相違ない」し、「それ等を発表させて頂くことは、……ポスター界革新の気運を導く」と考えて行なわれた。出品概略によれば宣伝、風刺、商品ポスター、ポスター図案、などが募集された。「『高原会の仕事』記事、ポスター（画稿）展覧会」『高原』六号、高原会、一九二一年、六一頁。残念ながらあまり作品が集まらず、自称「見事に失敗」であったようだ。田中はこの展覧会について「主催者だつたのであつて、高原会其物の展覧会ではない積り」だったが、思惑どおりにはならなかったと書きつつも「この企てが少しでも、この前途遼遠に思はしめる我国ポスター界に向かつて、同じく我々の手によつて大なる犠牲のもとに発刊されたあの『独逸ポスター集』と相俟つて促進の導火線となれば、否なることと自信して幸を感ずるものである」と自負もしている。「ポスター展覧会の記」『高原』二年一号、高原会、一九二二年、八二―八三頁。装飾研究家、渡辺素舟も「高原会」の活動に展覧会もあったことを書いている。「「高原会」もまた丸ビルに次いで（展覧会で）ヨーロッパ、ことにドイツのポスターを見せてくれたので、以来その機運も高まってきた」。渡辺素舟『日本広告デザイン史』技報堂、一九七六年、一九〇頁。

33　菅原教造（一八八一―一九六七）がポスター研究に携わったのはこの時期のみだったようだ。戦後『服装概説』（一九五〇年）を著し、衣服・服飾心理学、家事生活概論、色彩論等の多彩な研究活動を行ない東京女子高等師範学校（お茶の水女子大学）教授となる。「大戦ポスター集」には菅原の他に、河野恒吉（陸軍少佐）、内田魯庵（評論家・小説家）、中川静、内海幽水（大阪朝日新聞）、斉藤佳三（東京美術学校講師）らが寄稿している。注7から15も参照。

34　菅原教造「刺激としてのポスター」『大戦ポスター集』朝日新聞社、一九二一年、四三頁。

35　菅原、前掲書、三六頁。

36　菅原、前掲書、四六―四七頁。

37　菅原教造「ポスター藝術」『中央美術』第七巻第八号、日本美術學院、一九二一年、一三二頁。

38　ドイツでPlakatstil（ポスター様式）という用語は、一九〇五年にベルンハルトが創始したとされているSachplakat（即物的ポスター）とほぼ同義で使われている。

39　菅原、前掲書、朝日新聞社、一九二一年、四三頁。

40　モダンデザインの先駆者として知られる原弘は掲示のなかで「最も強い印象を受けたのは、戦敗国ドイツの重苦しいまでにグルーミィな、既に表現派的な芽はえを内包した多くのポスターだった。」（原弘「日本広告美術史の断片六・戦時ポスター」『デザイン』一九六七年一号、美術出版社、一九六七年、六〇頁。）「表現主義の強烈なポスター……中でもルートヴィッヒ・ホールヴァインの金と墨だけで巨大なヘルメットを描いた、単純な構図でしかもドイツ色の強いポスターはぼくたちが全く目にしなかった傾向のものだっただけに、脳裡に焼きついて消しがたいものとなった。」（原弘「デザイン彷徨記」『日本デザイン小史』ダヴィッド社、一九七〇年、八二―八三頁。）と繰り返し述べている。森啓によると、原はこの展覧会が当時のデザイナーにもたらした影響の大きさについて、戦後の日宣美展をはるかにしのぐものがあった、と幾度も話していたという（森啓は現女子美術大学教授。原の教授を直接受けている。二〇〇五年六月三日聞き書き）。出品作品の制作国構成はドイツ作品が圧倒的多数を占めていた。展示作品の多くは、現在、京都工芸繊維大学意匠工芸資料館に収蔵されており、『大戦ポスター集』に掲載されていない出品ポスターも多数確認が出来るが、原の指摘どおり表現派のドラマチックなポスターが多い。

41　室田庫造「『広告界』創刊前後とパリの日本商業美術展」『日本デザイン小史』ダヴィッド社、一九七〇年、一四七頁。庫造は本名。ペンネーム久良三、あるいはKURと記した執筆も多い。雑誌『広告界』ではこれら三つが混在しているが、本書では庫造の記載に統一した。

42　入賞作品は展覧会形式で一般に公開され、海外のデザイン情勢を肌で感じる早い機会ともなった。渡辺素舟は「当時のドイツの図案界を知るによい材料として興味を抱かせるに足るものであった」とその影響を語っている。渡辺、前掲書、一九五頁。

43　田附與一郎は日本広告学会主幹という肩書きで同書を著している。この日本広告学会は、広告取次や制作など広告代理店的役割を標榜した組織であった。

44　図24（1）はミュンヘン六人組の一人、オットー・オットラーのポスターである。六人組"DIE 6"は、一九一四年にミュンヘンで結成されたポスター制作者団体。オットラーは第二期のメンバー。田附はこのポスターを他の書籍では「金とセピアの単化ポスター」と表現している。田附與一郎「歐州大陸のポスター」『現代商業美術全集二』アルス、一九二九年、七頁。

45　田附與一郎『歐米商業ポスター』日本広告学会出版、一九二六年、三六頁。

46　田附、前掲書、一九二六年、六六頁。

47　田附、前掲書、一九一六年、一八〇頁。

48　田附、前掲書、一九二六年、一八七―一八八頁。

49　山名文夫、前掲書、一九七六年、一一三頁。

50　室田庫造「歐州の廣告と廣告図案家」『広告界』五巻三号、一九二八年、七四―七五頁。

51　山名文夫「商業図案から商業美術へ」『日本デザイン小史』、一九七〇年、一〇四頁。カルピスの入賞作品は、展覧会形式で一般公開された。渡辺素舟はこれについて「当時のドイツの図案界を知るによい材料として興味を抱かせるに足るものであった」と言っている。渡辺、前掲書、一九五頁。

52　杉浦非水「創刊の言葉」『アフィッシュ』創刊号、文雅堂、一九二七年、一頁。

53　「美人ポスター及外國ポスターに対する諸名家の感想集（一）」『アフィッシュ』創刊号、文雅堂、一九二七年、一四―一六頁。

54　「美人ポスター及外國ポスターに対する諸名家の感想集（二）」『アフィッシュ』二号、文雅堂、一九二七年、三五―三六頁。原著に中田定之助と記載されているが、正しくは仲田。

55　杉浦非水「所謂美人画ポスター観」『アフィッシュ』二号、文雅堂、一九二七年、二九―三〇頁。

56　杉浦非水「創作ポスター展覧会出品合評」『アフィッシュ』二号、文雅堂、一九二七年、五二頁。

57　濱田増治編『商業美術』第一回パンフレット、商業美術家協会、一九二七年、一四頁と一六頁。吉川正一と杉坂鎮吉という会員の得意分野として「単化ポスター」と記されている。

58　一九二五、六年ごろの情勢については他に、「図案文字」で知られる矢島周一も、ドイツ雑誌が僅かながら輸入された影響もあって、「図案も単化形式のものが台頭しはじめた。」と後述している。矢島周一「商業美術の今昔」『日本デザイン小史』ダヴィッド社、一九七〇年、七頁。矢島は一九二四年デザイン・スタジオを立ち上げ、一九二六年『図案文字大観』を刊行した在阪デザイナー。

2

「商業美術」と「単化」デザイン

美人画ポスターから脱皮せよ

一九二七年、昭和二年一二月三〇日、浅草—上野間に日本初の地下鉄が開通した。全長二・二キロという短い区間だったが、開業時から三分おきに列車が運行されたというから驚く。乗車料金は一〇銭。ほぼ当時のコーヒー一杯分の価格だった。

この開業記念ポスターを杉浦非水《すぎうらひすい》が制作している（図1）。杉浦が痛烈な美人画批判を書いた機関誌『アフィッシュ』創刊年の暮れである。

『東洋唯一の地下鉄道』とのキャッチフレーズが入ったポスターは、駅に入り来る六両編成の黄色い地下鉄（ポスターからは何輛かはわからないが六輛だった）を正面から捉えた遠近感のある構図。ポスターの主役は左片隅にある車体ではなく、ホームで楽しそうに待つ大勢の乗客だ。女性客には断髪に帽子が似合うモダンガールと日本髪の和装女性が混在し、子供の服装も洋装と和装の両方がある。男性客はみな中折れ帽をかぶった洋装だ。

濃淡と輪郭線の無い平面的処理で描かれたという意味ではこれも「単化」ポスターだが、ドイツに倣った「単化」というよりも、非水が留学した一九二〇年代フランスの、華やかなアール・デコ・ポスターと呼ぶほうが似合っている。当時のモダンな空気感が目を楽しませてくれるし、計算された奥行きのある構図は遠くからも目を引き、ポスターとしても成功している。杉浦の代表作といえるだろう。

東京美術学校を出た当代随一のエリート図案家、杉浦非水の作風の変化や、このポスターの出来映えについてももっと論じたいところだが、しかし広告の歴史にとって真に重要なのは、杉浦のこの秀逸な開業記念ポスターではなく、「地下鉄の開通」という事実である。

日本のポスターと広告界にとって、地下鉄の開通は間違いなく光明だった。ここまで読み進んで下さった読者にはもうおわかりだろう。地下鉄の開通によって、日本で初めて有料で掲示できるポスター掲示場が開設されたのだ。これに期待をふくらませる広告関係者の声が残されている。

真のポスター時代来る——東京地下鉄道の広告

現代日本にあっては建物の狭少、法令の不備、印刷の幼稚、広告主の不見識等よりして、ポスターは家屋にまた壁等に貼ることが出来なくして……簡単に上下に金具をつけて室内に掛けりてゐるのが現代ポスター

(1) 着飾った乗客たち

(2)「地下」であることが一目で分かる構図

(図1)「東洋唯一の地下鉄道　上野浅草開通」ともに杉浦非水、1927年

の現実である……実に悲惨極まる事である。……時代はポスターが「掛ける」事より開放され、それより一歩を進出して……処々に集団的にポスターを羅列する、新らしい広告場が復興帝都の誇りとして十一月頃から東京市中に現出するのである。即ち東京地下鉄道の上野浅草間の各停車場の広告がこれである。[1]

これを書いたのは三越呉服店の広告部長だった松宮三郎《まつみやさぶろう》。松宮と同様の期待を書き残した人物は他にもいる。一人は東京高等工芸学校教授の宮下孝雄《みやしたたかお》。こんな風に書いている。

もうやがて東京にも地下電車が出来上がるさうだが、一つ此の停車場だけは、現代の広告界を代表する様に美しく活躍したいものだ。巴里のメトロも、伯林のウンテル、グルンドも凌駕する新構式を考へるのは全体誰がやるんだらうか……も一度最後に東京の地下電だけはズット洗練した広告試練場にして欲しいものだ。[2]

もう一人、美人画ポスターの作家である多田北烏《ただほくう》も書いている。「今後の商業美術界は目醒しい活動の時期に入るだらう。其れは鉄道省各駅の広告、地下鉄の広告である」[3]。

多田と松宮の両名は、これまでの日本では、ポスターに「刷り込む店名なども、成可く鑑賞を損ぜぬ様随分苦心」せざるをえず、かつ「まず第一に（店主に）『掛けて貰へる』ということを必要条件として考えねば」ならなかった、と嘆息する。ポスターは「鑑賞するもの」ではないはずなのに、と。

彼らは、東京地下鉄の開通によって駅構内という公共空間に、クライアントの意思でポスターを「貼る」ことができる、「広告試練場」ができると喜ぶ。これによって、日本にもようやくポスター新時代が到来するというのだ。松宮が続けて挙げるふたつの具体的な期待理由が面白い。

まず地下鉄の乗客が「購買力の旺盛な都会人及び遊覧客」であること。そう言われてみれば非水のポスターに描かれた乗客は確かに富裕層に見える。もちろんポスターだから美しく脚色されているのだが、少なくともたった二キロの距離にコーヒー一杯分の運賃を払う余裕のある観光気分の乗客である。彼らは地下鉄下車後、松宮の勤務先である百貨店にそのまま吸い込まれてゆく上顧客であろうし、そういった人々を狙い打てる地下鉄ポスターの広告効果は高い、というのだ。

そしてもうひとつの松宮の期待は、「地下空間にあるポスターの効果」である。松宮の洞察はこうだ。当たり前だが地下鉄走行中は地上の列車とは異なり乗客の目には何物も入らない。そして「鉄道が停車場にとまれば、初めてそこに何があるかと眼を外に向ける、即ちそこに広告があるのである、照明の光に浮き出して見えるポスターがあるのである」。しかもそれは「照明完全なる下にその全姿を顕はす」。

なるほど地下鉄の乗客は車窓の景色を楽しめない。唯一眼にできるのが、駅到着時に明るい照明に照らされたポスターだ、その効果たるや絶大。というわけだ。テレビがない時代の人々である。真っ暗な地下空間を走るという初めての経験の後に、鮮やかに眼に飛び込んでくる照明に浮かぶカラフルなポスターは、確かに印象深いものだったに違いない。

松宮は文中で「欧米の地下鉄《アングラ》広告の盛大さ」にも触れていて、しかもそれが「欧州大戦乱に際して、如何に各国がアングラ広告を利用してこの絶大なる効果を収めたか」をも理解していた。彼はヨーロッパの交通広告の事情にも明るかったようだ。日本初の地下鉄開通は、世界初のロンドン地下鉄開通から遅れること六四年後であった。ロンドン地下鉄は構内ポスターの活用に関しても先駆者で、シリーズポスターを多く作り効果を挙げた。松宮はこのような事情までも知っていて、地下鉄開通とともにあらわれた有料掲示場に、日本のポスター新時代を見たのだろう。

余談だが、大阪市営地下鉄のマークと旧東京都営地下鉄のマークはいずれも円形に直線が横刺しになった形である（旧都営地下鉄のマークはサブウェイのSだそうだ）（図2）。そしてこの日本初の浅草―上野間の東京地下鉄道社のマークも、非水ポスターの左下部に見えるとおり円形に直線、ただし縦に刺さった格好だった。これら円形と直線の組み合わせは、ロンドン地下鉄のマークに良く似ている。ロンドン・アンダーグラウンドのマークは赤い丸に青い長方形が横串になっている。半世紀以上後発というずいぶんな時間差だが、このようなところにも世界中の地下鉄の範となったロンドン地下鉄の強い影響力を感じる。

地下鉄の開通が象徴するのは、ポスターが街角の広告媒体として理解され始めた社会状況である。このように屋外広告が黎明期に入った頃、新聞や雑誌の広告は一歩前を歩んでいて、産業として形を整えるべく動き出していた。[4] それは新聞社とクライアントの媒介を生業《なりわい》とした広告代理業者が業界団体を結成する動きからも見て取れる。広告を職業とする人々が自分らの社会的な立場を高めようと「広告業界」の確立に向けて動き出したのである。[5]

第二章はこの時期、広告とポスター、その制作者がようやく市民権を得始めた一九二〇年代後半を守備範囲としよう。一握りの専門家が「ポスター」の持つマス媒体力に開眼した一九二〇年代前半を経て、いよいよその意識が実業界にも広がりを見せるのだ。ちょうど元号も大正から昭和へと変わった。

戦略家濱田増治と「商業美術」

広告の需要拡大を味方につけ、自らの職業の地位向上を目指したのは、ひとり広告代理業界だけではない。広告制作者・クリエーターらも「画家くずれ」という不名誉な地位から脱出すべく動き出した。中心のひとりは、くだんの杉浦非水である。前章で見た、彼が主宰した機関誌『アフィッシュ』は、ポスターという当代随一のビジュアル媒体の存在をアピールするとともに、広告制作者らがものを言う機関誌として、広告制作者の存在を顕示したのだ。

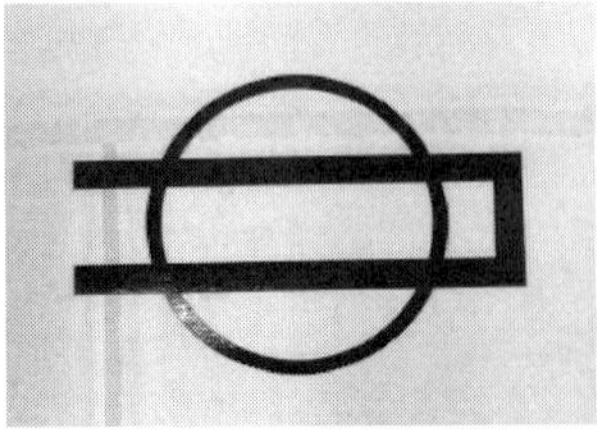

(1) 大阪市営地下鉄

(2) 旧東京都営地下鉄、東京地下鉄道社

(3) ロンドン地下鉄

(図2) 地下鉄のマーク

杉浦と同時期にもうひとり、広告制作者の地位確立にあたって大きな役割を担った人物がいる。濱田増治《はまだますじ》である（図3）。濱田は「商業美術」という新呼称を広めた人物として知られている。[6]「商業美術」という言葉は、今はもうほとんど使われないが、当時どのような意図で作り出されたのか。そしてこれを広めた濱田とはどのような人物だったのだろう。

濱田の人物評が残されている。

ひたむきな情熱、はげしい戦闘意識、理論への追求心、組織力、つねに先頭に立つ開拓者的な行動力、果敢な事務処理のエネルギィ。おそらく商業美術家の中で、氏ほど強い行動性を持った人はいなかったと思うのである。それが宿命であるかのように、自分で名称を創案し、理論づけ、実行した。氏の積極性がなかったら、商業美術という名称も、あれほどには早く受け入れられなかったであろう。[7]

比較的短身で小肥りのガッチリした体躯といつも莞爾《かんじ》とした一種の愛嬌を示しながらその下に何かいつも熱意を納めた籠《こも》った覇気に似たものを蔵して居るあの人なつこいそして張切った態度……私は同君の書いたものや対話の内に同君の不屈不倒の精神力と闘志（と云ってよいかどうか知らぬが）を観得る気がしたのである。[8]

戦闘意識、開拓者的な行動力、不屈不倒の精神力と闘志……。濱田は東京芸大

（図3）濱田増治

（当時は東京美術学校）で学んだクリエーターである。制作者に冠する形容として「戦闘意識」とは……。いささか奇異にも思われる。

濱田は大阪で生まれ、天王寺中学を卒業後、洋画を学んだ後に二〇歳で東京美術学校彫刻科に入学する。卒業後はライオン歯磨広告部を経て、一九二六年に日本初の広告クリエーター職能団体「商業美術家協会」の設立にかかわり、協会の機関誌『商業美術』の出版に携わる。同協会主催の「商業美術作品展覧会」[9]の開催を仕切り、一九二七年の第二回展は上野美術館での開催を実現する。この直後一九二八年から『現代商業美術全集』全二四巻を二年がかりで発刊する。その後も次々と「商業美術」の理論書・技術書を著している[10]。

確かにひたむきな情熱と行動力が無ければこなせない仕事量だ。広告新時代を牽引する手腕を備えた人物だったと思われるが、残念なことに一九三八年、四七歳の若さで脳溢血にて早世する。

短期間でこれだけの業績を残した人物なのだが、なぜか同時代の学者・デザイナーら仲間うちの評判は、あまりよろしくない。「濱田氏の理論体系については必ずしも私は全面的に賛意を表すものでなく、同氏もその事はよく承知していた筈だ[11]」という記述。濱田が編纂した『現代商業美術全集』にも執筆している明治大学の学者、栗谷義純《あわやよしずみ》が書いた。両者は面識のある関係だったのだろうが、どうも好意的ではない。実際「商業美術家協会」から脱会者が出た際には「これ等の人物を失った事には濱田氏との意見が合はなかった事に依る」「同氏は向こう見ずの戦闘意識の強い人間だ[12]」とまで書かれている。濱田の行動力は、少なくとも仲間うちでは好印象ではなかったようだ。

複数の濱田評に共通しているのは、「理論」好きという点である。制作者でありながら開拓者的で理論好き。個性的な人物に思われる濱田。彼は何を思い、どのような意図と戦略で「商業美術」の拡大に働いたのか。もう少し濱田と、彼と切り離すことの出来ない「商業美術」とに近づいてみよう。

濱田が提唱した「商業美術」はなぜ時代に受け入れられたのだろうか。この理由を明確に理解するためには、当時の広告制作者がどのような立場におかれていたのかを知らなければならない。

一九二八年に広告制作者の状況を憂いた記事が書かれている。

　今日の広告図案家は、暗夜岐路に立ちて、その行路に迷ってゐる感がある。即ち少しく志あるものは、広告図案家たることを一時の足がかりとして、純粋美術の研究に向はんことにのみ腐心し、眞に広告図案家として精進せんとするものの、まことに微々として振はない状態にあることは、實に広告図案家が広告図案家として、果して、自己の将来の生活の安定、向上を保證し得るかについて、甚だしき疑問を有するからである。[13]

生活が成り立たず将来が不安で、社会的地位も低く、そのため当人らの職業意識も薄い広告制作者。近代化からはなお遠い二〇年代後半の広告制作者の実況だ。

　これを書いた飯守勘一《いいもりかんいち》[14]は、味の素やクラブ化粧品で広告部に在籍した企業サイドの実務家である。飯守はこの前段には日本の図案家にこれといったスターがいない、との認識を書いている。「独逸のホールヴァインだの、亜米利加のペンフィールドがどうのと世界のポスターを論じ、ポスター画家を研究する、日本のポスター学者達に、試みに、日本に於ける、第一流のポスター画家の何人なりやを問ふも、恐らく、明答を与へ得ないであらう。……与へるべき適当の候補者を発見しないためである。……日本のポスターは、利用上にも図案作画の上にも、印刷術の上にも、今日漸く牛歩の如き、遅々たる歩みを続けて居るに過ぎない」。

　当時百貨店業界では先の杉浦非水が三越の広告で既に名を挙げていた。にもかかわらず、飯守の視界に杉浦は入っていない。つまり二〇年代末時点では、杉浦でさえその程度、百貨店関係者以外には知られていない程度の認知度だったのだ。これは、横のつながりがまだない当時の広告界の実情を示しているだろう。

　広告制作者がこのような低い地位と、横つながりのない不安定な状況にあった一九二六年に、「商業美術」という新語を掲げて「商業美術家協会」は結成された。協会の設立趣意書には、卑屈になる必要はない、我々の「商業美術」の社会的価値は高いのだ、という高らかなメッセージが、広告制作者に向けて謳われている。

今日迄商業美術が他の美術に比して低い位置に置かれたこと賤しめられたこと、そして作者自らも卑屈であったことは商業美術の使命に対して大きな不覚であった。商業美術家は醒めなければならない……純正美術及び工芸美術（現在の一品製作主義の贅沢品たる）は享楽の美術である。……其最も多くブルジョアジイでありアスリトクラチックであり而《しこう》して贅沢である。……商業美術は印刷に、建築に、照明に、造型にあらゆる文明の形式をして最も多数者に話しかけやうとする芸術である。故に我々は現代大衆の友として存在するものである。[15]

「商業美術」は、量産と消費を前提とした大衆社会、近代社会に必要不可欠な存在であり、その制作者という職にプライドを持とうではないか。そんな呼びかけの宣言である。「商業美術」はブルジョワジイのためではない大衆のための芸術だと叫ぶあたりは、社会主義にユートピアを見ていた一九二〇年代らしい宣言である。この設立趣意書は無記名だが、「商業美術家協会」設立準備の際に濱田と意気投合した大阪のデザイナー矢島周一が草稿を書いたという。[16] 濱田自身もやや後に、これとほぼ同じ主張をさらに強い調子で書いている。「商業美術」は、「其社会的基礎を生産的階級的であるところの大衆の側に置き」「大量生産主義を十分呑み込んで……社会大衆主義に立つ商業が、合理的に必要とする美術」[17]だという。「商業美術」は時代に要請された美術だと意気込んでいる。

濱田らこの協会の設立に関わった人々は、専門教育を受けた指導者層である。この宣言に「上から目線」を感じる向きもあろう。しかし「商業美術家協会」は、指導者層が自分たちの地位向上のみを目的として設立したわけではなかった。「商業美術」の制作者という社会的な立ち位置をしっかりさせることで、街の「広告図案家が広告図案家として」生活できる状況を作ろうと意気込んだのだ。

かくして設立された「商業美術家協会」。協会としての運動は短命だった。設立から一年での主要メンバーの脱退など、その背景には前述した濱田の仲間をよせつけない理論武装があったのかもしれない。だが協会の活動の不調にもかかわらず、「商業美術」という言葉は世の中に歓迎され、広まっていく。一九三二(昭和七)年一一月発刊の平凡社『大百科事典』のシの項に「商業美術」が挿入されるまでに一般化する。[18]「商業美術」という用語の浸透スピードは早かった。

一九二九年にはまだ「商業美術」という語句はあまり使われていなかった、「印刷図案といい広告図案といい……まだまだ〝図案〟が通行していた」と振り返る文が残されている。[19]根拠には、業界誌『広告界』一九二九年一二月号に書かれた記事の表題が、「印刷図案界の巨匠多田北烏先生」となっていて、「商業美術」という言葉を使っていないことを挙げている。一九二九年の時点で、専門家らの仲間内にさえまだ「商業美術」という用語は浸透していなかったというのだ。

とすれば、この用語が百科事典に掲載されるまでにかかったのはたった二年あまり。一九三〇年代に入り短期間で一気にこの用語が市民権を得たことになる。専門家の機関誌『プレスアルト』は一九三八年、「商業美術」について「もう古い言葉だが」と書いている。[20]これからも、この新語の急激な浸透が推察できよう。

そして後述するとおり、「商業美術」という言葉の普及と歩調をあわせて、一九三〇年代なかばのポスターには「単化」スタイルが急増する。「単化」という用語自体も急速に普及した。海外ポスターの傾向を紹介した一九二九年の書籍では、まだ「(ドイツ)表現派といふものは、或る物体からその精髄を抜き取つて、強く単純化したもの[21]」と単純化という言い方がされている。一九三二年の『日本広告辞典』にも「図案・意匠等の上にも応用されるもの」として「単一化」という語句が紹介されている。[22]しかしこれが、一九三三年以降の書籍は、こぞって「単化」という語句を使用するようになるのだ。

「商業美術」の普及と「単化」スタイルの急増。一九二〇年代末から一九三〇年代にかけての急激な変化の間に何があったのか。鍵を握るのは、やはり、濱田編纂の一九二八年から一九三〇年にかけて配本された『現代商業美術全集』と思われる[23]。『現代商業美術全集』とはどのような内容だったのだろうか。濱田の「商業美術」の拡声器となったと思われるこの全集の中身を見よう。

拡声器としての『現代商業美術全集』

『現代商業美術全集』は全二四巻で、一九二八年六月から一九三〇年九月までおおむね月刊で配本された。全巻予約制で、箱入りのハードカバーとソフトカバーの並製本の二種類が刊行された。ソフトカバーは定価一円だった（図４）。濱田の一つ目の戦略がこの価格にある。

全集の権威を考えれば、ハードカバー豪華装幀だけの刊行とすればよかっただろう。しかし濱田は、街の広告制作者にも手に取りやすい価格一円で、並製本も準備した。

時はいわゆる「円本ブーム」の真只中。「円本ブーム」とは、一九二六年末に改造社が刊行を始めた『現代日本文学全集』がきっかけとなって起こった「一冊一円で配本される全集」のブームである。『現代商業美術全集』の配本も明らかにこのブームに乗ろうとした企画だった。受け入れられやすい一円の全集。そこに、濱田が思う、今後目指すべき新しいデザインを、意志をこめて掲載していった。

一冊のボリュームは概ね一五〇ページで、前半の二／三から三／四のページが図版、巻末には関係する論文と図版解説が掲載された[24]。論文は、研究者、実務家、評論家など充実した執筆陣を揃え、濱田の奔

（1）ソフトカバー、１冊１円

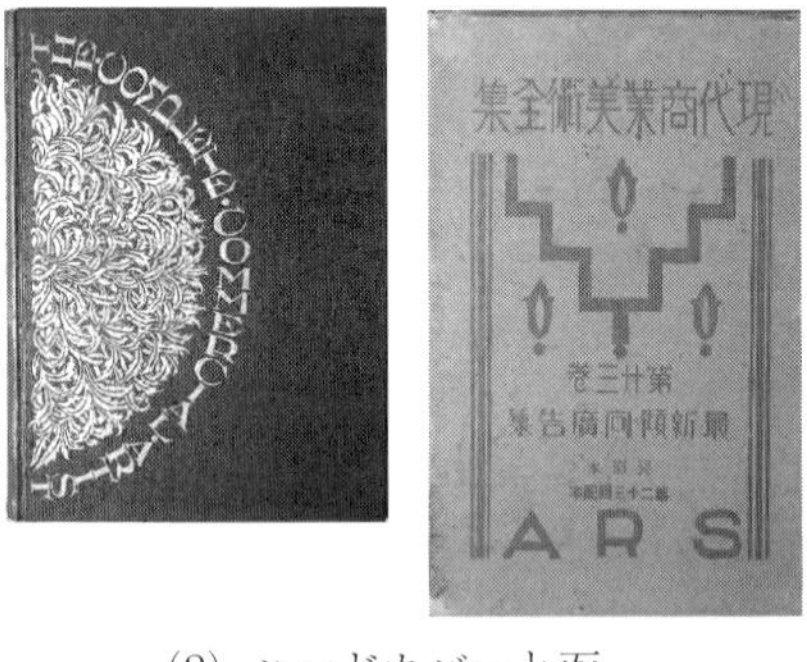

（2）ハードカバーと函

（図４）『現代商業美術全集』「最新傾向広告集」表紙

走のほどが窺われる。今日から見たこれら論文の資料価値も高い。

だがここで強調しておきたいのは、多くの読者、つまり街の広告制作者の期待は、論文ではなく前半の図版部分にあったということだ。彼ら街の制作者は論文よりもまず即実践に使える参考図版を必要としたし、濱田はこれに応えた。全集初回配本（一九二八年六月）が『実用ポスター図案集』という実践図版集だったことも、読者の期待がそこにあったことを裏づける。これはタイトルのとおりポスター制作実践の場ですぐに「実用」できる見本帳を目指して編集されている。ポスターに使えるカットや、そのまま文字を入れるだけで広告に出来る図版の数々。そしてそれらのほとんどが、アウトラインのない色面で描かれた「単化」にあたる作例だった（図5）。

最初に言葉を使って「単化」と明示された作例は、巻頭ページにある。輪郭線のない色面で描かれた表現で、「単化による形式」と説明されている（図6）。これには巻末でも「暗示に富み而も単化式の表現として効果的[25]」との解説がつけられている。

そのほか「象を黒一色で単化」し「人目に印象強くさせる」効果を得ている、といったように形ではなく濃淡のない塗り方を指して「単化」と書いている事例や（図7）、シルエットのような平面的なカットを「ポスターに用ひらるる単化図案」で「活動的で、単化の形式で、而もユーモアがある」と高く評価している例もある。「ポスターに用ひられる人物各種資料」としては、明らかにホールヴァインに範をとったドイツ風人物カットが掲載されている（図8）。

一九二八年という時期、街の広告制作者は何を手本として広告を作っていたのだろうか。

ヨーロッパの広告事例はおろか、国内の事例を手本としようとしても参考資料が極端に少ない。そのような時代だった。街の広告制作者が一九二〇年代に手に出来た資料といえば、後述する『広告界』そしてこの『現代商業美術全集』だけだった。本当に他には一切無かった。そんな情報に飢えた環境にあった街の広告制作者の手許に、全集と銘打ったシリーズの第一作『実用ポスター図案集』が届けられる。そしてここに「これが新

(1) イギリスのトム・パービスのポスター。『コマーシャルアート』誌にも掲載されている。

(2)「ポスターに用ひらるる単化図案」

(図5)『実用ポスター図案集』掲載作例（巻頭の原色版図版）

(図6)「暗示に富むポスター作例　単化による形式」(巻頭の写真版図版)

(図7)「商品をよく説明せんとするポスター」作：小畑六平

時代の広告だ」と言わんばかりに、「単化」スタイルが示された。この影響力は、情報の溢れる現在の視点からは想像できないくらい大きかった。

この巻では巻末論考の一つにも注目したい。美人画ポスターの第一人者として知られる多田北烏、地下鉄の掲示場に期待を寄せていた多田が書いた「ポスターの効果と技巧」と題する論文である。多田は「単化」について以下のように書いている。

今、日本のポスターの画風は、大体二つに分けられる。一つは印象に重きを置いたもので総ての描き方が非常に単化され、又誇張された画風である。例へばカルピス黒ン坊の如きもの、一つは説明的或は鑑賞的に描かれたものつまり写実的な描法が行われて居るものである。単化図案の特長は其の強烈な刺戟力である。第一印象に重きを置く街頭のポスターに最も其の偉力が発揮される。[26]

多田は「鑑賞的に描かれた」「写実的な描法」、いわゆる「美女にっこり」型美人画ポスター作家の大御所だ。その多田が「単化図案」が「街頭のポスターにその偉力が発揮」されるとはっきり書いていることに驚かされる。多田の作風は「美女にっこり」型ではあったが、時には子供や動物などを用いて広告する商品によって趣向を変化させており、当時としては広告効果をはっきりと意識した作家でもあったのだ。多田自身

（図8）ポスターに用ひられる人物各種資料

が「屋外の単化」ポスターを手がけることはなかったが、彼がその効果を正確に把握していたことはとても興味深い。

全集二四巻中平面広告を扱うのは、この「実用ポスター図案集」（第二巻）と第一巻「世界各国ポスター集」、第二三巻「最新傾向広告集」の三冊。これらは、二八年、二九年、三〇年に配本された（配本順序は巻の通し番号順ではなくランダム）。その内容を追うと、全集が次第に「単化」推奨の度合いを強めていく過程が見て取れる。

一九二九年二月に第八回配本となった第一巻「世界各国ポスター集」は、「世界のポスターの情勢を一通り展望し、且つそれらに関する見識を一通り習得できる」ことを目的とした。つまり欧米ポスター史概観特集号であり、一九二六年の田附與一郎《たつけよいちろう》の『欧米商業ポスター』と近い編纂内容だった。田附も巻頭に概説を書いている。彼の路線を踏襲し、目次に名を冠され強調されたのはやはりドイツの作家、ホールヴァインとベルンハルトのみだ（図9）。「さすがホールバインの筆[27]」といった文面も作例解説で散見される。「採って直ちに利用する資料たるものではなく[28]」とあるとおり、この巻は実践作例ではなく、アルフォンス・ミュシャ、ポスターの父シェレ、スタンラン、ロートレックなど、ベル・エポック期フランス著名作家のポスターが大きく巻頭で扱われている（図10）。ちなみに宮下孝雄が巻末文でアール・デコの巨匠、カッサンドルの主張を書いているが、この時期にフランスで一世を風靡していた同氏の作例は小さく一点「ラントランジャン」のみしか掲載されていない。

さて一九二九年発刊の号での注目は、以下の記事だ。会員短信などを載せた『月報』内の無記名の文章だが、ここに『現代商業美術全集』での濱田の戦略を考えるにあたって絶好の一文が書かれている。

日本のポスター界では美人ポスターと単化ポスターとが、対抗的な立場で争ってゐる。主として既成作家の大部分と、一般の日本の商店会社の旧慣的な人々の間では美人ポスターの方を信頼し、若い図案家と進歩的な商店会社では単化ポスターの方に傾いている。どこの國にも美人ポスターと単化ポスターといふやうな

(1) ベルンハルト２点　　　　(2) ホールヴァイン２点

（図９）『世界各国ポスター集』掲載図版

(1) アルフォンス・ミュシャ　　　　(2) ドイツ６人組のポスター

（図 10）『世界各国ポスター集』巻頭カラー図版

明確な対抗的な気色は見られない。……独り日本の出陣だけは猫も杓子も悉く其画材の主要部を美人にとつてゐたのは特に目だつてゐる。日本の美人ポスターの全盛は十四五年以前の昔……美人を題材にしたものでは時代的にもすでに最早や影をひそめて然るべきである。[29]

単化＝「進歩的」、美人画＝「旧慣的」という刺激的な語句が目に飛び込む。あなたはどちら側なのかと、読者に選択を迫る書き方だ。この記述からは、全集発刊から一年を経過し、「単化」が増加傾向に転じていることもわかる。だが「対抗的な立場」ということはもちろん依然として美人ポスターも多く、拮抗した状況ということだ。そして筆者は、そのような現実は打開すべきで、「美人を題材にしたもの」は「最早や影をひそめて然るべき」だと主張する。

進歩的なデザイナーとクライアントにふさわしい様式は「単化」だ。『現代商業美術全集』編集者の意図がはっきりとここにある。同全集は、一九二六年の杉浦による『アフィッシュ』の路線を踏襲し、「単化」を、美人画ポスターに対抗する表現と明確に位置づけていたのだ。

一九三〇年八月には二三回配本として「最新傾向広告集」が配本された。最後の二四回目の配本が濱田による商業美術理論の長編論文だけの編集なので[30]、実例集としてはこれが最後の配本である。ここでは「単化」強調の意図がさらに明確となり、「単化」と呼称した作例も数多く掲載されている。目次を見ても「単化表現の代表的範例」「単化的表現に漫画的興趣を加味せるもの」など、「単化」を編集全体に組み込んだ号であることがわかる（図11）。

以上『現代商業美術全集』を概観してきた。濱田の戦略を整理してみよう。

同書のねらいのひとつは、田附與一郎が『欧米商業ポスター』で示した、一九世紀ドイツの表現を見習おうという指針を庶民的読者に広めることだった。それは全集の編集員だった田附自身の文章が象徴している。田附は全集の配本に先立って作成された「実物見本」に、「一番大きな影響を我ポスター画壇に與へてゐるのは、独逸で生まれるポスター芸術に依つてである事は何人も肯定する所である」[31]と書き、発刊後の『世界各国ポスター集』内でも「現今日本のポスター画壇を見るに各国の画風流派が盛に採り入れられてゐるが、しかしその内でも一番強い影響を受けてゐるのは独逸で生れるポスターに依つてであらうと思はれる。……〔ドイツ・ポスターの〕北欧チュートン系の重くるしい頑健荘重な色彩筆触の作風が日本のポスター画家や公衆の印象に強い反響を与へてゐるのではなからうかと思はれる」[32]と書いている。

ところで今日、黎明期の日本のグラフィックデザイナーは、ヨーロッパのなかでもフランスのアール・デコの影響を強く受けていたと考えられがちである。それは、杉浦非水というトップ・デザイナーがパリ留学経験を持っていること、杉浦のつくるアール・デコの影響を強く感じるいわゆる「非水様式」がもたらした印象なのかもしれない[33]。しかしここまで述べてきたとおり、実際には一九二〇年代後半の日本の視線はフランスには向けられてはいない。ドイツのポスター・デザイン、そしてその単純化された形態へと向かっていた。

これについて筆者は個人的にも納得できるものがある。京都工芸繊維大学で「ドイツ大戦ポスター」の実物を多数拝見したさい、日本人がなぜドイツ作品に惹かれたのかを追体験することができたからだ。大きな画面

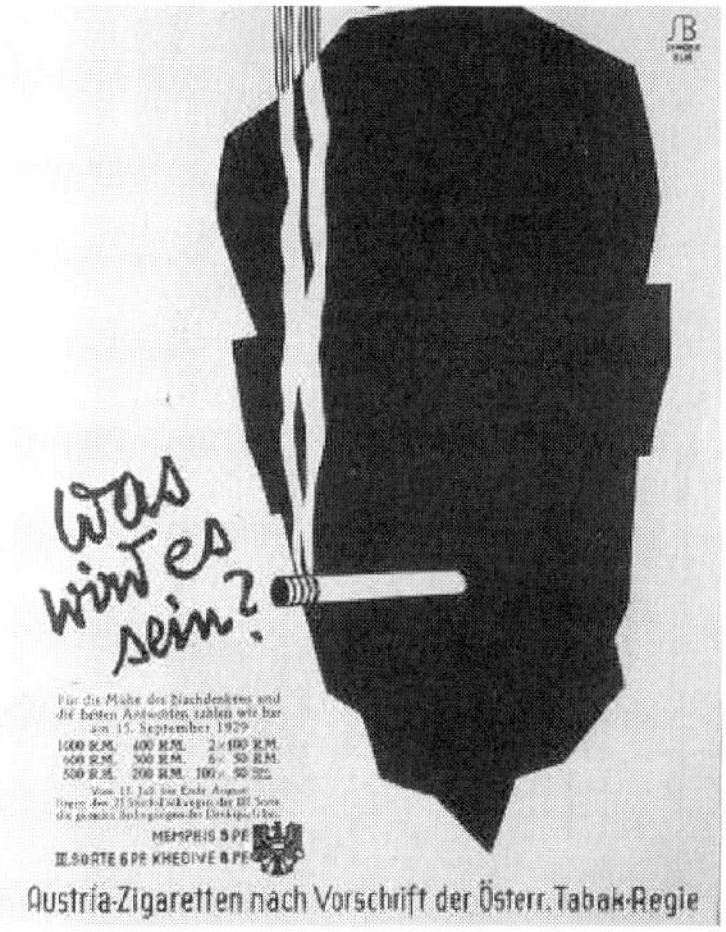

(1)「単化表現の代表的範例」

(2)「単化的表現に漫画的興趣を加味せるもの」

(図 11)『最新傾向広告集』掲載例

に平坦に厚塗りされた「塗り」のように迫力ある黒。この黒の効果であざやかに画面をつくるドイツ・ポスターは、色数も少なく、「書」にも通じる清廉な美しさがあった。フランス・ポスターがさまざまな色柄の豪華な生地やフリルを使った華やかなドレスであるとすれば、ドイツ・ポスターは、黒く厚い上質のシルクだけで作られ、しなやかに光るイヴニングドレスといった趣である。日本人が後者をまねようと考えたことは、美意識に共鳴した自然な流れであったように思う。それは、なぜドイツを手本としたのか？の解を、ドイツが友好国だったからではないかといった論理ではなく、ドイツ・ポスターに魅かれた当時の人々の感性に思いをはせ、なるほどと合点する体験だった。

さて、『現代商業美術全集』の戦略に話を戻そう。

ドイツへの傾倒に加え、もうひとつのこの全集のなした仕事は、もちろん「単化という新語」の立ち位置を明確にしたことだ。大勢の読者に、進歩的な広告制作者がこれから作るべきは「単化」だ、平面的な色面で描いた具象表現だと、実例によってわかりやすく説いたのだ。この影響は絶大だった。

それにしても一九二〇年代、まだ広告への意識が低く資料集めにも相当な苦労が必要だった中で、よくこれだけの全集が出版出来たものだ。濱田の並外れた行動力が窺い知れる。

濱田の戦略は、ドイツに範をとった「単化」と「商業美術」とを関連づけて、一般的な広告制作者に広めるというものだった。しかしこの戦略をとった濱田の行動にはやや疑問が残る。なぜ彼が推奨したのは「単化」だったのだろうか。「単化」は確かに一九世紀末のドイツで一世を風靡した。その後長い間ドイツ・ポスターにこの傾向は継続された。しかし一方で一九二〇年代に入ってドイツには構成主義やバウハウスという新たなアヴァンギャルド芸術が興隆していたし、濱田はそのことをよく理解していた。そればかりか東京美術学校在籍中には、アヴァンギャルド芸術に並々ならぬ関心を寄せていたのだ。[34] 残されている自身の作品もヨーロッパの新傾向の影響を強く感じるものである。

なぜ濱田は欧州では古いものになりつつあった「単化」を、進歩的スタイルとして推したのか。なぜヨーロッパの最新傾向を推さなかったのか。この疑問を探りながら、濱田の戦略にもう一歩踏み込んでみたい。

濱田の戦略、「単化」と「モダニズム」

前述のとおり『現代商業美術全集』配本終了後一九三〇年代に入ると、今日に名を残す「作家」から、無名の街の制作者まで、多くの制作者が「単化」を取り入れたポスターを作成していく（図12）。数年を経た一九三七年には、「単化ポスターの氾濫」[35]と称されるまでに大ブームとなる。濱田の狙い通り「商業美術」という価値観と「単化」ポスターは、一体となって裾野を広げた。濱田の戦略はど真ん中に的中したのだ。

ここまで成功したとなれば、濱田の戦略、「単化」を推奨した真の意図がますます気になる。なぜ濱田が広めたのは、学生時代「なみなみならぬ関心を寄せた」アヴァンギャルド芸術の尖端ではなく、「単化」だったのか。これを解明するため、まず「単化的傾向」の特徴について濱田が初めて詳しく書いた文章「最近広告と其商業美術の表現」から見てみよう。[36]

濱田はここで「単化」を推すキーワードとして「スピード時代」を取り出す。

「単化」式デザイン推奨の意図は、「このスピード時代に於いて、最も端的に直裁に、強力に印象的に人人をキャッチするのが最も時代的な表現だ」と、「スピード時代」の要請にあるというのだ。[37]そして「単化されたポスターは繁忙な街衢では、複雑なポスターより、より適合的である」という。

確かに社会の複雑さは当時の日本でも進行しており、そこでの印象的な表現の必要性は、「単化」式推奨の理由となるだろう。しかし濱田の言う「自動車に乗った人、汽車からの人々の視覚に納られんとする広告物」が当時の日本にどれほどあったのだろうか。

当時の欧米と日本では、ポスターの大きさが桁外れに違う。中川静は欧米では全紙（横二六インチ×縦三九インチ）が最大二四枚はぎで作成されると記している[38]し、室田も「アメリカには畳三四十畳の大きさのものはざらにある」[39]としている。欧米のポスターは郊外ビルボードへの掲示、市街のビル壁面への掲示を目的としていたからこの大きさだったのだ[40]。

対してこの時期の日本ポスターは、「欧米に於ける如き掲示場所を設けられていないために、大形のものは用いられず、全紙一、二枚のものを最大とし、それ以下のものが多い[41]」。「日本で使はれている大きさは四六全判や菊版が最も多く使はれてゐる[42]」。平均長辺一〇〇センチ内外ということだ。

モータリゼーションの波が既に到来していた欧米では、ポスターは実際にスピード化した視点、車窓からの認知を狙わなければならなかった。これがヨーロッパで「単化」式デザインが創り出された大きな理由のひとつだ。ヨーロッパでは車で走り去る消費者の視界に印象を残そうとすれば、たとえ話や抽象論ではなく、実際に「単化」でなければ意味をなさなかったのだ（図13と第一章図3参照）。

これに対し日本はどうだったか。

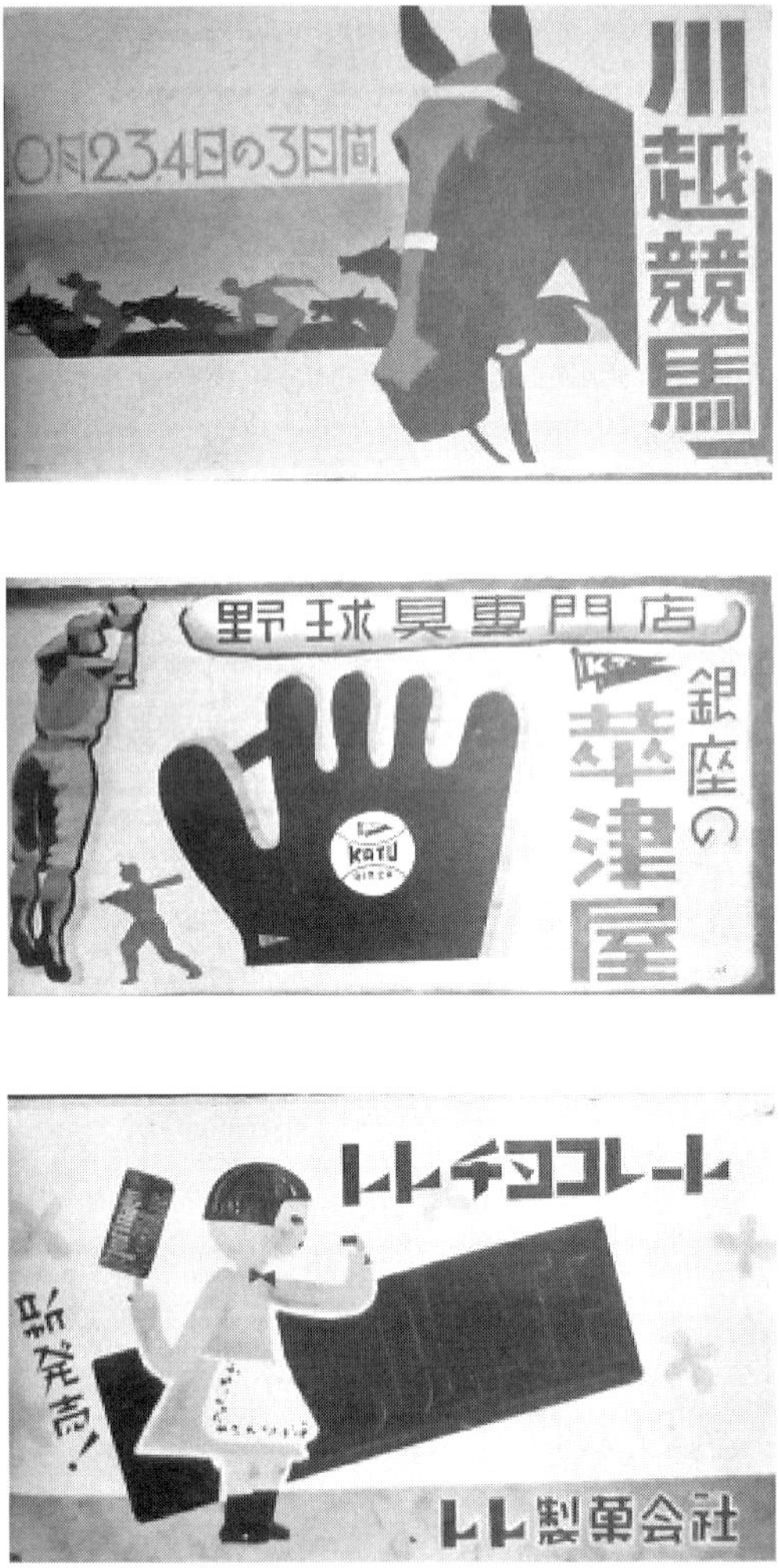

(1) 新図案協会第４回電車ポスター展入選作３点、1934 年

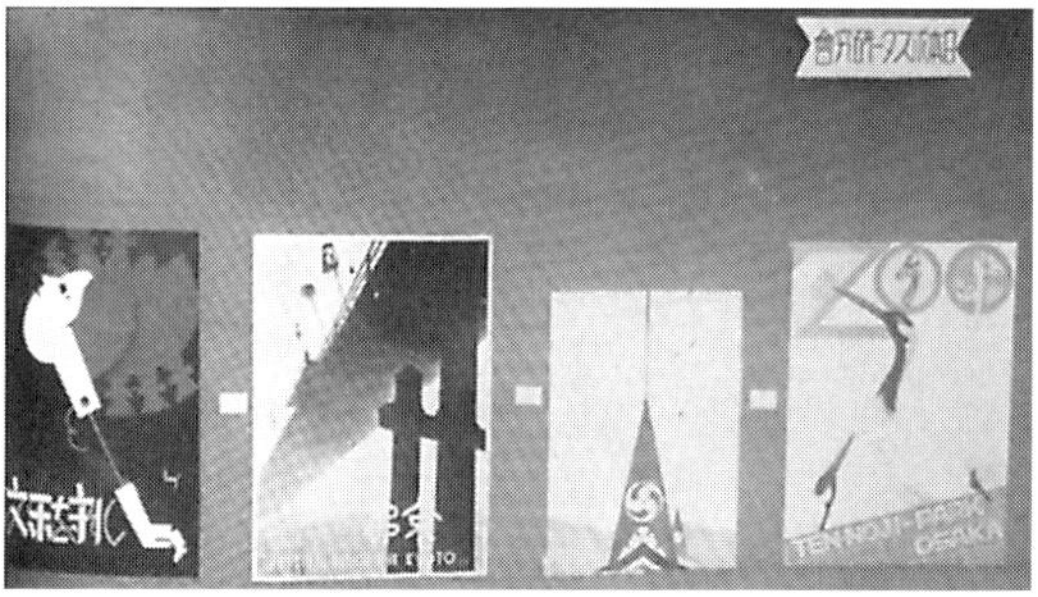

(2)「国際商業美術交換展」1934 年

上：東京広告作家協会・出品作
下：日本ポスター研究会・出品作（最左：河村運平作）

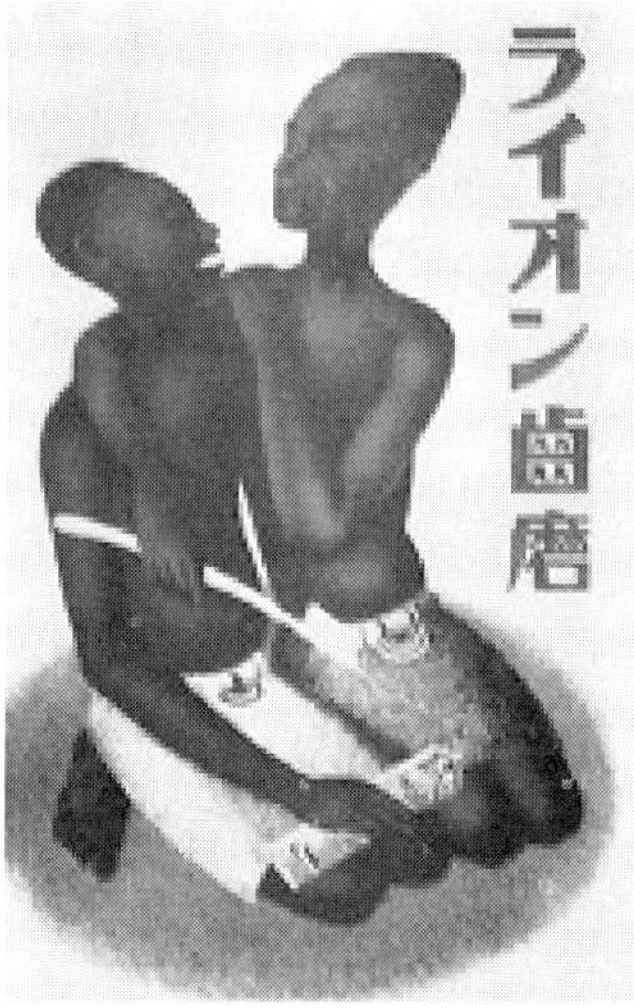

(3) 第 2 回商業美術入選作、
小金丸梅雄、1934 年

（図 12）単化ポスターの作例

『現代商業美術全集』発行の時点での日本のポスターの掲示場所はと言えば、ほとんどが屋内、せいぜい歩道か地下駅構内であった（図14と第一章図2参照）。

本章冒頭で書いたとおり、地下鉄構内という有料掲示場の登場によって、ポスターはようやく個人店主の趣味に合わせる必要から開放されつつあった。だが、だからといって欧米のように車中からポスターを見るという場が直ちに登場したわけではない。掲示風景を見てもわかるとおり、日本に大きなビルボードはまだ存在せず、一九二〇年代後半の時点で、日本人がポスターを見る視点のスピードは、多忙な人々が街角で一瞥するせいぜい歩くスピードだった。モータリゼーションの波はまだ来ていなかったし、何枚ものポスターを繋ぎ合わせてひとつの図柄にするような大判ポスターは日本には存在しなかったのである。

スピード化した視点から認識させるためという必然性が、ヨーロッパほどに高くないことは、欧州事情に詳しい濱田は重々理解していたはずだ。だとすれば「スピード化した視点」という理由は、濱田が「単化」を強調した真意ではない。「スピード新時代のポスター形式」というのは、なんだか格好よくわかりやすい。これは「単化」を推奨するための、見せ掛けのキャッチフレーズではなかったか。ではどこに真意があったのか。濱田はなぜ「商業美術」とともに構成主義などの特定のアヴァンギャルド芸術ではなく、「単化」を推奨したのだろうか。

この疑問を片手に、改めて『現代商業美術全集』発刊より前一九二六年に、濱田が中心となった「商業美術家協会」の設立趣意をよく見直してみると（それは七ページにも及ぶのだが）、最後の項目「我等の位置」に、構成主義を否定する言葉が入っていることに気づく。

新らしい希望として構成派は芽生えたが彼らの目的は遂に産業に行かねばならなかつた、然し現在に於て彼等の所産はまだ机上を離れないところの、架空であり遊戯でありすぎる、実質より見て未だ実際の効用価値を生じない、即ち理想であり智識の動きに過ぎないものである。

（図 13）
欧州のポスター掲示
パリの街角、ポール・コラン作ビュシロン家具店のポスター、1930年頃

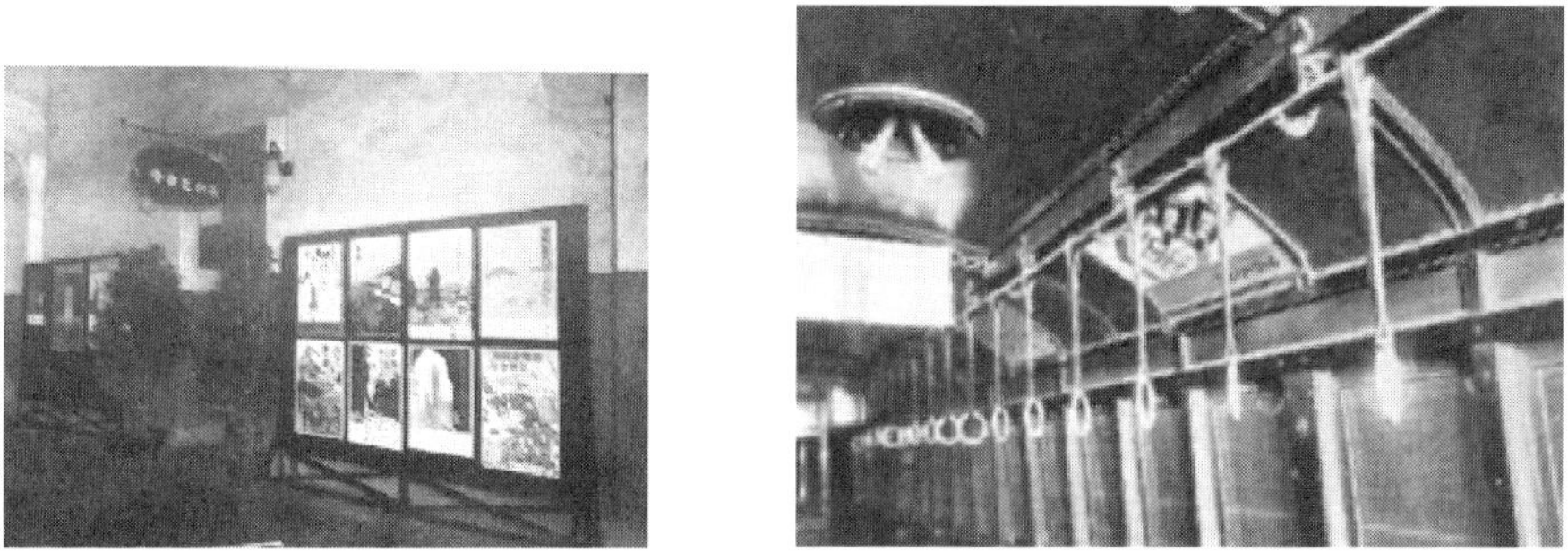

（1）駅と電車内（1920 年代後半）

（2）東京地下鉄ホーム壁面広告、1930 年頃

（3）地下鉄上野駅、1930 年頃

（図 14）日本のポスター掲示

商業美術は……実質的効用を持つ点に於いて厳然たるの一の存在であつた。
我々は架空や妄想を取り扱はなかつた。常に実際にして効果あるものを供給し来たのである。[43]

学生時代「なみなみならぬ関心を寄せた」アヴァンギャルド芸術の尖端である構成主義を、濱田はここでは「遊戯でありすぎる」「架空や妄想」と、真っ向から否定している。「『商業美術』は実質的な効果があるかどうかが勝負だ。それなのに構成主義は、まだ架空であり実用価値を持たないではないか」というわけだ。どうやらここに濱田が「単化」を推奨した鍵があるようだ。

さて今度は、『全集』の配本終了後に、濱田が書いた単行本『商業美術精義』を見てみよう。

この一九三二年の本で、濱田の態度は一変している。バウハウスなどを示す「構成」式と「無装飾」式の結合が「ポスター創作としては最後の理想に近いもの」だと言うのだ。構成式は「最も新しい考へで、商業美術表現の将来は、必ずこの理念に支配されなければならない」と断定する。[44] これは不思議だ。一九二六年には、アヴァンギャルド芸術は商業美術には向かないと否定していたではないか。

翌一九三三年に明治大学広告研究会が発刊した『広告講座十六講』への寄稿でも、濱田はポスターの理想像は構成主義などの概念的な表現だと書いている。その論旨はこうである。

濱田はポスターの表現は四段階に変化していくという。「其一　実感を主潮とする表現」は、スタンランやブランギンが描いた一流の純正絵画の「実感が持つ最大の効果」を生かしたもの、「其二　実感の整理的表現」はアメリカの広告に多い例で、絵画調の挿絵だけれども元からポスターのために書かれたもの。そして、「其三　象徴的表現の一（所謂商業図案の立場）」は、「単化」のことだ。このような言い方で、「単化」の必要性を説いている。

近代はすべてが速度的である。疾走の車中から綿密なる実写図を観取することは出来ない。……勢ひ其処には大まかなそして簡略された表現が必要である。又綿密にして実感味のあるものには印刷等に於いては其制作と費用の過大が必要される。広告の経済には費用の無制限といふことは考へられない。其処で適度な費用によつて最も効果ある表現が求められる……今日ドイツ式図案によるものは此要領を体得するものが多い。[45]

スピード化時代というキーワードは無いけれど、疾走の車中から見ると言い、ドイツが手本だとも書いていて、主張は『現代商業美術全集』と同じだ。だが『現代商業美術全集』と大きく違うのは、論がここでは終わらないことだ。「其四　象徴的表現の二（最近乃及将来の傾向）」が続くのである。やや長くなるが、濱田の最終目標を読み解いてみたい。

　第四期の状態を示すものは一切本質に関する理解といふ事から出立して来る。此第四期の問題を説明するのは最も難解であるけれども、此問題を解決しない限りは真の商業美術表現に関して所謂画龍點睛を欠くのうらみを抱くものである……ただ色と色との相互関係、線と線との構成、ある面とある面との構成であつていい。これ等では人々はこれを何の画であるかといふ事は知らない。然し人々は其線や面や色彩の相互関係、其各要素の感覚機能、それ全体の構成図面から説明し得ることは出来ぬがある種の感覚を与へられる事がある。カンジンスキーの絵画は説明されはしない。……商業美術表現は目的を生かさなければならぬために徹底的に合理的科学的に、而して実に心理的に其形態を吟味しなくてはならない……形式よりも理念を咀嚼し、それを以つて表現するのが第四期層の表現である。

「本質に関する理解」「形式よりも理論」「徹底的に合理的科学的」……濱田のアヴァンギャルド芸術への思いを髣髴《ほうふつ》する熱い語り口である。さらに熱い記述は続く。濱田は、ダダやシュールレアリスム、構成派や新しい建築やロシア構成主義のリシツキーなど尖端の芸術運動にもふれ、「鉄、ガラス、コンクリートの相互構成の美観」や「今日の広告写真の新様式……フォトグラムやフォトモンタージュ」にまで言及し、「商業美術の表現は第四期層の表現へと到着して来る」[46]と結ぶ。

第四段階でのポスターは、もはや具象ではなく、抽象概念や写真で構成されるべきだ。広告には「ただ色と色との相互関係、線と線との構成、ある面とある面との構成」がもたらす「ある種の感覚」が最も大切だと濱田は言い切る。これは、『商業美術精義』で「無装飾」「構成」式を「ポスター創作としては最後の理想に近いもの」と位置づけて推奨したのと、まったく同じ主張だ。

このように一九三二年、三三年の『商業美術精義』と『広告講座十六講』での濱田は、ポスターの理想は具象ではなく、概念的な構成に基づく表現だといっている。しかし彼は、一九二六年の「商業美術家協会」設立趣意では構成主義というデザインの尖鋭を「非実用的だ」と否定していた。両者の間に配本された『現代商業美術全集』でも、「構成主義」という言葉を一切使っていない。図版にもバウハウスや構成主義作家による欧州の事例は、ほんの数点しか掲載していない。

濱田は全集の配本終了後二年間で、急に考え方を変えたのだろうか。「抽象概念で構成されるポスター」を理想とする考えは、全集配本後、にわかに思いついたのだろうか。それではかなり不自然に思える。

しかし注意してみてみよう。濱田は一九三三年の『広告講座十六講』で、「将来は」実験的なスタイルになると言っている。今、について言ってはいない。理念を優先する表現」がふさわしいのは「最近のおよび将来の傾向」。近未来形なのだ。

『商業美術精義』をじっくりと読むと、なんと後段の章で濱田は、「構成」式と「無装飾」式に対する態度を再度翻している。濱田は理想は無装飾式と幾度も繰り返し強調したにもかかわらず、そのあとでこのように書くのだ。

しかしそのやうなポスターが用ひられるのは、ポスターの理解が、もつと行届いてからでないと実現され

(図 15)
『現代商業美術全集』に掲載された濱田の作品

(2) 濱田のウィンドー・ディスプレイ(ライオン歯ブラシのためのもの)

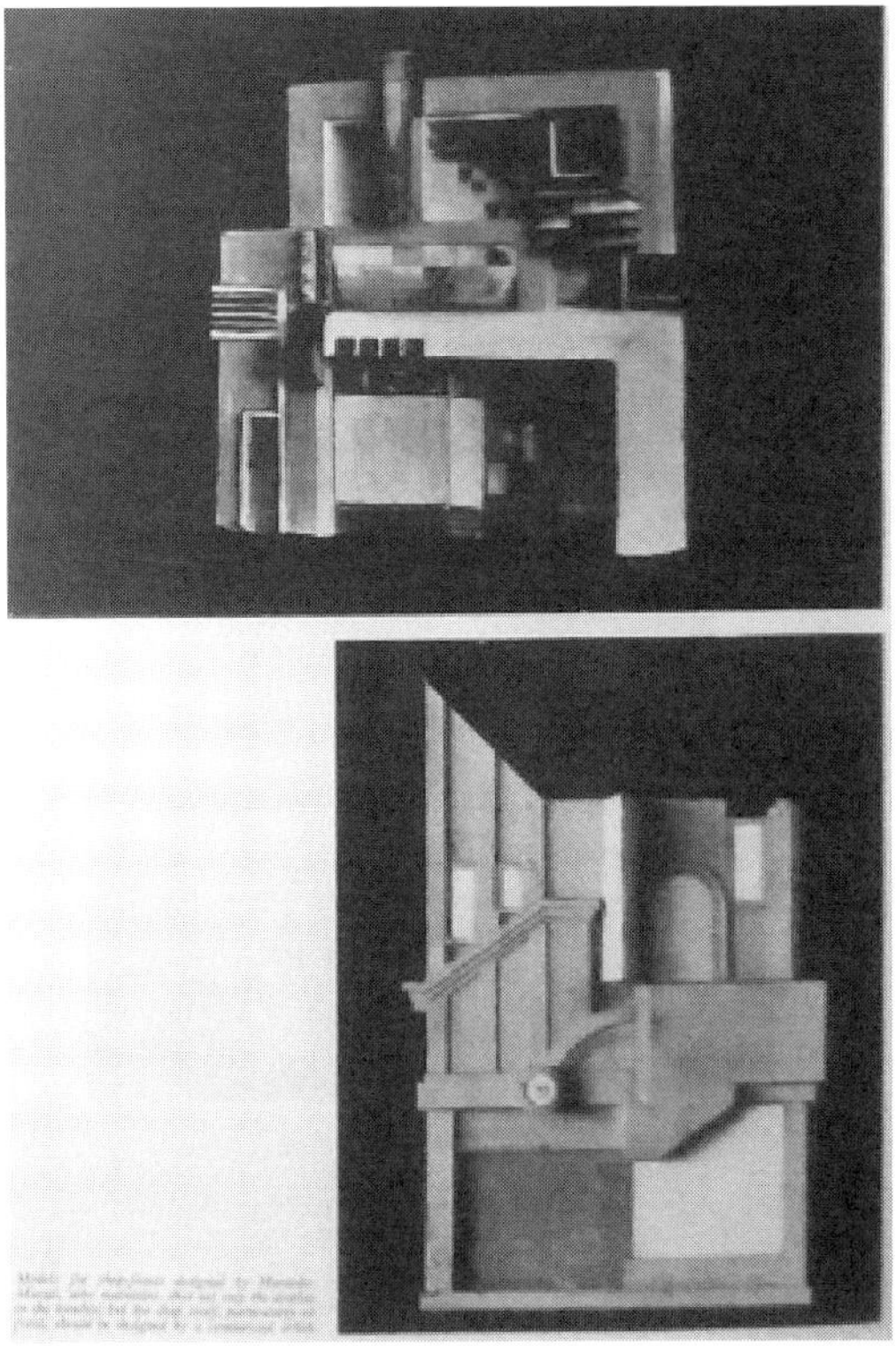

(1) 濱田の店舗試作模型、彫刻家出身の濱田の構成的な美意識がわかる。

(図 16)

イギリス・ストゥディオ社の雑誌『コマーシャルアート』第 8 号(1930 年)の日本特集ページに掲載された濱田の作品。

この記事には、濱田が、杉浦非水の「七人社」とともに『商業美術協会』の開設に力を振るったことなど、日本の広告界の情勢が報じられている。毎日新聞記者の原田四郎による記事。

ない[47]。

そして最終的な同書内での推奨はやはり「単化」であり、これが「ポスターの最もポスターらしさを示してゐるもの」だとして論を終えている。

『全集』配本前後の矛盾する発言、そして配本終了後の著作での「構成主義」への二転する判断。このように揺らぐ彼の真意は、「商業美術家協会」設立趣意書での発言、「構成主義はまだ現実にそぐわず架空であり遊戯でありすぎる」に帰着するように思われる。

濱田は、二〇年代初めに既にモダニストであった。当時から村山知義《むらやまともよし》ら最尖端のモダニストらとも親交があった。そのような経歴を考えれば、濱田は早い段階、一九二〇年代前半に構成主義やバウハウスのめざす方向性を視野に納めていただろうし、デザイン〔ポスター〕の理想は写真や文字を組み合わせた構成主義にあるという考えにも至っていたと思われる。濱田作のグラフィック作品〔図15〕や、店舗模型〔図16〕のデザインを見ても、東京藝術大学で彫刻を学んだ濱田が本来推奨したかったスタイルが、単化のような「描く」スタイルではなく、要素で作られた構成主義だったことがみてとれる。

しかし濱田は、ただ理想主義に走るモダニストではなく、時代の要請を読む嗅覚を持ったモダニストだった。純粋芸術の理想だけを掲げて時代にそぐわない考えを押しつけても成功するはずがない。濱田には、より受け入れられ易いものからステップを踏んで進めていく、実社会にあわせた判断、無駄を踏まない才覚があった。

ここで改めて、『全集』配本直前のポスターの状況を振り返ってみよう。

一九二八年第一回配本の「実用ポスター図案集」には、当時の状況をレポートした二つの記述がある。

「ポスターとは一名美人繪と云ふ事でもあると思ひ誤り、その結果美人繪でなければポスターでないと思ひ誤つてゐる人も少くないらしいのである。故に現在でも多くのポスターを見るに、大低美人をその主題にして居るのが非常に多いのである[48]」。これは、地下鉄ポスターに期待をよせていた百貨店広告部所属の松宮三郎が書いている。

「尚美人ポスターが概してうけてゐる時代である。どの種の商品も各々特徴を象徴することなしに、ただ無意識に美人画が多く市井にだされてゐる」[49]。これは『欧米商業ポスター』の田附興一郎である。

前章で示した大戦ポスター展によってドイツ・デザインが進歩的な制作者の意識を揺さぶっていたとはいえ、全集の配本が開始された二〇年代後半の広告界の実情は、このように近代化にはほど遠く、まだまだ「美人画」が全盛だった。「美人繪でなければポスターでないと思ひ誤つてゐる人」がほとんどを占めるような状況下で、欧州から来た、抽象的なアヴァンギャルド理念が、ただちに受け入れられるとは到底思えない。

濱田は、このような一般的な制作者の状況にあわせて、まず最初に推奨するスタイルに「単化」を選んだ。それまでの日本の広告表現の大勢を占めていた旧態の「美人画」対、進歩的な様式「単化」、という単純な対置を狙えるし、一般の制作者にもわかりやすい。そして新しい。それが「単化」だったのである。

濱田は、自らはアヴァンギャルド芸術に深く傾倒していたにもかかわらず、『現代商業美術全集』では、あえて「構成」概念の紹介はおろかその言葉さえ使わず、終始「単化」を推奨し配本を終えた。そして、配本終了後二年ほどが経ってから、少しずつ「構成」概念について語り出すのだ。なんとも絶妙なステップ・バイ・ステップ戦略ではないか。

商業美術の定着＝「単化」の興隆

『現代商業美術全集』配本終了後、濱田は「商業美術」の第一人者となった。それは全集配本という事業が大成功したということに他ならない。その影響はどれほどの大きさだったのだろうか。

配本時に毎号添付された小冊子『月報』内の会員通信には、購読者から寄せられたメッセージがほぼ毎号掲載されている。それは、呉服や文具などの小売店勤務者、図案事務所経営者、学生など様々な市井の広告関係者から寄せられていて、全集の読者層の幅広さがわかる。また読者の在住地は、北海道から九州、満州・台湾にまで及んでおり、全国にまたがる広範囲で読まれていたこともわかる。

彼らの声は「商業美術全集の出現により、我が商界に一大センセーションを与へた」「本全集の購読を重ねる度に素人が玄人に近づきつつある様に感じます。今迄我国には商業知識に対する本が余りに少なく、中で御紙は本当に我々商人はむさぼる様にして拝見して居ります」[50]といったものだ。

もちろん出版社側による編集なのだから、褒め言葉しか載せていないだろう。しかし、一九二〇年代に街のデザイナーが参照できる書物がほとんどなかったことを考えれば、この感想が脚色や誇張とまでは言えない。全集の影響が一般的な広告制作従事者に広く及んで、全国に「商業美術」という言葉の裾野が広がったことは確かなのだ。全集の発行部数は定かではないが、現在も古書店で多くの出物があり、田島奈都子《たじまなつこ》も「戦前からの蔵書を受け継ぐ公共図書館の多くが、国会図書館をはじめこの『全集』を所蔵している」[51]と指摘する通り、今日現存する冊数から、相当数の出版がされ、多くの人々に読まれた全集だったことがわかる。

一九三七年になってからもなお、専門家が「商業美術の参考書にいいものがない」[52]とつぶやいている。大丸、高島屋広告部に在籍し、当時最も恵まれた情報環境にあり外国書籍を見ることが出来たエリート制作者の今竹七郎《いまたけしちろう》でさえ、「商業美術の参考書程少ないものはない」[53]と嘆息している。今日からは想像できないほどの資料不足だったことが推察できよう。

街のデザイナーたちには、もちろん今竹のような外国誌の入手ルートはなかった。そうした状況下、一九二八年から三〇年に出版された『現代商業美術全集』がおこした反響の大きさは想像にかたくない。だからこそ、三〇年代に入ると「単化」は一気に物量的な興隆を見せたのだ。

一九三四年に井上敏行《いのうえとしゆき》は「単化」の興隆ぶりを「商業美術を論ずるとき独乙を引離して考へる事は出来ない。……現在我日本の此興隆を見たのも独乙の投げた波紋のしからしむる處であると考えても過言ではあるまい……単色、単化されたるコンポジシヨン、主に経済的立場から非常な勢力を持つてポスター其の他各種の印刷物に取り入れられて行つた所以独乙の模倣時代と云えよう[54]」と表現している。『現代商業美術全集』配本終了から三年余りという短期間で、美人画を追い落とした「単化」式の急激な興隆、そしてそれは全集が強調したドイツ・ポスター・デザインの「模倣」だという的確な指摘である。またフランス在住のポスター作家ムネ里見《さとみ》（里見宗次《さとみむねつぐ》）が、帰国時に「そつくりだ……よくも日本に在つてかく迄欧州の作風と描法が消化せられたものだ」[55]と驚嘆していて、これも「単化」の興隆状況を的確に示している。

「商業美術」という概念の定着は、濱田の目論見どおり、広告近代化の必須用件である「広告制作者の職業意識の向上」をもたらした。それは三〇年代に入ると広告制作の道を選ぶ学卒者を生み出す現象にも繋がっている。

文案家が作家に対して、図案家が画家に対してコンプレックスを持たない新世代の広告制作者の登場として、難波功士《なんばこうじ》は慶応大学卒の新井誠一郎《あらいせいいちろう》が森永製菓公告課にコピーライターとして入社した一九三二年を示している[56]。また、その新井は「明大商学部の出身にもかかわらず、私より一年半ほど前にデザイナーとして入社していた」今泉武治《いまいずみたけじ》を「すでにアートディレクターを志しているような仕事振りであった」と回想している[57]。今泉は大学で広告研究会に入り、広告が好きで森永に入社したという[58]。

ここからは純粋美術家（へのコンプレックス）など全く意識にない次世代の近代的な広告制作者の登場を見ることが出来る。次世代の若手デザイナーには三〇年代前半に太田秀茂《おおたひでしげ》の主催する共同広告事務所に入社した亀倉雄策《かめくらゆうさく》（中学卒業後一九三二年、一八歳）[59]、氏原忠夫《うじはらただお》（一九三四年、二三歳）らもいる[60]。

とにもかくにも商業美術という新呼称の元で、「広告近代化への旅」のスタートは切られた。

だが一連の変化劇の立役者、濱田の戦略はここで終わったわけではない。第一ステップに成功した濱田は、この後のステップをどう描いていったのか。濱田のその後を暗示する発言を、本章の最後に参照しておこう。

純美術のある形式がポスターとして用ひられても、その美術は依然純粋美術家の側に属し……応用美術的なものの見解は……商業美術家それ独自の立場を示すものではない……デザイナーの自覚、職業意識・地位確立のためには、独自の立場のための技術なり、理論なりが明確に意識される。[61]

「独自の立場のための技術なり、理論なり」という言葉は、もちろん「単化」だけを指してはいない。濱田が「そのやうなポスターが用ひられるのは、ポスターの理解が、もつと行届いてからでないと実現されない」と言い、真の理想と考えていた近代化の第二幕があるはずだ。濱田は第二幕のシナリオをどのように描き、その開幕のタイミングをいつだと判断したのだろうか。この「広告近代化」の第二幕については、次章以降に譲ることにしよう。濱田のみならず複数のリーダーが、第二幕に期待し、一斉に動き出すのだ。

『現代商業美術全集』の戦略は、直球ど真ん中ストライクで大成功、これは日本の広告界のポスターを、美人画ポスターに象徴される写実具体表現から一気に離脱させる効果を持った。「単化」という表現と呼称が生まれ興隆していく過程は、広告の近代化胎動の過程とそのまま重なるものであり、また欧米モダン・デザインの受容過程そのものともいえる。

だが、この戦略が大成功だったがゆえに発生した負の遺産も見落としてはいけない。それは「単化」式と『現代商業美術全集』が同時に啓蒙された結果、街の制作者らが、広告制作を職業と捉える近代的な商業美術家イコール「単化」式デザインの制作者だと、かなり単純に理解してしまったことである。この短絡的な理解がその後にどう影響してゆくのか。この点も次の時代を見る鍵となっていく。

1　松宮三郎「真のポスター時代来る—東京地下鉄道の広告」『広告界』四巻一一号、一九二七年、三八頁。松宮三郎（一八八三—一九六八）は早稲田大卒後、明治屋を経て三越に入社、広告部長となった人物。『広告学概論』など著作も多く広告学研究に従事した。第一回商業美術展覧会の賛助員。

2　宮下孝雄「秋清爽　盛り場の広告」『広告界』四巻九号、一九二七年、三一―三二頁。

3　多田北烏「ポスターの効果と技巧」「欧州大陸のポスター」『現代商業美術全集1　世界各国ポスター集』アルス、一九二八年、三九頁。

4　渋谷重光は、明治以降発生した十数の主要広告代理店が、昭和に入り、東西で結成された団体組織に参画し、業界としてまとまりを備え始めたと記している。渋谷重光『昭和広告証言史』宣伝会議、一九七八年、六頁。

5　二〇年代後半の状況については、津金澤聡廣が「図案家から商業美術家へ」『広告』二五一号、博報堂、一九八五年、四三―四五頁で概説している。

6　津金澤聡廣は、杉浦を初期の日本の商業美術界の第一人者、濱田を商業美術運動の中心的イデオローグと位置づけている。『日本の広告　人・時代・表現』日本経済新聞社、一九八六年、二九四―二九八頁。中井幸一は、濱田の精力的な活動によって商業美術という用語が「〝図案〟〝商業図案〟〝広告美術〟などから抜け出した」と記している。『広告表現技術史』玄光社、一九九一年、一七二―一七三頁。濱田自身は自身の活動を「日本に於いて、商業美術の確立を生涯の希望として邁進」したと自負している。濱田増治『商業美術読本』高陽書院、一九三四年、二頁。

7　山名文夫「概説・日本の広告美術」『日本の広告美術』美術出版社、一九六七年、二二頁。

8　霜鳥之彦「故濱田増治君を偲ぶ」『プレスアルト』No23、一九三八年、三頁。

9　第一回展は東京丸ビル丸菱百貨店で開催された。濱田の尽力によって第二回展は上野美術館で開催された。

10　著書は商業美術総論（アルス）、商業美術教本上下二巻（富山房）、商業美術教科書上下二巻（富山房）、商業美術大意及び読本（高陽書院）、商業美術精義（富山房）、商業美術構成原理（高陽書院）、商業美術教本2巻（富山房行）、商業美術講座5巻（アトリエ社）など。

11　中井幸一『日本広告表現技術史』玄光社、一九九一年、一七〇頁。栗谷は森永から明治大学広告研究会顧問を経て同校教授となった研究家。

12　A・D・M「商業美術家協会は何処へ行く」『広告界』六巻一〇号、一九二九年、六六―六七頁。

13　飯守勘一「広告画を書く人々」『広告巡禮』日本広告学会、一九二七年、八五頁。

14　飯守勘一は味の素広告部、クラブ化粧品中山太陽堂理事、大阪毎日新聞社特別社員、上智大学新聞学科講師などを歴任した広告実務家。
15　「商業美術家協会設立趣意」濱田増治編『商業美術』第一回パンフレット、光峯印刷所、一九二七年、三―四頁。この趣意は、一九二六年四月に起草された。
16　矢島周一は濱田が東京で「商業美術家協会」の設立を準備していることを知り連絡をとり意気投合し、ほぼ同時期に「大阪商業美術家協会」をたちあげた。
17　濱田増治「商業美術総論」『現代商業美術全集24』アルス、一九三〇年、二三頁、七三頁。
18　「商業美術」が市民権を得てゆく過程を山名文夫が追想している。「概説・日本の広告美術」『日本の広告美術―明治・大正・昭和1、ポスター』美術出版社、二三頁。
19　山名文夫「商業図案から商業美術へ」『日本デザイン小史』ダヴィッド社、一九七〇年、一〇四―一〇五頁。
20　『プレスアルト』第八号、プレスアルト研究会、一九三七年、三頁。
21　下澤瑞世『広告・窓飾の新傾向』博文館、一九二九年、二一三頁。
22　飯守勘一『日本広告辞典』新聞之新聞社、一九三二年、二〇三頁。
23　藤田治彦は『現代商業美術全集』が、「『現代商業』の名を日本に定着させた」と指摘している。『現代デザイン論』昭和堂、一九九九年、一三六頁。山名文夫は『現代商業美術全集』について「デザイン関係では初の大掛かりな出版であり、デザイン史的な意義をも逃すことは出来ない。」としている。山名文夫「商業図案から商業美術へ」『日本デザイン小史』ダヴィッド社、一九七〇年、一〇五頁。竹原あき子は三〇年代を商業美術の定着期と位置づけ、企業内広告スタッフ制作スタッフの活躍などを記載している。竹原あき子、森山明子監修『日本デザイン史』美術出版社、二〇〇三年、五五頁。
24　編集委員は、濱田と杉浦非水、渡辺素舟、田附與一郎、仲田定之助、宮下孝雄。
25　濱田増治「解説」『現代商業美術全集2　実用ポスター図案集』アルス、一九二八年、六五頁。
26　多田北烏「ポスターの効果と技巧」『現代商業美術全集2　実用ポスター図案集』アルス、一九二八年、三八頁。
27　濱田増治「解説」『現代商業美術全集2　実用ポスター図案集』アルス、一九二八年、六三頁。

28 『商業美術月報第7号』アルス、一九二九年、二頁。『月報』は、各配本に付属された小冊子。
29 『商業美術月報第19号』アルス、一九二九年、二頁。
30 濱田増治「商業美術総論」『現代商業美術全集24』アルス、一九三〇年、二二頁、七三頁。同論は一〇章からなる商業美術の範囲から商業の概念と美術の関係にまで言及した長文で、ここまでの濱田理論の総集編といえる。
31 田附與一郎「独逸最近のポスター画壇」『現代商業美術全集実物見本』アルス、一九二七―一九二八年、二頁。田附は続けてドイツに傾倒する要因について「民族の伝統的精神から生まれる作品が斯くの如く強い影響を日本のポスター画壇に与へてゐる」と書いている。『実物見本』は実物と同じ装丁で刷られ、配本に先駆けて書店に無償配布されたもの。二四巻の全容説明、解説掲載予定の作家一覧、三〇ページの図版掲載に続けて、濱田や仲田定之介ら一四人の論文草稿が掲載されている。ここでの草稿には刊行時に掲載されていないものもある。
32 田附與一郎「欧州大陸のポスター」『現代商業美術全集1　世界各国ポスター集』アルス、一九二八年、四―五頁。
33 アフィッシュはフランス語で「ポスター」の意味だが、フランスのほかドイツ、イタリアなど欧州各国の作例も掲載されていた。また「七人社」は、ドイツの「六人組」に範をとったとも言われており、ドイツへも遊学するなど非水自身はドイツのデザイン情勢にも明るかったと考えられる。
34 中井幸一、前掲書、一六八頁。
35 関西のデザイナー大田健一の発言。「印刷美術座談会」『プレスアルト』第一五号、プレスアルト研究会、一九三七年、九頁。
36 濱田増治「最近広告と其商業美術の表現」『現代商業美術全集23　最新傾向広告集』アルス、一九三〇年、三―一三頁。
37 濱田増治、一九三〇年、前掲書、三―四頁。
38 中川静『広告論・商学全集 第36巻』千倉書房、一九三〇年、一八三―一八四頁。
39 室田庫造『広告レイアウトの実際』誠文堂、一九二九年、三四九頁。
40 サントリーミュージアム[天保山]は、定型の石版を複数枚はぎ合わせることで完成形が五メートルを超すポスターも所蔵している。
41　中川、前掲書、一九三〇年、一八三―一八四頁。
42　室田庫造『広告レイアウトの実際』誠文堂、一九二九年、三四九頁。
43　「商業美術家協会設立趣意」濱田増治編『商業美術』第一回パンフレット、商業美術家協会、一九二七年、六頁。
44　濱田増治「商業美術教本」『商業美術精義』冨山房、一九三一年、三〇〇頁。
45　濱田増治「表現と其方法」『広告講座十六講』明治大学広告研究会、一九三三年、一四八―一四九頁。
46　濱田増治、前掲書、一九三三年、一五九頁。
47　濱田増治、前掲書、一九三二年、一四九頁。
48　松宮三郎「ポスターを使用した経験とその効果」『現代商業美術全集2』アルス、一九二八年、五三頁。
49　田附與一郎「ポスターの常識と海外事情」『現代商業美術全集2』アルス、一九二八年、四四頁。
50　『商業美術月報第4号』アルス、一九二八年、三頁。及び同五号、一九二八年、三頁。本体とともに配本された一号から二四号まである『月報』には、ほぼ毎号、配本予約をしている会員の投書が掲載されている。
51　田島奈都子「『現代商業美術全集』復刻に寄せて　商業美術の興隆と『現代商業美術全集』」、復刻版『現代商業美術全集』別巻、ゆまに書房、二〇〇一年、二五頁。
52　『プレスアルト』第八号、プレスアルト研究会、一九三七年、四頁。
53　今竹七郎「コラアジュ」『プレスアルト』第一〇号、プレスアルト研究会、一九三七年、一頁。
54　井上敏行「商業美術の中心大阪」『広告界』第一一巻八号、一九三四年、八七頁。
55　宮田一馬「明日のポスター」『プレスアルト』第一六号、プレスアルト研究会、一九三七年、一〇頁。
宮田が学友の里見宗次が一五年ぶりに帰国した際の驚きの声を再録している。
56　難波功士『撃ちてしやまむ』講談社、一九九八年、二七―二八頁。
57　新井静一郎『広告をつくる技術者たち』美術出版社、一九九七年、二一〇―二一一頁。
58　渋谷重光、前掲書、一九七八年、一九一―一九二頁。

59 多川精一『広告はわが生涯の仕事に非ず』岩波書店、二〇〇三年、六二―六三頁。
60 竹原あき子は専門教育を受けた吉村順三、河野鷹思、佐々木達三、豊口克平、原弘らがモダン・デザインを社会で実現した最初の世代と位置づけている。前掲書、四九頁。
61 濱田増治『商業美術精義』冨山房、一九三二年、二〇―二二頁。

第2部

転機：一九三〇年

雑誌『広告界』について

濱田増治《はまだますじ》の『現代商業美術全集』の配本が終了したのは、一九三〇年である。

今日振り返ったとき、この年が、日本の広告にとって大きな転機だったことに気づく。濱田脚本による序幕「単化」に続き、いよいよ本編が開演するのだ。

本書第二部は、広告にとって大きな「発見」が複数重なり合って起きた、この一九三〇年にスポットを当てることにしよう。これを境に広告には新しいうねりが広がっていく。

同時期、芸術の最先端では、欧州のアヴァンギャルド芸術に影響を受けた大きな美意識の変化があった。広告の変化を捕らえようとする私たちが、この動向を無視することはできない。広告にあった新しいうねりも、これと深く関係している。

ここまで見てきた濱田の『現代商業美術全集』も、尖端動向に敏感だった。濱田は全集最後の二四巻に書いた論文の参考文献に、前年一九二九年に出版されたばかりだった板垣鷹穂《いたがきたかほ》の著作『機械と芸術の交流』を挙げている。この本はわが国の「機械美学」のマニュフェストと呼ばれる書籍だ。「機械美学」は、欧州の芸術潮流に大きな影響を受けた運動で、いうなれば、機械（マシン）の持つ美しさ、都市やスピードに美を見出そうと考えた先頭集団のムーヴメントである。濱田はそれまでの美意識を大きく覆したこの尖端の動きを理解した上で、街の広告制作者に向けた広告変革の第一幕を演出していたのだ。

しかし本書は、ほんの一握りのトップアスリート、先頭集団の動向を追うことはしない。最前線で理想を追っていた人たちではなく、普通の人々が暮らしている日常、地上を走る市民ランナーに近づきたい。なぜなら、ポスターがニューメディアだった頃、尖端の人々が何をしていたかではなく、先頭集団の動向を誰が受け取り、どうやって多数の庶民に伝えようとしたのか、それはどう伝わったのか、いや、伝わらなかったのか。それこそが、現代に生きる私たちの日常の原点であるはずだからだ。

絶対多数である一般庶民の動向を見たい。しかし彼らが、当時何を知りどんな（広告）表現を見ていたのか。その現物はうち捨て去られ、記録も少なく、遡るのは困難だ。

だが本書は、広告の「現実」を追う努力をしよう。

さてここであらためて、このような「普通の人々にとっての広告」を追う旅の案内人を紹介しよう。その名も『広告界』という月刊誌である。既に本書「はじめに」で、若き広告図案制作者、松本清張が、この雑誌を「唯一の教科書」と回顧[1]していたことを紹介した。

『広告界』は、『広告と陳列』[2]という雑誌の刊行権を買い取った誠文堂[3]が一九二六年三月、三巻三号から改題創刊した月刊誌だ。以降戦時体制に入った一九四一年、一八巻一二号で廃刊されるまでの一六年弱の間に毎年一二冊ずつ、特集別冊[4]もあわせると計約一九〇冊が発刊されている（図1、二四〇頁以降『広告界』表紙一覧参照）。

同誌は、実際この期間「唯一の商業美術専門誌」[5]広告を扱うジャーナリ

（図1）『広告界』表紙
左から、創刊号3巻3号（1926年）　8巻2号（1931年）　9巻8号（1932年）　廃刊最終号18巻12号（1941年）

ズムだった。清張は、専門教育機関で美術教育を受けたわけではない言わば「街の広告制作者」である。『広告界』の第一の読者層は、清張と同様の街の広告制作者だ。広告に何を描けばいいのか。手本がほとんどない時代に彼らにとって『広告界』は「一種のテキストのようにさえなって」いた。

これを知ったとき、この月刊誌が「普通の人々の広告」を追う私たちの案内人としてなぜふさわしいのかがわかる。『広告界』は、一部の上流階層に読まれた機関紙でもないし、海外に向けた特殊な広報誌でもない。商店街で日常の買い物をし、新聞を読み、時に娯楽雑誌を買う。そんな庶民が身近に触れた商店街のポスターや個人商店のちらし、そして新聞や雑誌の広告。『広告界』は、そんな身近な日常の広告を創った人々が教科書とした雑誌なのだ。

一六年という同誌の発行期間は決して短くはない。雑誌の継続は当然、購買者の存在あってのこと。『広告界』は一六年の間、読者、すなわち街の広告制作者に寄り添い、先走りしすぎず、しかし常に新しく刺激的な風を吹き込み、陳腐化せず、生々流転したからこそ一六年もの間継続したのだ。イラストレイティヴから写真構成まで、表紙の変遷はその流転の様を写している（口絵参照）。

「街の広告制作者」にとって『広告界』の何が魅力的だったのだろう。少し中身をのぞいてみよう。

誌面は特集号を除いて概ね一貫していて、巻頭写真、参考図版、記事ページの三部構成だった。巻頭写真ページには、欧米の同時代のポスターなどの広告事例が驚くほどすばやく掲載された（図2）。フランスで使われた最新ポスターが、二、三ヵ月後には『広告界』に掲載されている、という具合である。インターネットはもちろんテレビもなく、ビジュアル媒体と言えば紙だけしかない。そんな情報化社会とはほど遠い当時、このスピードは驚異的だ。

このページは庶民的な読者らが、いち早く内外の先駆事例を見る絶好の機会となった。ウィンドウ・ディスプレイなどの欧米の実景が数多く掲載された点も特筆に価する（図3）。これらを手本に、ヨーロッパのしゃれた街角を模した装飾を作り店頭を飾った個人商店もあったに違いない。国内の事例も豊富で、店舗設計やノベ

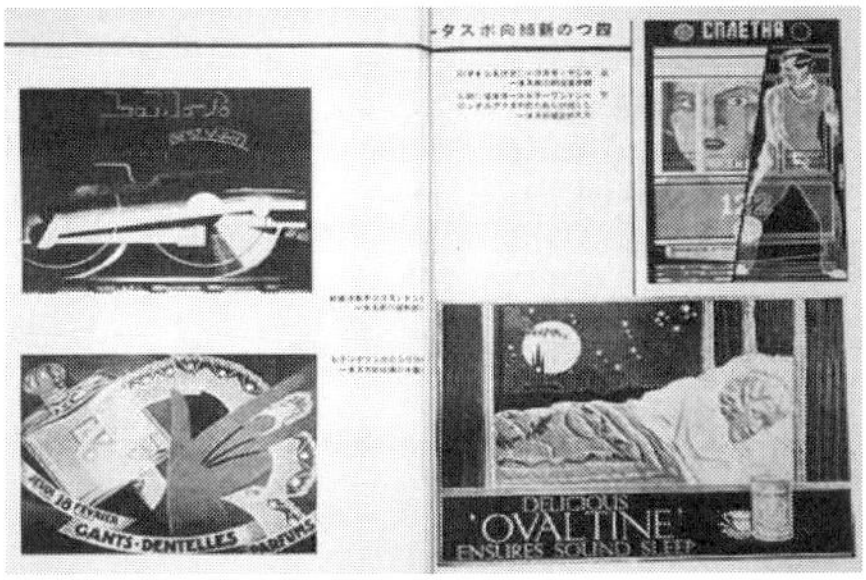

（図 2）（1）

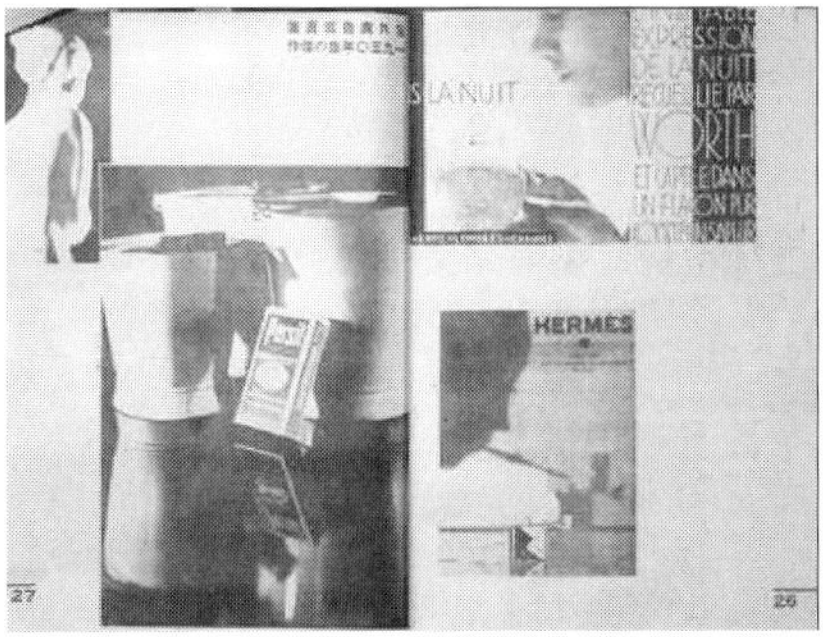

（図 2）（2）

↑（図 2）
（1）海外最新ポスターの紹介、7 巻 1 号、1930 年
（2）写真を使用した海外事例の紹介、8 巻 1 号 1931 年

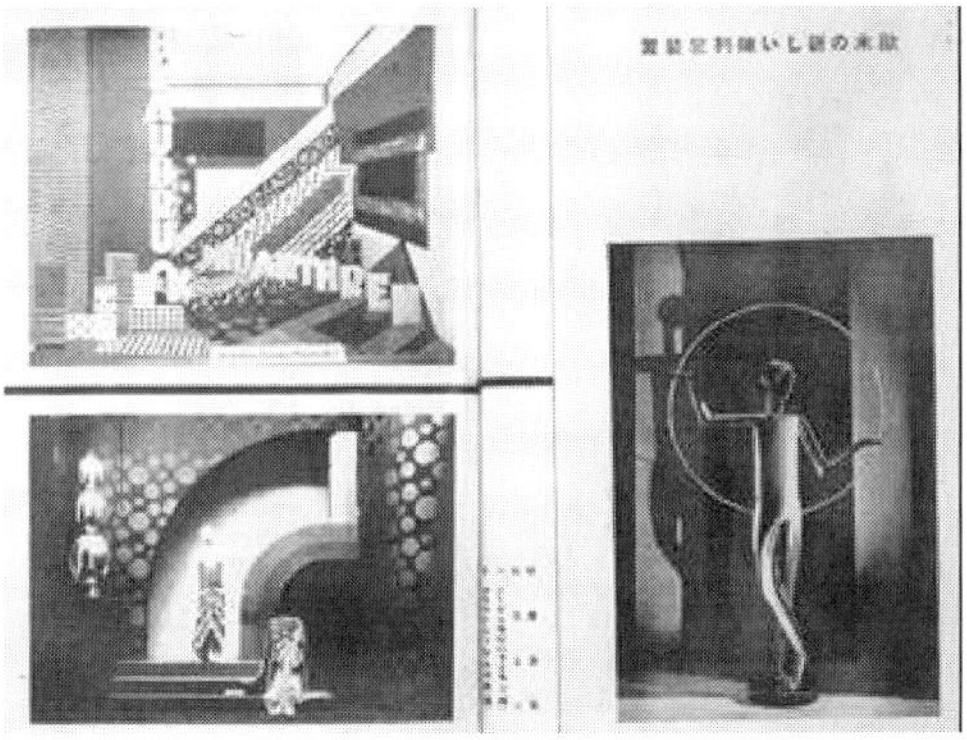

（図 3）

←（図 3）海外のショーウィンドー実例、7 巻 1 号、1930 年

↓（図 4）
（1）店舗外観と室内配置図、5 巻 11 号、1928 年
（2）灰皿、カレンダー、マッチなど宣伝物のデザイン例、5 巻 5 号、1928 年

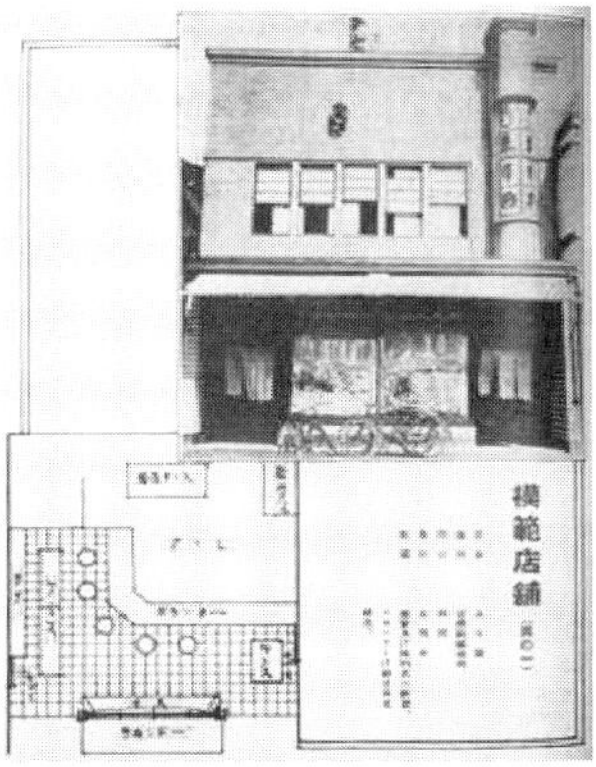

（図 4）（1）

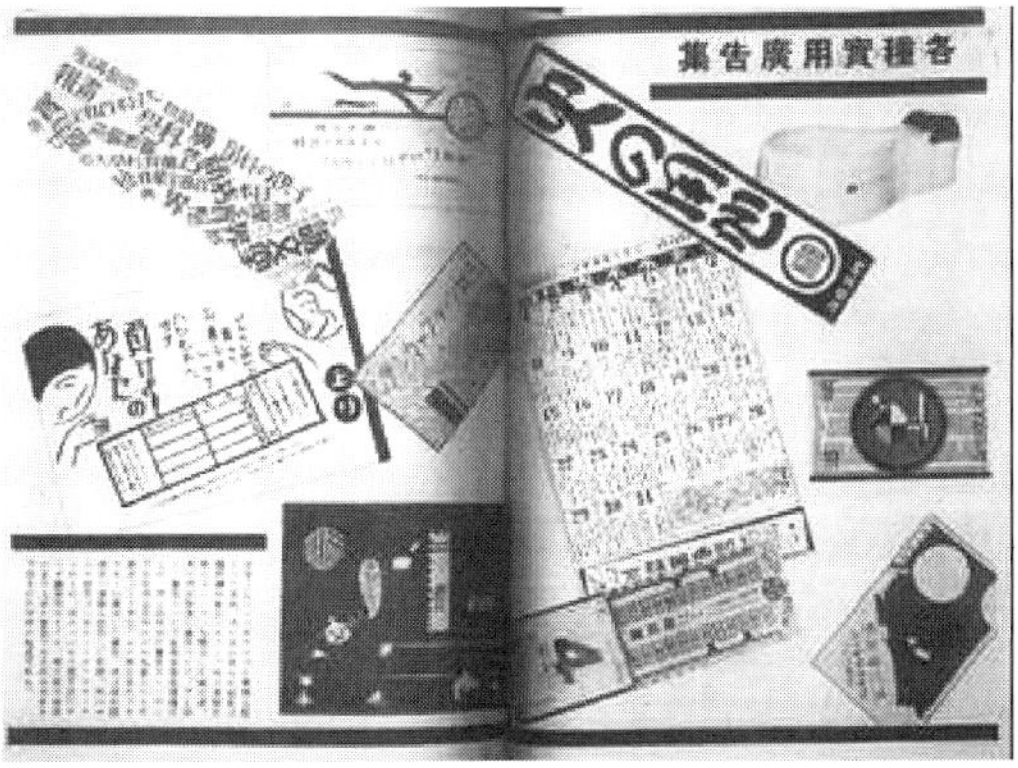

（図 4）（2）

ルティのアイデアなど幅広い情報を提供している（図4）。

しかし何よりも読者に支持されたのは、続く参考図版ページだ。ここには、季節催事や流行を取り入れた広告素材サンプルが毎号豊富に掲載された（図5）。広告用「図案文字」のサンプル（図6）などもあり、全て、読者がそのまま自分の広告制作に活かせるよう配慮されていた。実際にサンプルを応用した読者作のチラシが投稿され次号に載せられた例もある。

先ほどの松本清張は図案工だったから描くことが職業だ。だが『広告界』に投稿している読者は、本屋や呉服屋などの商店の店員も多い。つまり読者の多くは商売の片手間に広告を制作する、図案工よりもさらに素人の制作者だった。彼らにとって『広告界』のサンプルページは、新聞折り込みや店舗配布用チラシに即応用可能な見本としてすこぶる重宝だった。このサンプルを目当てとした多数の読者が、同誌の販売部数を下支えした。

そして誌面後半には毎号、趣向をこらした広告研究の記事が複数掲載された。街の制作者がこれらをどこまで楽しみにしていたかは定かではない（少なくとも清張は、記事ではなく前半の図案を手本としたとしか書いていない）。だがこの後半の記事ページが広告業界に残した足跡は、前半の図版やサンプルページと同等、いやそれ以上にとても大きかった。雑誌『広告界』の存在意義はここにこそあったと言ってもいいくらいだ。

なぜ記事ページが、大きな足跡を残すこととなったのか。それは、『広告界』記事ページが、産声を上げたばかりの「広告業界人」らが集う「場」となったからだ。異分野の人々がここに集い、一六年間で数多くの議論が繰り広げられた。

その参加者は実にバラエティに富んでいる。実務図案家や商業写真家といった「芸術系」に属する制作者のリーダー層や多くの研究者。研究者と一口に言ってもそこには慶応大学や神戸商大、山口高商などの「経営系」研究機関の教授陣と、東京高等工芸学校教授などの「芸術系」研究者の両方がいた。

さらに企業の広告実務従事者。萬年社《まんねんしゃ》や正露喜社《しょうじきしゃ》といった広告代理店部長もいたし、百貨店広告部の考案部、

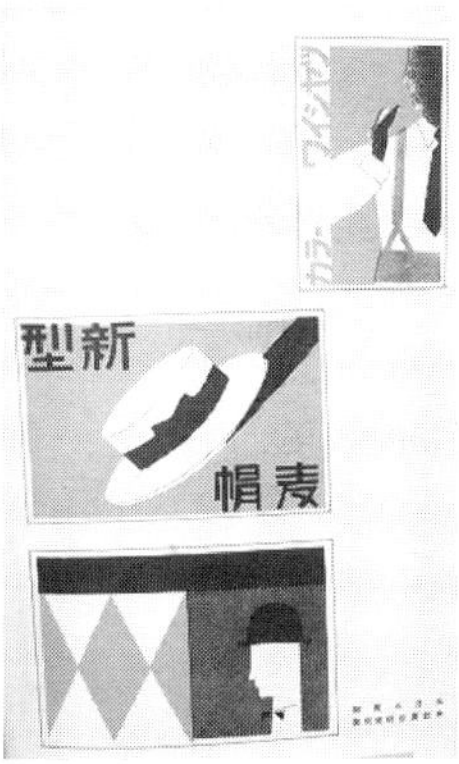

（図5）（1）

（図5）（2）

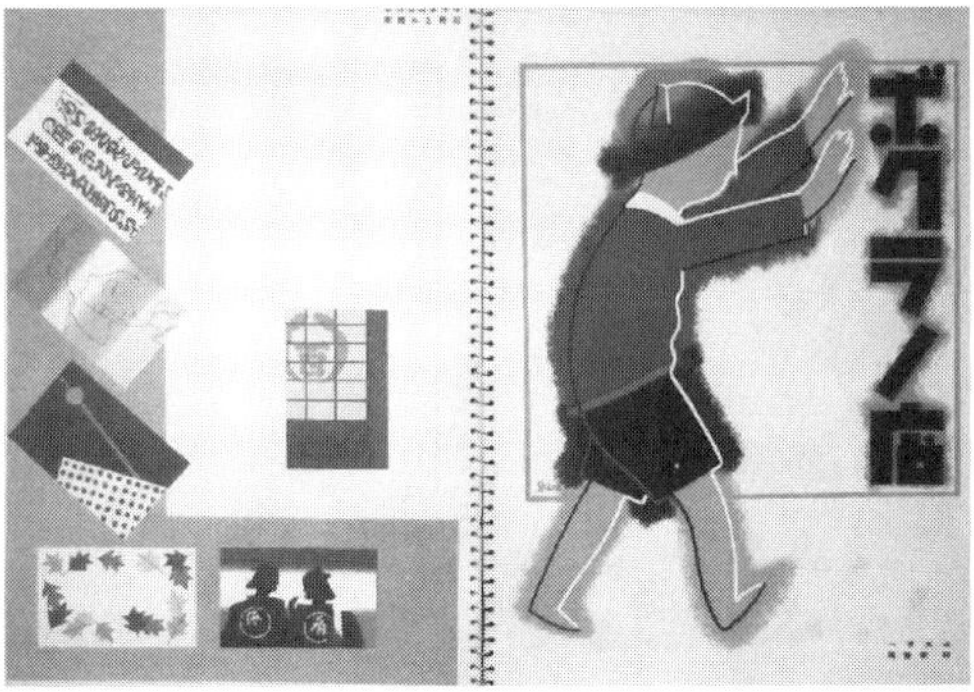

（図5）（3）

（図5）（4）

↑（図5）広告用サンプルページ

（1）五月の図案、本社広告研究所案
（2）特売のチラシ、水野光夫案
（3）マッチペーパー、石岡とみ緒案、
　　ポスター、郭俊香案
（4）初売出し用チラシ、郭俊香案

←（図6）広告用文字書体、11巻2号、1934年

消費財メーカーの広告部部長など大会社の広告担当者もいた。興味深いのは、大企業の広告従事者だけでなく、街の小さな商店で広告を制作する人も、この「場」に加わっていることだ。彼らは『広告界』に読者投稿し、これをきっかけとして編集部に抜擢され記事を寄せている。

三〇年代終盤には、広告を国家宣伝と理解した軍人や政府関係者もこの場に加わる。そして『広告界』と姉妹誌『商店界』に所属する編集長や記者らも誌上で多くを発言している。

実務者、制作者、学者、編集者、そして街の広告制作者である読者までが参加し、誌上で広告とはいかにあるべきか？　どのような広告がこれからのトレンドか？と、「広告論」をわいわいと語る。時には『広告界』主催の実際の討論会も企画され、異分野の人々が集まり語り、その議論がまた記事となった。広告産業が巨大化した今日では考えられない光景だ。だが『広告界』が発刊された一九二〇年代後半から一九三〇年代の「広告（業）界」は、まだ確固たる社会的認知のない小さな業界でしかなかった。プリミティブな「広告（業）界」だったからこそ、このような渾然一体となった議論が可能だったのだ。

雑誌『広告界』はまだ小さかった「広告（業）界」が、この後どう進むべきか、どう拡大するのかを、立場の違う人々が真摯に話し合う「場」として活気を持った。このような「場」の創出を目論み、同誌を興隆に導いたのは、初代編集長室田庫造《むろたくらぞう》だ。[6] 彼は創刊年の秋一九二六年一一号に入社を表明し、[7] 次号の三巻一二号から実質的な編集長として活動を開始する。[8]

室田は東京工業学校卒業後、広告課図案係として森永製菓に入社した、れっきとしたクリエーターである。しかし彼は制作者としてよりも、編集者としての才能にたけた人物だった。室田の編集長としての視野の広さ、驚くほどすばやい行動力、人を集める求心力、そしてそれらから感じられる情熱は、同時代の広告関係者の中でも群を抜いている。

最前線の「はやり」に即時に反応し、変幻自在に時代に合ったスタイルを提案する。それは時に以前の発言をたやすく修正するという、こっけいにも見える行為につながった。しかし、これを嘲笑するのは机上の学者の視点である。雑誌は生き物であり、売れ続けることが使命だ。読者に受け入れられず売れなければ簡単に死に至ってしまう。雑誌編集の責を負う者は廃刊の危機を意識し、常に時代に敏感に反応しなければならない。室田にはその才能と、態度の変化を臆さず実行する信念があった。その信念は、濱田率いる商業美術家協会との関係を、編集長就任直後にばっさりと切った行為からもよくわかる。

それはこの様な事情だ。『広告界』は創刊時、広告制作者の先頭集団を自認していた同協会と深い関係を持っていた。この協会は誠文堂の声がけで制作者が集ったことをきっかけに発足し、そして同社の要請により協会が制作見本を提供したことが『広告界』創刊に弾みをつけた。このような事情のため、創刊直後の『広告界』に掲載できる国内作家は、商業美術家協会会員に限定されていた。本文に協会会員の投稿も多く、協会の例会での決定事項が掲載されるなど[9]、『広告界』は同協会の機関誌ではないかと誤認されるようなスタートだった。

しかし、室田は就任時からこの関係をきっぱりと「やめます」と宣言する。自身この協会のメンバーだったにもかかわらず。その理由は、「協会会員の作品のみ［では］……一般読者諸君よりは、応用範囲が少ないという声を耳にした。本来が本誌は図案の実用化を理想とするに、此状態では読者に不誠実である[10]」からだった。そして「鑑みてここに商業美術家協会の作品のみを掲載するのをやめ、最もよき図案と其の実用化を図り広き範囲に亘って」掲載作を検討する方針へと舵を切る。

制作者団体の作品発表の場のままでは実用に最も有効な広告が掲載できない、というのだ。同協会とのつながりを切り中立の立場となったのは、室田編集の号に第二回商業美術家協会展覧会を酷評する記事があることからも明らかだ。この方針変更は英断だった。あくまで、実用重視。読者志向。読者に役立つ記事と見本の発信。これに特化したからこそ『広告界』は、一六年もの長きにわたり、支持を得続けたのである。

室田の活躍ぶりに対する仕事仲間の評価は、たとえばこうだ。

室田就任とともに「［『広告界』は］商業デザインの雑誌として充実した[11]」。「新進気鋭の[12]」研究者で室田の恩師でもあった東京高等工芸学校教授の宮下孝雄《みやしたたかお》の記事の掲載実現に対して、「宮下孝雄教授が……広告界読者のために啓蒙のペンを執ったことは、つまり室田編集長が、この学者を誌上に引張り出したことは、デザイン・ジャーナリズムの強化にとって意義のあることであった。そのころわれわれ学外の者は、こうした先生の話をきく機会はまずなかったといってよい」[13]。これを書いたのは資生堂のデザイナー山名文夫《やまなあやお》。大手企業内デザイナーでさえこのような感想を持つのだ。商店主など一般の制作者が読者であった『広告界』に、ドイツ留学経験のある第一級の指導者、宮下の知見が導入された意義は大きかった。

山名は宮下の招聘のみを挙げているが、室田の功績は、その交友手腕をフル回転して招いたバラエティに富む執筆陣の範囲の広さにある。商業美術家協会と距離をとりつつも美術系クリエーターとの関係は継続したし、執筆依頼は学者から街の制作者まで実に広範囲に及んだ。

室田の手腕によって多様な人材が結集したことで、『広告界』の「場」はどんな特徴を持ったのだろうか。大きな特徴の一つは、そこに、芸術系の記事と経営実務者向け記事とが混在したことだ。

これは室田が行った専任部員の起用手法にも起因している。『広告界』編集部は最後まで常時二、三名という小所帯だった[14]。室田は、当初から富田森三という「芸術系」の外部クリエーターを編集協力者としてチームに加えていたが、次第に姉妹誌『商店界』編集部出身の執筆者を積極的に登用する方針に転換していく。

この方針は二代目編集長宮山峻《みややまたかし》にも引き継がれた。そして『広告界』は一九四一年の廃刊まで、ずっと姉妹誌『商店界』との協力体制の下で編集が行なわれた。この室田の方針が『広告界』の性格を決定づけた。

『商店界』は商店・企業経営者向け商業実用誌だ。ここには商学を専門とするいわば「実務系」の担当部員がそろっていた。彼らが書く記事において、広告の「美術的価値」は、議論の中心にはならなかったのだ。これが、芸術系の広告制作者と研究者のみが読者だった前述の『アフィッシュ』や『現代商業美術全集』、制作者が意見を交わすサロン的雑誌であった『プレスアルト』とは大きく異なる同誌の特徴となった。

彼らの記事で何よりも重視されたのは、いかに商売に直接的な効果がある広告をつくるかだった。理想を追いすぎるのではなく、実践可能で広告効果も見込める広告の制作が、全てに優先される課題であった。このための検討や、技術指南と制作教育、知識教育の記事が同誌の中心となった。

実は『広告界』はもともと芸術系ではなく、実務的な商業界の要請から誕生した雑誌だった。出版元の誠文堂が、『広告界』創刊より五年前の一九二一年から発刊していた月刊誌『商店界』[15]に、時おり掲載した広告制作指導記事が好評で、再掲載要望が強かった。これが、『広告界』創刊の直接的な動機となったのだ。[16]商店という地域商業の最小単位においても広告の必要性が認知され、情報提供要請があったということの創刊の動機そのものが、同時期の「広告」への社会認識の拡大を示す指標といえよう。[17]

にもかかわらず、先の事情から創刊当初の同誌は、商業美術家協会のサロン誌になりかかっていた。クリエーター側、美術系制作者の視点からのみで編集がなされようとしたのだ。これを室田が機敏に修正した。室田は「芸術系」出身で、商業美術家協会の会員でもあった。しかしこれに固執せず、広い視野をもって『広告界』に広範囲の人材を集めようと考えたのだ。

その結果、記事には、マーケティングや広告制作費用の検討など、経営者や広告事務方の実務に参考となる記事も多数掲載された。もちろん欧州の新しい芸術潮流の紹介もあったし、広告制作者向けのわかりやすい描き方ハウツーもあった。『広告界』には、商業的効果が見込める広告の実効性を重視する価値観と、広告の美的価値を理解しこれを重視する価値観の両輪が並存したのだ。これが読者層の厚みにつながった。素人に近い街の制作者から、学者や理論家まで、幅広い読者層に支持される雑誌となったのだ。

この『広告界』の「場」が持った特徴を、さらにもうひとつ別の角度から見てみよう。それはこの「場」で、欧州アヴァンギャルドの最新情報と、アメリカの科学的広告研究の理論が並存し、融合されたことだ。『広告界』[18]は、欧州のアヴァンギャルド芸術の傾向を知らしめ、これの広告実作への応用を図ったのみならず、アメリカの近代的広告理論の紹介にも力を入れ、日本の広告の発展に活かすことをも模索したのである。つまりこの雑誌は、当時の広告制作者たちが欧州からモダニズム理論を受容するための情報源としてだけではなく、アメリカからの最先端の広告理論を理解する情報源にもなっていた。

商学出身の編集局担当者らは、欧米書をただ翻訳するのではなく、欧州のアヴァンギャルド芸術の広告への応用とアメリカの科学的広告研究の成果を融合し、日本の現実に合わせた独自の視点からなる記事を書いた。『広告界』は、ヨーロッパ芸術とアメリカの実用研究を、日本の広告シーンで融合させたのだ。

一六年の間、『広告界』の「場」には、芸術系と、商業・広告・宣伝の現場で実践に携わっていた人たちの両方が常に行き交った。彼らの思いや立場は少しずつ異なっていたが、広告を近代的な広告として成立させたいという大きな意思は一致していた。同じ方向を見ながら『広告界』は、経営者、学者、制作者らが、互いに影響を与えあう共有の場でありメディアとして、重要な役割を果たしたのである。そこでは、デザインの尖端の動向を考慮しつつ、しかし、ただ新規な芸術ということではない現場のニーズにあわせた実践が模索された。

室田はこうした編集手腕を発揮しながら、自らも海外理論書の翻訳を手掛け、かと思えば、読者投稿の批評を行なう「誌上添削」のコーナーを作り、あるいはテーマを設定し応募を呼びかける誌上懸賞を企画する。さらに誌上にとどまらず、各都市での講習会や、広告作家教室の開催など現実世界でもいくつもの新規企画を打ち出す。そして自身が参画する。たとえば一九三三年の地方講演会は「甲府を振り出しに……四月五日松江市を振り出しとして今市、宇部、中津、別府、大分を十日に」開催された。うち、松江から九州講演は編集長室田自らが参画している[19]。

二四歳の若さで編集長となった室田[20]は、一九三五年までの在任中の一〇年間に、編集者であり、記事執筆者、表紙やサンプルを描く広告制作者、そして『広告界』主催の地方講演会演者として、東奔西走の活動を積極的に繰り広げる。就任時の発言「商店への広告指導は私の命であり、歓びである」[21]を全身全霊で完遂している感がある。室田自身は、この間の活動を「日本唯一の商業美術雑誌としての成長に力を注ぎ、全国の若いデザイナーの発見や育成に各都市で講習会や展覧会を開き啓蒙活動に飛び回った」と回顧している[22]。

室田がここまで超人的に駆け回ったエネルギーはどこから来たのか。何に突き動かされたのか。それこそが

第二部のテーマだ。室田退任後編集長となった宮山峻が書いた一九四一年の廃刊号掲載の巻頭言「ガソリンは燃え尽きた」は、この雑誌が一六年の間に果たした役割を情緒的にしかし的確に表現している。

飛翔した。

十八年の広告の世界を飛び続けた。山あり谷あり、港あり、濃霧あり、嵐があつた。が唯一機で飛び続けた。……その間、自由主義経済の時流は広告の世界を絢爛たる姿によそほはせた。此の時欧米の広告文化は理論の上に、技術の中にどしどし輸入され、飽くなく吸収された。

本誌は、報道機関として、技術研究誌として、理論検討機関として、新進の広告人の試練場として、一面又、対外的に広告文化の増進運動に絶えず努力して来た。海外文化の活発な紹介は本邦広告文化の躍進に大きい功績を与へたが、反面摂取過多に依る消化不良の罪を明瞭に対立させた事はいなみ難い。

その自責を感じつつ、唯一機翼を張つて飛び続けた。

世界は急転した。

過去のあらゆる形体が刻々と変貌して行く、濃霧だ、嵐だ。その中を愛機―私はこの雑誌をかう呼ぶ―は懸命に飛んだ、目標は摑んだ。今こそ飛ばねばならぬ。突破せねばならぬのだ。然しガソリンは燃え尽きた。万事休すである。私は愛機と行を共にする。[24] それは何等思ひ上つた気持でも何でもなく、当然な話と云ふ丈の事である。[25]

この悲壮な最期の言葉どおり、大戦間の「日本の広告の世界を飛び続けた」ほぼ唯一のデザイン・ジャーナリズムであった雑誌『広告界』。宮山の書く「報道機関、技術研究誌、理論検討機関、新進の広告人の試練場」といったこの雑誌が持った様々な顔が、転換期にあった広告というメディアに対して果たした役割は何だったのか。なぜ彼らはこうまで熱く「広告界」を語るのか。

以降では同誌の飛行経路をたどりながら、一九三〇年に広告周辺にあった諸相について、詳細に見ていきたい。

1　編集長宮山は廃刊時の言葉で、前誌は「文字通り小売商店の店頭参考誌」だったといっている。宮山峻「ガソリンは燃え尽きた」『広告界』一八巻一二号、一九四一年、三三頁。
2　月刊誌『広告と陳列』は、日本広告協會から発刊されていた。編集人は清水正巳。
3　『広告界』創刊当時の社名は商店界社。一九二八年から一九三一年は誠文堂商店界社（誠文堂広告界社との奥付表記も有り）、一九三二年から誠文堂となり、一九三五年新光社を吸収合併、誠文堂新光社となっている。なお本書注釈では繁雑さを避けるため『広告界』の出版社は記載していない。
4　特集号には、広告写真号、広告看板号、オリンピック図案集、付録に広告實務便覧（一〇巻一号）などがある。
5　山名文夫「概説・日本の広告美術」『日本の広告美術』東京アートディレクターズクラブ編、美術出版社、一九六七年、二四頁。
6　室田は入社前から『広告界』に記事を提供している。一九二六年の創刊号にも室田の記事が見られる。そしてこの年（一九二六年）、東京朝日新聞のコンクール「朝日広告カップ」（後の「朝日広告賞」）第一回で一位に入賞したことがきっかけとなり、『商店界』編集長倉本長治に招聘され、森永製菓を辞し誠文堂へ入社した。入社が報じられた一一号には「商客に備へよ」と題した室田の入社の決意表明も掲載されている。なお室田は『広告界』編集長時代、ペンネームとして「久良三」「ＫＲＡ」も使っているが、本書ではすべて「庫造」に統一した。
7　室田庫造「商客に備へよ（はじめ入社に際して）」『広告界』三巻一一号、一九二六年、三頁。
8　室田庫造は一九二八年第五巻一〇号より正式に編集長として名前が記載される。その後一九三五年一二号まで編集長。

9　三巻七号には第五回例会議事が掲載されている。
10　『広告界』三巻一一号、一九二六年、六二頁。翌年新年号からの方針やカラー刷りページ数などの告知に一ページを割いている。
11　山名文夫「商業図案から商業美術へ」『日本デザイン小史』ダヴィッド社、一九七〇年、一〇四頁。
12　原弘「デザイン彷徨記」『日本デザイン小史』ダヴィッド社、一九七〇年、八二頁。
13　山名文夫『体験的デザイン史』ダヴィッド社、一九七六年、一六九頁。
14　宮山は一九三〇年の入社時について「編集部は編集長の室田庫造と私の二人だけ」だったと語っている。宮山峻、前掲書、一九七八年、一六九頁。
15　一九二一年創刊号は一九二〇年（大正九年）一二月発行。
16　商店界創業者社長小川菊松は「生来の広告好き」であったと言われており、この影響力も発刊に関係していたと考えられる。渋谷重光編、宮山峻「雑誌編集者の実態」『昭和広告証言史』宣伝会議、一九七八年、一六七頁。
17　一九二四年の七人社の結成やカルピス社のデザイン公募が知られる一九二〇年代中頃は、広告の黎明期と認知されているが、『広告界』創刊当時は「広告図案家たることを一時の足がかりとして、純粋美術の研究に向はんことにのみ腐心し、眞に広告図案家として精進せんとするものの、まことに微々」とあるとおり、一般的な制作者の意識はまだ低い状況にあった。飯守勘一「広告画を書く人々」『広告巡禮』日本広告学会、一九二七年、八五頁。
18　室田は編集者倉本長治と共に同誌の「スローガンに〝商業美術と広告指導〟を掲げた」と回想している。室田庫造『広告界創刊前後とパリの日本商業美術展』「日本デザイン小史」ダヴィッド社、一九七〇年、一四九頁。
19　「編纂私筆」『広告界』一〇巻四号、一九三三年、一二〇頁。
20　室田は後に「誌上に多くの作品も発表しているが、今日、作家としてよりも、むしろ編集者として広告ジャアナリズムを盛り上げた」と評されている。山名文夫　前掲「概説・日本の広告美術」二四頁。
21　室田庫造「商客に備へよ」三巻一一号、一九二六年、三頁。
22　室田庫造「『広告界』創刊号前後とパリの日本商業美術展」『日本デザイン小史』ダヴィッド社、

一九七〇年、一四九頁。
23　一八年は、『広告界』の前誌『広告と陳列』が二年余り発刊されており、これとあわせた年数。
24　宮山は『広告界』廃刊と同時に誠文堂を退社している。敗戦直後自費で『NEW広告界』という機関紙を四号まで発刊するがとだえ、その後一九四九年に八年ぶりに相原壽の口利きで誠文堂に復帰している。その二年後『広告界』の後継誌『アイデア』創刊に携わった。宮山峻『人間交差点』アド・プランニング、一九七六年、五四—六六頁。
25　宮山峻「ガソリンは燃え尽きた」『広告界』一八巻一二号、一九四一年、三三頁。

3

「レイアウト」って何だ？

室田庫造は『広告界』編集長就任から二年後の一九二九年、新しい広告用語の普及に乗り出す。室田が日本に初めて紹介したその新語は「レイアウト」だ。

三年後、学術書の多くが「レイアウト」という言葉を用いて広告表現を論じるようになる。これを見る限り室田の目論みは成功したようだ。『広告界』誌上での室田の記事をきっかけに、この新語は一九三〇年代に広告関係者の間でいわば「流行」するのだ。

ところで、戦前を振り返って戦後、「レイアウトマンから発生して、アートディレクターという考えにたどりついた」[1]と書いた制作者がいる。レイアウトマン？　戦前にはこの奇妙な呼称の「レイアウトを行う専門職」が存在したようだ。どんな人がその職につき、彼らは何を職務としたのだろう。

戦後の日本の広告制作現場では、一人の企画者が複数の制作者をディレクションする、「アートディレクター制」による制作が主流となった。先の制作者が言うとおり、アートディレクターと「レイアウトマン」が結びつくのだとすれば、室田による一九二九年の「レイアウト」普及活動の価値と先見性が、より増して見えてくる。レイアウトという言葉と概念が広まっていく経緯はどのようなものだったのだろうか。そしてそれは大戦間期の広告に何をもたらしたのだろうか。

本章では、一九二〇年代末から三〇年にかけて普及が図られた、「レイアウト」という新語と、これに先鞭をつけた室田に着目する。

室田庫造による「レイアウト」の紹介

今日では「レイアウト」はごく普通の言葉となっていて、たとえばインテリアのレイアウト、データベースのレイアウトといったように人々が日常的に使っている。レイアウトをわざわざ「配置」や「構成」などと言い換える人もいないし、レイアウト論などといった大げさな取り上げ方もしないだろう。しかし元をたどれば「レイアウト」は、アメリカの広告研究の場で一九二〇年代に作り出された造語で、当時はかなり目新しい専門用語だった。

一九二〇年代のアメリカでは広告効果への科学的研究が関心を集めていた。[2] 色彩学や心理学とマーケティング手法を組み合わせ、広告の価値を理論づけようとする研究が盛んになるなかで、[3]「レイアウト」という言葉は作り出された。アメリカで最初に書籍のタイトルに「レイアウト」という用語が使われたのが一九二七年。C・C・ナイツによる著作である。[4] これに続いて二七年から二八年にかけて、欧米では「レイアウト」を主題とした著作がつぎつぎと出版された。これらのほとんどが、広告の文字やイラストの位置、大きさ、余白の取り方などを指南する「レイアウトの技法書」といった趣の書だ。著者は制作者が中心だった。

『広告界』の編集長室田庫造は、このアメリカ発の新しい言葉に目をつけ、日本の広告現場に持ち込みたいと考えた。一九二九年四月、『広告界』六巻四号に室田が書いた「広告面のレイアウト」と題した記事（図1）が、日本における「レイアウト」という用語の印刷物での初出である。これを皮切りに室田と『広告界』は、一九二九年の一年間で積極的にこの新語の普及を試みていく。室田はなぜ、この新語を拡大しようと考えたのか。彼は「レイアウト」を、単なる「技法」と捉えてはいなかったようだ。

今迄わが國では新聞雑誌広告原稿、チラシ、カタログ、案内状の原稿は、概して圖案家の手にまかせられた傾きがあつたが、必らずしも広告面に於いて圖案のみが重要でなくして、文案も然り、又、組版も然りと云つた總括的な調和によつて初めて、一つの広告が出来上がるのであるから、かへつて、商店ならばその店主がレイアウトして、それに用ふる圖案が描けない場合は圖案家の手に扽し、圖案以外に寫眞を使ふ場合には寫眞師の手でと云つた分擔によつて広告面を組成するほうが良い広告を簡易に作ることになる。[5]

これは室田の最初の記事の一文である。文案とは広告コピーのこと。図案（デザイン）だけでなく、コピーも含めた全体のハーモニーが広告には最も大切なのだ。ということは、絵を描くことにだけ長けた図案家が広告を創るよりも、むしろ絵を書く素養を持たない人物、たとえば商店主が「レイアウト」するほうが良い広告になる。これが、室田流「レイアウト」論の骨子だ。

これは言い換えれば、今後の広告制作が、広告の目的を理解している人物（ここでは商店主）が「レイアウト」を行ない、必要な図案なり写真なりは他の技術者に分担させるという分業、専門分化へと向かうべきだという示唆でもある。広告制作は、ひとりの図案家による個人制作から脱皮しなければならない。室田はそのような複数名のチームで行なう新しい広告制作手法を象徴するキャッチコピーとして「レイアウト」を持ち出したのだ。

室田のこの考えは、一九二九年という時期を考えるとかなり先駆的だ。写真を使用した広告にまで言及している点も注目に値する。

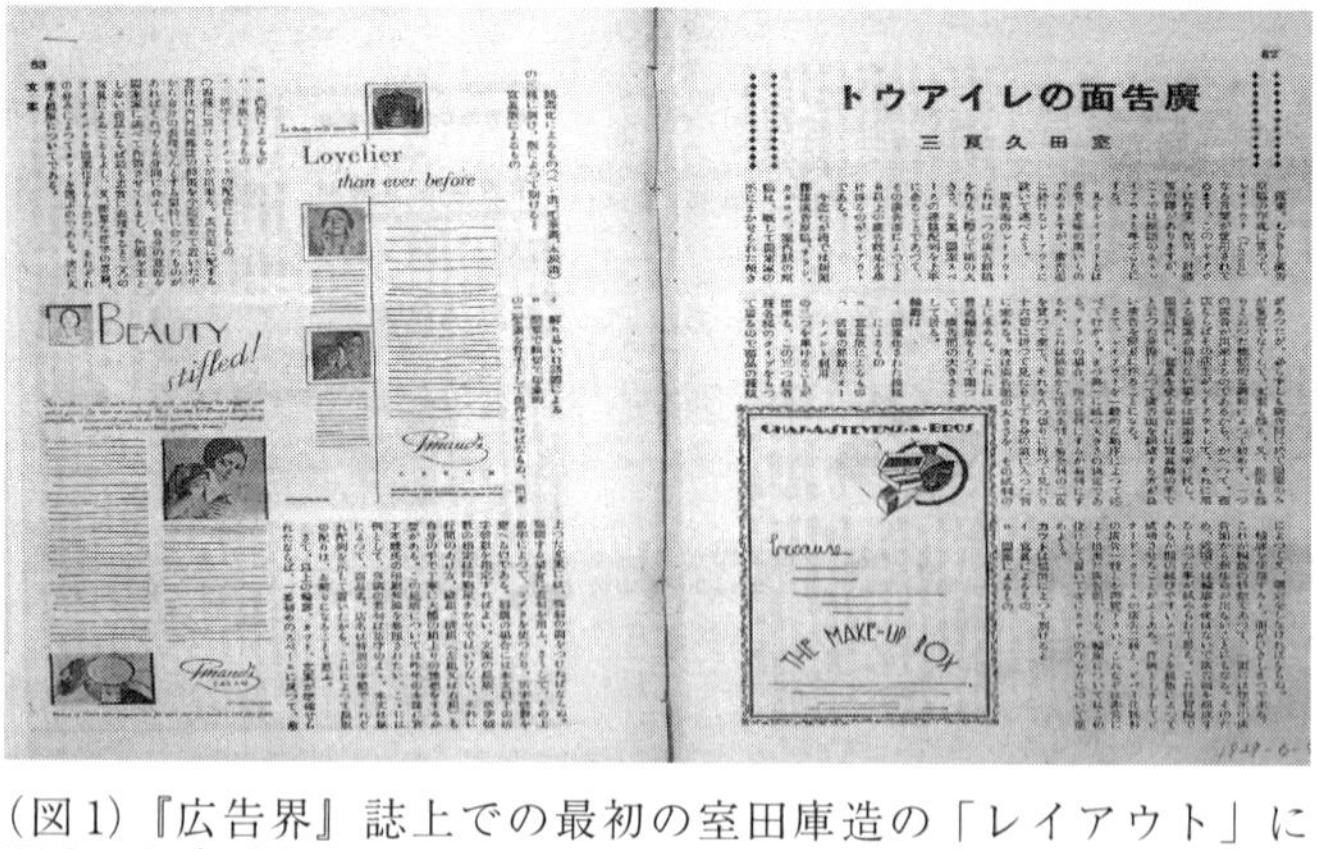

（図 1）『広告界』誌上での最初の室田庫造の「レイアウト」に関する記事「広告面のレイアウト」、1929 年

室田はどのような発想でこの考えにいたったのだろう。

彼はこの最初の記事を、欧米の「レイアウト書」をよく読む前に書いたようだ。一九二九年時点で既刊の欧米の「レイアウト書」で広告制作時の役割や分業にまで言及したのは、唯一フランク・H・ヤングの一九二八年の著書『アドバタイジング・レイアウト』だけであった。[6] その他は「レイアウト」という「技術」の解説書だ。この書にはチームで制作する広告についての記述があり、「室田流レイアウト論」と近似している。しかし、室田は一九二九年時点でヤングの書を手に出来てはいなかったと思われる（その根拠は注釈に記載する）。[7] であれば室田はなぜこのように「レイアウト」を、広告制作の分業にまで広義に解釈した「室田流レイアウト論」を書いたのだろうか。

この記念すべき最初の記事「広告面のレイアウト」の書き出しは、「近来、しきりと広告原稿の作成に當つてレイアウト（Layout）なる言葉が使用されてゐます」である。「レイアウト」という用語は、書物に書く人がまだ現れていなかっただけで、日本の広告制作者の間に既に口頭で流通しかかっていたということだ。これは何を意味するのか。考えられるのは、室田流「レイアウト」論が、そのときの日本の広告界の「はしり」を映していたということだ。

室田は理論を造り上げるという才能ではなく、トレンド・ウォッチャーの才に長けた人物だった。雑誌編集者らしいその室田の鋭敏なアンテナに、「レイアウト」という言葉が制作現場で使われ出したというニュースがひっかかった。おそらく現場での使われ方は、文字や輪郭やイラストを組み合わせるという行為のみならず、それを専業とする人物の登場を感じさせるものだったのだろう。

「室田流レイアウト論」の「心」は、この記事が掲載された六巻四号の前書きにあたる「あ・ら・かあと」での室田のエッセイにも現れている。

愈々《いよいよ》本集の特集についての効能書となるが、本集これさへあれば、皆さんの仕事の十分の七は、どれでも、お好み次第で御座いますと、メニュを差し出した程の御馳走ではありますまいか、……輪郭は広告面のお皿のようなものです、カットは巧みなるコックによつてものせられたる料理としませうか、残るは調味料文案とその活字の選定、さうして配列がそれ等に当るのです、これだけは皆さんの頭にまかせるより他ありません。[8]

お皿と料理を揃えたあと、それをどう調味するかはあなた次第。配列という言葉を用いてはいるが、これは「室田流レイアウト」論の意図を平易にブレークダウンした文章だ。

さて室田は先の記事の後半では、一転して「レイアウト」を用いた制作課程を解説している。広告面の大きさを決定した後、[9]「輪郭」、「カット」、「文案」という三要素を準備し、[10]これの「スペース割宛をする」こと、その行為が「レイアウト」である、と具体的に語る。そして文の最後にはこんな書き方で「レイアウト」の仕上げ手順を示している。

鉛筆を以つて大體のスペース割宛をする……考案を丁度、棋盤の上で駒を移動させるやうに、上に置いたり、左に寄せたりして自分の、これだと云ふ迄動かせて見るのである。……それぞれの位置が変わらないやうに糊付けして、ここに一つの總括的に巧みなる連絡ある広告面がレイアウトされたことになる。

商店界所属の記者長岡逸郎《ながおかいつろう》も、同じ四号で「糊とハサミの仕事　印刷を想ひ通りにするには　印刷の費用を少なくするには」と題して、レイアウトの意味をこんな書き方で解説している。

とやかく文句を云はずに糊と鋏で張りつけた方が、はるかに経済的で浪費がない……糊で張付けた割付は、出来上つてから苦情の出る印刷依頼者に、とやかく云はれる恐れが絶対にないばかりでなく、印刷依頼者が満足するまで、校正を何度も出す無駄が省ける。

なんだか当たり前に思われるこれらの技術指南、しかしそう感じるのは現代の視点だ。この単純な行為、「罫線」「文字」「カット」といった、広告の要素を切り取って並べ替えて検討するという方法は、この時代にはまだ新しい考え方だった。なにしろそれまでの広告制作は、絵画制作と変わるところはなく、一人の絵描きが文字や絵をひとつの画面に順番に描いていくもの。これがすべてだったのだ。

室田の記事後半と長岡の記事はいずれも、制作者は、広告がいくつかの構成要素（「罫線」「文字」「カット」）から成っていることを意識せよ、と語気を強める。手作業のレベルにまでに言い及んだ解説は、『広告界』読者の大多数である街の制作者にもわかりやすく、意識喚起につながっただろう[12]。

室田オリジナルなのは文だけではない。記事に添えられた化粧品、宝飾品、小売店の雑誌広告などの豊富な参照図版は、英文の図版ばかりだが、そのいずれも欧米の「レイアウト書」には存在しないものだ。引用元は不明だが、さまざまな海外雑誌から独自に選択し掲載したと考えられる。

六巻四号は、先の長岡の記事に加え、巻頭の事例集も「輪郭とカット図案選集」としていわば広告の「パーツ」が数多く掲載されている（図2）。全体が「室田流レイアウト論」を中心とした「レイアウト特集号」といった趣の意欲的な内容といえる。室田の先見性とオリジナリティが光る。

『広告界』は四号に続けてこの一年に、「レイアウト」を冠した記事を次々と企画する。六月六巻六号に「広告レイアウトの技術」、七号に「寫眞広告とレイアウト」、一〇号には「広告レイアウトの重要点[13]」が掲載されている。七号を除く三本が、室田による執筆だ。また、タイトルには「レイアウト」とつけられてはいないが、一一月の「印象的効果を高める方法」「一九二九年度の代表的広告」、一二月の「広告印刷時代来る」「新聞広告を語る」などの記事も、主題は「レイアウト」であった。相次ぐ記事からは、この新語を普及すべく雑誌『広告界』全体が動き出した様子が感じられる。

そして同年末、室田による単行本『広告レイアウトの実際』が刊行される。誠文堂がこれに力を入れていた様子は、姉妹紙『商店界』の一九二九年の号に、同書の全面広告が幾度も掲載されていることからも推察できる。[14] そのコピーは「正に来たらんとする広告レイアウトの研究時代に直面して本書は広告實際家、広告研究家の座右に備うべきもの」。同書は、菊判上製三七六ページ、金彩を施された豪華本であった。

以上のように、一九二九年は誠文堂『広告界』と室田による「レイアウト」普及キャンペーンの元年だった。最初に書かれた「室田流レイアウト論」の主張、広告制作は商店主などつまり、美術的素養とともに経営側のマーケティングをも理解している人＝ディレクターが、「レイアウト」を行なう必要があるという主張は、当時新しく画期的だった。これは、研究者や意識の高い制作者に大きな反響を呼んだ。だからこそ、この年多くの「レイアウト」関連記事が書かれたのだし、早くも同年の末に単行本の刊行が実現したのだ。

ではこの一年のレイアウト紹介の記事の中身を少し覗いてみることにしよう。

初の専門書『広告レイアウトの実際』

最初の記事を掲載した六巻四号の編集後記に、室田は以下のよ

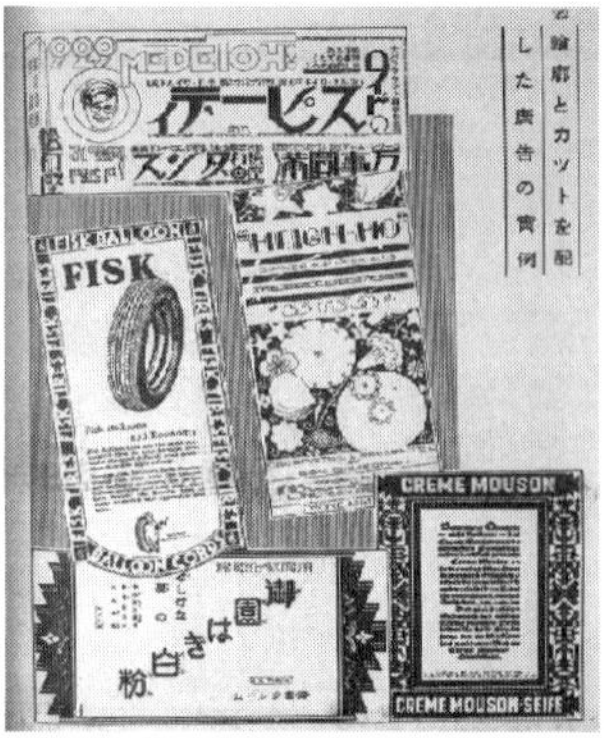

(1)『広告界』6巻4号、巻頭の事例

(2) 輪郭（飾り枠）の見本

（図2）

うに書いている。

僕は今月号から広告面のレイアウトに就いて研究を続けて見る考へである。参考書も二三手に入れたが、若し諸氏の手もとにレイアウトに関した参考書なり雑誌の記事等があつたら、譲つてほしい。[15]

「レイアウト」に関する記事を、単発ではなく連載とする意思表明であり、また室田がこの時点で海外研究書を二三冊入手していた様子も窺われる。

この呼びかけに対し、翌五号の後記には「研究材料がどんどん集まってくるので嬉しい。[16]」と書いており、外書蒐集が順調に進展した様子がわかる。ところがこの結果、二回目以降の室田の記事は、ほとんどが、蒐集が進んだ外書の翻訳と事例の引用によって構成されることとなってしまった。

『広告界』で二回目の「レイアウト」に関する記事「広告レイアウトの技術」(六号)は、英国の雑誌『コマーシャルアート』[17]に英国の研究者チャールス・C・ナイツが一九二七年に寄稿した記事[18]を翻訳したものだし(図3)、一〇号に掲載された四回目の連載記事「広告レイアウトの重要点」[19]は、一九二八年のアメリカの著作、ジョン・デル『広告のレイアウト：七〇〇の実用例ハンドブック』[20]の序章の翻訳だ。[21]国内初のレイアウトの概説書『広告レイアウトの実際』も、右記六号と一〇号[22]の記事の転載を含め、かなりの部分が海外の研究書からの引用によって構成されている。

同書は、ページの半数以上が事例掲載に割かれた事例集的な色合いが濃い書籍だが、事例のほとんどは、欧米書籍からの引用だ。掲載図版の文字部分を英文字からカタカナに置き換えたり(図4、5)、合間に独自の日本の作例を挿入するなどの工夫をしている例もあるが(図6)、相当数は、前述のジョン・デルの書の本文からそのまま引用されている(図7)。雑誌広告事例についてはほぼ総数のほぼ半数が同書事例の転載である。[23]

三章は本文と図版のほとんどが、アメリカのデザイン研究者で「グラフィックデザイン」という用語の創出

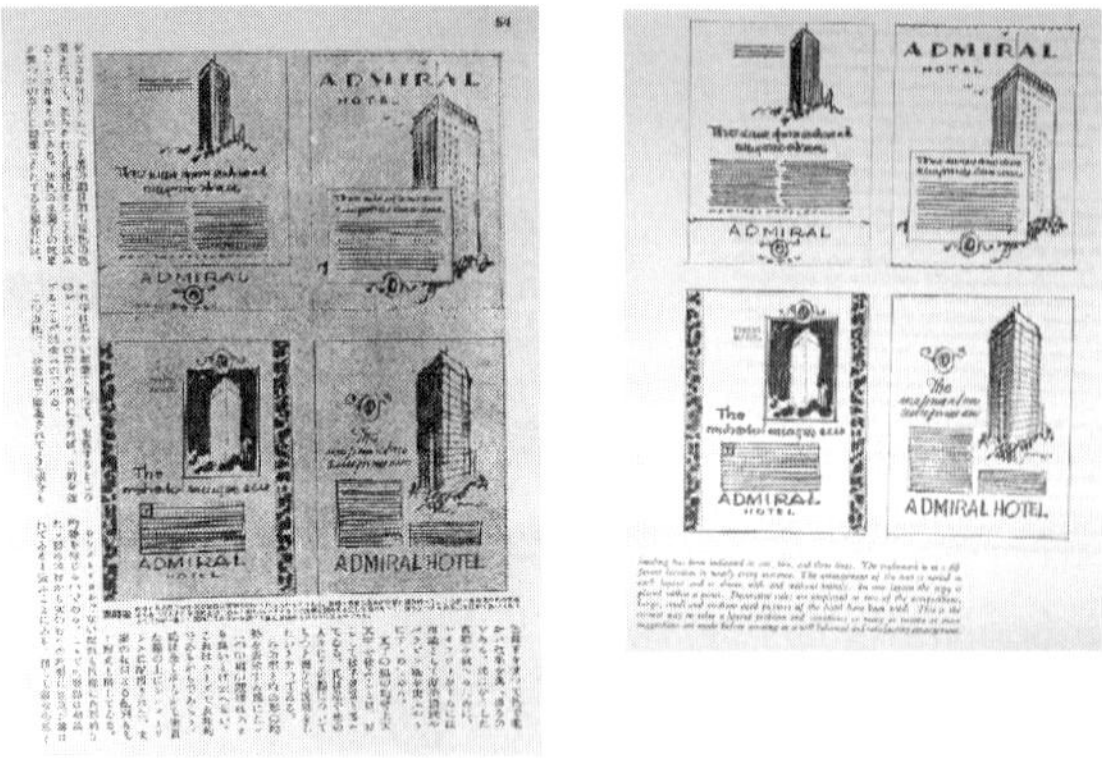

（図 3）（1）「広告レイアウトの技術」『広告界』6 巻 6 号、1929 年（左）と、（2）チャールズ・C・ナイツ『アドバタイジング・アンド・レイアウト』での同内容の図版（右）

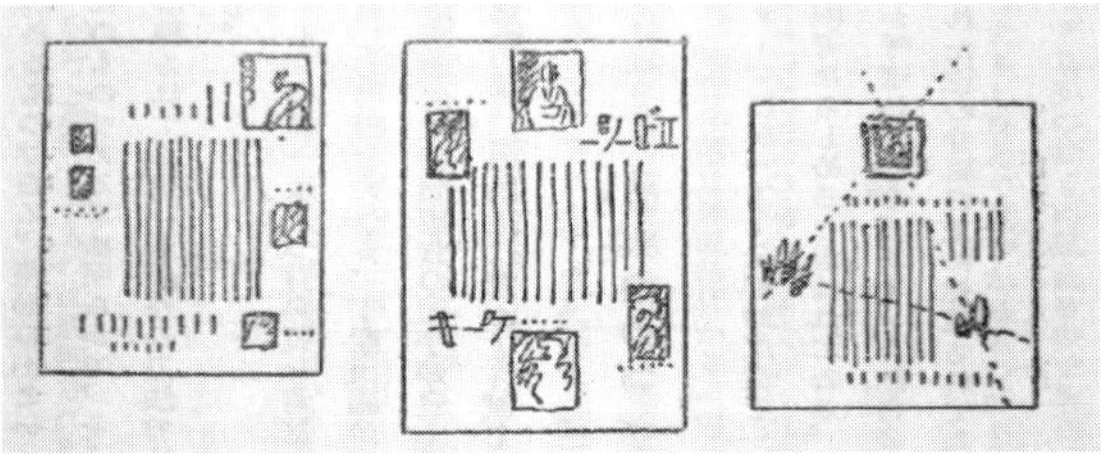

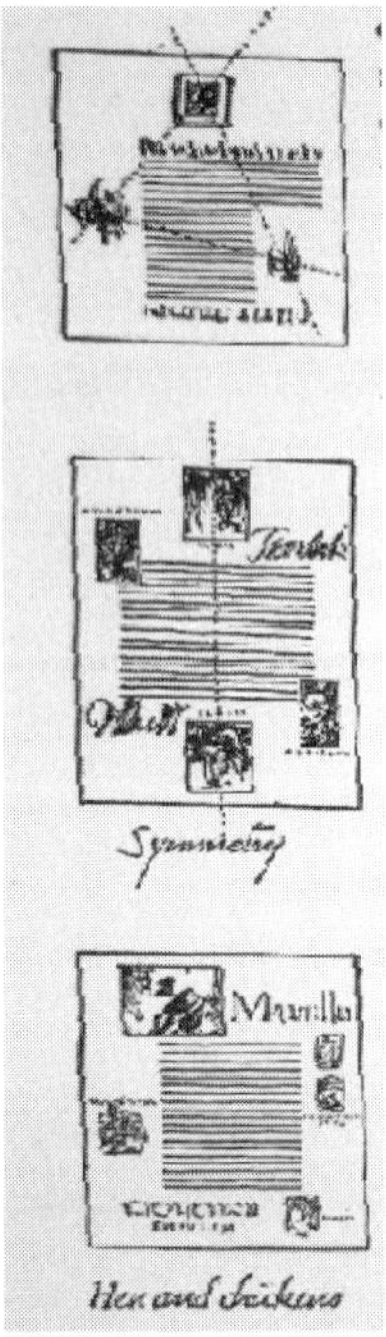

（図 4）（1）『広告レイアウトの実際』の図版（左）と、（2）A・ドゥイギンス『レイアウト・イン・アドヴァタイジング』での、同内容の図版（右）

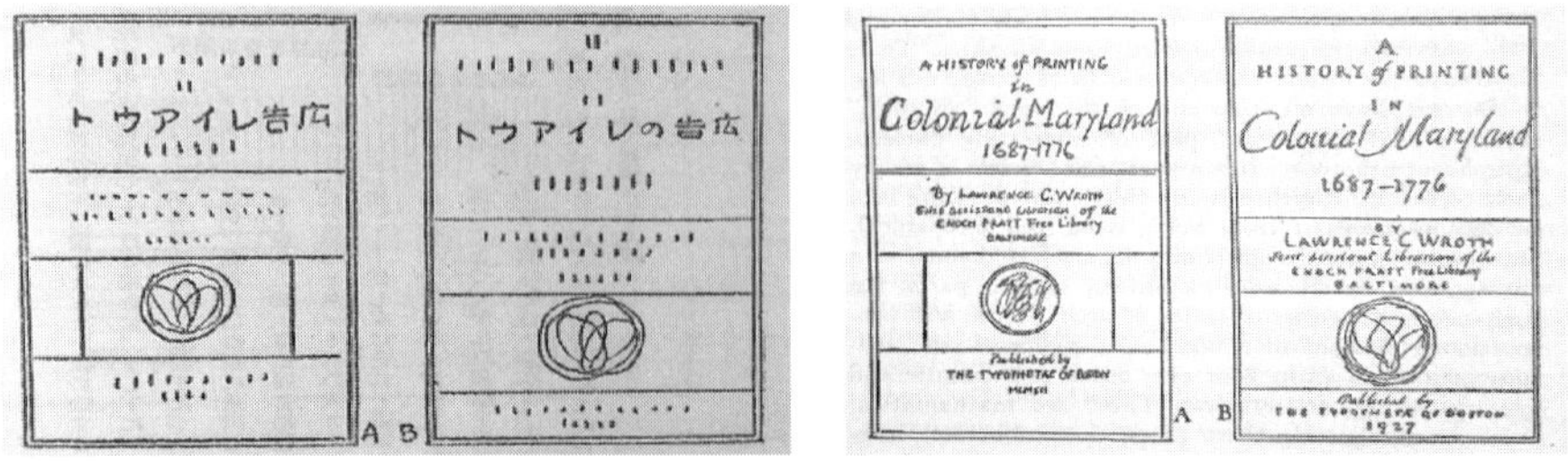

（図 5）（1）『広告レイアウトの実際』の図版（左）と、（2）A・ドゥイギンス『レイアウト・イン・アドヴァタイジング』での同内容の図版（右）

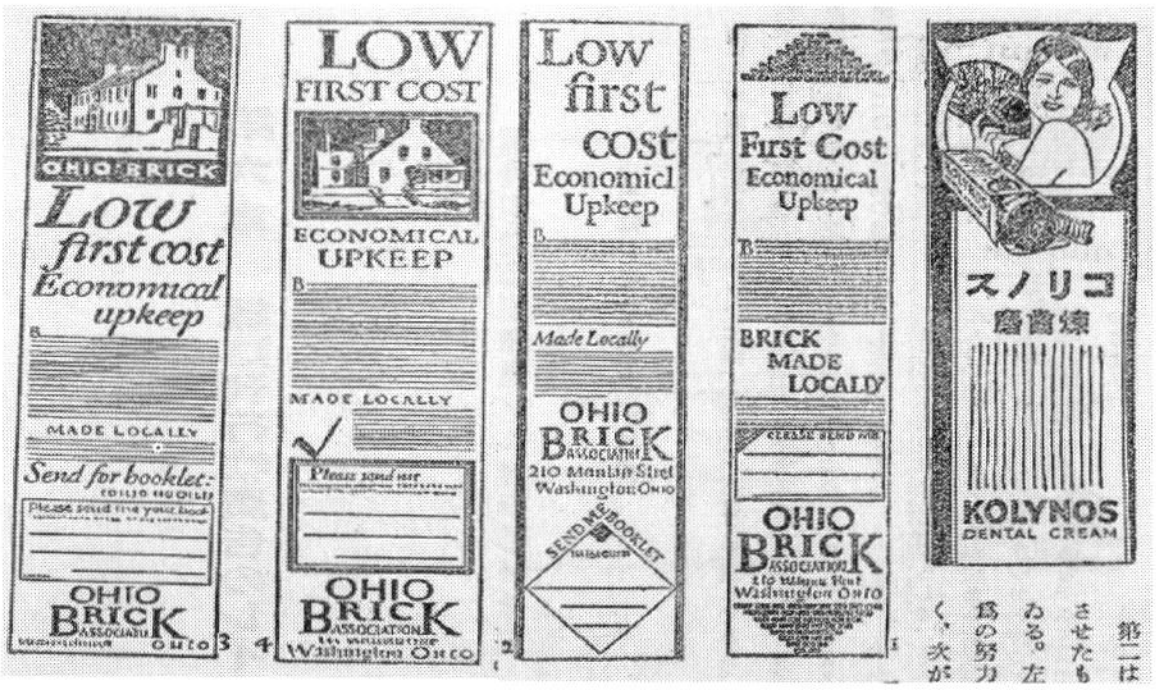

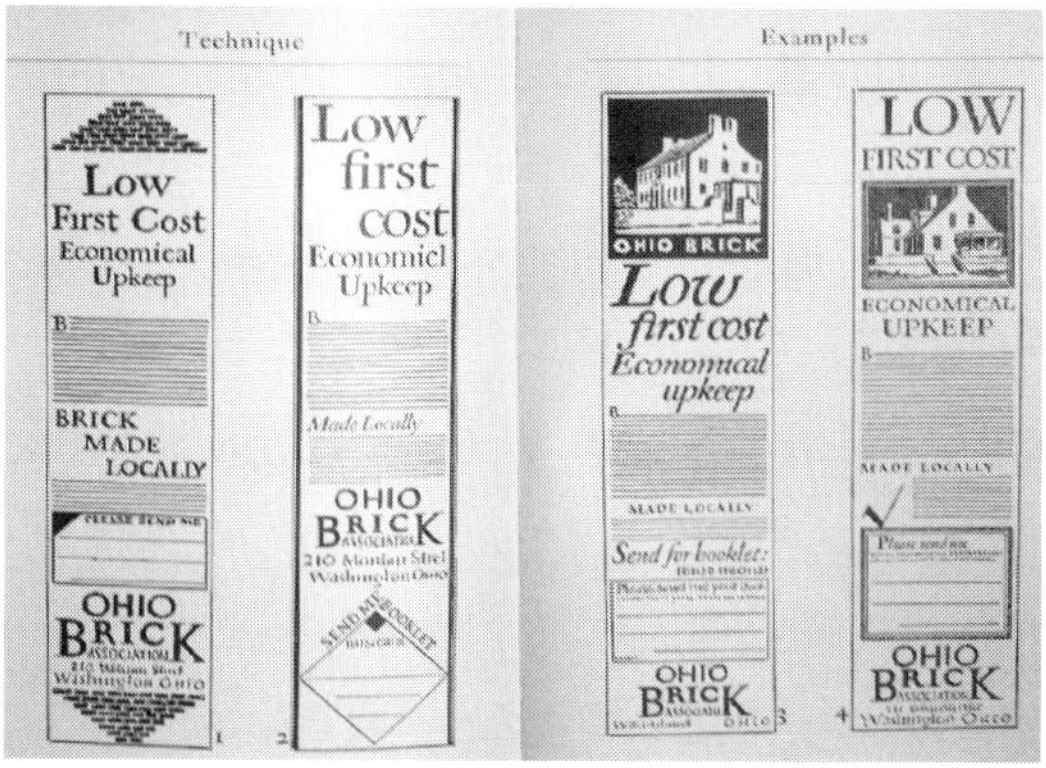

（図 6）

(1)『広告レイアウトの実際』の「細長いスペース広告の事例」(上)

(2)『レイアウト・イン・アドヴァタイジング』での同内容の図版（下）

(1)

(2)

（図 7 ）(1)『広告レイアウトの実際』「雑誌広告」の項（左）と、
(2) ジョン・デル『広告のレイアウト：700 の実用例ハンドブック』(右)

者として知られる、ウィリアム・A・ドゥイギンスの著作『レイアウト・イン・アドヴァタイジング』[24]から引用されている。第四章「スペース広告」全六二ページのうち六〇ページを占める「広告物の五つの型」と題された項も、本文図版共にドゥイギンスの引用だ（図8）。雑誌広告の項でも、「最も良い刊行物のレイアウト」の項は、解説・図版ともにドゥイギンスの引用が転用されている（図9）。

このように単行本『広告レイアウトの実際』のほとんどが、複数の欧米研究書からの引用によって構成されていた。同書に室田のオリジナルの文章や図版は非常に少ない。最初の「室田流レイアウト論」が画期的な独自論であったことを思うと、これは残念な展開だといえるかもしれない。

しかしこの事実だけを見て、室田の一九二九年の取り組みを薄っぺらな海外研究の焼き直しと決めつけるべきではない。たとえ内容そのものが欧米の書物の焼き直しだったとしても、室田が多くの参考書から選択した文章を見たとき、最初から続く一貫した意図が見出せるのだ。[25]室田がなぜこれほどまでに短期間に集中して「レイアウト」を紹介しようとしたのか、どこに重要性を感じていたのか、その意志の源泉を知る必要がある。

室田の意志にコピーをつけるならば、「広告は販売戦略の一つだ」である。

広告は販売戦略と連動するもの。それは今日的な視点からはあまりに当たり前に思える。広告なのだから、売れるように工夫するのは当たり前ではないか。しかし考えてみてほしい。これは、誰の目にも心地よい絵画の持つ美的価値と、広告の価値とを全く同一視している時代、まだポスターには美人画が主流だった時代の話である。

評価の定まった画家が描いた美人画が最も価値が高い「広告」だった。そのような時代に、広告は商売の道具だし、最も重要なのは適切なレイアウトによって得られる広告効果だと言い切る行為は、従来の価値観、美術的価値を最優先する価値観の否定である。それは今日思うほど単純なことではなかった。美的価値か、広告効果か。美の追求か、販売戦略最重視か。

美しく心地よいポスターが、必ずしも広告効果を上げるわけではない。しかしデザイナーは美しいものを創

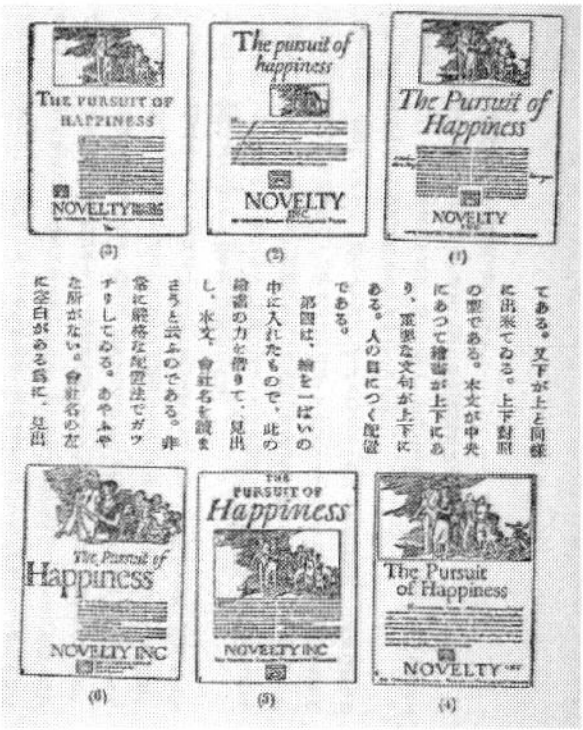

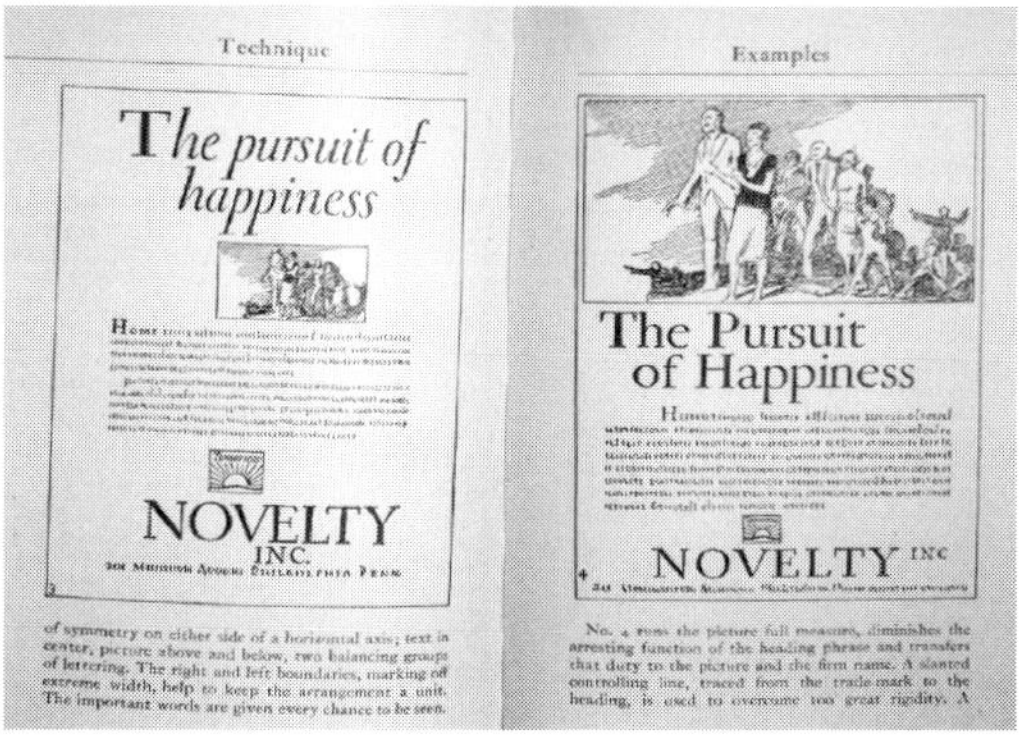

(図８)(1)『広告レイアウトの実際』３章「広告物の五つの型」での解説図

(2) A・ドゥイギンス『レイアウト・イン・アドヴァタイジング』での同内容の図版

(1)

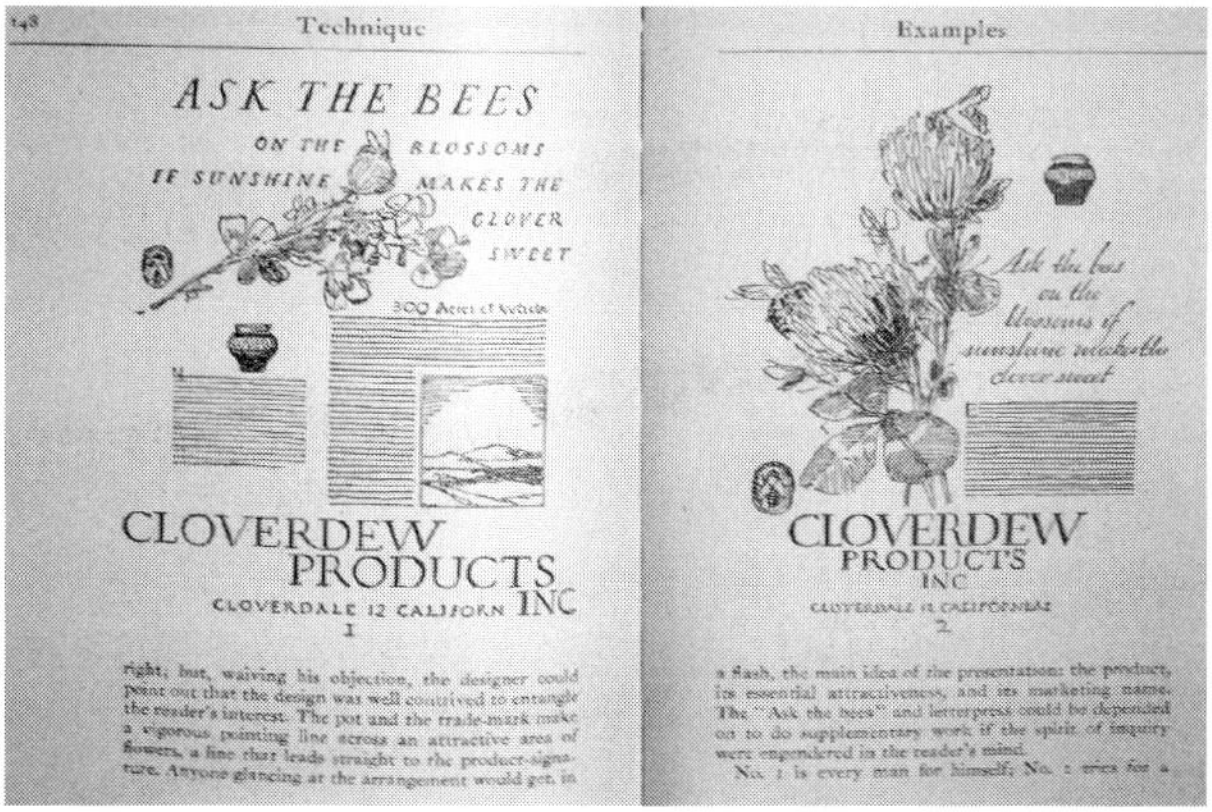

(2)

(図９)(1)『広告レイアウトの実際』「最も良い雑誌刊行物のレイアウト」の項の図版(上)

(2)『レイアウト・イン・アドヴァタイジング』での同内容の頁(下)

りたい。考えてみれば、このせめぎあいは、今日まで続く広告の普遍的課題だ。室田流レイアウト論は、この葛藤に最初に踏み込んだとも言うことができる。
たとえば、ジョン・デルから室田が選んだ文章には、レイアウトを行なう人物に必要な素養として、「美学的素養」「広告心理学」に加えて「販売術」が挙げられている。さらにこのような文章が続く。

レイアウトの目的
どの広告に於ても一番大切なことは、これからの有望なお得意を捉へ注意を惹く様に考案することである。……此れは云ふまでもない事であるが、如何に興味あり、価値あり、サーヴィスの便宜があり、巧みに広告をしても、如何に広告の主要部に販売高を増す様な議論が述べてあつても、又、如何に多額の費用が広告のために投ぜられてあつても、もしこれからの有望なお得意の注意を惹くことが出来なければ、すべては失はれて了ふだらう。……即ちレイアウトは販売組織の一課目であることを常に忘れてはならぬ[26]。

お客様を呼べないような広告には意味がない。「レイアウト」が、マーケティング戦略の一環であることを忘れるな。今日私たちはごく当然のこととして、広告はマーケティングの一部であり、販売方針に結びついたメッセージを送る役割を担っていると理解している。しかし、まだポスターに美人画が全盛だった一九二〇年代には、「見る人に広告の使命（＝目的）を理解させる」ことこそが広告の機能であるという事実は、まだ常識とはなっていない。制作者側にこれを強調して教授する必要があったのだ。
室田はこの点をじゅうぶん理解していた。だからこそ、海外書にそのような記述が少なかったにもかかわらず、「レイアウト」の意味を広義に捉え、マーケティング＝「販売術」と広告表現とを結び付けた文章をあえて選んだのだ。室田はその気持ちを『広告レイアウトの実際』前書きに次のように書いている。

研究するにつれて益々此のレイアウトが濃厚になつて研究の必要欠く可からざるものであること及び日本の著書の皆無であることに刺激され……それが外国種の草花でもいいから咲かせて見たいと云ふ気持ちで来た。

まずは外国種の花ではあったが、これを見出し、日本に咲かようと考えた室田の先見性と、彼のキャンペーンがその後にもたらした影響は軽視すべきではないだろう。次節ではこの外国種の花に振り向き、室田に引き続き、「レイアウト」をさらに大きく咲かせた人たちの動向について見てみよう。室田の紹介記事に刺激され、直後からアカデミックをも巻き込んだ「レイアウト」論が始まった。外国産の種を基点としてこの時期、日本の広告界に何が起きたのだろうか。

「レイアウト」の拡大──学者も注目

室田のレイアウト普及キャンペーンが行なわれた翌年、「レイアウト」は、広告研究者からも注目され始める。神戸高等商業学校（現神戸大学）で初めて広告論のゼミを開催するなど、日本の広告学の祖と位置づけられる中川静《なかがわしずか》[27]が、一九三〇年に出版した『広告論』で、「レイアウト」概念を解説したのだ[28]（図10）。これが学術書での「レイアウト」という用語の初出である。

商学系の学者がなぜ「レイアウト」に興味を持っただろうか。「レイアウト」のルーツが、アメリカの科学的な広告研究にあることもその理由のひとつであろう。しかしここではそれだけではない、当時の日本の学者にとってなぜ「レイアウト」が魅力的だったのかを、ひも解いてみたい。

中川は『広告論』よりも六年前の一九二四年にも、広告学の総論書『広告と宣伝』を出版している。この書と、一九三〇年の『広告論』とを比較すると、広告学研究に携わる商学者、中川がなぜ、「レイアウト」に興味を持ったのかが見えてくる。『広告と宣伝』にはもちろん「レイアウト」に関する記述はない。だが中川はここでも広告の図案について独立した章をもうけて書いている。おもしろいのは「広告画の種々相」と題したその中で、中川が美術家にこんな断りを入れていることだ。

> 本書の読者は、美術家で無い自分の広告画談を成すことを認容し、専門家も亦多少の妄評を画面に加へることに対して寛恕せられたい。

美術家ではない学者の自分が広告画について書くけれど、そこに多少の妄想、つまり勝手な想像があることを美術専門家は許してほしい、というわけだ。中川のこの遠慮がちな書き方から見えるのは、広告図案は美術なのだから、美術専門家にしかその優劣は理解できない、私たち商学者は門外漢だ、という意識だ。

一九二四年の段階での中川は、図案の良し悪しを「学問が論理的に」検討することは困難と考えていた。しかし、当然ながら広告図案は広告にとって重要だ。広告学という実学の体系化を目指した先駆者の中川にとって、「図案制作の理論化」は、避けて通ることができない課題だった。だからこそ一九二四年の書籍にも断りを入れながらも「広告画の種々相」という章を設けたのだ。

そのような悩みを持つなかで、室田が紹介したアメリカ由来の「レイアウト」は、広告制作を、勘に頼る「職人わざ」から「技術」へと脱皮させるに格好の材料だった。「広告図」を理論化する手段。「レイアウト」が学

(1) レイアウトに基づいた仕上がり例

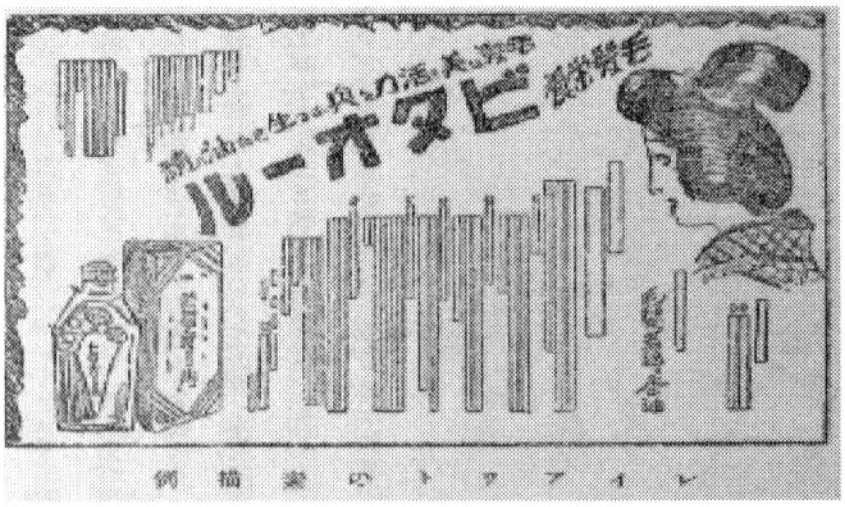

(2) レイアウトの素描例

（図 10）中川静『広告論』中の図版

者に歓迎された一番の理由はここにある。

中川の『広告論』は、四〇〇ページにわたる堂々とした学術書で、多くの彼の著作でも最も重要な一冊である。序文に「広告界の理論と実際との両方面共に、既刊邦文広告書中の何れよりも最新事項を示す」と書いているとおり、全七部で構成されたこの書籍の守備範囲は非常に広い。広告の本質や歴史といった広告の概念を示す第一部と、市場調査や広告戦略の立案など経営者向けの実務的な第二、三部、そして「広告作成の研究」と題された制作実務者向けの第四部が続いている。この第四部「広告作成の研究」の最初に位置し、最も多くのページが割かれたのが「レイアウト」だった。[29]

中川はこの章の冒頭で「レイアウト」を、制作の「技術」として位置づけている。

自分の作成せんとする一つの広告に……記入すべき項目を案じて之を分合して幾つかに大別し、之を各項目のために何程づつの分量として組合せ、如何に統一し足る一形態を為さしめるかを工夫すること

そして「レイアウト」が果たすべき役割について、以下のように続ける。

レイアウトの成功か否かの分れる所は主として美術的のものであるが、しかしながら広告上のレイアウトとしては、其処に何程の商業的分子を含有せしめ得るか、又之を商業に利用し得るかの問題が生ずるのである。

広告は美術的なものだが、美しいだけではだめで、販売効果を得てこそ成功したレイアウトと言える、というわけだ。これは『広告界』での室田のキャンペーンの主旨と非常に近い。中川による同書の出版以降、慶応大学、早稲田大学の広告研究会出版物で、つぎつぎと「レイアウト」が話題となっている。さらに一九三二年

から三三年に森崎善一《もりさきぜんいち》、飯守勘一《いいもりかんいち》、松宮三郎《まつみやさぶろう》、奥平稔《おくだいらみのる》といった広告研究者らによって相次いで著された広告学の総論書にも、全て、「レイアウト」が記述されている。三〇年前半は、学者の間で「レイアウト」がちょっとした「流行」だった感がある。

アカデミズムと「広告学」

ところで、なぜこの時期、アカデミズムで広告研究会が活発に活動し、広告学の総論書がこのように集中して出版されたのだろう。これらの書が「レイアウト」という考えを拡大する力となったのだから、その背景も捉えておく必要があるだろう。

　このムーブメントのキーワードは「実学の知」である。吉見俊哉《よしみしゅんや》は、一九二〇年代から三〇年代に社会科学の知に大きな変化が訪れたと指摘している。その理由は次のようなものだ。「一九二〇年代から三〇年代にかけて、ちょうど政治・経済的なシステムのレベルでの総力戦体制の整備と並行するかのように、それまでの一九世紀的な近代知とは明確に異なる、より社会政策的とも社会工学的ともいえる社会科学の知が、経済学、政治学、社会学、教育学、人類学、新聞学など、さまざまな領域で同時並行的に台頭」し、それらは「（総力戦体制下の）同時代の国家的な知の新体制のなかでは、まさしく有用なものとして、必要とされはじめていた[30]」。

　吉見は大戦間期には、それまで帝大アカデミズムのなかで周辺に押しやられていた実学の知が、新しいパラダイムを形成しつつあったと指摘し、これを「社会科学的な知の体制化」と呼んでいる。その例は教育学、経済学、人類学、社会学そして、新聞（宣伝）学、自然科学など多くの分野で見出せるという。吉見の指摘により一九二〇年代から三〇年代に、多くのアカデミズムの場で、社会に直接有用な新たな学問体系の構築が試みられていたと認識したとき、一九二〇年代後半から、複数の大学に広告学のゼミや広告研究会が相次いで創立されたことの意味、そして神戸大学の中川静や慶応大学、早稲田大学の広告研究会の当時の立ち位置をより鮮明に理解することができよう。

一九二〇年代後半以降、日本では、広告への社会的興味が急激に拡大した。それは労働者層が力をつけ、大衆による消費が拡大し、大衆が商業の中心に位置づけられはじめたからに他ならない。そのような新しい社会は、広告にそれまでとは異なる近代的な機能と役割を求めるようになっていった。さらに印刷技術の進歩が、メディアとしての広告の存在感を押し上げる。濱田や室田の意欲的な活動は、このような大きなムーヴメントを背負っていたのである。

しかし、アカデミズムでは広告はまだ「学」ではなく「術」という地位にあった。山本武利《やまもとたけとし》はこの広告需要拡大期における広告研究を「実用書を大量に刊行する経験派が主流を占め、それら経験派のなかから、少数ながら広告研究の体系化、学問化に苦闘する科学派が誕生した時期[31]」と位置づけている。山本の言う科学派の先鋒は中川静であり、経験派は室田や濱田ということになろう。科学派つまり「広告学」を擁立しようと考えていたアカデミズムにとって、二〇年代後半がどのような時期であったかは、松宮三郎の以下の回想が的確に示してくれる。

それに依って広告もまた一の学問であると云う啓蒙運動が実にこの『広告学概論』であったのであった。しかし幸ひにしてその後、我国の広告学の研究は長足の進歩をなした。[32]

これは松宮が、一九三五年の書物の中で、自著『広告学概論』が刊行された一九二四年頃を振り返った回想だ。松宮はこの間の一〇年で広告学が確立していったと振り返っている。同様に奥平稔も一九三〇年初めの「広告学」のポジションについて以下のように振り返っている。

顧れば、広告は一部の學者の間では、未だ學ではなく科學でないと云はれてゐる。……しかし時代は既に流転してゐる。今や広告の研究は組織体系づけられ、一つの学として一つの科学としての価値を十二分に発揮建設してゐる。[33]

一九三三年の記述だ。これらの証言は、二〇年代半ばからの一〇年間が、広告が「学」として成立する胎動の時であったことを示している。このようなアカデミズムの立ち位置が見えたとき、学者らの「レイアウト」への興味の震源がどこにあったのか、そしてその深さをも理解できるだろう。

さて彼らの「レイアウト」への興味は、山本の言うところの経験派、つまり広告制作実務家たちを、大学などの研究の場に呼び込む力ともなる。研究者が模索する広告学と、制作者の技術論との垣根は今日ほど高くはない。この時期濱田増治や室田庫造ら制作者側の主要人物は、三田広告研究（慶応）や明治大学広告研究会[34]などのアカデミズムの研究の場に招聘され、講演や寄稿という形でたびたび商業美術の「理論」や「レイアウト」を論じている。この状況を奥平はこう証言している。「広告作成は従来広告学者、広告実務家のみによつて研究せられて来たが、今や美術家の新研究が他面に加はつて来たことは、誠に広告界のために欣ぶべき好現象であると云はなければならない[35]」。

奥平の言う広告実務家とは経営者サイドを指している。奥平は一九三三年頃には、学者、経営者の二者だけでなく、デザイナーも参画して広告研究の機運が高まってきたと言うのだ。一方これとは逆に、三〇年代に入ると実用書『広告界』に、アカデミズム側の学者投稿が増加する。それは広告制作者側にも、アカデミズムに接近する必要があったからだ。

第二章で述べたとおり、濱田をはじめとする関係者は、「広告の理論武装」を望んでいた[36]。純粋美術を「応用」するという従属的な地位からの脱却や広告制作者の社会的地位の確立のためには、広告制作が美術とは異なる、理論化できる実学であることを誇示する必要があったのだ。広告表現の評価基準となりうる「レイアウト」は、彼らのニーズにも合致していた。

そして「レイアウト」を共通の話題に学者と連携して得られる知識は、制作者（「経験派」）の理論武装にも様々に有意義だった。ようするに、経験派と科学派は、win-win の関係、相思相愛だったのである。両者の直接的な目的は「広告制作者の職域の確立」と「広告学の確立」と異なってはいたが、広告理論の確立と広告の社会的地位確立という大きな目的は一致していた。この大きな目的の達成のために、双方がアメリカから来た「レイアウト」という概念を歓迎した。

そして大学の広告研究会と雑誌『広告界』は、「広告」を近代的な広告として確立させるという大目的が一致する、さまざまな「広告関係者」が集う「場」として大きくなっていったのである。

「レイアウトマン」という専門職

さて中川は『広告論』で、レイアウトマンという専門職の必要性も論じている。レイアウトマン？　今聞くと少しとぼけて聞こえるこの呼称、どんな職業だったのだろう。中川の解説をみてみよう。

〔レイアウトマンは〕広告販売上の理解と兼ねて美術上の熟練を有するものであるを要する。而して又生産品が反映する印象をも創始せねばならないので、心理学の学徒でもあり又構造並に意匠の熟達家たる資格を有せねばならない。[37]

なんとも多くの知識を挙げたものだ。マーケティング、美術、心理学、構造とデザイン。レイアウトマンは、これらのすべて、マルチな力を持つ専門家だというのだ。中川はさらに「レイアウト作家はレイアウトに倣って仕上げの絵画を作る能力をも要するやうであるが、これは寧ろ例外で、必然的な要求ではない」と続ける。このマルチ人間に、描く能力は必須ではないという断言だ。「レイアウトマン」を、ディレクションを主業とする職業として描いている。

この中川の概説は、『広告界』で室田が最初に示した、商店主など描けない人物が「レイアウト」を行なうほうがよいとする考えと共通している。だが、商店主（経営者）ではなく、経営の意図を反映できる技量を持った、経営者とは別の人格の存在を提示した点で、中川はさらに一歩進んでいる。

中川は室田が入手できていなかったアメリカの広告研究者フランク・H・ヤング『アドバタイジング・レイアウト』を引用、参考文献に挙げている。このヤングの書の冒頭にも「ザ・レイアウト・マン」という独立した章が設けられているので、中身をみてみよう。

（レイアウト・マンは）今日、新聞雑誌に現われている多くの広告について、読者の注意を喚起し読者が読むように仕向ける責任を負う。彼の責任は広告面を最大限に利用することにある。……彼は広告と販売戦略と美術、すべてに熟練し理解できる必要がある。[38]

中川とほぼ同じ提唱だ。ヤングはこの数年後、一九三五年の著作では「ザ・レイアウト・マン」の役割を「現実的なビジネスマンであるべきで、かつ、広告主と芸術家とアーティストの間に立つアート・ディレクターである」と、発展させて記述している。[39] 後に「レイアウトマン」を、「アート・ディレクター」と同義に捉えるヤングの思考を、中川は引用・参照したのである。[40]

さて、一九三二年に監修した『広告辞典』では室田も、「レイアウト」以外に「レイアウトマン」という項目を設け、そこに「レイアウト・マンは通常、文案家又は図案家が兼ねているが第三者であってもいいのである」と書いている。[41] これ以降『広告界』でも、この新しい職域「レイアウトマン」は度々紹介されていく。たとえば以下の記事である。

多くの要素をレイアウトしなければならないといふことが、レイアウトマン共通の悩みである。……沢山の材料を一つのまとまつた広告にすることは、レイアウトマンの手腕の見せどころである。……

レイアウトする人が単に図案家といふ気持ちから広告作製に当るなら……多くの要素を見た時に、不平をいひたくなるにちがひない。しかし、レイアウトする人が、市場とか媒体とか広告を見る読者の状態を考へて大きな意味の広告人としての気持ちで広告作製にかかるならば、多数の材料を一つの広告にまとめることも……却つてその難しさを押切らうといふ努力さえ惜しくなくなる。[42]

最近の傾向として、広告作品は広告部長なり原稿立案者が最初にそのプランを立てる様になつてきてゐます。これ等の人は自身すぐれた図案家であつたり又は文案家である場合もあり、さうでない場合もあります。が、兎に角、構図や均衡の法則に精通した人で、レイ・アウトをつくる場合、一定の場所をそれぞれ挿絵や縁取りの図案や活字の部分に当てます。[43]

いずれも「レイアウトマン」にふさわしい人物像、職能を詳細に示している。前の引用は一九三三年、あとのほうが一九三四年だ。どうだろう。これらからは、少なくとも企業広告部という現場には、マーケティングの知識も美術のセンスも備えた「レイアウトマン」を自認する人物が存在し、さまざまに悩みながら制作にあたっていた様子が感じられる。それは広告部長という名の上位の立場の人間だったのかもしれない。[44]

「レイアウト」とヨーロッパ前衛

本章の最後に、『広告界』よりもさらにずっと前にいる先頭集団にも目を向けて、同時期の「レイアウトマン」の所在を追っておこう。

一九三四年五月、エリート・デザイナー集団「中央工房《ちゅうおうこうぼう》」が発足し、翌月、工房の「旗揚げ宣伝の」ための展覧会を銀座紀伊国屋で催している。六月一五日から一七日という短期間ではあったが、これは従来型の広告制作に一石を投じる画期的な内容だった。展覧記が『広告界』に掲載されている[45]（図11）。この記事を読むと、室田が「レイアウト」を紹介してから三年あまりで、「レイアウト」と「レイアウトマン」の意味が、少なくとも一部先駆者の間では確たる認知をされていたことがわかる。展覧会は「写真を主とする広告の展覧会」という題名だった。匿名の筆者A記者は、その内容は「正に空前の試み」だったと言っている。何が「空前」だと言うのだろう。展覧会記レポートは、このようなものだ。

> 中央工房主宰のものに写真を主とする広告の展覧会が開催された。この展覧会には色々の意味深い主張が発表されてゐて恐らくその意味でも新しい企てであつたと信ずる。その一つの主張は日本工房のスタッフであつた広告写真家の木村伊兵衛《きむらいへえ》氏を中心とするレイアウトの原弘氏、図案の大久保武《おおくぼたけし》氏のトリオの中央工房の旗上げ宣伝である。……従来は、実際問題として広告物の作製にあたり、まづ図案家の活動によつて八分通り仕事が出上がり、レイアウトを含めた文案家のお添物によつて完成するのが常であつたが今日は計画に基くレイアウトマンの活動が終始最も大切な役割を果し、写真家が大部分の材料を提供して、レイアウトマンの指示による文字其他の図案家的工作が付随して仕事が完了する順序となつた。今後

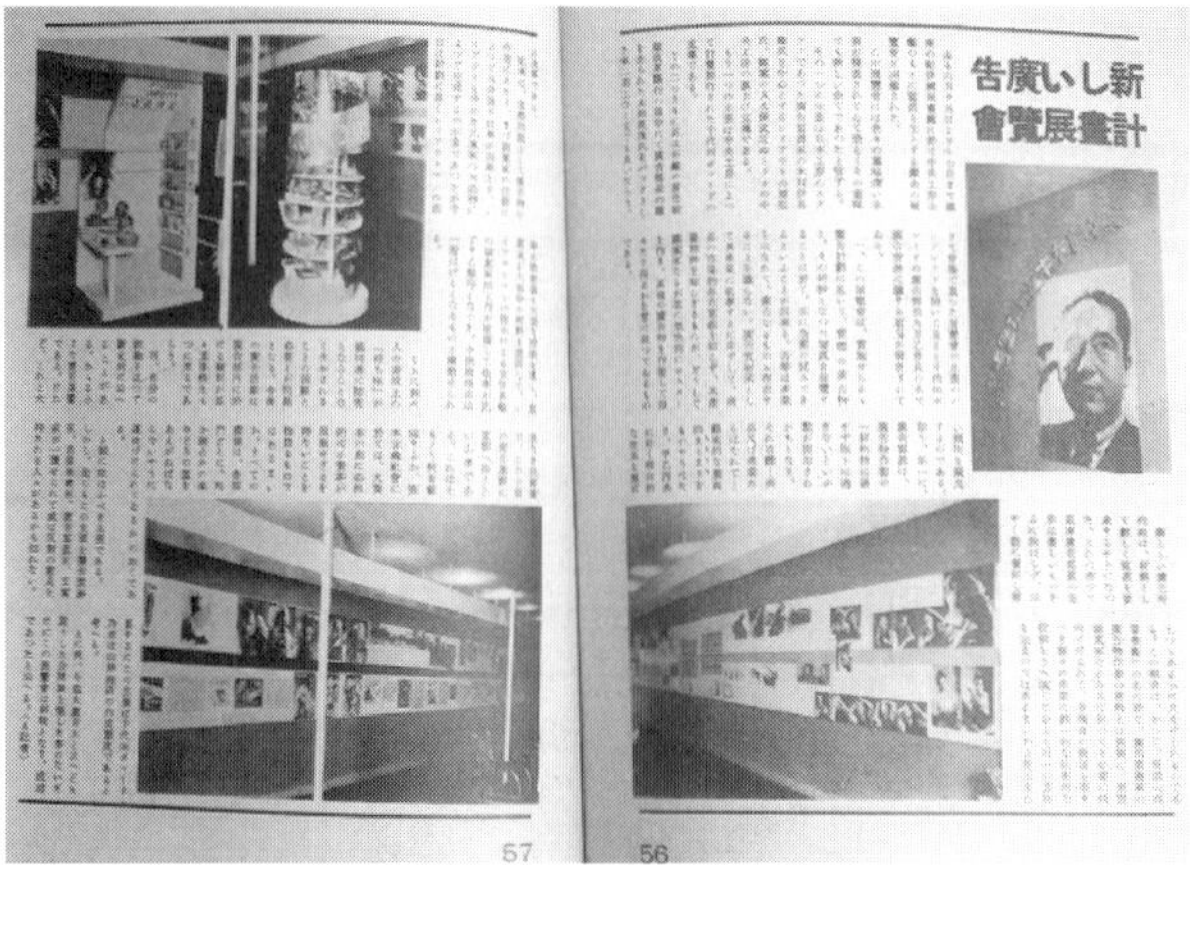

（図 11）匿名A記者「新しい広告計画展覧会」記事、『広告界』11 巻 9 号

此傾向は一層はげしくなるものと想像せられる。

展覧会場の写真から推察するに、展示は「広告計画に基いて、実際の広告物とその材料となった写真を展示」したものだった。具体的にはまず「レイアウトマン」による広告設計スケッチが示され、設計に従って撮影された生の広告写真が展示される。文字もあったかもしれない。さらにそれらの要素が「レイアウトマン」の指示によって、切り取る（トリミング）などされ、「レイアウト」されて、最終的に一つの写真広告として完成する。「レイアウトの原弘氏」が行なったアートディレクション、当時の言葉で言えば「レイアウトマンの仕事ぶり」の展示だったのだ。

A記者が言う「空前」とは、このような制作過程、新しい広告制作の手法を包み隠さず赤裸々に展示したこと、そのものを指している。従来のように「図案家の活動によって八分通り仕事が出上がる」のではない。「計画に基くレイアウトマンの活動が終始最も大切な役割」を果たす。写真家が提供した材料を、最終的には「レイアウトマンの指示による文字其他の図案家的工作」することで広告が完成する。このような考えを具体例で展示する行為は、「今迄大広告主と云へども斯うした公開展を催したことがない」、画期的な提示だったのだ。A記者は、このような制作手順が今後の広告制作の主流になると、的確に予想している。

中央工房は、原弘や木村伊兵衛が中心となった日本工房とならぶ大戦間の最前線を走る制作集団である。日本工房から分離し発足した直後にこの展覧会を開催した。同社はこの後、内閣情報部とも関係していき対外プロパガンダ誌『ＦＲＯＮＴ』の制作を行なうことになる。中心人物の一人原弘は、近代的なグラフィックデザインの基礎理論を築いた先駆者として広く知られている。原は、「レイアウト」と「タイポグラフィ」と「写真」の不可分な関係に、最も早く気づいた人物だ。ここではさらに、以下のような彼の回想にも注目したい。

ぼくたちが彼〔モホリ＝ナギ〕から学んだものは、彼がバウハウスでは実際に教えてはいなかったもの、すなわちタイポグラフィやレイアウト、フォトグラムやフォトモンタージュの理論や実際である。[46]

これは戦後一九七〇年代の回想である。原は戦前、欧州アヴァンギャルド芸術の代表的作家、モホリ＝ナギの表現に出会い衝撃を受けた。原はそこから自身が得たものは、欧州アヴァンギャルド芸術の理論だけではなかったのだという。モホリ＝ナギの表現から、アメリカ由来の広告研究用語「レイアウト」の知見をも得たというのだ。

また、川畑直道《かわばたなおみち》によれば、ドイツ工作連盟の機関紙『ディ・フォルム』第一巻一〇号（一九二六年七月）に掲載された論文表題「ノイエ・チュポグラフィ」を、原は「読むためのレイアウト」と意訳しているという。[47]「ノイエ・チュポグラフィ」は、直訳するならば「新しいタイポグラフィ」だ。これを「読むためのレイアウト」と訳したというのだ。彼の中で、欧州バウハウス周辺のタイポグラフィに関する新しい芸術理論と、アメリカ由来の「レイアウト」とが、すっかり同一視されていることがわかる。

欧州前衛芸術の日本での昇華は、一九三一年に思想家板垣鷹穂が『中央公論』に掲載した実験的なグラフィック「大東京の性格」[48]が先駆事例として知られている（図12）。このような表現は「ティポ・フォト」と呼ばれた。文字（＝ティポ）と写真（＝フォト）とで構成されるデザインのことである。

原の意識からもわかるように、この時期の日本の尖端の制作者らは、「レイアウト」を、欧州の構成主義者らが表明していた「ティポ・フォト」概念と融合した深い理解の下で、一九三〇年代前半、広告ないしは対外広報誌のグラフ誌面に応用していく。[49]『広告界』記事にある一九三四年の中央工房主催の展覧会は、その一例といえる。彼らは板垣鷹穂ら思想家が行なった「実験制作」ではなく、現実世界の広告で、「レイアウト」「タイポグラフィ」「写真」を融合する手法を拡大していった。

「レイアウト」は何をもたらしたのか

室田による本邦初の「レイアウト」概念の導入は「中央工房」ら先駆の動きにも先んじた一九二九年という非常に早い時点で「レイアウト」とは何ぞや、を問いかけたものであった。引用を駆使しながらも室田は最初から「レイアウト」は「販売」活動の一環だと主張し、広告の目的にあわせて広告制作をディレクションする職域にまで視野を広げていた。

この外国産の種は、中川静を筆頭とした学術研究者にも注目され開花する。研究者らに「レイアウト」は、広告画を、計測不可能な美意識や感性に支配されるものから、論理的に説明できる制作の「技術」へと転じる考え方として歓迎された。

原弘ら近代的な制作の先端にいた制作者らは、「レイアウト」を、欧州芸術潮流のひとつであるモホリ＝ナギら構成主義の主張とも結びつけて捉えていった。このような過程を経て「レイアウト」は、広告制作を「描く行為」から、「頭脳が中心におかれた制作」へと押しやる深い理解をされていく。

このあとの最前線の動きをさらに追っていくと、一九三七年、亀倉雄作《かめくらゆうさく》は日本工房入社時のエピソードを

（図 12）「大東京の性格」『中央公論』1931 年 10 月号、1 － 5 頁。
写真・堀野正雄
構成・板垣鷹穂

「日本工房でレイアウトマンを探している……これはチャンスだ」と書いている。さらに下って今泉武治は一九四一年、『報道技術研究』で自身の職種を「レイアウトマン」と書いている。三〇年代中葉には日本工房やその周辺にいた先頭集団にとって「レイアウト」は、日常的に使われる言葉となっていたし、そこでは原や亀倉や今泉といった「レイアウトマン」が活躍したのである。

1　今泉武治、新井誠一郎、山城隆一、田中一光対談「ADCの結成まで」『日本のアートディレクション』美術出版社、一九七七年、二三頁。対談での今泉の発言。今泉はカルピス社に所属していた万年雨橋はアートディレクター（AD）にあたる仕事を成していたとも語っている。一八頁。今泉については、以下の批評がある。「[戦前より]明大商学部の出身にもかかわらず……すでにアートディレクターを志しているような仕事振りであった」。新井静一郎『広告をつくる技術者たち』美術出版社、一九九七年、二一〇―二一一頁。

2　アメリカでは早くも一九二〇年にジ・アート・ディレクターズ・クラブ（通称ニューヨークADC）が発足している。この団体がアメリカの広告研究を牽引した。

3　アメリカでの広告研究の発達段階については、堀越比呂志が以下のように分類している。一九〇〇年から一〇年代：成立期、一九一〇年から二〇年代：成熟期、そして成熟期の研究は総合論と論理、そして技法等個別テーマとの三つに分類でき、「レイアウト」概念はこの成熟期の技法等個別テーマとして研究が進んだとしている。堀越比呂志「戦後マーケティング研究の潮流と広告研究」『日経広告研究所報』二二一号、二〇〇五年、五三―五五頁。

4　Charles C. Knights, *Advertising copy and Layout, Commercial art*, London: Prt. 1927.

5　室田庫造「広告面のレイアウト」『広告界』六巻四号、一九二九年、八二頁。

6　本書で筆者が調査した欧米研究書は以下。

Charles C. Knights, *Advertising copy and Layout, Commercial art*, London: Prt, 1927.
W. A. Dwiggins, *Layout in Advertising*, Harper snd Brothers Publishers, London, 1928.
Young, Frank, H, *Advertising Layout*, Covici Friede, 1928.
John Dell, *Layouts for advertising : a useful handbook of 700 layout*, F. J. Drake & co, Cicago, 1928.
Richard Surrey, *Layout Technique in Advertising*, McGraw-Hill, 1929.
Hermann Kessler, *Contrasting the conventional with Morern Layout*, Verlag für Sprachmethodik 1929.
Girbert P.Farrar, *Advertising odd Shapes to the Layout*, 1929.

7　室田はおそらく同年末に出版した『広告レイアウトの実際』執筆の段階でもまだヤングの書を読んでいない。なぜなら同書の一項目に「フランク・エチ・ヤングの作品について」題として、ヤングの名前を強調しているにもかかわらず、ヤングの最も重要な既刊著書、『アドバタイジング・レイアウト』からの図版・文章の引用が一切ないからだ。同書内のヤングの項は『広告界』にも掲載した、英国の研究者がヤングを紹介した英国雑誌記事の翻訳のみである。『アドバタイジング・レイアウト』は、A３判、ハードカバーで、アート紙で刷られた立派なものである。ドゥイギンスやデルが書いた一九二九年までに発刊されたこれ以外の欧米研究書が、普通紙で小型であることと比較すると、相当な豪華本である。内容も制作実務者向けで、多彩で充実した図版を元に、いくつもの切り口から、「レイアウト」による効果の解説が成されている。一九二九年時点で室田と『広告界』が、この「アドバタイジング・レイアウト」を手にしていたならば、ここからレイアウトの参考図版を必ず引用していたはずである。

室田のヤングへの憧憬は強く、一九三三年の『広告界』内で、室田がヤングへ『広告界』を郵送し、それを契機に書簡などにより交流が発展したことを書いている。ヤングの一九三五年の著作内には、参考事例として室田の作品が掲載されている。

8　室田庫造「あ・ら・かあと」『広告界』六巻四号、八一頁。

9　これに続けて紙の大きさを「四六倍版か菊版から自分の気に入った版に定める」と具体的に書いて

いる。

10 要素それぞれにも解説がある。「輪郭」には、「図案化された模様、写真版によるもの、活版の罫線とオーナメント」の三種があり、「商品の種類によつて又、選定をしなければならぬ」。「カット」は、「描出によつて、写真、図案、純画」という三種あるいは、版の種類によって「写真版、凸版、木版、活字オーナメント」と活版、写真版も含めた四種としている。「文案」の作成では、文案自体の創作と、「ゴチクを使つたり、活字号数を変へ……弱調の場合の本文以下の活字号数を指定すればよい……行間のあけ方、縦組、横組（左組又は右組）も自分の手で丁寧に大体の組上がりを想像する必要がある」といったタイプフェイス・デザインの選び方についても言及している。「組版については、宮下孝雄（東京工芸高校教授）の記事を参照されたい」、など、実務に則し事細かに留意点が記されている。室田庫造「広告面のレイアウト」『広告界』六巻四号、誠文堂商店界社、一九二九年、八三頁。

11 室田庫造、前掲「広告面のレイアウト」、八二―八四頁。

12 同文では唯一「輪郭」に関する以下の記述が、「レイアウトの効果」に関する言及である。「（輪郭を）使用すると、面がひきしまつて来る。これが輪郭の特徴であって、一面には従来の広告面から新生命が出ないことにもなる。そのため、近頃では輪郭を使はないで広告面を組成すると云つた事が試みられている。これは冒険であるが間の延びやすいスペースを組む版によつて成功させることがよくある」。従来の広告に多い広告全体を枠取りするスタイルから、枠のない、スペース全体の構成を考慮したデザインを示唆している。

13 室田庫造「広告レイアウトの重要点」『広告界』六巻一〇号、一九二九年、六六―六七頁。

14 『商店界』一〇巻二号巻末の広告頁など。『商店界』には、一〇巻一号、二号と継続して、室田のこの著書の見開きページ全面広告が掲載されている。そこでは本文中のコピー以外にも、「近代的の理論を以って図案文案の活用を圖示した経済的實典」などといった宣伝文が並んでおり、商店界社の力の入り具合が伺われる。

15 室田庫造「編集後記」『広告界』六巻四号、一九二九年、一一二頁。

16 室田庫造「編集後記」『広告界』六巻五号、一九二九年、八〇頁。

17 一九二六年創刊の『コマーシャルアート』は、「商業美術」の語源ともされているが、濱田増治は

18 『現代商業美術全集』第二四巻で、日本語の「商業美術」のほうが先に使い出したと主張している。
Charles C. Knights.*An outline of sales management,* London I. Pitman, 1926.
ナイツは色彩に関する著作 *Color in advertising and merchandise display,* C. Lockwood.1926. や、営業活動に関する著作 *Building retail sales : a textbook of retail sales promotion,*1928, *Essentials of selling : a handbook for business students,*1929. などがある、英国の広告心理学、マーケティング研究者。ナイツがこの記事で重要視しているのは「空白」で、空白により「接触する組から複雑さを除く」ことができるとしている。続けて、制作するなかで、挿絵、見出し、商標、本文といった広告要素の扱いを変化させることで「レイアウト」による効果が変動するという意図も示している。

19 室田庫造、前掲「広告レイアウトの重要点」六六頁。

20 John Dell. *Layouts for advertising :a useful handbook of 700 layout,* F. J. Ddrake & co. Cicago, 1928.

21 デルの前文も室田のこの文章も、以下のように構成が全て一致しており直訳と考えられる。「レイアウトの目的」と「広告レイアウトの原理」を述べた上で、「図案家、文案家、立案家の注意すべき点」として、「第一印象」「感じ」「美術的の意匠」「心理学」「色彩」「販売術」を挙げている。文面も双方とも「レイアウト」を実施する人に必要とされる専門性に「レイアウトする人は図案的コムポジション（構図）や装飾の事に就ても原理を相当に知つて居なければならない」と、美学的素養を示し、つぎに「心理学」、「広告心理学の實によく出来ている原理の中の暗示を知つてゐて此れに従はねばならない。」としている。続けて色彩知識の必要性をも論じ、心理学的考慮が必要と記している。

22 『広告界』では翻訳されなかった原著の最後の節「この本の目的」もここでは訳されている。

23 デルの原著は、実例を小さなカットで数多く示した小型のハンドブックだった。

24 W. A. Dwiggins, *Layout in Advertising,* Harper snd Brothers Publishers, 1928.

25 室田庫造「『広告界』創刊前後とパリの日本商業美術展」『日本デザイン小史』ダヴィッド社、一九七〇年、一四九頁。

26 室田庫造、前掲「広告レイアウトの重要点」六六―六七頁。

27 中川静（一八六六―一九三五）については一章注釈一を参照。

28 中川静『広告論』千倉書房、一九三〇年、二〇五―二一五頁。同書は『広告と宣伝』(萬年社、一九二四年)に続く中川の二冊目の広告研究総論。広告の本質といった概念論から実務的な広告調査の手法、関係法律や広告料金基準まで広範で、第五部「広告戦参与者」、第六部「広告界諸問題」、第七部「日本新聞広告附雑誌広告」の全七部で構成されている。

29 広告作成の研究の章には「レイアウト」の後、広告図案、広告文案、製版及び印刷といった節が続く。同書は第五部広告戦参与者(代理店や広告部などの組織論)、第六部広告界諸問題、第七部日本新聞広告附雑誌広告(媒体研究)の全七部で構成されている。

30 吉見俊哉編『一九三〇年代のメディアと身体』青弓社、二〇〇二年、四九頁。

31 山本武利「広告研究にかける」『日本の広告』日本広告経済社、一九八六年、三一六頁。

32 松宮三郎『広告実務』東洋出版社、一九三五年、一―二頁。

33 奥平稔『広告学概論』栗田書店、一九三三年、一―二頁。

34 濱田の明治大学広告研究会への投稿は一九三三年。第二章を参照のこと。

35 奥平、前掲書、一九三三年、一六六頁。

36 広告実務家側の霜鳥之彦は神戸大学の中川静の業績を深く理解しており、中川によって「「レイアウト」「広告図案」についての詳細の解明が試みられ……国民の商美育成に対する当時の功績は(万年社の)高木社長とともに極めて大」と評している。霜鳥之彦「関西における商業美術」『日本デザイン小史』ダヴィッド社、三九頁

37 中川静『広告論』千倉書房、一九三〇年、二一四―二一五頁。

38 Young, Frank. H, *Advertising Layout*, Covici Friede, 1928, p.13(筆者訳)

39 Young, Frank. H, *Technique of Advertising Layout*, Covici Friede, 1935, p.16(筆者訳)

40 中川はしかし、レイアウトマンに絵画の能力が必然ではない、というヤングの主張がやや誇張で、図案家を兼ねたほうが更に便利なのはたしか、とも書いている。

41 室田庫造、長岡逸郎『広告辞典』誠文堂廣告界社、一九三一年、二三五頁。

42 「完全なる広告面は如何にして作るか」『広告界』九巻八号、一九三二年、七三―七四頁。

43 「商業美術家出世術」第一章「原稿立案者の要求に従ふこと」『広告界』一〇巻一号、一九三三年、

八二頁。

44　この他にも、計画的に類似レイアウトを繰り返し掲載することで、見る人の記憶に残る効果を得られる、といった、「レイアウト」を用いた広告戦略にまで言及した記事も『広告界』には見受けられる。「何等方針を立てず無計画に、予算が余ったから……ナンテ、まるで相場でもやるような不了見では到底広告効果を期待することは出来ない。……計画的にレイアウトを……家族的類似性の如きものを利用して連続掲示すれば……第一回目とレイアウトが類似的なため、注意を惹くことも速く又記憶に残る度合いも深く……投下金額に数倍する効果即ち蓄積効果を生ずる」。斎藤憲一郎「新聞広告小予算の新戦術」『広告界』一〇巻五号、一九三三年。

45　匿名A記者「新しい広告計画展覧会」『広告界』一一巻九号、一九三四年、五六—五七頁。

46　原弘「バウハウスにおけるビジュアル・デザイン」『現代の眼』一九五号、東京国立近代美術館、一九七一年、五頁。

47　川畑直道『僕達の新活版術』トランスアート、二〇〇二年、七一頁。原によるこのヴィリー・バウマイスターの論文翻訳が掲載された書籍は『新活版術研究』府立工芸学校製版印刷科研究会、一九三一年七月。

48　編集：板垣鷹穂、写真：堀野正雄「大東京の性格」『中央公論』一九三一年一〇月、中央公論社。

49　写真家金丸重嶺も早い時期に同様の認識を表明している。これについては本書五章を参照のこと。

50　亀倉雄策「青春日本工房時代」『日本デザイン小史』ダヴィッド社、一九七〇年、二二四頁。

4

文字は広告の主役だ

広告という媒体へのめざめと「文字」

身近にあった広告と文字

ここまで見てきたように、一九三〇年頃、「レイアウト」という新しい概念を受け入れるうちに、一部の先駆者らには、新時代の広告が進むべき道筋が見え始めていた。それは、広告制作が「一人の画家が描く広告」から「ディレクターがチームを率いてつくる広告」へと変わっていく、一番最初の先頭集団の第一歩だったと言えるだろう。

しかしそのような開眼は、実のところごく一握りのトップアスリートに限られたものだった。庶民に近い街の広告関係者にこれはあてはまらないのだ。ではこの頃、一般庶民の身近にはどのような広告があったのだろう。本書はこのあたりで「庶民が目にしていた広告」に立ち戻ることにしよう。とは言え「かつて庶民が目にしていた広告」に近づくのは、実は簡単なことではない。庶民の身近な広告は、これといった価値を認められない消耗品である。一瞥されるとすぐに打ち捨てられる。それらが未来に残されることはほとんどないのだ。

雑誌『広告界』には「庶民が目にしていた広告」の実情に近づく手がかりがある。「広告診療所」と名づけられた企画ページである。「広告診療所」は、読者が投稿してきた広告物を編集部が評価・添削するコーナーで、『広告界』と改題創刊した初号、一九二六年の三巻三号から発刊記念事業と銘打って始められた。以降『広告界』で読者投稿作品の添削コーナーは、一九三九年一六号までのおよそ一三年間もの長い間続くことになる。[1] 一九三〇年七巻で「広告添削」へと改題した後は「広告印刷物指導会」（一一巻）「読者の誌上広告学校」

（一二巻から一六号）と改題を繰り返すが、読者投稿の添削という企画そのものは消えることなく[2]、読者と編集部をつなぐ人気の定番コーナーであり続けた。『広告界』は「商業美術と広告指導」をスローガンに掲げて創刊されたが、「広告診療所」は、まさにその目的、一般的な広告制作者への制作指導を実現した企画だった。

さて創刊号（一九二六年、三巻三号）には読者投稿を誘い「入院大歓迎、診察料無料、広告診療所開設」というお茶目なキャッチコピーが掲げられた。そして「院長＝診療者＝本松呉浪《もとまつごろう》」と茶化された著者が、「［診療所］開設の主旨」を、こんなふうに書いている。

読者諸君が拵《こしら》へらるる広告印刷物には、主としてチラシ、次に宛名広告、ハガキ広告、ポスター等が小売店の最も使用されるものである。……その種々の印刷物の中には、専門家の手になつたものもあるが、多くは小売店自身の作が多い。又、私としてもその方が喜ばしいから、大いにお勧め申し度い。

このコーナーは、街の小売店で広告制作に励む、プロではない制作者がつくったポスターやチラシやダイレクトメールを添削するという。本松は続けて、こんなことも書いている。

諸君の作になつて見ると、御研究中のことであらうから、完成されないものがある。も少し組方を変へるとか、活字の大小を変へるとか、図案の一部を変更するとか、少しづつ手を加へて行けば立派なものになる。つまり少々のことで田舎臭いものから、アク抜けしたものにしやうといふのである。……当診療所の旨意としては、諸君の手で出来たものを大体として、その中をよくされる丈けよくして、立派な完成品にしたい……さあ、ドシドシ御送附あれ。

本松呉波は『広告界』創刊時の主要メンバーの一人だ。編集後記にも毎回コメントを寄せている。彼の考えでは、この「診療」では、投稿してきた素人読者のアイデアを活かしつつ、少し手を加えて、よりよくするためのアドバイスをするのだという。この誘いに相当数の応募があったようで、創刊第三冊目にあたる三巻五号の編集後記に本松は、「広告診療所入院者が、第一回によつて、七八十通到着しました。御熱心な点は、私として光栄に過ぎません。」と報告している[3]。さて、どのような人からどのようなものが集まったのだろうか。「大阪市北区北扇町三　市立高等女学校東門角　藤田砂糖店」「名古屋市八百屋町　青木鰹節店」「御坊中町丸五洋品店」「若松市本町　園山呉服店」「松江天神町　天神市」「大井町本町通　万作モスリン店」「大津　古谷呉服店」。第一回から三回までの「広告診療所」来訪者は、ざっとこのような顔ぶれである。まさに「庶民が目にしていた広告」の描き手であることがわかる。

「広告診療所」には、この後もずっと、呉服店、理髪店、帽子店といった一般商店のチラシが投稿される。一三年間に掲載されたチラシ内の住所をたどると、投稿者の所在は東京や大阪といった大都市にとどまらず、小樽や弘前から下関や門司市まで、全国の地方都市に及んでいることがわかる。全国の街角で創られ使われた、庶民の身近にあった広告の担い手。『広告界』の読者層が浮かび上がってくるだろう。では彼らの作品を、私たちも現代の目で「診療」してみることにしよう。

（図1）の二点、いずれも第一回の「診療所」来訪者だ。さてこれらを見て現代に生きる私たちは何を感じるだろうか。あなたが今朝見た朝刊に挟み込まれていた広告チラシと、これらとは何が異なるだろう。

まず最大の違いは写真が使われていないこと。これは一九二〇年代終わり頃、写真製版技術がまだ庶民的広告制作者には遠い高級な技術であったことを物語っている。そして次に気づく違いは、応募作のほとんどが活字ではなく手描き文字を使っていることではないだろうか。これらのチラシの原画は大方が手描きである。なかには今日では高級版画の印刷様式である「石版刷り」で刷られたものもある。

ところで筆者は、一九九九年に倒産した「萬年社」という老舗広告代理店が、一一〇年にわたり収集していた広告資料を整理するプロジェクトに携わっている。同社は明治期一八九〇年創業の日本最古の広告代理店だった。資料整理が進むうちに、そこにまさに庶民が見たであろう戦前に作られたチラシの現物がまとまった数、保存されていることがわかった。そして私はこれを実際に手に取り見る機会にめぐまれた。

普通であれば捨てられ、保存などされない安っぽい薄っぺらな街のチラシである。それらはザラリとした手触りのある薄い紙に刷られ、色数はほとんどが一色。多くても三色以内。少なくとも高級感があるとは言いがたいものたちだ。しかし手書き文字のチラシは、一枚一枚が個性あふれ、均質な紙に均質な文字で刷られた現代のそれらよりも、ずっと味があり時代の空気を伝える力を持っている。朱色や藍色の文字は意外にも鮮やかな発色で、一〇〇年近い時を経て人間くさい魅力にあふれていた。高速輪転機で量産された均質なカラーのチラシを見慣れた現代人にとっては、手仕事の価値を感じるのみならず新鮮ささえ感じるから不思議だ。

今これら手描き文字のチラシが街で配られたなら、私たちは手作り感あふれるチラシの温か味に好感を持つかもしれない。レトロ趣味のあるコレクターにも大いに支持されそうだ。実際今日石版刷り印刷は恐ろしくコスト高で、これを再現するのは事実上不可能だ。一九二〇年代や三〇年代制作の手描き文字のこれらのチラシが今日街で配られたなら、少なくとももの珍し

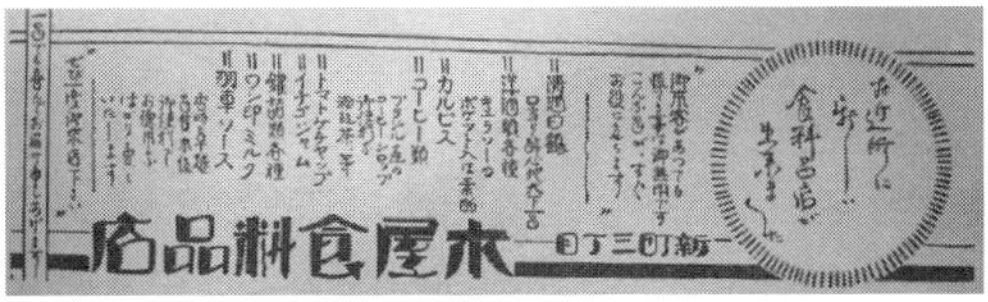

（図1）「広告診療所」投稿チラシ3点、3巻3号、1926年

さから皆の目を惹き広告効果も高いかもしれない。

しかし勘違いしてはならない。現代人である私たちが感じるこのような魅力は、あくまで一〇〇年近い時がもたらした「熟成」によるものだ。一九三〇年代初頭使われた当時、もの珍しさはないし、これらはさほど有効な広告媒体として機能しなかったはずだ。なぜか？　これら「レトロ・チラシ」のメディアとしての至らなさ、その根本的な理由をここでいくつか挙げてみることにしよう。

何よりまず文字が多すぎる（情報過多）こと。これらのチラシには文字と図が縦横にぎっしりと書かれ、余白がほとんどない。これでは広告を見る気になれないし、見る者に広告メッセージが届かないだろう。賢明な読者の皆さんは、だからこそ「レイアウト」が必要なのだ、と思考をつなげて下さるだろうか。そのとおりだ。この時期の街の広告制作者には、まだまだ広告の画面を見やすく構成する、すなわち「レイアウト」するという感覚が乏しい。これら「診療所」受診者の広告を見たとき、それはよりはっきりする。

そしてもうひとつ、これら「レトロ・チラシ」が広告媒体として有効に働かない理由がある。それは「文字への配慮の無さ」。ぎっしり書かれているのみならず、使われる文字には手描きあり筆書きありゴシックもあり、読み易さへの配慮に欠け、大きさも方向も不統一で全体が整理されていない。

本松も繰り返し「もっと文字の大小の区別が必要です」「文句の組み方をも少しゆっくりしないと読憎くなります」[4]とメッセージを送っている。広告にどんな文字を使うべきかといった思考、使う文字の字体や大きさなどへの意識はまだとても低かったのだ。しかしこの時期、広告に使う「文字」への意識が低いのは何も庶民的な制作者に限ったことではない。企業が大量につくり、街の商店店頭を飾っていた「美人画ポスター」も、文字への意識の低さという点では同じレベルだ。「刷り込む店名なども、成可く鑑賞を損なわぬようずいぶん苦心」した、という制作者の嘆きは既に紹介したが[5]、それどころかほとんどの美人画ポスターは、文字と絵、相互の調和は最初から検討外だった。なぜなら美人画ポスターのほとんどは、美人図案（絵）だけがまず先に印刷され、文字は後から注文に応じて別に印刷されていたからだ。

こうしたタイプの美人画ポスターの成り立ちは、今日街の商店が配る「名入れものカレンダー」をイメージするとわかりやすい。まず「美人画」が多色刷りで印刷され、その図柄の見本帳（図２）を手に印刷商が企業や商店に御用聞きにまわる。注文を取ると、注文された図柄に社名や商品名などの文字部分だけが後から別の印刷所で刷り入れられる。当然ながら、同じ美人画が別の商店やメーカーのポスターにもなるという、今日では珍奇に思われる出来事はごく日常的に発生した。

このように、文字部分を後刷りする方法は、江戸末期から明治期に多く使われた「引き札」と呼ばれる広告チラシの伝統を引き継いでいる（図３）。近世の日本で広告と言えば、「飾る価値のある美しい絵」のこと。それが唯一の存在価値であり、文字は後でこっそり添えるものだった。ポスターを含め、広告の成り立ちの基本形が長い間この手法だった日本で、「計画段階から文字と絵の配置やバランスを意識せよ」という『広告界』

（図２）美人画ポスターの見本帳、1931 年
美女の横には「名入れ」のために必ず余白が取られている。

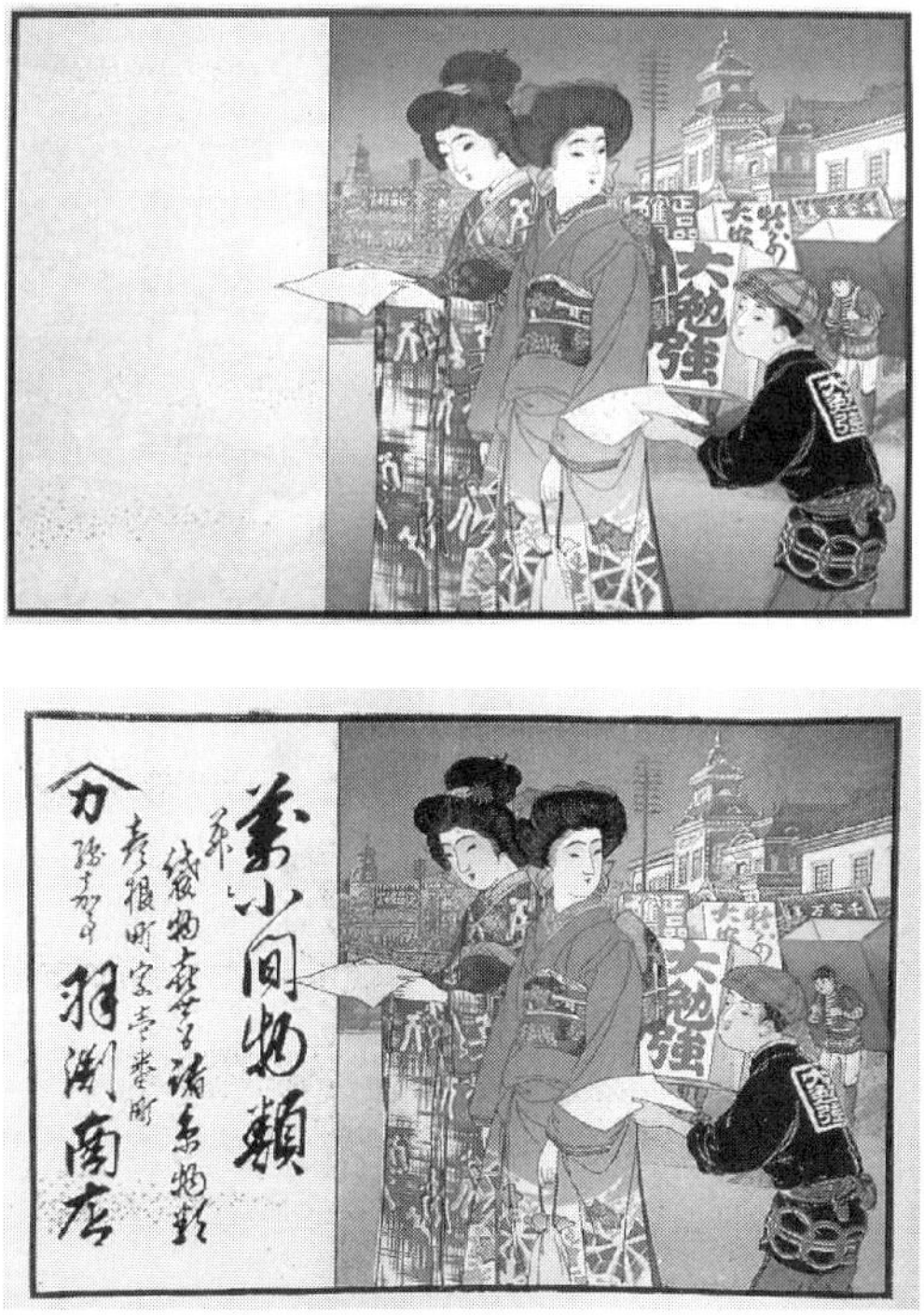

（図３）引き札。
見本と受注後の「名入れ」完成のもの。

の指令がなかなか定着しなかったことは肯ける。日本で「広告の文字」への意識がずっと低かった原因は、近世の商人たちがつくった「引き札システム」あたりにもあるのだ。

さて長くなった。本章は、街の広告制作者の動向を追うにあたって、「広告の文字」に着目しよう。どのようなステップで人々は「文字」が広告の主役であることに気づいていったか（あるいはいかなかったのか）、これを主題としよう。

なぜ「広告の文字」に着目するのか。それは、「広告の文字」への意識改革が、「広告」という媒体への目覚めに直結するからだ。絵画とは異なり広告には文字が必ず要る。広告内の「文字」の扱いに意識を向けること、それは広告は絵画ではないという自意識の表われに他ならない。そして広告が絵画ではない伝達「媒体」であるという意識や、広告が社会に影響を与えるうる社会装置だという気づきにもつながっていく。だからこそ雑誌『広告界』は一九二六年の創刊当時から、広告に使う文字にもっと配慮せよ！と繰り返し提言している。『広告界』はどのような言い方で、何を参照しながら、広告制作者への新しい価値観形成を目指したのか。

「図案文字」を学べ！　編集長室田庫造の指導

商店芸術開拓者として生まれた広告界に毎号新書体の研究を発表して参考、利用に供したい。

『広告界』創刊号（一九二六年二巻二号）の記事「広告用文字新書体研究」[6]の一節だ。書いたのは、編集長就任前のまだ森永製菓在籍中の室田庫造。「広告界」と雑誌『広告界』に並々ならぬ思いを寄せていた室田が本誌で最初に注目したのは、広告用の「文字」だった。

室田の書体研究記事は、この巻の年末一〇号まで連載される。[7]連載二回目に室田は「近頃字体の研究が盛んになつたのは何より喜ばしい」と、世間的にも「広告の文字」が重要視される風潮にあると喜んでいる。これはこの前年から一九二六年年初に出版された広告文字集のことを指している。藤原太一《ふじわらたいち》『図案化せる実用文字』（大鐙閣）、そして『広告界』「広告診療所」の診療者でもあった本松呉波の『現代広告字体撰集』（誠進堂書店）の二冊である。

室田のトレンド・ウォッチャーとしての才覚はやはり鋭かった。本松と藤原の書、そして室田が「広告用文字」に着目したこの『広告界』の連載記事を皮切りに、以降の二、三年の間に「広告用文字集」が三、四ヵ月に一冊刊行されるという出版ラッシュが起きる。[8] 出版された書籍はいずれもハードカバーの凝った装丁で部厚く、中身も充実している（図4）。増刷された書籍も多いので、現場で即実用可能な事例集として街の広告制作者に便利に利用されたと考えられる。室田も『広告界』での連載二年後の一九二八年四月、富田森三と共著で『広告カットと文字集』を刊行している。

さてにわかに注目された「広告用文字」とはどのようなものだったのだろう。広告用文字は、当時は「図案文字」と呼ばれることが多かったが、[9] 当時から戦後まで様々な呼び方が付いている。「意匠文字」「装飾文字」「変体文字」「造り文字」「デザイン文字」「レタリング」など。室田は「商飾文字」という独自の命名をしている。いずれも制作者が創作した手描き飾り文字のことだ。

室田の連載にある「図案文字」を見てみよう（図5）。手描きの温かみと味のある、楽しくかわいらしい文字ばかりだ。今日スーパーなどの店頭にある手描きPOPのルーツということになろうか。今ではキッチュにも見えるこれらが、街の広告制作者をリードする雑誌『広告界』がお勧めする、新時代の広告にふさわしい「新しい」広告用の文字だった。新しい。当時これらの何が、なぜ新しかったのだろう。少しだけ頭を巻き戻して考えてみよう。

先に紹介した「引き札」や、美人画ポスターに添えられた縦書きの文字を改めて見てみよう（図6）。これらはいずれも「毛筆」である。それまで日本の広告に使われる文字は筆書きが常だった。同じ手で「書く」文字でもこれらの文字は「書道」である。日本で画材といえば長い間ずっと「筆」だったし、文字は「書」だった。

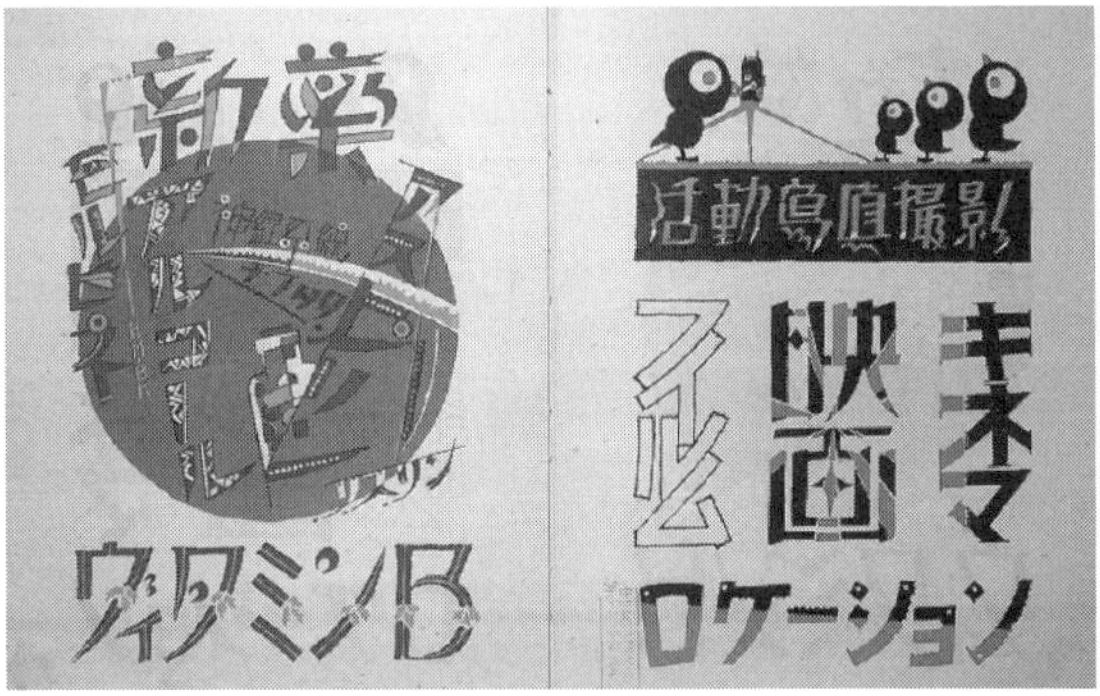

（図 4）図案文字集
本松呉波『現代広告字体撰集』誠進堂書店、1926 年 2 月刊（上）
藤原太一『繪を配した圖案文字』大鎧閣、1926 年、藤原の 2 冊目の図案文字集（下）

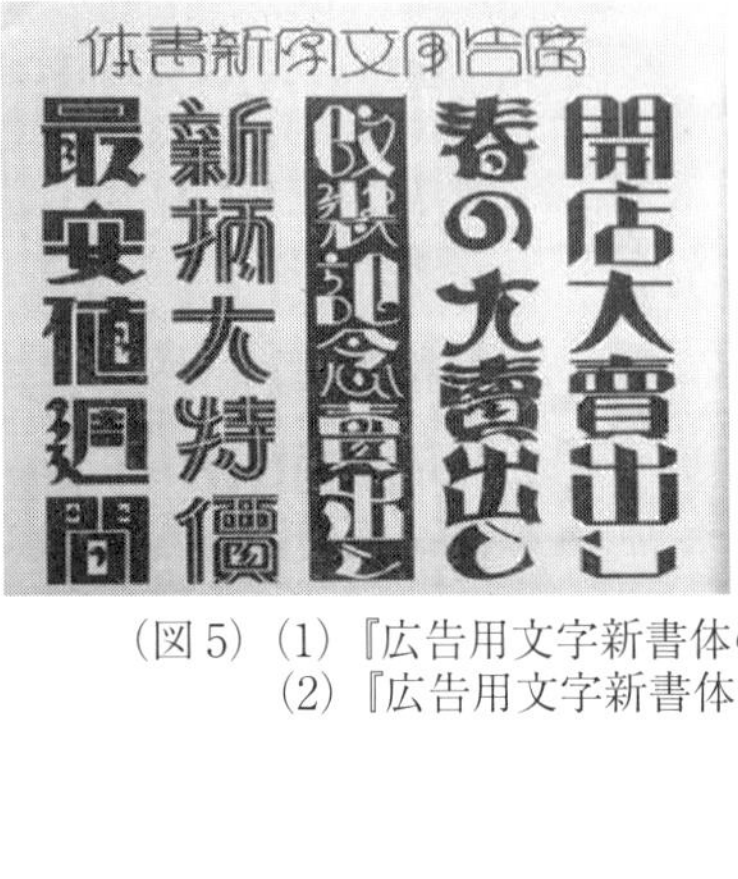

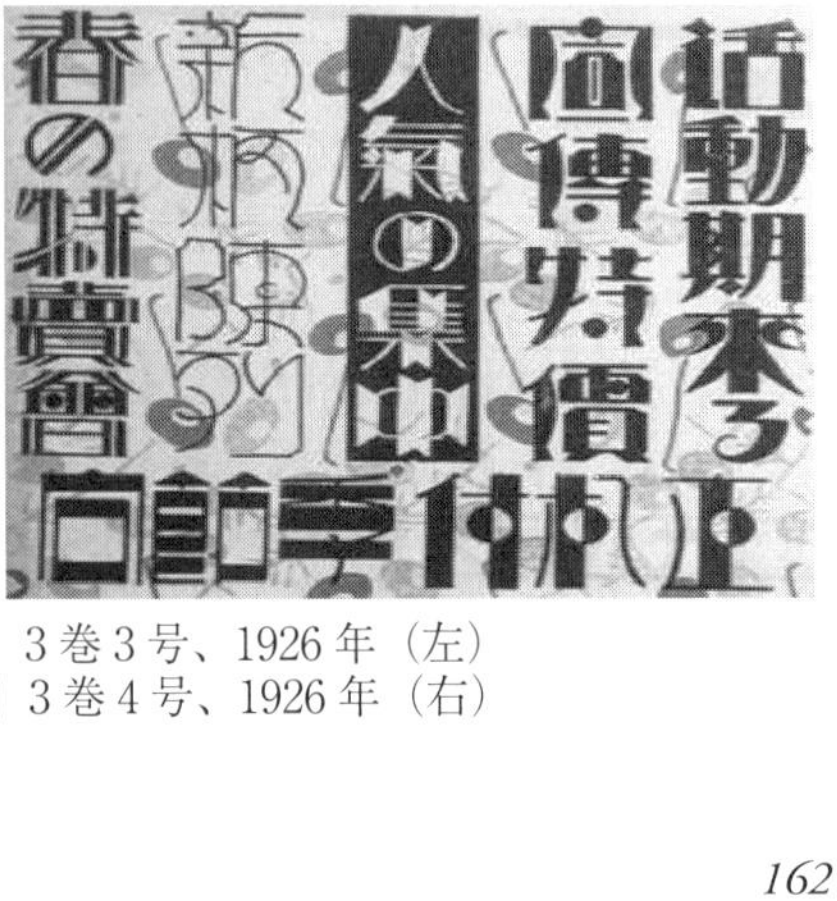

（図 5）（1）『広告用文字新書体の研究』3 巻 3 号、1926 年（左）
（2）『広告用文字新書体の研究』3 巻 4 号、1926 年（右）

しかし制作現場では次第に、筆はペンへと変わっていく。線を引くにも筆を使っていたが、簡易なペンになる。印刷指示するのも筆書きからペンへ。当然、広告に使われる文字そのものも、筆書きからペン書き文字へと移行する必要に迫られた。

とはいえ広告用にペンで書く文字とは？　それまでは毛筆の書でよかったのに、これは「古い」と言う。ではどのようなものが広告にふさわしいペン書き文字なのだろう。不慣れな道具を手にした素人制作者にはそんな戸惑いがあったに違いない。ペンという道具の登場から必要に迫られた現場のニーズに応えたのが「図案文字」だった。毛筆を卒業した「新しい」時代の日本の「手描き」広告用文字として、「図案文字」はリーダー層によって作り出され街の制作者に歓迎された。「図案文字」集の出版ラッシュの背景には、描く「道具」の変化があった。

余談だが、私たちは描くための「道具」の変化が、作られるモノ（のデザイン）を変化させるという出来事についい最近も遭遇している。ペンは『広告界』の時代以降ずっと六、七〇年もの長い間、広告を描く道具の首座

（図6）明治・大正期の美人画ポスターと引き札

に君臨し続けた。しかし、一〇数年前ついにその座を明け渡した。誰に座を奪われたのか。それは、「マウス」である。この「道具」の変化によって作られるモノ（のデザイン）が大きく変わった、という議論がここ何年か賑やかになされている。

「マウス」がもたらしたデザインの変化は「広告の文字」に限定して考えても大きなものだ。なにしろマウスとパソコンで描くようになってから、文字の大きさや幅や縦横の比率や文字間などを自在に変化できる時代に突入したのだ。デザイナーがあっけないほど簡単にクリック・ドラッグすることでそれが可能になった。「マウス」以前は字体を変更しようと思えば、写植のやり直しを印刷工に指示し、印刷試作を繰り返す必要があった。文字の縦横比率を変えようと思えばさらに細かな指示が必要だ。マウスで画像を引っ張るだけでいくらでも変更できてしまう現在との自由度の差は大きい。このように近年にも経験した「道具」の変化がもたらす、モノのデザイン（この場合は文字のデザイン）の変化。一九九〇年代の「マウス」の登場と同様に、一九二〇年代後半にも筆からペンへという「道具」の変化があり、これが広告（の文字）を変えたのだ。

さらにこの「図案文字」ブームが、当時普及していた印刷手法と直結していることも見逃せない。冒頭「広告診療所」で見たとおり、この時期の街の広告制作者は「石版刷」、正確には「オフセット印刷」を主として利用していた。木版でもなく活版でもない。オフセットも石版刷りも同じ平版印刷で、オフセットは石版の簡易版と考えてよい。平版とは、いうなれば水と油がはじく性質を利用した印刷手法で、木版や活版のように物理的な凹凸を「彫る」のではなく、油性の画材で版に描くことで印刷ができる技術だ。つまり、手描きの図案・文字を凸版に起こす必要がなくそのままに印刷できる特徴を持っている。

「広告診療所」のチラシの文字が活版ではなく手描き文字が主流だったことは、この「平版」（オフセット印刷）の高い普及率を示している。室田は、街のチラシは「平版印刷」が主流であることを理解していたから、それらに使い易い、描く文字「図案文字」を『広告界』で教授した。この時点で必要とされたのは、筆文字でもないし「活字」でもないと正確に理解していたから、「図案文字」を推奨したのだ。「図案文字」ブームの背景にはこのような印刷事情もあった。

室田は一九二六年末まで続く連載で、季節毎に実用可能な「図案文字」を考案し次々掲載している（図7）。それらには「呉服店の優しさを細い線で出した」文字[10]や、「特売品の売出し広告の字体」[11]といった具体的な解説がついている。そして文字見本だけでなく、随所で広告用文字がもたらす広告効果に関する自身の視点を提供している。注目すべきは以下の指摘だ。

広告字体は其の店の種類によつて違へなければならぬが開店当時から字の一貫はその店をより印象的にする[12]。

店に特独の営業振りがあるやうに、店には必ず、独特の店の書体がなければならない。小さい事ながら、この書体が媒介する力は大きい[13]。

『商飾字体の研究（三）』3巻5号、1926年

『商飾字体の研究（七）』3巻10号、1926年

（図7）

室田は言う。「広告の文字」が持つ、広告主のイメージを確立する効果に注目せよ。オリジナルの文字を継続して使うことで、その店や会社固有のイメージを見る者に植え付けることが出来る。これは今日でいうところのコーポレート・アイデンティティ戦略そのものだ。「文字」の訴求力を的確に理解した室田の先見性が浮かび上がる。

ところで先にも書いたとおり、この連載が掲載された時期の室田はまだ森永製菓の社員である。戦前期の森永製菓は、「森永広告学校」と称されるほどに広告に力を入れ、最先端の広告を多く掲示する企業として広く知られていた。コピーライターの草分け片岡敏郎が在籍した時期もあり、人気力士の実物大の手形を新聞広告一面に使った片岡のプロデュースによるキャラメルの広告は、当時話題をさらった。「その時代の広告界は森永のための広告界であった」[14]とまで言われるほど、森永製菓は広告先駆企業だったのである。

室田は、森永広告課に新卒入社しデザイナーとして活躍し、「商業美術家協会」会員にも選出された人物だ。間違いなくこの時代のトップ・エリートの広告制作者であろう。その室田が、商店の広告チラシに使われる「図案文字」を、『広告界』で指導する。これは今の感覚で見れば、かなり「上から目線」の連載と思ってしまうかもしれない。例えるならば、広告に理解がある巨大企業で贅を尽くしたテレビ・コマーシャルを創る有名なプロデューサーが、地方都市の商店街で配られる大売出しのチラシの制作を指導する。現代人にはそれほどの大きな落差が想起されるのではないだろうか。雑誌投稿の添削というと山藤章二さんの似顔絵塾を思い浮かべる人もおられるだろう。いずれにしてもプロとアマというかけ離れた関係を想起する。

だがそれらは現代の視点だ。この時代が面白いのは、広告業界の中に、現代の私たちが思うような上下の距離、身近な街の広告とマス広告の距離がまだないことだ。正確に言えば未だ「マス広告」に今ほどの力がない。それどころか確立もしていない。街のチラシとトップ企業のポスターの立ち位置は今よりずっと近くにある。その近さは、「森永」というトップ集団にいたエース室田が、同じ時期に街の商店のチラシも創っていた事実が物語っている。一九二六年、室田は森永に在籍し、雑誌『広告界』にも投稿すると同時に街の商店チラシをも実際に制作していた。現場感あふれるその仕事を紹介しよう。これは室田が『広告界』で語った「図案文字による広告」の効果を、自身が現場で証明した実践記でもある。

室田、洋品店の年末セールをプロデュースする

時は一九二六年の年末。場所は東京、神田須田町萬世橋前、洋品店「高久」。既製服販売を生業とする高久洋品店は、この年の年末商戦には例年と違う試みを実施することにした。二〇代の若き気鋭のクリエーター室田を、広告プロデューサーとして雇うことである。

この店が立地していた萬世橋駅は、当時中央線の終着駅だった。東京駅よりも二年前の一九一二年（明治四五年）に落成した同駅舎は、東京駅を設計したと同じ辰野金吾《たつのきんご》の手によるもの。現在の東京駅と非常に似た概観の赤レンガの堂々とした駅舎だった。駅前の須田交差点は交通の要所で、銀座と並ぶ賑やかな繁華街だった。はぐれてしまう人も多いほどの雑踏ぶりから、この付近は親不知、子不知通りと呼ばれたという。しかし残念ながら一九二三年の関東大震災でこの萬世橋界隈は大きな被害を受け、華麗な駅舎も倒壊してしまう[15]。

さて、今回の室田の舞台は、そのような震災被害からようやく復興しつつある萬世橋須田町の洋品店である。高久洋品店は、往時の賑わいを取り戻すべく発奮し、年末大売出しの企画とその広告、今でいうセールス・プロモーションすべてのプロデュースを室田に依頼した。依頼された室田がまず決めた客を引きつけるマーケティング戦略は、「福引」。「何の店でもやつていて客の吸引策として失敗の少ないことは、よく知つてゐる」からで、景品は洋服の売り出しだから実用的なもの、「洋服箪笥、純毛毛布、ワイシャツ、ネクタイ、カラー、襟巻、靴下、手袋、チョッキ」等にした。七〇円の洋服箪笥六棹が特等で空くじはなし、という趣向だ。まあこれは、マーケティングが本職ではない室田の無難な選択と言っていいだろう。

さてここからが室田の手による広告計画である。まずこのキャンペーンのキャッチコピーは「フクの進呈」。

洋服の服だか福引の福だか判らないように洒落て、掛けようという狙いだ。所轄の警察署にチラシ文案と図案を見せると、カタカナでフクの進呈ではあまりに客を惑わすのでといった理由で、福の進呈に訂正となるが、これを室田はこんなチラシに仕上げた（図８）。赤と黒の二色刷りで一〇万枚も印刷したという。これは新聞折り込みに入れ、また街でサンドウィッチマンにも配らせる。チラシ配布にあわせて店内にはショーウィンドーに豪華景品を飾りつけた。そこには「一着の洋服お求めの方に服箪笥を進呈」とキャッチコピーを付ける。

そして次が室田の腕の見せ所、広告塔と看板の作成だ。室田が腕を振るったのは、もちろん装飾デザインと、そこでの「広告文字使い」だった。まず店の前に巨大な広告塔を作った。大きく張り出した造りで「長さ八間奥行き三間高さ三間」というから幅一四メートル高さ四・五メートルもの大きさだ。写真で見るとこれは店頭前の通路をアーチ状に覆うものだったようだ（図９）。大掛かりな広告塔（塔というよりもファサードだが）で、安価な胡粉《ごふん》仕上げにしても製作に二〇〇円掛ったという。そしてそこに高久洋服店という文字。ここが一つ目のポイントである。当然ながらこれには一〇万枚のチラシに使ったのと同じ字体が使われた。全体を白地にし、オレンジ色に金縁で枠を取る凝った書き方にした。その広告塔上部には、WINTER SPECIAL SALE の英文字がヨーロッパのアールデコ式のゴシックで書かれている。先の「高久洋服店」の文字体もこのアールデコ式ゴシックに違和感のない文字を作っていて、全体が統一された洒落た空気を作っている。さらに、吊り上げ看板。看板の文字は当然チラシと同じ太いゴシック書体で「福を進呈」（図10）と書く。仕上げには夜間照明をつける。広告塔と看板に電球で照明もつけた。

さあ、相当に費用も掛けたこのセールス・プロモーション、果たしてよい結果を生んだのだろうか。室田自身もその効果にかなり神経を使ったようだ。

明日は売り出しの第一日である、この商略が、商略として、活きるべきか、省みられずに、平常の売上げ総格に少しの変動を与へないか、とに角明日の売出し開始を待つより他にないと私は、仕事に疲れた身を、おこして、店内の福引場設備と、ショーウキインドーの陳列装飾と店頭の広大な広告塔と釣上看板とに一瞥を与へて、よき効果あれと祈らずには居られなかつた。

「商略」とは、マーケティング戦略のことだ。そして、翌日の成果はこのようなものであった。

朝、九時頃に家を飛び出して、店の前に立つた。私には、やはり報ひられるべき喜びが湧いたのである、不景気、不景気だと云つた、若い支配人が、客の数が、こんなにふえましたと、店内に瞳を一回転して、私を省みてくれた。やはり、うれしさうな顔だつた。……商略は理想売上額迄に、その店の販売能率を挙げた事に、実際化し得た事を私は知つた。

（図 8）

（図 9）

（図 10）

室田プロデュースの「高久」広告塔とチラシ

室田のセールス・プロモーションは成功した。このイベントは、繁華街の大型店でかなりの資金を掛けて行なわれたものだった。とは言えあくまで「洋品店の大売出し」であり、今日の消費財メーカーやスーパーなどが行なう大規模なマス広告ではない。このような街の商店のイベントに活かせる広告のあり方を指南するのが雑誌『広告界』の役割だったし、マス広告という社会装置がまだ確立していないこの時期、それは「広告」が担う最大の役割だったのだ。

『広告界』読者のほとんどは、こうした試みを自ら行なう立場にある街の店主や、チラシ制作を担当する店員だった。そして、そのような庶民的な制作者と、エリート・デザイナー室田の距離は、思いのほか近かったのだ。

室田は『広告界』入社宣言に、こんなことを書いている。

時機をよく捕へた商略が案出されても、そこに伝播性の富んだ刺激物の力を借りなければ、その商略は活かすことなく不成功の名のもとに消えて行きは、しないだらうか。伝播性の富んだ刺激物とは何であらうか、火薬であり、毒瓦斯でもあらう商売に於ける広告物の力のすべて！良き商略を効果あらしめるには良き広告物の力の働き以外には何物もないのである、……商略に備へよ、商店広告の展開は無限で新鮮である。……私は街上に立つビラ配りの役も引受けよう。街から街へ、人の渦の中から中へ流れて行くサンドウィッチマンでもいい、又、屋上に軽快な体の動きを見せて居るペンキ屋のブラシも持たう。

商店への広告指導は私の命であり、歓びであるから。[16]

「刺激物」「火薬」「毒薬」と過激な単語が並ぶ書き方から、そこまで言わないと広告の役割や効果がピンとこない世間認識だったと読み取れる。この宣言の表題「商略に備へよ」とは、マーケティングと広告戦略を連動させよ、マーケティング戦略を広告の力で拡大してこそ結果が伴う、という主張である。室田の高久洋服店の仕事はこの考えに基づく実践[17]だった。

高久洋品店のセールス・プロモーションで「絵」が一切使われていないことに改めて注目したい。室田の行った「新しい商略方法」＝セールス・プロモーションは、室田流「広告文字」を、店頭に、チラシに、看板に、統一して使う戦略だった。室田の高久洋服店の仕事は、「広告の文字」がもたらす効果で店の印象をつくることで、広告効果を上げようと考えた実験的な実践だった。

最新の欧米事情を知る——東京高等工芸学校の宮下孝雄

さて室田の存在が興味深いのは、庶民の現場と最先端の知識、この両輪を手に『広告界』を率いていたところにある。室田は庶民的な制作者に近づき街の商店のプロモーションを手掛けたと同時に、その逆の方向、つまり最先端の学術研究にも近づき、ここから世界トップレベルの芸術潮流《トレンド》を引き出すことを試みている。「広告の文字」に注目するこの章では、次に室田の手腕で『広告界』に最先端のデザインの知が掲載されていたことを紹介しよう。

室田は東京高等工芸学校[18]の出身である。同校は京都高等工芸学校と並んでこの時期のデザイン教育の最高峰にあった。前者は現在の千葉大学、後者は京都工芸繊維大学である。後にモダンデザインの実現をリードすることになる原弘《はらひろむ》が、若い講師として教鞭をとるなど、大戦間期ここは最先端を走る制作者が集う場だった。原や室田らより一世代上に、同校図案科教授の宮下孝雄《みやしたたかお》がいる。

宮下先生の授業は、外国の新知識が多く……若いぼくの好奇心をかり立てたものである。……ぼくは先生から少なくともレタリングとレイアウトの重要性を学んだ。先生はレタリングを「文字法」と訳され、レイアウトということばは、まだ使われていなかった[19]

これはまだ同校の名称が「東京府立工芸学校」だった時期の教え子、原の回顧エッセイだ。宮下から「文字法」、レタリングを、原は学んだという。尖端を走る宮下の知識がどのようにリレーされていったかに思いを馳せられる興味深い一文である。

宮下は、欧州の新しいデザイン潮流に直接触れて学んだ数少ない日本人だ。一九二二年の東京高等工芸学校開校に先立ち、複数の教授陣とともに文部省から在外研究に派遣されている。一九二二年といえば、モダンデザインを牽引したデザイン学校バウハウスが、ドイツ、ワイマールで設立された三年後。彼は、大衆のために量産品のデザインを美しくしようと考える、欧州のモダンデザイン・ムーブメントの空気をいっぱいに吸い込んで帰国したことだろう。

帰国後の宮下は、広告への興味も増していたようだ。『広告界』にこのような記事が掲載されている。「高等工芸学校教授の宮下孝雄氏が、だんだん、広告研究に入って行かれるのは注目すべき現象だ、現、甲種程度、専門程度の学校の図案科で、広告を知り、広告を教へてゐる先生は一人も居ないところに氏の研究と発表は広告指導には一つの真光球だ[20]」「開拓指導として、広告芸術に着手せられた、氏の炯眼《けいがん》には、私は最大の喜びを感ずるのである。……広告のための図案の活用、芸術代に就いて教職にあつて、自論を述べてゐる人は唯一氏を置いて他にあるまい[21]」。

これらを書いたのはおそらく室田自身だから、『広告界』への寄稿は、宮下に広告表現への興味が増していたというよりも、教え子の室田の熱意を受けた宮下が協力した、という図式だったのかもしれない。いずれにせよ、欧州先端を直接知り、広告表現にも着目していた数少ない学者[22]、トップランナーの宮下が、室田の依頼により『広告界』に記事を書いたことには違いない。

宮下の記事は、室田が編集長となった年早々、一九二七年と二八年に集中している。そしてそこには「広告の文字」への考え方も多く書かれている。室田の「図案文字」連載の翌年で、『広告界』での広告用文字に関する記事としては、室田に続くものということになるが、内容はずいぶん違っている。まず四巻三号の宮下の記事、「工業品の宣伝と美的表現様式について」[23]を見てみよう。[24]

宮下は日本の広告の現状を宮下独自の視点から憂いて、こう書いている。

独逸の工業会社が早くから……盛んに工業芸術運動を起して居て、宣伝に全力を挙げて居る。……ライプチヒの工業品の見本市で私は此の種の広告を約三四十種蒐めた事があるが、今日それらの数片を見ても、立派な芸術品であつて工業品がその結果卓上の花器の様に美しく見られる。然も決して所謂日本の一般商業美術家のとる様な態度の美人なんか一つもなくて、判然と広告の目的を達して居る。……昨今東京各地の広告紙上表現は草画風なものが多くなつて来て、製版の効果よりも肉筆の効果を見せ様とする傾向の次第に増加する如くに見える……

やや難解だが、添えられた参考図版を見ると、宮下の主張が理解できる（図11）。宮下がほめる欧州のポスターは、いずれも、マシン・ビューティ＝機械美を主題とした硬派の構成的なドイツ・ポスターだ。日本の美人画ポスターとは全く傾向が異なる。生々しいタッチが残る大戦ポスターとも違うし、濱田が推奨した「単化」ポスターとも違う。宮下はこのように直線的、構成的な機械の美しさを表現する広告こそが新時代の広告だという。また宮下はこれに続けて、日本では、広告に積極的な企業が化粧品や売薬やお菓子など大衆消費財メーカーに限られていて、しかもそのほとんどが美人画ポスターであることを憂いている。欧米では「工業会社」もどんどん広告しているし、日本も早くそうなるべきだという。

「広告の文字」に言及するのはこの文章の後半だ。ドイツに「文字法のみによる表示」が多いこと、「（欧州方面の表現は主として）象徴的芸術表現、輪郭線、マーク字体を同接に表はす事」に特質があると紹介した上で、これからの広告に必要とされる表現を、こう強調して述べている。

工業品の芸術化は草画風な描写よりも実体風な確実性を有する表現にありたい。そして活字そのものとの調和を考へてもらひたいと思ふ。（傍点は原文表記）

これはまた難しい言い方だが、解説しよう。参考図版のポスターはどれも透視図法で描かれた遠近感のある図だから、宮下がいう「実体風な確実性を有する表現」とは、建築設計図のようにパースがしっかりした表現ということだ。この一文は、「草画」つまり情緒的な墨絵や淡彩画ではなくて、機械美、マシン・ビューティの表現をもっと研究すべしという提言だと読める。しかしここで気になるのは「活字」という単語だ。絵と調和すべき文字として、宮下は漠然と文字とは言わず「活字」と言っている。しかし参考図版は石版刷りのポスターだから、文字は活字ではなく手描き文字だ。それなのに宮下はなぜここで「活字」と言ったのだろうか。

答えは、宮下がヨーロッパの最新の「活字」潮流《トレンド》を見ていたからだ。宮下が見ていた当時の欧州の「広告の文字」最新トレンドは、誰にでも使え、誰が使っても美しく、情報伝達が明確な（誰にでも間違いなく読める）「活字」のデザインを研究する動きである。言うなればユニバーサル・デザインの活字。今後は広告もそのような新しい「活字」を活かすべきだ、という考えがドイツのバウハウスを中心に広められており、欧州で最も新しい考え方だった。[25]

この潮流を牽引したのはバウハウスの教授モホリ＝ナギだったが、宮下

（図 11）「工業品の宣伝と美的表現様式について」掲載図版、4 巻 3 号、1927 年

は『広告界』誌上でナギの制作も紹介している。[26]宮下は、ドイツ視察時に影響を受けたのであろうバウハウスのグラフィックへの敬意をこう表現する。

此等の組み合わせた写真には補助意匠としては文字とか景色とかが必ず附加されて居て一線の映画的情調を与へたものである……写真術でなければ表はせない瞬間の動的律を捕へて、それを広告材図として役立たせる方法がある。独逸のデッサウにさるバウハウスのモホリ・ナギー氏の如きは或る場面だけを種々切り取つて一つの構成主義に立脚した感覚的なシーンを或る目的に向つて実際化しつつある。

動きのある写真を切り取って文字などを付加するモホリ＝ナギのやりかたは、そのまま広告に活かすことが出来る。この構成主義に立脚した手法にぜひ注目せよ、というわけだ。宮下はこのように「写真」と「文字」を「構成」するバウハウスの表現を紹介したあと、「活版による広告組立て」の有効性も語っている。宮下の論考をたどる最後に、この記事にも注目しておこう。翌一九二八年五巻一号からの連載「知らねばならぬ印刷図案の基礎知識」の第一回だ。[27]記事冒頭では「最近和蘭辺りから流行した活字の組版」が「太単柱罫のみを使用して、何んとなく男性的の面白味を見せて居る」という。そして続けて日本の漢字の活字に関する自論を展開する。

文字と罫線との調和を見出すためにアメリカの図案は或る点まで考へられて居るし、独逸も同様である〔。〕但し日本の活字の組版は凡てが垂直線の方向に装飾実体が傾いて居るのを欧米風に横組みするのであるから、字間のアキマと行間の不整調は直線で区切るとしてもそれは多少無理が出る譯であると思ふ。

縦組みを前提とした現在の日本の活字を横組みにする際には、よくよく検討し微調整しなければうまくいかない。実際の制作経験がなければわからない、日本語の「活字」をうまく使うための現場感のある提言である。宮下は欧州の新しい動きを同時代に理解していた当時数少ない日本人だ。『広告界』にこのような宮下の記事が掲載された事実は、リーダー層にとって、大きな意義があったようだ。こんな評価が残されている。

（宮下教授が）広告界読者のために啓蒙のペンを執ったことは、つまり室田編集長が、この学者を誌上に引張り出したことは、デザイン・ジャーナリズムの強化にとって意義のあることであった。そのころわれわれ学外の者は、こうした先生の話をきく機会はまずなかったといってよい。[28]

これは資生堂宣伝部にいた山名文夫《やまなあやお》の回想である。戦中戦後と第一線で活躍し続けたエリート・デザイナー山名も「専門教育はなにひとつ受けなかった」ので、宮下教授の記事を通して欧州の尖端を知ったというのだ。広告制作者が入手できていた情報が思いのほか少なかったことが窺われよう。

宮下の論考は、豊富な知識を土台に、欧州トレンドを日本の広告現場に取り入れようとしていて、他の実用本位の記事と比べて異彩を放っている。しかしながら、これらが『広告界』の一般読者の理解を得たかという点では、かなりあやしいと言わざるをえない。今日バウハウスの理念を既に知っている私たちなら彼の主張は理解できるが、当時の庶民的な広告制作者が、宮下の真意を理解するのはかなり難しかっただろう。一般的な読者にはまだ時期尚早、かなり早すぎた感は否めない。

一般読者の理解度はともかく、ここでは一連の記事から読み取れる宮下の主張を整理し、宮下の記事が山名のような意識の高いリーダー層に与えた影響の裾野を捉えておくことにしよう。まず宮下の主張の背骨には、「広告には画と文字との調和が不可欠」という明確で揺るぎない考えがある。[29]その考えは、前年の室田の「図案文字」推奨から、一気に二歩も三歩も「文字」そして広告制作への意識を前に進めたものだった。[30]何が進んでいたのか、室田の主張と比較してみよう。宮下の提言と、室田が推奨した「図案文字」との根源に流れる主張は同じである。文字が広告にとっていかに大切か、文字には広告を活性化する力がある、というアピールであり、意識改革を求めるものである。この点で二人に違いはない。

室田の主張は、それまでの「広告の文字」が絵の添えものでしかなく、字体への配慮などほとんどなかったことを思えば、大きな一歩だった。しかし室田の推した「図案文字」は、描く技量を重視した装飾図案の延長にある文字だ。「商飾文字」という室田の命名からも、「飾る」意識は明らかである。文字そのものを飾ることが目的なのだから、「描く図案文字」の出来栄え、善し悪しは、美人画と同じように個人の描く技量に左右される。つまりそれは「誰もが使える高品質な文字」ではない。文字を「飾る」ことで強調し、個性的にしつらえて際立たせようという室田の提言は、結局、広告制作者には「描く」技量とスキルが必須とする価値観までを変化させるものではなかった。

一方、室田の意図がそこにあったかどうかは定かではないが、室田が招聘した宮下教授が一九二七年から『広告界』に書き下ろした連載は、この部分を一歩いやそれ以上に大きく前進させる提言だった。宮下はインターナショナル・スタイルの文字、つまり誰もが容易に使えて容易に読める文字（活字）を創り、広めようとする同時代のドイツの動きをいち早く見知っていた。個人の技量に左右されない「活字」、しかも美しく視認性の高い「活字」の利用は、広告プロデューサーを「描く」行為から解き放つことが出来る。これが宮下の薦める道筋だった。

宮下の主張は同時代の一般人にはかなり難解だっただろう。しかし直後の一九三〇年から『広告界』に、宮下がひも解いたバウハウスの理念を噛み砕いて解説し、街の広告制作者に広めようとする人物が登場する。その人物は、美術系ではなく商学系出身の編集者だった。

頭を使った「活字」広告を――ビジネスマン長岡逸郎

その人物の名前は、長岡逸郎《ながおかいつろう》という。誠文堂の社員だ。もともと所属は『商店界』編集部。ところがとある期間、彼は『広告界』の編集を担うことになる。

一九三二年九巻一月号には「誠文堂発行の他の雑誌とかけもちの形にあつて、忙しかつた室田が、再び本誌の編集に専念にかかることになつた」と書かれているが、その二年前の一九三〇年七巻の一月号から編集長室田の記事掲載数は急に下がっている。多いときは一冊に三本以上の記事を書いていたのに、各号一本ないしは全く記事を担当しなくなっている。翌一九三一年八巻には室田の記事が一切ない。どうも一九三〇年と三一年の二年間、室田は別事情で忙しく、『広告界』の編集は行っていなかったようだ（編集者名は室田庫造のままである）。

この間室田の代わりに登場するのが、『商店界』から異動になった長岡逸郎である。彼は「本号から編集事務を手伝ふことになりました、どうかよろしく」という書き出しで、室田に代わって七巻一号の編集後記全文を書いている。以降八巻一九三一年の一二月号まで編集後記はすべて長岡が担当していて、そして翌一九三二年の一月号に、長岡の退社の報とともに、さきほどの室田復帰の記事が載る。つまりこの二年間、『広告界』の編集は、長岡が行っていたのだ。

この長岡が、私たちがここまで見てきた「広告の文字」を重視せよという『広告界』の指令を、さらに拡大するシナリオを書き実践していく。彼の仕事を見る前に、まずはこの無名の編集者の人物像に近づいてみよう。『広告界』には長岡が創った広告作例が二点だけ掲載されている。「図案文字」と、写真を利用した広告試作の各一点（図12）である。これを見ると、広告試作は当時の新しい構成主義的傾向を踏襲していてまずまずの効果を得ているが、手描き「図案文字」のほうは、バランスがよくないし良い出来とは言いがたい。彼は商学系学校の出身だった。生まれは広島で山口高等商業学校卒。山口高商での学生生活は「正直なところ学校よりも、学生新聞の主幹をやつたり広告研究会を起し、……此の方が忙しかつた」という。そして自身も言っているとおり、「この経験が後でスバラシク役立つた」、つまりこの縁で、卒業後すぐ一九二八年に誠文堂に入社し『商店界』の編集部員となることができた[31]。

経歴からもわかるとおり、長岡には美術学校で「描く」実務を学んだ経験はない。だから「図案文字」の出来もあまりよろしくなかったわけだ。しかし重要なのはここである。商業美術家協会という制作者集団主導で立ち上がった『広告界』という雑誌を、この二年間は長岡という描く技術を持たない人物が率いたのだ。長岡は『商店界』編集部在籍中から『広告界』にも記事を提供しており、それが室田の手が回らない間に代役を担うきっかけとなった。さらに一九三一年には室田と共に『広告辞典』[32]を著している。その後資生堂の山名文夫、ニッケの水田利夫らと「東京広告美術協会」を結成する[33]など広告研究に傾倒していく。一九三一年一二月で誠文堂を辞した後は、花王石鹸長瀬商会の宣伝庶務部長となり「商店経営法や広告学を勉強して来たことが、此処で愈々《いよいよ》実行出来る立場に置かれた」といきまいている。その九ヵ月後には広告代理店正路喜《しょうじき》社の考案部長へと転身する。戦後は中小企業経営指導者として活躍し、マーケティング、商学実務に関する著作も残している。後のキャリアまでたどって想像すれば、「『描く』技術は持たないが、広告をディレクションする手腕を備えた編集者」。これが『広告界』時代の長岡の人物像であろう。長岡は後に山名文夫に「アドマンを自認する長岡」[34]と評されてもいる。

さて、この長岡が編集の中心であった一九三〇年から一九三一年の『広告界』七巻と八巻は、さまざまな点

(1)「写真広告のレイアウト試作」7巻7号、1930年

(2)「商飾文字体」5巻12号、1929年

(図12) 長岡逸郎の広告作例

で前後とは違う特色を持っている。最も目に付くのは、ある特徴を持つ広告が一貫して推奨されていることだ。それが何かは、以下の長岡の一文が明示している。

活字による広告必ずしも石版印刷物におとるものでない。広告を作る人の頭次第で必ずよい広告印刷物が出来るのである。[35]

この二年間の『広告界』には、活字つまり活版印刷で刷られた広告の利点を見直そうという考えが、随所で強調されている。長岡は、宮下が示した「活字」推奨志向を引き継いだのだ。しかしその広め方は宮下とはまったく異なっていて、ユニークで庶民的だった。

さてここで改めて活版刷り、活版印刷について、少し解説しておこう。活版印刷は、先に紹介した平版（石版またはオフセット印刷）よりもずっと以前からある、最も基本的な大量印刷の手法である。鋳造され凸面を持つ「活字」を組み合わせて印刷の版をつくる。印刷される部分が、それ以外の所より一段高くなっているのは木版画と同じだ。その部分にインクを付け、上から紙を乗せて圧力をかけることで紙にインクを転写印刷する。木版画は一枚の板から版が出来ているが、活版印刷は文字の一つ一つが別々の活字で出来ており、文字の位置を変えたり差し換えたりが自在に出来る。印刷が終わった後は分解して新たな別の版を組むことが出来る。一五世紀にドイツの金属加工職人グーテンベルグが発明したこの最古の大量印刷方法を、長岡は一九三〇年代昭和初期の日本で新しい広告作りのために見直そうと提言した。長岡の提言は、一九三〇年七巻一〇号の「活字組本位の印刷知識　タイプグラフイの研究」[36]から始まる。

最近海外の雑誌を見てゐると、活字組による広告物の研究が実に盛んになつて来たことがわかる。……（この活字組本位の印刷をタイプグラフイと云つてゐる）

この記事の参考図版には、文字だけの広告三点、写真と文字による広告が三点掲載されているのだが（図13）、実はこの六点は全て、イギリスの雑誌『コマーシャル・アート』に掲載されたヤン・チヒョルトの論文、「ニューライフ・イン・プリント」の図版と一致している（図14）。チヒョルトの論文は、新しいタイポグラフィを使った広告の制作を提案したもので、全二〇ページ、図版も二五点載せられた濃密な内容だ。長岡が『広告界』に載せた六点は、一点はチヒョルト作、他の六点は全て異なる作者だ。六点とも一致するということは、長岡がチヒョルトの論文を手にし、『広告界』での提言に至ったことは確実だ。

長岡の『広告界』記事は一九三〇年の一〇月号で、編集は九月に行なわれている。チヒョルト論文は、同じ一九三〇年の下半期七月から一二月の合本号に掲載されている。おそらく七、八、九月号いずれかへの掲載だったのだろう。つまり長岡は、『コマーシャル・アート』誌の夏号記事を読み、直後九月、『広告界』向けに、これを反映した記事を執筆したというわけだ。この早さが、雑誌『広告界』のスピード感なのだ。

ヤン・チヒョルトは、バウハウスの思想を受け継ぎ、新しい文字デザインの創出に才能を発揮したデザイナーだ。一九二八年『ニュー・タイポグラフィ』を著し、ダダや未来派の実験的な芸術が、その後ビジネスでの印刷物の合理性の基礎に結びついていく様を論じた。文字と写真で構成した新しい表現による広告、ポスターも制作した（図15）。「新しいタイポグラフィ」を求める動きの中心にいて、前衛芸術の実験的成果を現実社会へと橋渡しした人物である。長岡はこのチヒョルトに刺激された。長岡の活字組広告への関心も、宮下と同じくバウハウスを中心とした欧州モダン・デザインからきていたのだ[37]。

さて前節で宮下の記事を読み解いた際にも書いたが、長岡も注視していたこの時代の欧州で「実に盛ん」だった「活字組による広告物」の最新トレンドを、もう一度復習しておこう。

当時の欧州の最先端トレンドは、いわば「ユニバーサル・デザインの活字」を作ろうとする動きだった。地域性や個性を廃し、誰にでも間違いなく読める明快なフォルムの活字（字体）を作ろうという考えだ。活字は

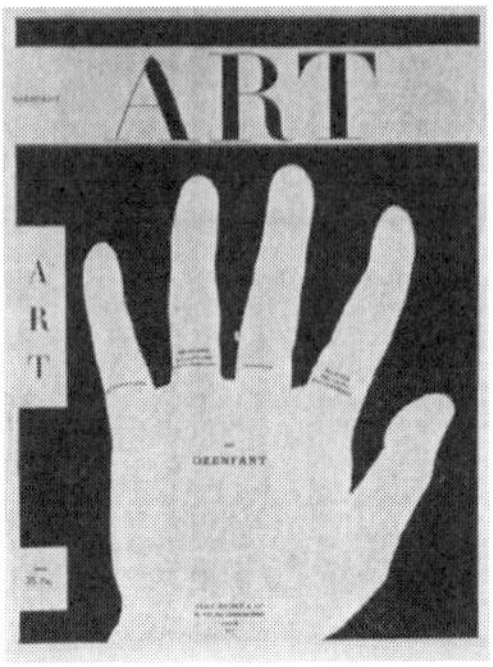

（図 13）「活字組本位の印刷知識タイポグラフィの研究」掲載図版、7 巻 10 号、1930 年（左はチヒョルトのポスターだが、作者名は記載されていない）

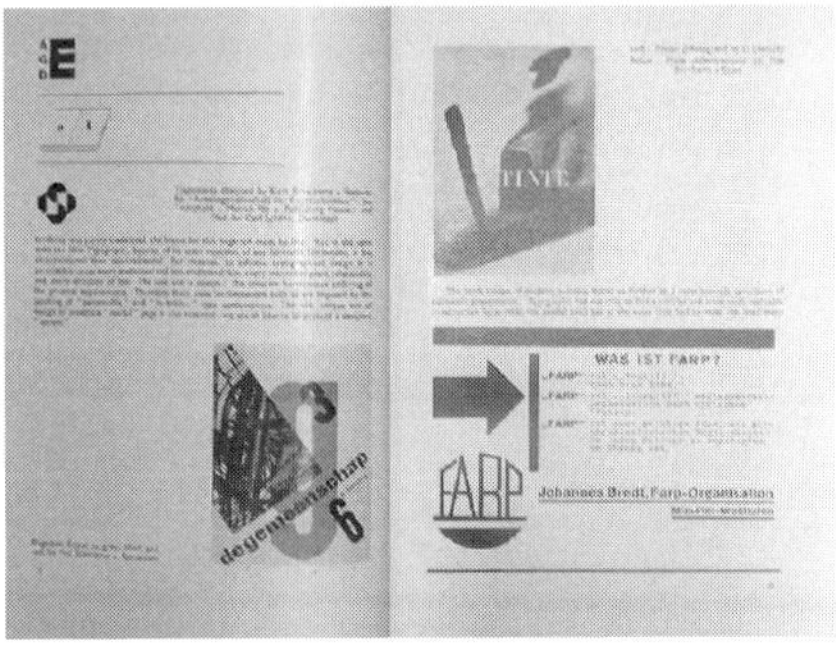

（図 14）イギリスの月刊誌『コマーシャル・アート』第 9 号の、チヒョルト論文。1930 年下半期の合本に掲載されている。

（1）映画ポスター『名もなき女』1927年

（2）市立職業訓練学校展、1931年

（図15）ヤン・チヒョルトのポスター

一度鋳造すれば誰にでも使えるし、誰が使っても美しく均質で安価に印刷出来る。そのような『ユニバーサル・デザインの活字』を作れば、読みやすい普遍的な文字を誰もが安価で利用することが出来る。文字の出来映えが個人の技量に左右されることはない。このようないわば「量産可能な美しい文字」を「新しい文字（ニュー・タイポグラフィ）」と呼び、その創出が欧州では進められていた。長岡が参照したチヒョルトの論文参考図版に、活字そのものを構成した写真がある（図16）。モホリ＝ナギがバウハウス叢書一四号の案内書のために作った表紙だが、これからも当時のニュー・タイポグラフィ熱の空気が伝わってくる。チヒョルトの論文も手にしていた長岡は、この最新潮流《トレンド》を深く理解していた。続く文面では、英米の広告界で新しい活版活字研究が進められていることにも触れている。

ふりかへつて我国の広告界に於ても、石版の印刷所のない土地や、又は従来の広告から一歩進んだ目あたらしい物を創りたいと云ふ人々から、活字で組めるものでよい印刷広告の作り方は無いものか、あつたなら教へて欲しいと、しばしば御問合せに接することから考へて、丁度日本もこの英米の広告界の研究と同列にあるのではないかと私は考へてゐる。
　とは云へ、活字組による効果のある広告法を深く研究してゐる人は一部の人々で、一般の人はただ活字印刷の方が費用が安いから石版を手にしてゐない様である。従つて……出来のよいもの不出来のものがピンからキリまである有様である。

長岡によれば、日本でも「一歩進んだ目あたらしい物を創りたい」という人に、新しい活版活字印刷のニーズがあるという。だから「日本もこの英米の広告界の研究と同列にあるのではないか」と期待はするが、しかし大半の活字利用広告は、それが安価だから使っているに過ぎない。「活字組による効果のある広告法」を、海外の研究と同じ理由から研究している事例はまだごく一部であると結論づける。長岡はこのように日本の現状を冷静に分析した上で、しかし、欧米の研究を応用することで「活字組本位」の広告は日本でも、「レイアウトさへよければ必ず成功する」と、希望的にこの文を結んでいる[38]。

長岡は、翌一九三一年から、活版活字を使った効果的な広告のつくり方指南を開始する。まず八巻三号「活版刷広告物のレイアウト」[39]という記事だ。ここではドイツの雑誌広告を八例掲載している[40]（図17）。ユニークなのは、長岡が冒頭の参考図版に対してこんな指示をしていることだ。

(図 16)『コマーシャル・アート』誌、チヒョルト論文参照図版より。モホリ＝ナギによる、バウハウス叢書 14 号の案内書カバー・デザイン。活字そのものを撮影して構成されている。

上の文字を「中元福引大売出し」として左端の文字を「七月一日より十五日まで」として、下の沢山の文字の所を「品物の名前と値段表」とにしたならば、ごく感じの良い活版刷のチラシが出来るではないか。

長岡は、「Spritzmalerei」という見出し部分に『中元福引大売出し』と入れ、「Wer sucht」の部分に『七月一日より十五日まで』、そして下の沢山の文字のところを『品物の名前と値段表』にしてみよ、と指示する。そうすれば立派な日本語の活字組み広告が完成するじゃないか、というわけだ。ドイツの作例をそのまま日本語に置き換えよという手取り足取りの具体的な指示は、活字のみで構成されたドイツの広告を初めて見ただろう読者にも何をどう参考に日本の広告制作に活かせばいいのかが理解しやすかったに違いない。

『広告界』読者の反応は早い。このレクチャーを受けて早速この手法の広告を作り、「広告診療所」に応募する人が幾人も現われる。「広告診療所」は長岡が実質の編集を担った年からコーナー名を「広告添削」と改め、評価基準も一新、多くの応募をと誘っている。[41] 長岡は一九三〇年と三一年の二年間このコーナーの添削も担当した。[42]

長岡の添削評から、彼の価値観をさらに探ってみよう。長岡はどのような広告を評価したのだろうか。

（図18）に対して）赤と青の二色で、中央の赤玉と活字の部分の●が赤

（図17）「活版刷広告のレイアウト」8巻3号、1931年

で後は青だ。結局バーなどはクドクドしたものよりはこんな形本位のもの即ちレイアウトの良いものが第一等だらう。此のチラシを見てレイアウト時代来るの感が深い。……大衆の審美眼は日々に進んで来て居る。それなのに広告を書く人の頭が遅れてゐてはお話にならない。[43]

（ハマク帽子店の緑一色刷りのチラシ（図19）に対して）

簡単明瞭の心よい響。石版印刷ばかりがチラシではない、活字組のものにもこんなに良いのがあるぞ、と云ふ一つの見本だ。[44]

活字組のチラシのだんだん質がよくなつて行くことは、来るべき広告界に大きい新勢力を扶植するであらう。[45]

長岡の添削基準は一貫している。描かれた絵や文字そのものの美しさや良し悪しは評価の対象ではない。常に、空白部分を多くとる、あるいは文字と図案の位置や大きさを調整する、といったレイアウトの工夫を評価している。こうした工夫が、「一種の美しさを発揮」するだけでなく、「ある程度まで人を惹きつけることが出来……広告効果はグッと変わってくる」し、「こう云つた形のものを造れば色刷りでなくとも、又図案が無くとも、ある程度まで人を惹きつけることが出来、一種の美しさを発揮するものである」というのだ。

一九三一年八巻六号の「広告添削」は、「従来型から脱皮」した新たな「活版刷広告」のみを扱う特集だった。一四点を載せている[46]（図20）。長岡は一四点のなかでも「帽子のハマク」のチラシ（図21）を「たいへんよろしい……他に五六枚よその広告が入つてゐても、このチラシの方が目につくだらうし、町で手渡されても気持ちがいい。好感を持たすと云ふことは広告の勝利である。……こう云つたチラシよ、もつと出よ！」と絶賛している。

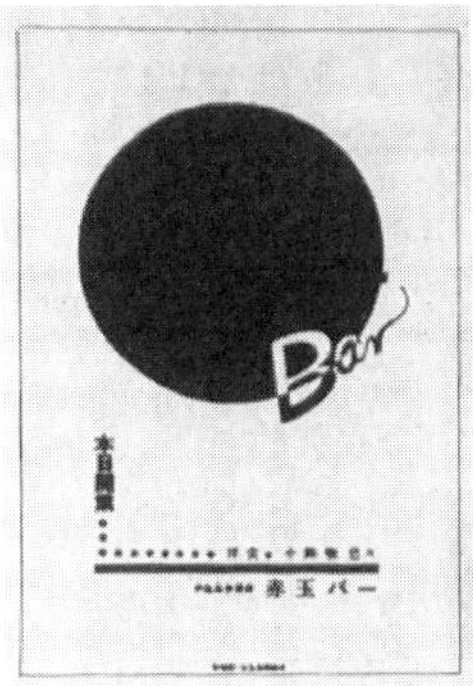

（図 18）赤玉バーのチラシ、「広告添削」『広告界』7 巻 9 号、1930 年

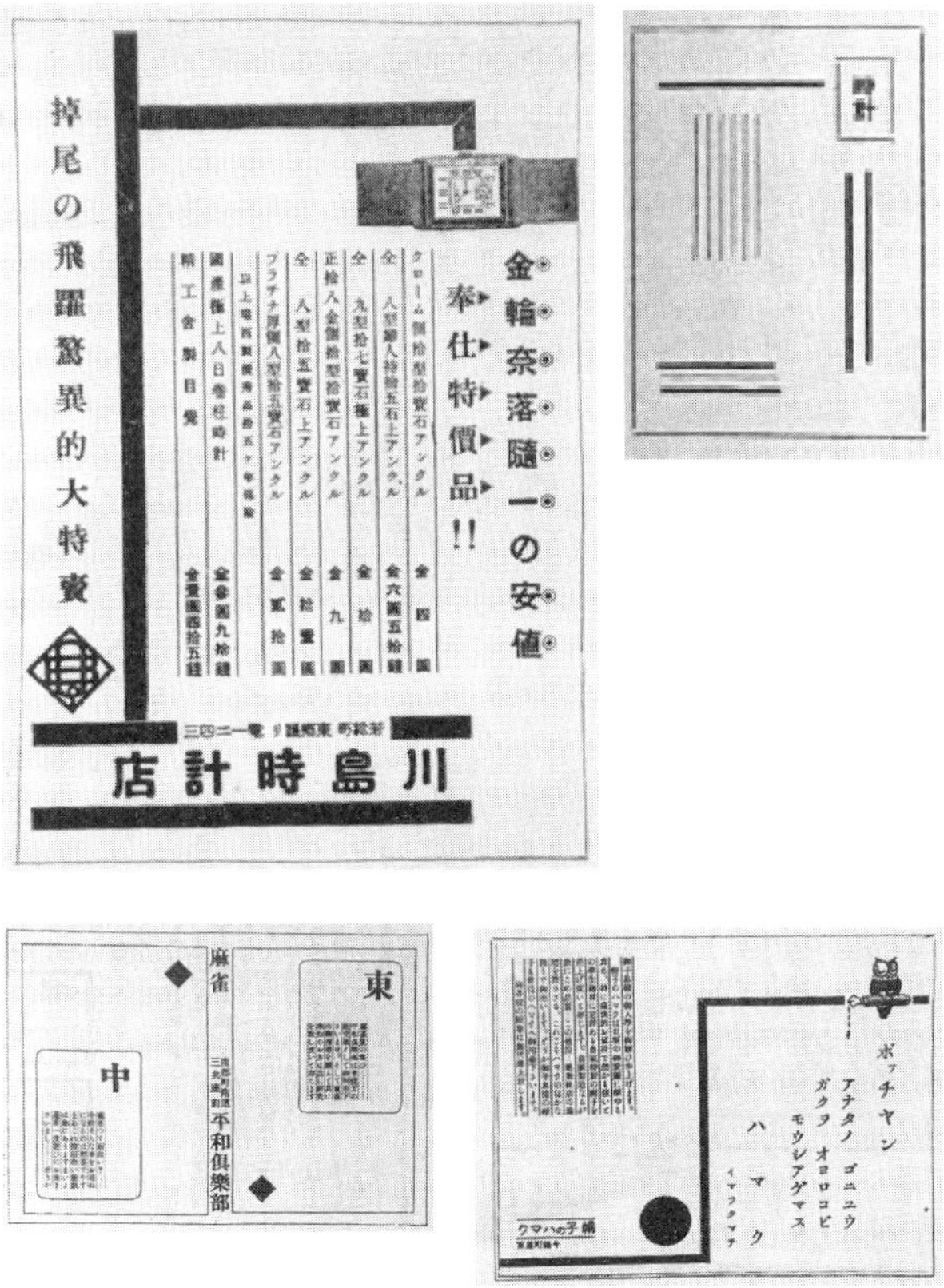

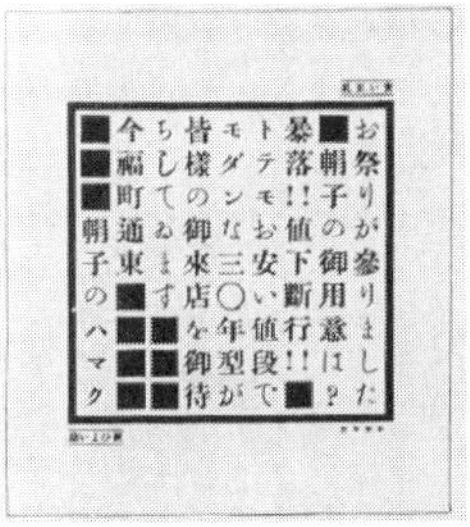

（図 19）ハマク帽子店チラシ、「広告添削」『広告界』7 巻 10 号、1930 年

（図 20）「広告添削」掲載図版、8 巻 6 号、1931 年
川島時計店に、右上のようなレイアウトが読みやすいと図示している。

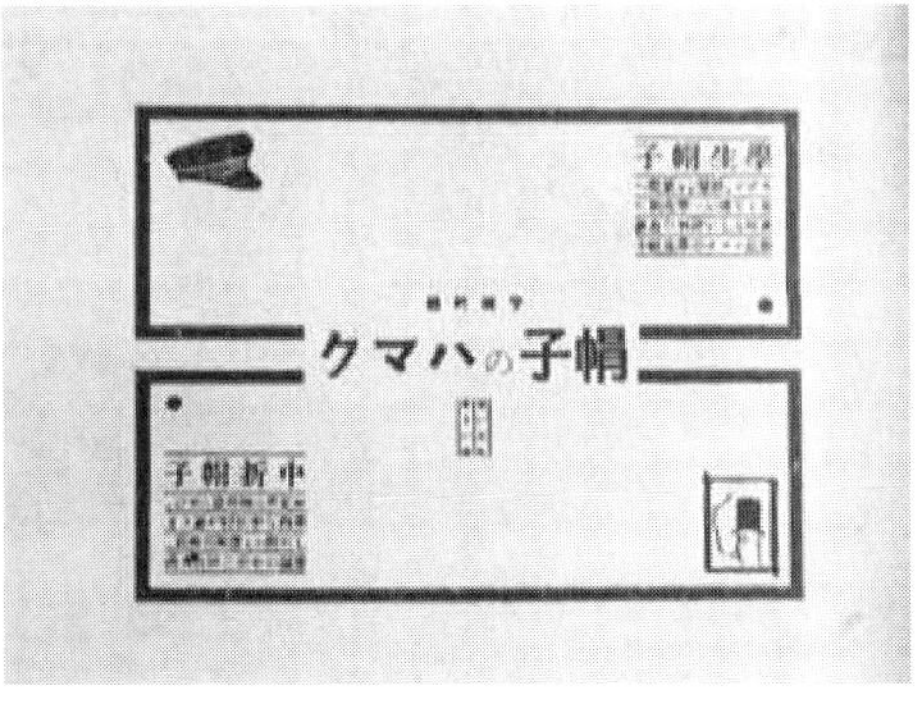

（図 21）「広告添削」掲載図版、8 巻 6 号、1931 年。長岡が最も推薦した「帽子のハマク」

このチラシははっきりしたシンプルな枠を用いて画面に緊張感を持たせ、小さなイラストを左上と左下、ゴシック活字を中央と右上右下といった要所にレイアウトし、画面内に十分な余白を取っている。長岡が評価した点は特に、「周囲を思ひ切つて広くとつた所」。長岡が目指す新しい、広告の姿は、この「帽子のハマク」のような、余白を大きく取り、読みやすく活字を配置したものだった。

今でこそ当たり前に見えるこのスタイルだが、どうだろう。確かに、手描き図案文字がぎっしりの少し前のチラシより格段に読み易いし、単純明快で、新鮮で、今日的だ。ちなみに長岡はこの「帽子のハマク」に傾倒し、作者である箱島に、『広告界』への記事投稿の依頼までしている（箱島は一介の帽子店の店員だったのだが、実際に『広告界』に記事を寄せている）[47]。

八巻九号と一一号二回連載の「活版広告新研究」[48]と題された記事は、同年末で『広告界』を離れる長岡にとって、活版活字について書いた最後の記事となった。どちらの記事にも、ドイツの雑誌広告と読者投稿優秀チラシとが複数並べて比較されている（図22）。長岡には、日本のものとドイツの広告を併置することで、活版活字印刷を工夫すれば、ドイツと同等のかっこいい広告がほら作れるではないか、と見せつける意図があったのだろう。確かに読者が制作したこれらのチラシは、ドイツの広告ほど洗練されてはいないが、活版で利用可能なベタ塗りの黒丸や罫線と、大小さまざまに工夫されたタイポグラフィのレイアウトによって、シンプルで目を惹く効果を得ている。

この記事では、レイアウトの「制作演習」も行なわれている（図23）。洋服のイラストと、冬服、なかや洋品店、値段表、キャッチコピーなどの文字をいったんバラして、異なるレイアウトに配置し直して、比較する演習である。それには「すべて広告物を造る前には、こんな風に、色々の配置をして見て、その一番よい方法を採用するのである。その見本の意味で、文字を置きかへて見た」という指導つきだ。どうだろう、きわめて初心者向けの、わかりやすい「レイアウト」手順の指導であろう。

さてこの記事、「活版広告新研究」には「なぜ活版広告が盛んになつたか、活版広告も活かせる方法があ

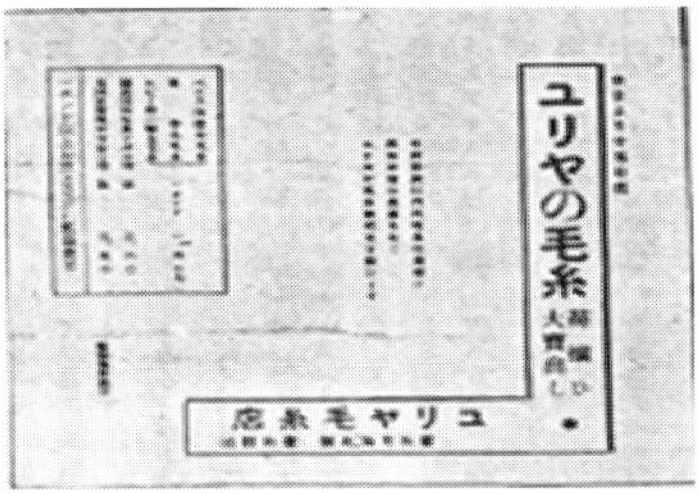

(図 22)「活版広告研究」掲載図版、8 巻 9 号、11 号、1931 年
ドイツの雑誌広告と日本のチラシを並べて比較。

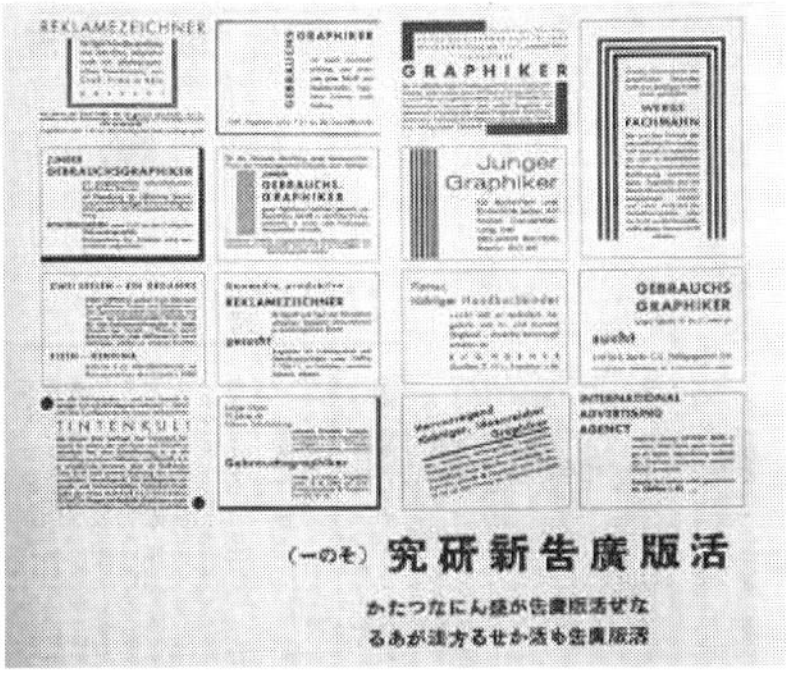

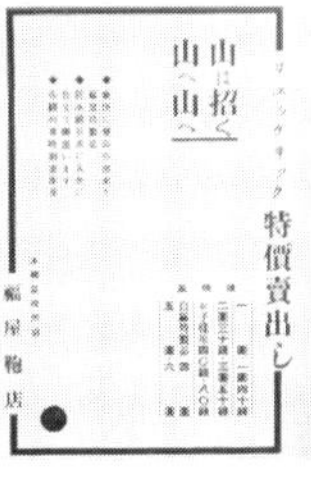

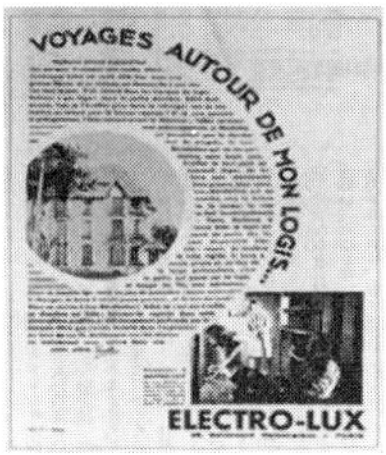

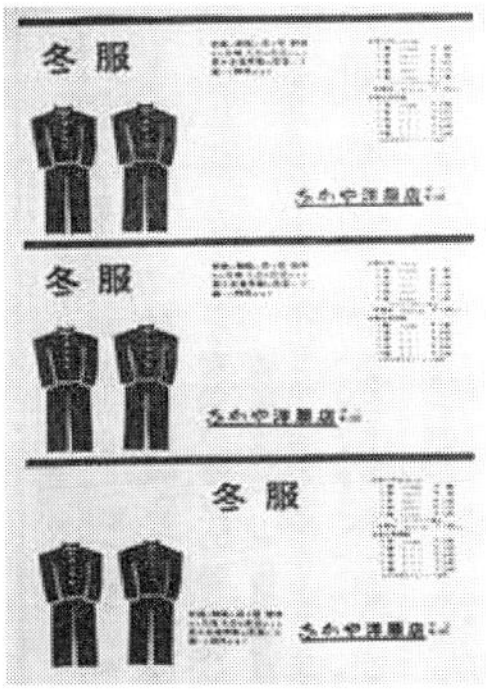

(図 23)「活版広告研究」
レイアウト演習見本、8 巻 11 号、1931 年

る」というサブタイトルが付けられている。なぜ「活版活字」広告なのか。饒舌な長岡は、その意図を幾度も丁寧に書いている。

> この不況時に適切な費用の余りかからない活版によつて、石版以上の新鮮さを出して見やうとする努力とによるものであらう。[49]

> 色刷の石版が、ある意味に於て行きづまつて来て、その打開策として何か新味のある広告は無いものかと、遂ひに活版刷にもどつたのも一因であらう。[50]

不況により経費削減が必要とされるなかで、活版活字印刷にはまず少なくとも安価で広告制作が可能という経済的な利点がある。これが長岡が第一に挙げる推奨理由だ。しかし単に経済効果だけで、肝心の広告効果がなければ意味がない。長岡は、活版活字広告が安価なだけではなく、美しく単純《シンプル》にレイアウトすることで平版と同等かそれ以上の広告効果が挙げられることを強調する。[51]

> ただ色を澤山使へばよいと云ふ時代はすぎた。次に美しい図案の時代が生れた。そうして今や、この色刷から単色の活版へと移つたのである。嘗ての単色の活版広告には、それを読ませる為の工夫が少〔な〕かつたやうである。最近の活版広告はレイアウトを最大の武器として、見て美しい、読み良い、面白い構図をつくりつつある……巧みな罫線の活用と活字の使用とに依つて、実に新鮮な感じを与へてゐる。白い部分と黒い部分とが、調和してゐる、統一されてゐる均合がとれてゐる、対立がとれてゐる。[52]
>
> ……すべての物が、単純から複雑へと進むがある時が来れば、その複雑が再たび単純化されるものである。

……ここに於て一部の人が、活版広告を再確認して、これを生かして使ふ工夫をした……その結果、俄然！効果があらはれて、美しい直線や形によるレイアウト本位のものがあらはれてきた[53]。

「活版広告」は今までの行きつまつた広告に、レイアウトと云ふ新しい武器を加へたものです。この事に就ては読者諸士と一緒に研究して行きたいと思います[54]。

これらは長岡の語る「日本の広告の変遷史」だ。長岡はこう示す。

まず日本の広告は、色をたくさん使う＝贅沢な多色刷からスタートした。これは「美人画ポスター時代」のことだ。次に「図案」となった。この「図案」は、濱田が推奨し流行した「単化」を示しているのだろう。そしてその次、三段階目として今、経費削減効果もあり、石版の普及によるマンネリからの脱却といった現実的な要望にも合致する、「単色の活版」の時代が到来したというのだ。そして巧みな活版活字広告は、「レイアウトを最大の武器として、見て美しい、読み良い、面白い」、これからの主流となると主張する。

この宣言からわかることは、長岡が、第二章で示した濱田の期待と同じく、「美人画」「単化」の次にくる「新しい広告」が、「レイアウト」による広告だとはっきりと捉え、その上で「活版活字広告」を推していたということだ。そして長岡は、濱田よりも具体的に、宮下よりもわかりやすく、街の広告制作者に「新しい広告」の実現方法を示した。活版活字印刷なら、街の制作者でも「レイアウト」を意識した、見易くて「新しい」広告が作れる、と。長岡は安価でしかも「新しい広告」のトレンドにも合致するからこそ「活版活字をレイアウトする広告」を推した。これが「なぜ？」への答えだ。さらに長岡の価値観を示す以下の一文を押さえておこう。

こういう配置の研究をするのをレイアウトすると云ふので、ただ何も考へないで、やたらにテキストを組んだり、白いスペースを汚く汚したりするものとは同じスペースであり乍ら、広告効果はグッと変わつてくる。……同じ広告をするなら、同じスペースならこれを出来るだけ能率をあげて、一〇〇パーセントの広告効果を発揮しなければならない。広告のレイアウトは、組方や配置の遊戯ではない。あくまで経済上の必要であってほしい[55]。

商学部出身の長岡らしい、現代のマーケティング思考ともつながるこんな価値観も披露している。

今までの古い方法から一歩も出ない、効果の少いチラシに満足してゐる様では進歩がない……あまり新しすぎるのは良くないが「大衆よりも一歩だけ新らしい」所がありたい[56]。

欧州潮流《トレンド》を視野に入れ新しい表現を求めよう。しかしあまりにも実験的・先進的すぎる表現は大衆には受け入れられない。「レイアウト」は遊びではなくあくまでビジネスだ。費用対効果、広告効果を第一義に考えねば駄目だ。だから先走りし過ぎず大衆より「一歩先」を歩くのだ。長岡のこの態度は、経済性と芸術性のバランス感覚に優れた広告プロデューサーの態度そのものだ。芸術性を尊重しながらも、ビジネスへの効果に最大の関心を払う。そのような意識を持つ長岡だったからこそ、ニュー・タイポグラフィ（活字）やレイアウトという難解な最先端の知識を、庶民的制作者にわかるように平たく解説し、広めることが出来たのだ。

長岡は、アメリカ広告理論を元に室田が輸入した新概念「レイアウト」と、ドイツを中心に広がっていた、美しくて新しい「活字・活版印刷」が目指す潮流との両方を見通していた。そして、日本でも活版刷広告ならいちはやく従来型から離脱できるし、安価で、石版に勝るとも劣らない広告制作が可能と強く説いた。

室田、「新しい活字」による広告推奨に転じる

さて長岡が誠文堂を去った一九三二年、『広告界』に室田が戻ってくる。長岡の離任と同時に活版活字印刷を薦めるトーンはやや下がったかに見える。しかし室田自身がこの年「欧州で流行の活字写真利用ポスター」、「広告は活字と写真組の時代へ」と、二つの記事を書いている。表題からもわかるように、これらの記事は二本とも長岡の価値観を受け継いでいる。

> 近年活字印刷のポスターが手描きのポスターより安価に且つ早く出来るので、活字印刷のポスターの需要は次第に増加してきた。……機械的写真ポスターは単なる補助的のものから、今日では商業美術の独立の一部門を作る程に発達してゐる。……日本でもここに掲《ママ》ずたポスターを模倣して、こうした様式が近頃ぽつぽつと見かけるが、これは図案家の手によつて描かれた活字体の文字であつて、実際は活字を使つたものは未だ試みられてゐない。これから益々、ポスターの単化が日本にも実際問題になつて来れば、印刷所にも活字を特製して、所謂ほんとうの活字利用のポスターが現するだ出《ママ》ろう。[57]

> 活字も、一見して意味の判るやうな、読み易さと人を惹きつける力とを持つたものが時代に適する……かくして昔ながらの無意味な飾りの多い文字は単純な角ばつた文字となり、文字は一段と新鮮味を加へた。[58]

文字を重視するポスターは増えているが、今はまだ図案家が描いた文字を使っている。今後は本当の活字を利用したポスターとなっていくだろう。日本でも誰にでも読みやすい魅力的な活字が広告を造る時代がくる。それにしても「昔ながらの無意味な飾りの多い文字」という一文には驚かされる。「図案文字」を推奨していた六年前の自分を真っ向から否定している。ずいぶんな変わりようだ。これは長岡の影響も大きいだろう。一一号の記事の参考図版はバウハウスやチヒョルトのポスターだから、室田の関心もバウハウスに向けられたのだ。

室田の変化は、この間に、「文字は広告の主役」という認識が世間的にも相当広まったことを示している。そしてこの一文は、そこでは「活字」を有効な要素に使うべきだという考え方が確定的なものとなろうとしていること、さらに近い将来、写真をも要素に加えた、構成（レイアウト）による広告制作へと認識が変化していく状況をも予測している。

「文字を描く」から「文字を構成する」へ

『広告界』創刊時一九二六年から一九三一年の数年で、「広告の文字」への一般認識は大きく変わった。一九二六年創刊当初には「図案文字」が注目された。専門機関で制作を学び、実務経験もあった室田庫造が、自身が考案した文字を紹介しつつ、広告における文字の重要性を啓発した。室田が選んだ「図案文字」は当時の現場のニーズに合致した「新しい文字」だった。石版（オフセット）で原稿を作る街の制作者には手書きの「図案文字」が必要だったし、最もとっつきやすく、簡単に「広告の文字」の改善が出来る。雑誌編集者としての才覚に長けた室田ならではの、現場に受け入れられやすい提案だった。

一九二七、二八年には、欧米の実情を直接見聞していた研究者、宮下孝雄の記事が『広告界』を飾った。宮下の記述は高尚で難解だったが、その考えは、商学を学んだ長岡逸郎によって咀嚼され平易に書き直され広められる。それは、「活版活字をレイアウトする広告」の拡大キャンペーンだった。

こうした段階を経た後、一九三二年の記事では、室田が活字と写真を利用したポスター出現への期待と、装飾の少ない単純な文字の利用を推奨している。この間の室田の大きな変化は、広告が「画家が描く絵」から離れていく足取りを直裁に写していると言えよう。

長岡が一九三〇年と三一年に行なった「活字」をレイアウトする広告制作のキャンペーンは、特に以下の三点で重要である。

まず時期的な先駆性である。この時期の日本で、長岡が参照したドイツを中心とした欧米の「新しい活版印刷文字（ノイエ・ティポグラフィ、ニュー・タイポグラフィ）」の最新情勢は、ごくごく一部の尖端的な研究者に認知されていたにすぎない。[59]長岡はそのような早い時期に、街の広告制作者に向け活字をレイアウトする新たな広告制作を推奨したのである。

次に重要なのは、このキャンペーンが実制作にただちに応用できる提案であったことだ。長岡は、原弘や仲田定之助《なかたさだのすけ》など当時の一部尖端的な研究者のように、欧州の前衛家たちの理念や思想を含めた全容の普及を試みたわけではない。長岡自身の理解はひょっとしたら表面的なものに止まっていたかもしれない。しかしたとえそうだったとしても、それは長岡の功績の価値を下げるものではない。長岡は、活字組み広告の有効性が議論され熱を帯びている欧州の情勢をリアルタイムに把握し、その成果を日本の現実の要望に合致させ効果が期待できる手法として提案した。

一部の先端的な制作者が、欧州の新しい表現をいち早く実験的に実現したことにはもちろん価値がある。しかし街の制作現場で実践可能な制作手法としてこれを広めようした目論見も再評価されるべきだろう。長岡の行為は、学者や尖端的な制作者、濱田や宮下には成しえなかった、数多くの庶民が目にする広告の制作に直結する普及活動だった。長岡という商学出身の編集者は、雑誌『広告界』が目指した「商業美術」に関する指導と広報、すなわち広告界全体レベルのボトムアップ、裾野の拡大を具現化したのである。

そして、長岡の一連の啓発において、『図案』なり『装飾』を「描く」という「画業」に結びつく行為が全く示されなかった点。これが三つ目の注目点だ。長岡は繰り返し、「広告を作る人の頭次第[60]」「広告を書く人の頭が遅れてゐてはお話にならない[61]」「この広告制作者の頭の良さ[62]」と主張する。「活字」利用の強調は、「頭による広告制作」の推奨でもあったのだ。それは広告制作者を、絵（図案）を描く技術の習得から開放するものだった。そしてその代わりに必要なのは、タイポグラフィを含めた広告要素を、いかに広告の目的に合わせて扱えるか、配置（レイアウト）できるかといった「頭を使う」技量であるというのだ。[63]これは宮下の路線を平易に解説したものだったし、バウハウスが提唱した理念とも直結する。

直後の広告制作現場の変化を考えたとき、これには大きな意味がある。一九三五年、太田英茂《おおたひでしげ》の「共同広告事務所」に入社した若き亀倉雄策《かめくらゆうさく》は、太田に原弘を「このシロウトは頭で図案を描く」と紹介されたという[64]。原は直後から日本のモダン・デザインを支える重要な制作者として活躍していく。

長岡は、時代が求めていた人物だったのかもしれない。室田のように器用に手が動くわけではない。濱田のような理論家でもない。宮下のように本格的な学者でもない。しかし彼らには無い資質を備えていた。美しさへの感性と、「何が経済的で何が儲かる広告か」への理解とを、両建てで考えるバランス感覚である。そして最終的には「商い」への効果を最重視するのが長岡流だった。

描く作業には素人であった商学出身の長岡が推奨した「活字」を「レイアウト」するという手法は、広告制作の重心を、描く技術から頭脳を使う技量へと向かわせるものだった。この動きは、「広告」が「美術」から脱して、マーケティングと連動する媒体として自立自走する時代のスタートを象徴しているようにみえる。

1　本松の最初の「広告診療所」は三巻三号から九号までで一旦終了するが、翌年四巻四号には、好評だったコーナーへの再開希望の声が多かったというコメントとともに復活する。読者からの要望は強かったようで、最初の連載の終わりに「入院者は毎日ドシドシ到着し、現在箱一ぱい溜まっております。二度も三度も送られた読者で尚一回も発表することが出来なかった読者に対しては、此処にお詫びを申し上げねばなりません」と、本松が書いている。「広告診療所」『広告界』三巻九号、五六頁。

2　一九四〇年一七巻からの休止は、戦火が激しく商業広告物そのものが先細りし継続不可能となったことが理由と考えられる。

3　本松呉波「編纂私筆」『広告界』三巻五号、一九二六年、六四頁。

4　本松呉波「第三回広告診療」『広告界』三巻五号一九二六年、五四頁。

5　松宮三郎「真のポスター時代来る」『広告界』四巻一一号、一九二七年、三八頁。
6　目次の表題はやや違っていて「広告文字新書体研究」。
7　第二回は「商飾文字の研究」、三回から「商飾字体の研究」と改題されている（目次は「広告新書体研究」と題されている）。
8　平野甲賀、川畑直道「描き文字考」によると一九二五年から二八年は、「図案文字」集が「四年間で一二冊、単純計算で四カ月に一冊ずつ出版されるという特異な状況」で、「図案文字の黄金期」であったという。平野甲賀、川畑直道「描き文字考」『アイデア』三二一五号―三二二号連載、誠文堂新光社、二〇〇六―二〇〇七年。
9　「図案文字」という命名は、京都高等工芸学校教授武田五一と矢島周一の合議という。矢島周一『商業美術の今昔』「日本デザイン小史」ダヴィッド社、一九七〇年、七頁。矢島は『図案文字大観』を一九二六年に出版した当時の図案文字の第一人者。
10　室田庫造「商飾字体の研究」『広告界』三巻五号、一九二六年、四五頁。
11　室田庫造「商飾字体の研究」『広告界』三巻七号、一九二六年、四一頁。
12　室田庫造「商飾字体の研究」『広告界』三巻五号、一九二六年、四五頁。
13　室田庫造「商飾字体の研究」『広告界』三巻一〇号、一九二六年、四〇頁。
14　室田庫造「片岡氏とスモカ」『広告界』三巻一一号、一九二六年、四五頁。室田自身の記述で手前味噌にもとれるが、実際この時期の森永は広告への意識が突出して高い企業として名を響かせていた。
15　萬世橋駅については、中西隆紀『幻の東京赤煉瓦駅』平凡社、二〇〇六年に詳しい。
16　室田庫造「商略に備へよ」三巻一一号、一九二六年、三頁。
17　室田庫造「商略の広告と装飾の実際」、四巻一号、一九二七年、七六―七七頁。
18　同校は一八九九年設立で、前身が東京府立工芸学校、後に東京高等工芸学校となる。原は一九一八年から二一年に生徒として在籍していた。
19　原弘「デザイン彷徨記」『日本デザイン小史』ダヴィッド社、一九七〇年、八二頁。
20　「亜土漫言」『広告界』四巻一号、一九二七年、六九頁。
21　KUR（室田庫造）「高等工芸の宮下教授」四巻三号、一九二七年、六四―六五頁。

22　長田謙一『東京高等工芸学校蔵書と日本モダン・デザインの視線の航跡』千葉大学附属図書館所蔵資料展配布物、二〇〇一年。
23　宮下孝雄「工業品の宣伝と美的表現様式について」『広告界』四巻三号、一九二七年、三一―三二頁。
24　宮下の記事は一号、二号での欧州の広告作家紹介が最初で、この記事は三本目。
25　この時代の「文字」に関する欧州の尖端の動きは次のようなものだ。宮下が紹介したモホリ＝ナギは新しいタイポグラフィ（文字）による、絶対的に明確な伝達を提唱した先駆者である。同じバウハウスに所属するヘルベルト・バイヤーとともに飾りをとったシンプルな文字が、万人に読みやすく新時代に相応しいと主張した。バイヤーは、サンセリフ体の大文字の排除を提言した。セリフとは英文字の肩につくヒゲ状の飾りのことでサンセリフはこの飾りが無い文字のこと。一九二三年に開催された第一回バウハウス展を見たヤン・チヒョルトは、ナギやバイヤーに深い感銘を受けた。彼が一九二八年に出版した書籍『ニュー・タイポグラフィ』には、伝達機能に特化した合理的な文字体、装飾が排除された急進的で新しいタイポグラフィが例証されている。日本でも最も先頭を走る原弘らは、チヒョルトの文字理論に傾倒していた。
26　宮下孝雄「フォト・エレメントと広告美術」『広告界』四巻八号、一九二七年、三一頁。
27　宮下孝雄「知らねばならぬ印刷図案の基礎知識」『広告界』五巻一号、一九二八年、四八頁。この連載は印刷基礎講座だった。
28　山名文夫『体験的デザイン史』ダヴィッド社、一九七六年、一六九頁。
29　宮下は新しい美意識は建築から先行して始まっていると言っている。この文内で「工業の美的価値に就いて考慮してもらひたいと思ふ。これは建築の方面からも可也昨今実現されて来た……」と言い、これ以外にも「和蘭の新興商業芸術」では「……建築そのもののエフェクトから感得する新しさが広告芸術へ齎らす量は可成大きい」と提言している。「和蘭の新興商業芸術」『広告界』四巻六号、三〇―三二頁。
30　ここでは触れなかったが宮下の記事は広告の文字に限ってかかれたものではなく、広告制作実務に必要な技術指導から、欧州の広告制作・芸術運動における最新事情紹介まで多岐にわたっている。技術指導は、例えばアミ版によるモアレ効果などにも言及していてかなり具体的だ。創刊から三年の間に掲載された他の図案制作者や編集者、同人らの記事とは一線と画した学術的な知見を多く書いている。

31 長岡逸郎「著者小伝」『最も効果的な広告宣伝の秘訣』トウシン社、一九三六年、三一九―三二〇頁。『広告界』によく登場する編集者相原壽は長岡より一〇日ほど早く誠文堂に入社したようだ。

32 室田庫造、長岡逸郎『広告辞典』誠文堂、一九三一年。

33 「東京広告美術協会」は長岡の脱会を機に翌年一九三一年「東京広告作家協会」として改組している。

34 山名文夫『体験的デザイン史』ダヴィッド社、一九七六年、五〇頁。山名は、「長岡氏は記事面に、富田氏（注：富田森三）はデザイン面に、文字どおり（室田の）〝手足〟となって助け「広告界」の発展につくした」とも書いている。同書、一六三頁。

35 長岡逸郎「活字組本位の印刷知識　タイプグラフイの研究」『広告界』七巻一〇号、八〇頁。

36 長岡逸郎前掲、『広告界』七巻一〇号、八〇頁。同記事の参考図版「海外（主に独乙）の傑作」について長岡は「こんな風に活版の罫線を利用すれば日本でもすぐ何かに応用出来る」「こう云つた広告はレイアウトさへよければ必ず成功する」と解説している。

37 長岡は他の記事に「このチラシでは左程感じないが、丸ゴ（丸ゴシックの略）は余り良い感じを与へない。角ゴ（角ゴシックの略）の方が新らしい味を持ってゐる。」とも書いている。角ゴシックの推奨は、一九二〇年代のドイツを中心としたニュー・タイポグラフィの潮流にもつながる価値観だ。

38 一九三〇年の『広告界』には、長岡著述以外にも活版印刷に注目した記事が多い。長岡の最初の記事よりも前に書かれた、来島豊「新型の文字による広告文」（『広告界』七巻六号、一九三〇年、七六―七七頁）も、活版活字と「レイアウト」がテーマだ。来島は、欧米の「活字組みでありながら実に面白い広告」、「レイアウト」に配慮された広告を「新興の美」として推奨し、従来型のものは「保守美」と言っている（図1）。また近年、こうした広告で使用される文字が、ゴシック体、それも曲線的なものから直線的なものへと変化している点も指摘し、さらに新傾向の文字のなかでもカッサンドル考案の「ビウファ体」を「モダンの最突端」としている（図2、3）。日本の文字は、欧米の文字の豊富なバリエーションに比べ、「変化がなさすぎる」「今すこし新しい型の活字がほしい」という問題提起もしており視点が新しい。

一一号「新聞広告の進歩か退歩か」では、この年一九三〇年の夏、話題となったオラガビールの広

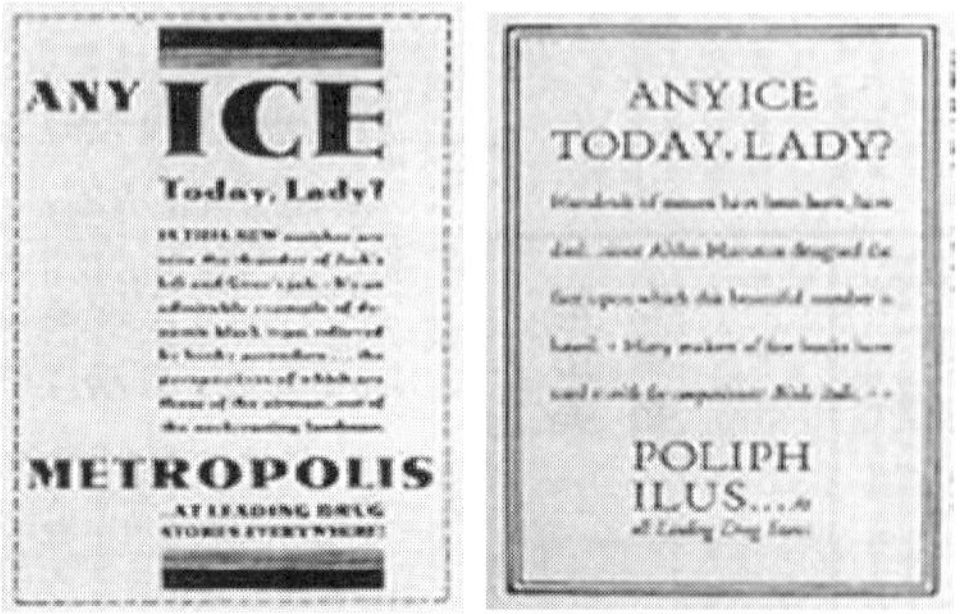

（図1）来島豊「新型の文字による広告文」掲載図版、7巻6号、1930年。
左を「振興の美」、右を「保守美」としている。

（図2）来島が示した欧米書体。上から4番目がカッサンドル「ビウフア体」

（図3）来島は7巻3号で既に「ビウフア体」を紹介している。

（図4）1930年に連日全面広告され話題となった「オラガビール」新聞広告、1930年

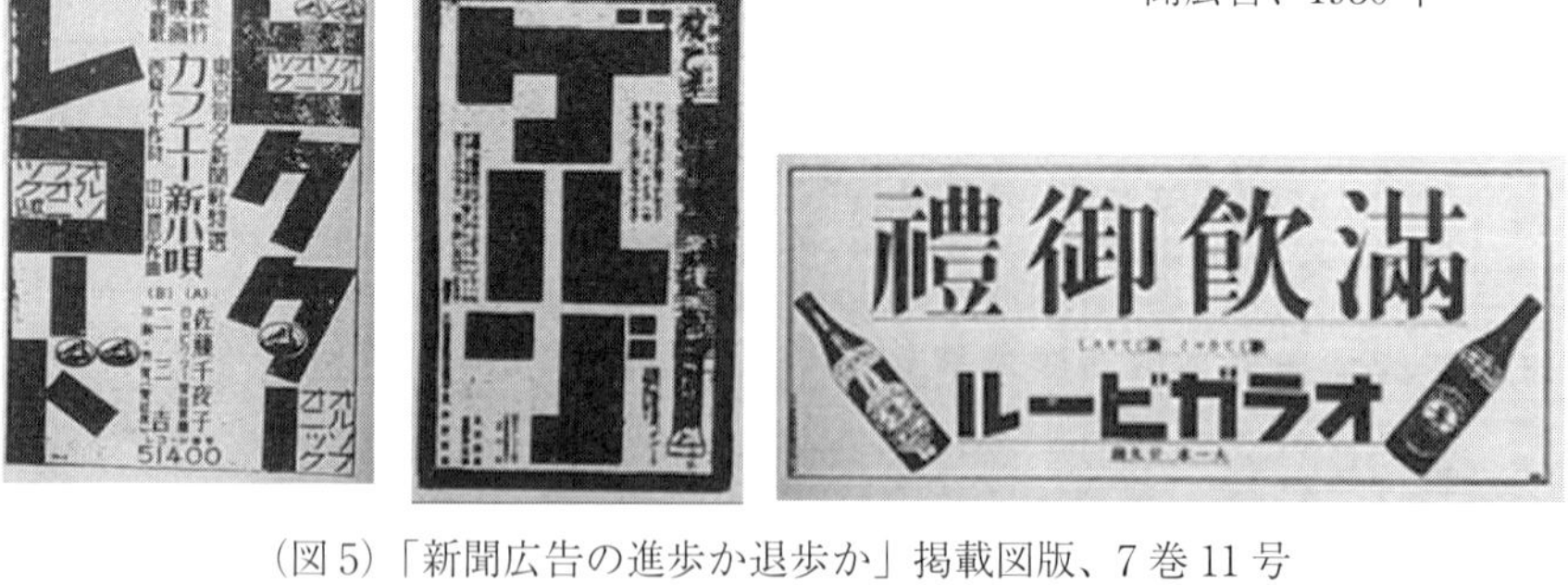

（図5）「新聞広告の進歩か退歩か」掲載図版、7巻11号

告（図4）が取り上げられている。「ゴシック字体でオラガビールと大きく、実に見事に紙面いっぱいに並べて、これにあっさりと広告文とビールのカットを配してアッと云いわせた」とこれを評価したうえで、「広告画ばかりを美しく、或は新しい傾向で描出するだけが広告の全生命じあない」と、文字の訴求力で魅せる傾向を推奨する。そしてオラガビールに習って出現した事例、「活字体の配列（レイアウト）」によって「惹付けて読ませる」広告（図5）を例示している。田島滋策「新聞広告の進歩か退歩か」『広告界』七巻一一号、一九三〇年、五六―五七頁。

39　目次では「活版刷広告物のレイアウト」となっているが、本文は「活版刷広告のレイアウト」。

40　この文には「何れも独乙のゲブラウスと言ふ雑誌から切取つた広告である」との注釈がある。「ゲブラウス」とは『ゲブラウフス・グラフィーク』というドイツのグラフィック・デザイン専門誌のことで、日本のリーダー層の広告制作者に重宝されたこの豪華な専門誌を、長岡も参考にしていたことがわかる。

41　改題を告げる七巻新年号では「添削希望の向は印刷広告物を二部宛広告界編集部広告添削係御中として送つて下さい。自分の作品の批評を聞き度い人はどしどし御申込み下さい」と呼びかけている。『広告界』七巻一号、八六頁。

42　一九三一年八巻六号の「広告添削」には、「小生（長岡）が」との記載があり、編集長を代行していた間は長岡逸郎自身が添削を担当していたことがあきらかだ。

43　「広告添削」『広告界』七巻九号、一九三〇年　八六頁。赤玉バーのチラシへの評価。

44　「広告添削」『広告界』七巻一〇号、一九三〇年八三頁。

45　「広告添削」『広告界』七巻一一号、一九三〇年、八五頁。

46　八巻六号の「広告添削」掲載一四点のうち六点は、八巻三号で記事を提供している箱島康司の作品。

47　ハマク帽子店の広告制作者の記事は、箱島康司「活版広告とレイアウト」『広告界』八巻三号、一九三一年。箱島は活版印刷での広告を薦める理由を「些少な費用でそして効果的であつてこそ初めて活版チラシを皆様にお薦め出来る」と明確に述べている。そして制作実務者らしく「レイアウト」の手順を印刷業者とのやりとりにいたるまで具体的に書いている。「熟練した植字係の居る印刷屋ならば、丸くも三角にも組めるから組み方については一度印刷屋と相談すれば良いでせう」、「活字の号数は、知らない人も多いだろうし……一寸の相違から全体の感じを殺す事がありますから、新聞紙からでも使用すべき大きさの文字を切り取って、レイアウトの上に貼り付け、そして印刷出来上りのと同じ感じのものを作って、原稿と共に印刷屋に」など。これは長岡よりもさらに実務的で即役立つ指導だったといえよう。

48 長岡逸郎「活版広告新研究（その一）」八巻九号と「活版広告新研究（その二）」『広告界』八巻一一号、一九三一年。

49 一九三一年八巻六号の「広告添削」の冒頭八二頁。

50 一九三一年八巻六号の「広告添削」の冒頭八二頁。

51 このような価値観の元で批評された「広告添削」の評価には、単純、という言葉が多用されている。「従来のチラシと比べてひどく単純」「極めて単純な組方。何となく、次の時代のよい作品への一歩をふみ出してゐる様に見えるではないか」とした評が目を引く。

52 長岡逸郎「活版広告新研究（その一） なぜ活版広告が盛んになつたか、活版広告も活かせる方法がある」『広告界』八巻九号、一九三一年、六八―六九頁。

53 一九三一年八巻六号の「広告添削」の冒頭八二頁。

54 「編集後記」『広告界』八巻九号、一九三一年。

55 長岡逸郎「活版広告新研究（その二）」八巻一一号、一九三一年。

56 長岡逸郎「活版広告のレイアウト」『広告界』八巻三号、一九三一年、八四頁。

57 室田庫造「欧州で流行の活字写真利用ポスター」『広告界』九巻四号、一九三二年、二〇―二一頁。

58 室田庫造「広告は活字と写真組の時代へ」『広告界』九巻一一号、一九三二年、八〇―八二頁。

59 一九二〇年代、欧米でバウハウス周辺の前衛芸術家を核とし進展していた、ノイエ・ティポグラフィ（新しい活版印刷文字）研究の国内での紹介は、一九二九年一〇月の原弘による「欧州における活版印刷の新傾向」が先端事例。（東京府立工芸学校製版印刷科の同人「製版印刷科研究会」の機関紙『PTG』への掲載）一般書では、一九三〇年の『現代商業美術全集』一五巻『実用図案文字集』において、バウハウスを一九二五年に最初に紹介した仲田定之助が、「バウハウスにおける文字単化の試み」を記述している。

60 長岡逸郎「活字本位の印刷知識　タイプグラフィの研究」『広告界』七巻一〇号、八〇頁。

61　「広告添削」『広告界』七巻九号、一九三〇年、八七頁。
62　「広告添削」『広告界』七巻一一号、一九三〇年、八四頁。
63　長岡による評価は、常に広告に使用された「タイポグラフィ」と「図案」「装飾」「絵」などの要素の扱い方、配置（レイアウト）であり、図案のよしあしは評価の中心ではなかった。
64　多川精一『広告はわが生涯の仕事に非ず』岩波書店、二〇〇三年、六二頁。

5

広告に写真を使え！

ヨーロッパ前衛と広告

大学生約一〇〇人が受講する授業で、戦前の日本のポスターを二〇枚ほどスライドで見せた。リトグラフなどの印刷技術や「美女ポスター」の話などしながら講義を終え、最後にこんな質問をしてみた。「戦前のポスターと、今、あなたの身近にあるポスターとの最大の『違い』は何だと思うか」。

筆者は、講義の流れをそのまま汲んで、和装の女性像の多用、軍服や戦闘機といった戦時モチーフの登場、あるいは印刷部数の違いからくる伝播力などを取り上げる学生が多いと予想していた。ところが受講の出欠代わりに書いてもらった短いレポートを見ると、最も多かった回答は、非常に素朴な、このようなものであった。「写真を使っていないこと」。

もちろん、着飾った女性像が戦争の進展につれ次第に軍服をまとった強い女像になる、といったジェンダー視点を書いた学生もいたのだが、回答数で多数決を採るならば「写真がない」の圧倒的勝利、ほとんどの学生がこれを書いていた。「最大の『違い』は?」という質問への彼らのシンプルな答え。おそらく戦前のポスターなどというものに初めて触れた彼らの感想、それは、いまでは当たり前の「写真」という表現手段がポスターに使われていないことへの不思議だった。

今日のポスターに当然のようにあるが、戦前はなかったもの。それが黎明期から近代に向けて広告が脱皮していく鍵を握るのだとすれば、軍服やキモノというモチーフを見る前に、この素朴な、しかし本質的な事実に私たちは目を向けないといけないだろう。

広告に写真を使う。あまりにも「当たり前」で、現代の私たちは、そこに何の疑問も抱かない。写真は売ろうとするモノを簡単に正確に写し、拡大したり組み合わせたり、写真のアレンジ次第で商品の魅力をより拡大することができる。もちろん好感度の高いタレントがその商品とともに写るのも一考。現代の広告に写真を一切使わないことなど考えられないだろう。

だが、この「当たり前」は、そんなに昔から「当たり前」だったわけではない。

広告には「写真」を使うべきか。「写真」を使うことは商品のアピールにつながるのか。かつてはこのことが議論されたし、どのような写真が広告にふさわしいのか、という価値観も揺れ動いた。

本章では一九二〇―三〇年代の日本で、「写真」が、広告を構成する当然の要素と考えられるようになる過程を追いかける。そこにはどんな葛藤があり、何が重視されたのか。「写真」が「当たり前」に使われるようになる転換点で、広告の何が変わったのか。そして実際のところ広告に写真はどのような形で使われたのだろうか。

絵画になりたかった写真

黎明期の広告写真を見るにあたって、この時期「写真」や「カメラ」というツールそのものが、どのような状況にあったかを知っておく必要があるだろう。少し古い時代に遡って、日本人に「写真」が身近なものとなるまでの軌跡を概観してみたい。

写真がヨーロッパから日本にもたらされたのは一八四八年というから江戸時代である。当時は「写真」とは呼ばれず、やや怪しげな印象をこめて「印影鏡」と呼ばれた。一八六七年（慶応三年）に長崎の上野彦馬《うえのひこま》撮影局で撮られた坂本竜馬《さかもとりょうま》の肖像写真は有名だが、このスタジオの主、上野は、日本の写真の開祖とよばれる人物で、「それまでの写真を妖術性のあるものとする時代の風潮に挑戦し、冷静に科学性をもって〝印影鏡〟を〝写真〟にした」[1]という。彦馬のスタジオで肖像写真を撮った著名人は数多いし、肖像写真撮影は維新の志士にも流行したようだ。ちなみに上野の父俊之丞《としのじょう》が薩摩藩主島津斉彬《しまずなりあきら》を撮影した一八五七年の銀板写真は、日本人が撮影した現存する最古の写真と言われている。

このように、写真の最初の使われ方は「肖像写真」だった。これがもっと自由な表現になるためには、カメラや機材が簡易で軽量に、そして安価になる必要があった。

一九〇二年、小西屋杉浦六右衛門《こにしやすぎうらろくえもん》が六桜社《ろくおうしゃ》を設立し、乾板と印画紙の国内生産を開始する。現在のコニカミノルタ社のコニカの前身である。同社は翌年六枚の乾板が装填可能な小型カメラを売り出す。二円三〇銭と当時としては手頃な価格で、これによって写真を「写す」という行為は、ぐっと一般人に近づいた。一九一二年には全世界で一八〇万台も売れたというロールフィルムを使うポケットカメラのベストセラー、ベスト・ポケット・コダックが日本にも輸入されるようになる。これらコンパクトカメラの発売により、写真館など専用場でなくても写真撮影が可能になり、「写す」という行為の守備範囲が大きく広がった。「肖像写真」は実用的ないわば商売になる写真である。肖像写真ではない「表現としての写真」の世界は、カメラの小型化を契機に広がり始めたのだ。

とはいえこの時代、機材も消耗品もまだまだ高額だったから、これによって拡大した裾野は、もっぱら富裕層の趣味としての写真だと考えなければならない。写真表現は、上流階級の楽しみ、趣味の撮影が拡大することで、肖像写真という限定的な利用から脱し、新たな道を歩み始めた。

たとえば早くも一九〇四年に大阪で発足した浪華写真倶楽部《なにわしゃしんくらぶ》は、完全なアマチュアの愛好家クラブである。同会の初期の例会には、明治時代には大変珍しい自家用車がずらりと並んだというからその金持ち度合いが窺われる。今日まで続くこの会は、発足当初から活発に活動し、一九三〇年代には前衛写真家を多く輩出する先頭集団となった。また、一九二一年には大阪で上田竹翁《うえだちくおう》が「藝術寫眞社」を興し、商業雑誌『藝術寫眞』を刊行している。上田は鴻池《こうのいけ》家の血筋を引き、幼少から様々な教養を身につけた富豪の当主だ。同じ年の少し後に東京ではパリから帰国した福原信三《ふくはらしんぞう》が「写真芸術社」を設立し[2]、機関紙『写真芸術』を発刊する。福原は資生堂薬局創業者福原有信《ふくはらありのぶ》の三男。長兄の病気、次兄の早世により初代株式会社資生堂の社長となる人物だ。彼は、富裕層の趣味という次元をはるかに超えた写真家としての実力、そして実業家としての手腕を兼ね備えていて、その後の資生堂の広告を大きく変えていく。上田も福原も盛業している本業を他に持ち、「写真」はいうなれば道楽だ。

さてこれら富裕層の富の力が生み出した、肖像写真ではない新たな写真表現とは、どのようなものだったのだろう。実際を見てみよう。

多くの論者が指摘するように、最も初期の写真表現は、絵画表現と隣あわせにあった。外国の例になるが、一九〇六年のエドワード・スタイケンの写真（図1）からクリムトらのウィーン分離派の影響を見るのはたやすいし、同じ一九〇六年の黒川翠山の写真（図2）には、右下隅に日本画風の印章が押されている。肖像画ではない写真表現は、まず同じ平面表現である絵画を模範として、これに近づこうとするところからスタートした。いわば「絵画になりたかった写真」が、自由な写真表現の出発点だったのだ。これら二点は最も初期の一九〇〇年代の写真だが、では私たちが知りたい広告の胎動期、一九二〇年代にはどのような写真が称揚されていたのだろう。

一九二〇年代は前述の上田竹翁や福原信三が活発に活動した時期だが、そこでは「芸術写真」と呼ばれた絵画的な写真表現（ピクトリアリスム）が注目されていた。一九二三年、福島信三が出版した『光《ひかり》と其階調《そのかいちょう》』にはこのような作品が載っている（図3）。

柔らかいソフトフォーカスで細部を省略した描写は、どこか印象派絵画のような空気をかもし出している。[3] 画家を志していた福原は、『光と其階調』の中で「写真芸術は自然を端的に表現する俳句の境地に近い」と書いている。これからは、福原の写真が、少なくとも自然を表現するという点で印象派などの一九世紀絵画と同じ方向を向いていたことがわかる。独自の技術をもって自然を描写した福原らの「芸術写真」ではあるが、やはり広い意味ではこれらも「絵画になりたかった写真」の流れの上にある存在といえるのではないだろうか。[4]

このように最も初期の写真は、絵画芸術に近づくことで、まず存在意義を持とうとした。そこには、同時期の「美人画」広告が「絵」としての美しさのみで測られていたのと同じ価値観が流れている。そして写真広告の黎明期はちょうど「芸術写真」と呼ばれたピクトリアリスムの全盛期と重なっている。

写真論がいささか長くなってしまった。しかし、次から見ていく写真広告の変化は、芸術表現としての「写真」の分野の動きを知らなければ理解できない部分があるのでご容赦いただきたい。

ではここからは本題に戻ろう。一九二〇年代以降、広告への写真の利用はどのような段階を踏んで進んで

（図1）エドワード・スタイケン「カバーデザイン」、1906年

（図2）黒川翠山「題不詳」、1906年頃

（左上）（1）「女」、1922年

（右上）（2）『光と其諧調』写真芸術社

（左）（3）「塔」、1922年

（図3）
福原信三の写真作品

いったか、そこでは何が重要視されていったか。これが、この章の主題である。

最初期の写真広告、様々な試行錯誤

さて新聞広告に写真が初めて使用されたのは一九〇五年だ（図4）。肖像写真がそのまま広告に使われたようなこの写真広告の画像は、とても荒く見難い。印刷技術もインクの質も用紙も、写真を広告に利用するにはまだ適さないレベルであった。実際この時期「広告写真の掲載には制約が多すぎたのと、あまりにも経費と時間がかかった[5]」。このため、こののち一〇年余りで写真広告が急増することはなかった。数少ないながらも存在した写真広告は、肖像写真や商品写真をイラストレーションに代替るという単純な形式のものだった（図5）。

二〇年代初頭、一九〇九年代にアメリカで発明されたHBプロセスという写真製版法が日本にも導入され、画像の印刷技術は飛躍的に向上する。この製版方法によって、写真の印刷は熟練職人を介さず比較的容易にそしてスピーディに可能となった。これをきっかけに二〇年代前半、広告への写真の利用が広がり始める。

一九二二年、壽屋《ことぶきや》の赤玉ポートワインポスターが発表され、初の写真ヌードポスターとして大きな話題となった[6]（図6）。胸元上半分の素肌が写るこの姿は、今の意識で見ると「ヌード」にはほど遠い。しかし大正末期当時は、等身大に近い「ヌード」ポスターは、一大センセーションだった。なにしろ写真が美しく大きく印刷されることそのものが困難で殆ど例がなかったのだから。

モデルは壽屋がワインの宣伝用に結成した歌劇団「赤玉楽劇座《あかだまがくげきざ》」の女優松島栄美子《まつしまえみこ》である。匿名の女性ではなく、顔も名前も知られた人気女優の「ヌード」であったことも、このポスターが話題を呼んだ大きな要因だった。敏腕広告プロデューサー片岡敏郎《かたおかとしろう》の企画が的中したわけだが、彼の説得で撮影を受諾した松島には、この後親戚中から非難され親から勘当されたというほろ苦いエピソードが残されている。

さてこのポスターの知名度と比べれば殆ど知られていないが、この三年後、一九二五年と一九二六年に、壽屋は「赤玉杯獲得写真競技会」なる写真懸賞を行なっている。この懸賞を見ると、初期の写真広告といえば

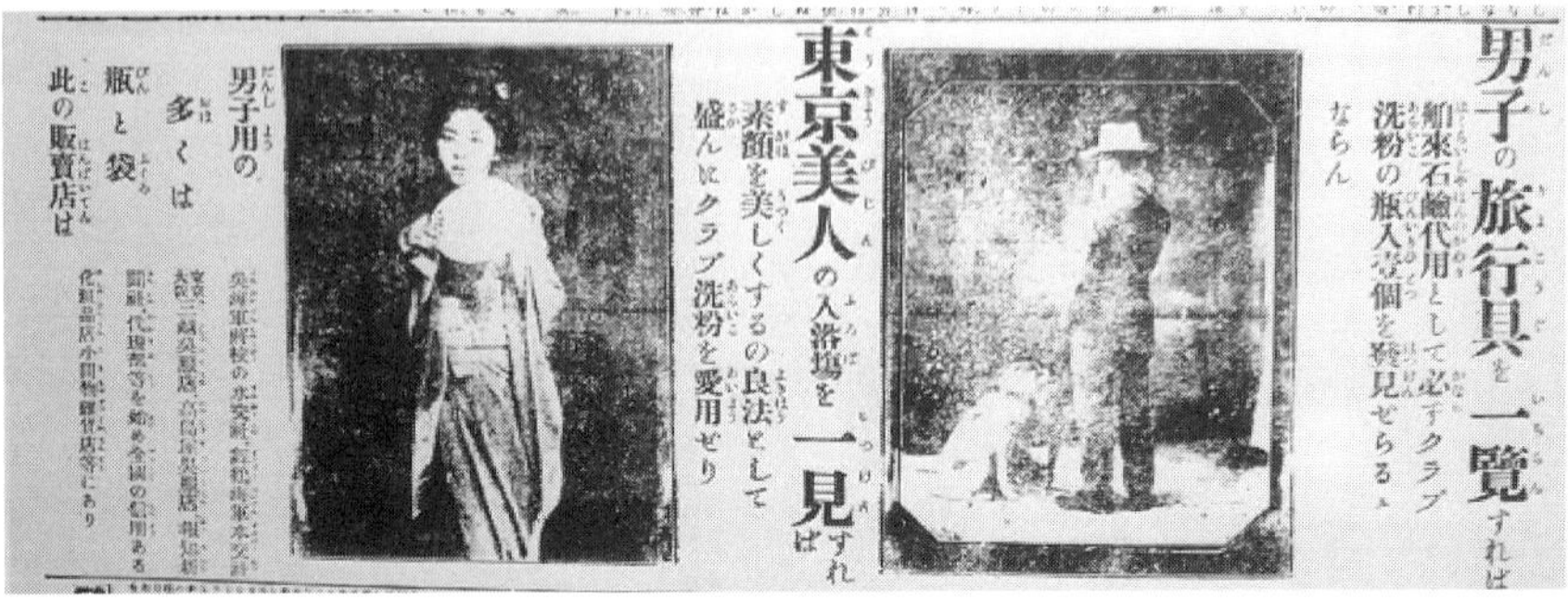

（図 5）1907 年、中山太陽堂、新聞写真広告（毎日新聞）

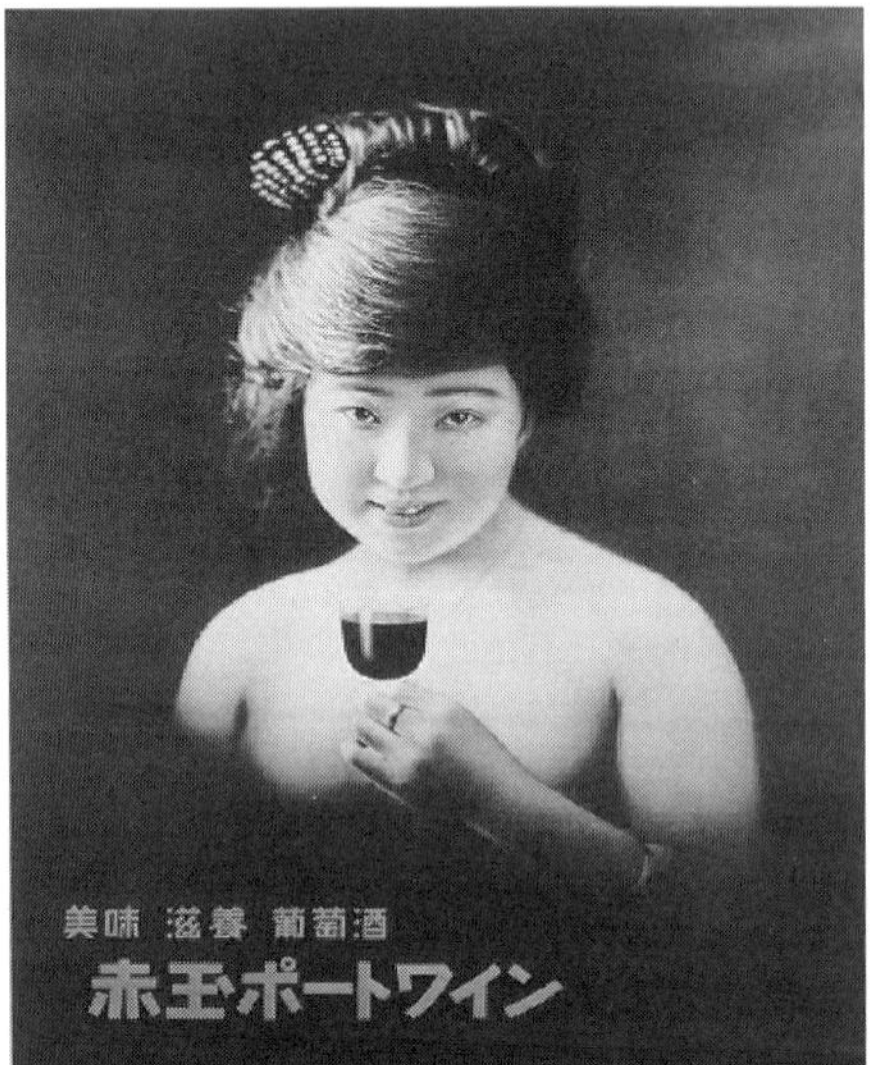

（図 6）1922 年、壽屋、赤玉ポートワインポスター。片岡敏郎（ディレクション）、井上水乞（デザイン）、川口写真館（写真）

（図 4）1905 年、日本初の新聞写真広告。中喜ネル店、コクカツーショール

真っ先に取り上げられる赤玉ポートワイン「ヌード」ポスターをつくった壽屋の、当時の写真広告への価値観を知ることが出来る。

壽屋「赤玉杯獲得写真協議会」は賞金総額三五〇〇円で、一等には五〇〇円と赤玉杯が贈られるという豪華な催しだった。入賞作が掲載された図録の編集・発行人は片岡敏郎。片岡は審査にも加わっており、この懸賞が、評判をとった「ヌード」ポスターの延長線上にあるイベントであることが窺われる。

一九二六年の懸賞の課題は二つあった。「赤玉ポートワインの外装のままなるものと其外装をを除きたるものと、赤玉の注がれたるガラスのワインカップを撮り入れたる静物」と、「人物に赤玉の注がれたるガラスのワインカップを配したるもの」。応募数は静物が二七〇五、人物が一三九九。それぞれの課題で入賞したのは（図7）のような写真だ。

女性の肩掛けや表情はやわらかく軟焦点で捕らえられ、グラスのみが鮮明に撮られている。静物も、ワインのビンやグラスの微妙なトーンの差が見せ場で、奥行きのある空気感が表現されている。

入賞作はいずれもソフトフォーカスを特徴としたまさに「芸術写真」だ。この写真を理解するためには、この懸賞がそもそも広告用の写真を募集したのではないことをはっきり意識する

（図7）「赤玉杯獲得写真協議会」第2回、1等「静物」と「人物」

必要がある。壽屋は赤玉が写った写真を募集したが、それは赤玉のための「広告原画」を募集したのではない。赤玉ポートワインが写った「芸術写真」を募集したのだ。当然といえば当然だが、この競技会の審査員には初期の芸術写真を代表する写真家、淵上白陽《ふちがみはくよう》が名を連ねている。

一九二二年の赤玉ポートワインのポスターは、当時最高レベルの写真と印刷品質で創られており、広告史上名を残すものだ。しかしこれが決して「写真広告」独自の表現を目指したものではなかったことが、このイベントからもわかる。ヌードポスターは福原信三らの流れをくむ「芸術写真」の美意識、ピクトリアリスムからくる価値観で制作されたのだ。

「芸術写真」を広告に利用しようと考えた壽屋は、当時最先端の意識を持った企業であることは間違いない。しかし同社もこれに続けてハイレベルの写真広告を作り続けることはしなかったし、壽屋の後を追った写真広告に高い意識を持つ他の企業も現われなかった。結局のところ一九二二年の赤玉ポートワインのポスターは、その後の写真広告を発展させる力を持たない、いわば「一発屋」的な広告だったと言わざるを得ない。[7]

そんな一九二〇年代前半、一九二四年に東京商業写真研究会という団体が発足している。金丸重嶺《かなまるしげね》、鈴木《すずき》八郎《はちろう》、南実《みなみみのる》、宇高久敬《うだかひさたか》といった写真家らが中心となって三〇余名が参画し、「広告写真の啓蒙や海外の実態調査などを行い、写真の実用化を刺激させる運動を行う」という声明を発表したという。[8] この会の活動内容は現時点では判然としないが、時代の無理解を思えば相当先駆的な動きである。

さらにこの二年後の一九二六年、研究会の中心だった金丸重嶺と鈴木八郎は、商業写真を専門とする日本初の写真スタジオ「金鈴社《きんれいしゃ》コマーシャルスタジオ」を設立する。

これらの活動についておよそ一〇年後の一九三五年、写真家の井深徴《いぶかあきら》は、「肖像写真家と芸術サロン写真つまり趣味的な写真だけが認知されていたことへの抵抗」だったと述べている。本書でも先に書いたとおり、一九二〇年代に、写真で生計をたてる職業といえば、肖像写真の撮影を行なう写真館経営者だけだった。これ以外の写真は、富裕層による趣味的な「芸術写真」だったのだから、この時期に、商業写真専門を標榜するスタジオを作った金丸の実行力は群を抜いている。

金丸は杉浦非水が起こした七人社にも一九二七年から参画した、最初期の日本の写真広告を牽引した重要な人物だ。戦火広がる一九四三年、東京（有楽町の日劇）と大阪（なんば高島屋）に掲示された、あの写真壁画「撃ちてし止まむ」の写真家でもある。

金丸は一九二〇年代に既にモホリ＝ナギらのヨーロッパ前衛芸術写真に影響を受けており、このスタジオはその理論を実践する実験工房的な性格も持っていたという。[9] 金丸らの一九二〇年代中葉の活動は成果を得たのだろうか。金鈴社のモダンな外観やパンフレットのデザインからもこの活動の先端性は想像できる（図8）のだが、しかし井深によると彼らは「先駆者としての苦悩を味ふにすぎなかった」という。井深は「この運動は本邦における最初の商業写真運動であり、今日の商業写真の発達に就いては直接関係はないかも知れませんが、間接には非常に杯益した[10]」ものであったと語っている。

パンフレットには、「商業写真専門を旗印」「広告写真」「商品写真」と営業項目が並ぶ。だが、二〇年代の金丸らの活動は残念ながら新しい広告表現を成立させるような目立った成果を残すことはできなかったようだ。この卓越した先見性のある写真家のその後の動向は、本章後段で詳しく見ることにしよう。

（図8）金鈴社パンフレット（1931 年頃）
金鈴社外観（1931 年頃）

一九二七年『広告界』でのばらばらな見解

『広告界』で広告写真特集号を編集して日本の最初の広告写真に関する文献であると心密かに誇った。[11]

金丸のスタジオの苦境を見れば、一九二〇年代中頃に、写真広告という存在がまだ世の中で確たる認知がされていなかったことは明らかだ。このような時期に『広告界』は写真広告特集を組んだ（図9）。一九二七年のことだ。冒頭の引用は『広告界』編集長室田が、後にこの特集の先見性を振り返って自負した発言だ。実際この特集号は「写真広告」に関する日本で初めての論集だった。

前年に創刊した雑誌『広告界』にとって写真特集号を出した一九二七年は、室田という新編集長を迎え新たなスタートを切った年だ。新任室田が気合を入れて挑戦した新しい分野が「写真広告」だった。

さてこの特集号、「写真広告」特集なのだから、掲載された記事はすべて、広告には積極的に写真を利用すべしという論調かと思いきや、意外にもそうでもない。まず誠文堂編集者、倉本長治《くらもとちょうじ》の文章を見てみよう。

倉本は戦後には経営コンサルタントとして手腕を発揮する実力者である。戦前も『広告界』の出版元、誠文堂経営陣から厚い信頼を得ていた。経営者サイドの視点を持つ彼は、写真広告の将来にあまり明るい展望を抱いていない。

（図9）1927（昭和2）年
『広告界』での最初の写真特集号表紙

しかしながら、写真には、ポスターが必要とする単化を欠いてゐる。誇張がない。従つて、ポスターへの写真利用の生立ちは、さう大した望みをかけ得ることは出来まいと思はれる。そこで結局のところ、写真がポスターとして用ひられるのはやはり、これ迄の絵画の力を大部分の力としてであるのを拒み難いのである。[12]

倉本は一般的な広告制作者に当時最先端と認識されていたスタイル「単化」が、これから目指されるべきスタイルだと考えている。「単化」については本書第二章を参照頂きたいが、具象物の表現を簡略化することで印象を強める手描きポスターの手法である。写真広告は「単化」を実現することが出来ないから、その将来には「そう大した望みをかけ得ることは出来まい」し、結局「これまでの絵画と同等の力しか持たない」というのだ。手描き図案による広告と写真広告の持つ訴求力を同列に論じており、写真独自の広告表現が存在するとは想像もしていない。

倉本のような『広告界』に関わる広告業界人でさえ、この時期、未だこのような意識レベルである。写真広告にさしたる期待を抱いていないし、この先これが広まるとは思ってもいない。倉本がやり手の実業家で、出版社の敏腕マネージャーでもあったことを考えれば、この認識は一九二〇年代中葉の一般的な経営者の写真広告に対する期待感を代表しているように思われる。

しかしさすがに編集長室田庫造は、一九二二年の赤玉ポートワインのポスターをあげて、今後の写真広告に期待を寄せている。

［日本でのこれまでの広告写真利用は］広告のために特に写真技巧や構図を考案したものでなく、有り合せに写真を単にカツト代りに使用したに過ぎないが、四五年前に赤玉ポートワインのポスターに半裸の美人がルビー色に輝くコップを手にしたポーズの写真が市場に現はれた時。広告界は勿論、一般民衆にも驚異的歓迎

を受けたその導火線によつて日本にも広告として立派な写真配図は出来るやうになつた。これも、芸術写真の勃興に刺激されたと云ふより副産物として芸術写真を広告へ使用すると云つたほうが適当でありませう。[13]

室田は広告にありあわせの写真が使われている実情をなげく。そしてこれからの写真広告には、赤玉ポートワインのように、最初から「広告のために」、「特に写真技巧や構図」を検討して撮影した写真を使用すべきだ、と主張する。

室田はここで赤玉ポートワインのポスターが「芸術写真の副産物」だと言っている。ここでの「芸術写真」は、もちろん福原信三を代表作家とする、あの情緒的な写真である。突飛な構図や極端なクローズアップなどはない、絵画と見紛うような写真。[14]この時点での室田は諧調表現を重視した美人画風の「芸術写真」が、広告に取り入れられるべきだと言っている。室田が掲載した自身のプロデュースによる写真（図10）からも、その意思は見て取れるし、同号の巻頭言「広告に写真をつかへ！」でも、室田は「芸術写真」を推している。このような文だ。

欧米に芸術写真なる、特殊技巧を加へた写真が生れ、第六芸術と稱《しょう》せられて……芸術の仲間入りしたのも数年前のこと、この芸術写真が、はたして、鑑賞のみで存在が許されやうか……すなはち、広告にその芸術写真を使ふことである、稱《しょう》して広告写真！

日本に写真を利用し初めてから、まだ二三年位しかならない、さうして、その利用範囲も化粧品飲料物に限られてゐる感がある、日本には、世界的な芸術写真を創む人は多く居るが、それを一歩商業化して広告的に利用して見たいと云ふ人は居ないやうだ、一日も早くそうした人が出てほしいものだ。

室田はこれに続けて写真広告は「広告として強い中心点がないこと」が欠点だと言っている。室田の視点が、二〇年代にヨーロッパで勃興していた強い印象を与える前衛写真を見てはおらず、細やかな諧調を見所とした「芸術写真」に向かっていることがわかる。室田の「写真広告」に関する言説はこの後次々と変化していくのだが、彼が一九二七年の時点では、ソフトフォーカスの光で微妙な遠近感を作り出す「芸術写真」の手法で撮られた美人写真を広告に推奨していたことを押さえておくことにしよう。

一方、広告制作実務家サイドから雑誌『広告界』に参画していた富田森三《とみたもりぞう》の主張は、室田とは違っている。富田は松屋《まつや》呉服店から室田に引き抜かれ、この年に誠文堂に入社した人物で、多くの広告図案を同誌に提供する実作者だ。彼の写真広告への意見はこのようなものだ。

（図10）室田庫造「私が試みた広告写真」の参考図版

日本に於けるそれ（写真による広告の効果研究と努力）は余りに無関心且つ研究もおろそかにされ勝ちで、従つて優れた広告写真を見ることは殆ど稀れで、ある様に思ひます。……これ等の写真は全部広告の為めの写真であつて、決して所謂芸術写真の謂ではないことは勿論です。……広告写真は決して、その魅力に於て広告としての印象に於て効果に於て所謂図案意匠に勝るとも劣るものでないと考へるのです。然して立派な一つの芸術として存在するべく益々発展研究さる可きものでなければならないと考へるのです[15]。

広告写真をもっと研究すべし、という論調は室田と同じだ。しかし富田は「広告の為めの写真」はどのような写真なのか、という各論では、室田とはまったく逆に、決して「所謂芸術写真ではない」と断言している。彼は室田が推奨する「芸術写真」をそのまま広告に利用する行為を真っ向から否定しているのだ。広告には「芸術写真」ではない、広告のための写真があるというわけだ。では富田はどんな写真が広告にふさわしいと考えていたのか。富田の主張はとても気にかかる。しかし残念ながらここでは具体的には書かれていないし、参考図版も本文と関わりのない写真で富田の真意は測れない（図11）。

そして、この『広告界』の写真特集号で最も深く、はっきりと新しい広告写真論を書いたのは、本書第四章で新しいタイポグラフィ理論の紹介者として登場した宮下孝雄である。宮下の記事の題は「フォト・エレメントと広告美術」。彼は広告写真の将来性に大いに期待し、欧州の前衛芸術家たちが作っている実験的な写真が、広告写真としてもっと使われるべきだと断言している。

当然生れなければならないのが広告美術としてのフォト・エレメントである。所謂写真を応用した広告であり、写真の商業芸術である。……此の写真術的構成をもつと詳しく云ふならば或る瞬間の動作を個々別々に撮して、更に之れを組立てたる筋の中にあてはめて、其処に一種の劇的トリックとを結び……モホリ・ナギーの写真術のトリックは……新興芸術を行ふとしたものが多くして未だ之を広告芸術にまで応用されなかつた。処が広告効果に対してフォト・エレメントを此の点にまで働かせなければ事質上活動的でないと思はれる。[16]

瞬間の動作を切り取り、複数の写真を組立ててつくるモホリ＝ナギのトリッキーな写真術こそが、新しい広告にふさわしい。宮下はこの前後に、アウト・フォーカス、つまり焦点をぼかした写真はもはや「廃《すた》れている」とまで言っている。写真広告の近未来を見据えた明確な主張だ。

しかし残念なのは文章が格調高く、論旨が取りにくいこと、そして何より残念なのは、添えられた写真が内容と全く関わりのない写真であったことだ（図12）。議論の中心がモホリ＝ナギであるにもかかわらず、ナギの作品は全く掲載されていない。これでは一般的な読者に、宮下の先駆的な考えは伝わらなかっただろう。

以上が、日本最初の写真広告論集だった一九二七年の『広告界』四巻八号に掲載された記事だ。それにしても、この論集での展望は、論者によって真反対と言えるほどに隔たりがある。

宮下や富田は新しい写真広告の将来性を予言し、宮下は向かうべき先はアヴァンギャルド芸術写真だと鼓舞していたが、室田は旧態の「芸術写真」を踏襲した美女写真を推奨していた。倉本に至っては、写真広告になんら期待を抱いていない。このような写真広告へのばらばらな展望は、一九二七年という時期に写真広告が置かれていた混沌とした状況をそのまま写している。この時期

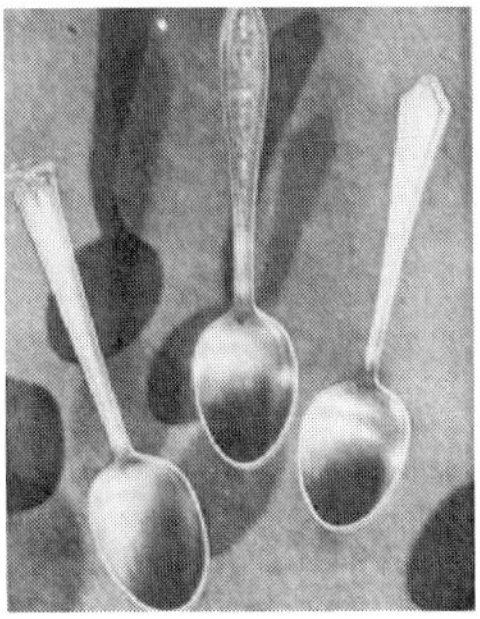

（図11）富田森三論文の図版。文章との関係性はない。

「写真」が広告にふさわしい新しい表現手段だと確信し断言できる人が、まだほとんどいなかったことがよくわかる。

改めて気づくのは室田の嗅覚の鋭さだ。自身は美女写真を推奨するなどしているのだから、来る写真広告の広がり、写真広告の将来を具体的・正確には予測できていなかった。にもかかわらず、写真広告が持つ可能性にいち早く勘づき写真広告特集を組んだのだ。そして、数少ない先頭集団の一人であった宮下を招くことで、室田自身の思いを大きく超える論を誌上に展開させた。室田の編集者としての手腕には興味をそそられる。室田率いる『広告界』はこの後、どのように「写真広告」の拡大を図っていくのだろうか。

『現代商業美術全集』での明快な宣言

『広告界』の特集号は、日本初の「写真広告」をテーマとした論集だったが、翌一九二八年に配本を開始した『現代商業美術全集』一四巻の広告写真特集巻は二番目に写真広告を論じた書物となった。

この全集は、第二章で示したとおり、アグレッシヴな理論家、濱田増治が中心となって配本したものだ。濱田は第三回配本（一九二八年八月）となった『写真及び漫画応用広告集』巻頭に、こんな言葉を残している。

写真に魅力を生ぜしめるといふことは全く技巧によらなければならない。……写真が自ら持つ機械のあらゆる職能を傾ける時はそこに不可思議な美を創出する。……科学的興味の芸術をも感受出来る。そして写真が益々魔術的

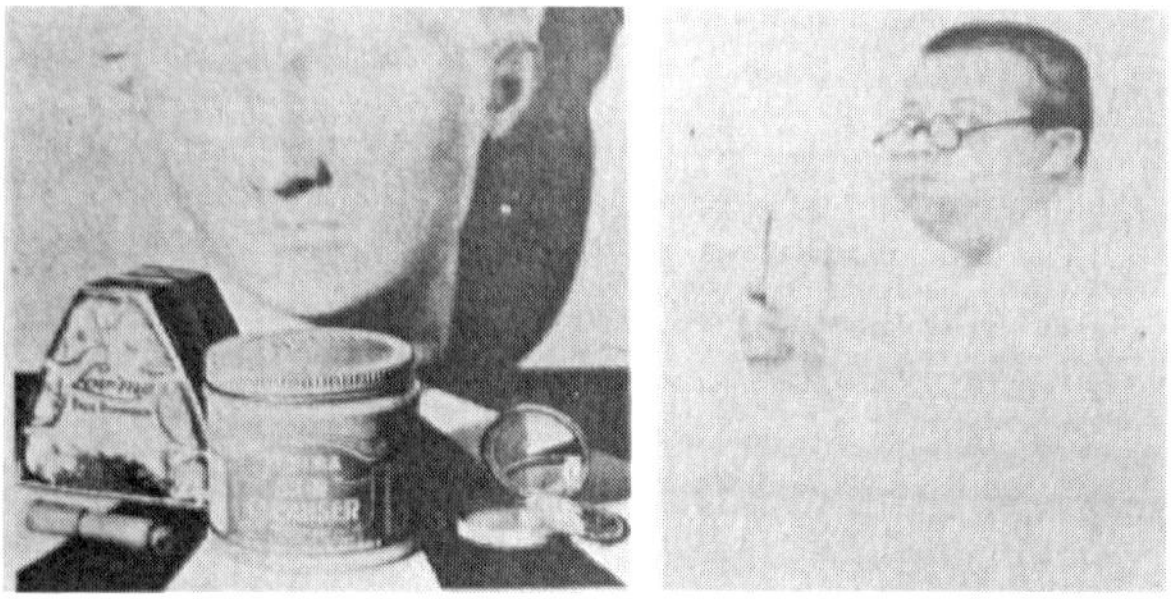

（図12）宮下論文の図版。文章との関係性はない。

魅力を発揮して広告術中の好位置を占めることは疑ひないところである。これが一つは印刷工程と結んで大量生産となる場合、一つは活動写真となる場合、前者は絵画的に無限の進展を示し、後者は劇としての将来の効果を予期することが出来る。

広告写真は全く我々にとつて驚異である。[17]

写真は今後「益々魔術的魅力を発揮して広告術中の好位置を占める」。「我々にとつて驚異である」。濱田らしい力のこもった文だ。静止画と動画の両方に目を配っている点もさすがだ。

この前段で彼は、広告写真を独自に類型化して示す。濱田らしい論理立った説明を覗いてみよう。濱田はまず広告写真を、広告物を正確に再現する力を利用した「機械的訴求」と、そうではない「美的訴求」とに二分する。前者の代表はカタログ写真だ。そして後者「美的訴求」には二つの流れがあるという。

ひとつは主体商品ではない補助物に「美を盛る」手法。つまり「主体商品よりも美人を借り来つて」行なう「美的訴求」である。そしてもうひとつが「写真機械にして試み得らるる」手法である。それには「二重露出、ソフトフォカス、フォトグラム、フォトプラスチック、フォトモンタージュ」があるという。濱田が今後を期待する「魔術的魅力を発揮して広告術中の好位置を占める」広告写真はもちろん後者、写真独自の手法を取る方だ。

まだ写真広告の何たるかを知らない世の中への最初の意識開眼には、二七年の『広告界』よりも、二八年の『現代商業美術全集』のほうが、より大きな足跡を残したのではないだろうか。宮下が『広告界』で「モホリ＝ナギのトリック」と呼んだヨーロッパの前衛写真の新境地は、二重写しやフォトモンタージュといった写真独自の手法を多用したものだから、濱田の主張は、宮下とほぼ同じと言っていい。しかし濱田は現場に即した丁寧な言い方で段階を踏んで新しい「写真広告」の意味を説いている。読者には、宮下の文よりも格段に判り易かっただろう。

『現代商業美術全集』に軍配を上げる理由は、このような解説の丁寧さだけではない。二七年と二八年の二つの書籍の最大の違いは、掲載図版の充実度だ。『広告界』写真広告特集号の参考図版に前衛写真が掲載されなかったことは先に述べた。これに対し『現代商業美術全集』には新しい表現の写真が満載されている。

同全集は配本に先立って書店や購読者向けに「実物見本[18]」を配布した。おそらく配本開始の前年一九二七年に配布されただろうここには、既にフォトモンタージュによる映画ポスターが掲載されている（図13）。これからは、同全集が写真広告をテーマとした巻を配本開始前から計画していたこと、そこでの意識レベルが「美女写真」にはなかったこと、そして何より、一九二七年の『広告界』には掲載されなかった、フォトモンタージュなどの新傾向の写真図版を載せる準備がこの時点で既にあったことがわかる。

実際一九二八年に配本された『写真及び漫画応用広告集』には、海外の先端的な事例が豊富に紹介された。なかでも仲田定之助《なかたさだのすけ》の論文は、内容・参考図版ともに最も充実している。仲田は同全集の編集委員で、渡欧時にバウハウスへの訪問経験もある学者だ。彼はここで、写真広告の今後のあり方を丁寧に説いている。重要な、そして先端的な提言なので、少し長いが以下じっくり読んでみたい。

然るに写真は不思議に商業美術として軽視されてゐる傾向があ

（図13）『現代商業美術全集』配本開始前（1927年頃）に配布された「実物見本」に掲載された、フォトモンタージュによる映画ポスター。

つた。無論写真は常に広告に利用されてゐる。……併しながら広告としてこれ程利用されてゐるにも拘らず、猶ほ且つ商業美術としての価値を高く評価されないのはどうしたわけか?……それは新時代の産物である写真を計るに過去に於ける伝統的な美学の準縄規矩を以てするところに一切の誤謬が初まるのである。……併し芸術的写真も亦過去の伝統的な美学から絶縁しなければならぬ。そして時代に適応した写真の特性を十分に発揮し得るところの新しい美学を樹立せねばならぬ。本来写真が科学に立脚した新しい器械と新しい制作方法とに基くものであることを自覚しなければならぬ。……そして写真は従来の絵画が表現し得なかつた多くの題材と構図と手法、技巧とに専念して、そこに写真独自の面目を発揮すべきではなからうか?[19]

仲田の論旨はこうだ。広告に写真が利用されていないわけではなくむしろ多く利用されているのに、全く評価されないのは、絵画的な価値観の延長上で写真を使っているからだ。伝統的な美学ではなく、写真には「写真独自の面目」＝美学があることを自覚すべきだ。そしてこれを活かすためには「従来の絵画にはない多くの題材、構図、技巧」の研究が必要だと明言する。

この非常に論理立ったそして新しい仲田の主張は、多数載せられた参考図版によってさらに鮮明になっている。参考図版には、バウハウスのポスターやアメリカの雑誌広告、ドイツの商業広告デザイン誌『ゲブラウフス・グラフィーク』の表紙、文字と写真のみで作られた強い構成的なフォトモンタージュによるポスターや（図14）、モホリ＝ナギの実験的作品（図15）、さらに自身が作成した写真構成作例をも掲載している[20]（図16）。新しい写真表現をまだ見たことがない初心者に、絵画が表現し得なかった構図や、手法、技巧について文章で解説したところで、ほとんど理解不能であろう。理解を深めるには当然ながら参考図版が有用である。『広告界』での宮下の論考の弱点はそこにあつた。宮下は誰よりも早く、前衛写真の訴求力を広告に活かすべしと提言したが、そこには実例図版が無かった。これはかなり致命的であった。

『現代商業美術全集』には、商業写真の先駆者金丸重嶺も「広告用写真の製作法」と題した論文を寄せ、撮

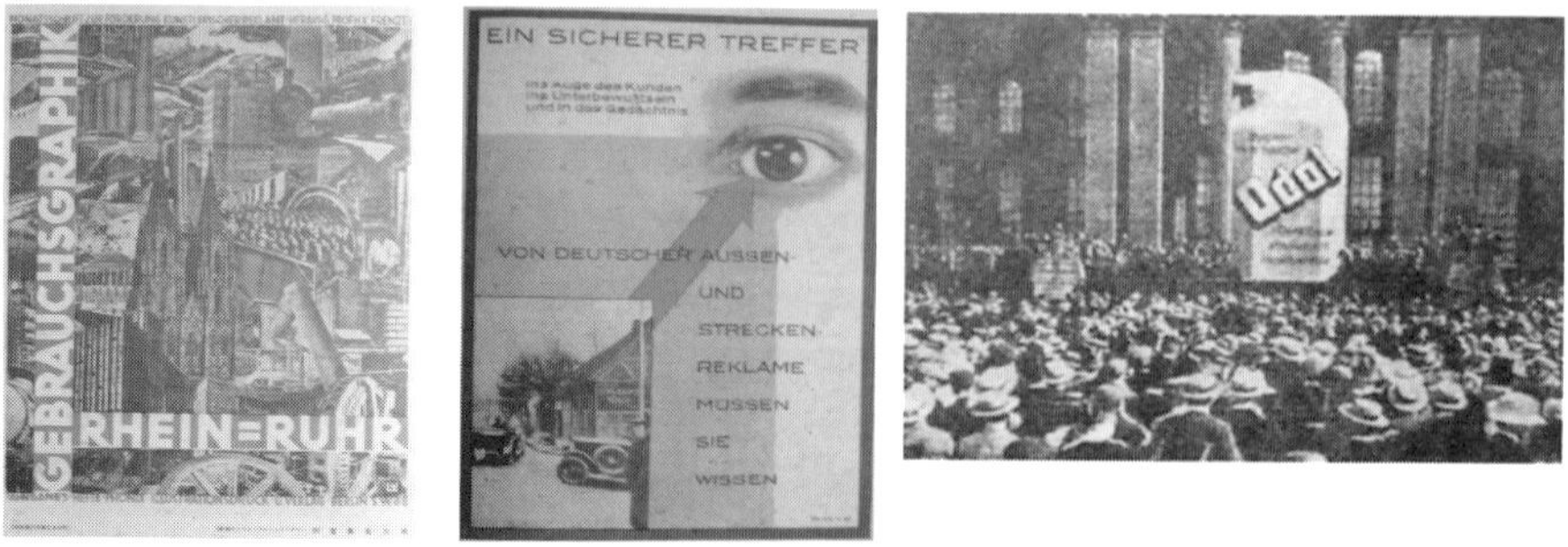

（図 14）仲田定之助論文の参考図版　ドイツポスター、モンタージュ写真

（図 15）仲田定之助論文の参考図版　モホリ = ナギの作例

（図 16）仲田定之助論文の参考図版　仲田自身の制作による作例

影と印刷について詳細な手順を解説している。そして彼もまた、写真には写真独自の表現技法があり、それを広告目的にそって使うべきだと言っている。

写真広告の製作は利用の拡大に従つて急速の進歩を示してゐる。無意識的に利用してゐた時代から、現在に於ては意識的に広告目的、広告使命を考察して巧な撮影技巧によつてややもすれば単調化されんとする画面にアトラクティブな力を与え、心理的幻惑的な表現方法さへも加へて顧客への訴求と興味を惹くことに努力してゐる。[21]

このように、『現代商業美術全集』の写真特集巻では、広告への写真利用に対して、前年の『広告界』での宮下や富田よりも一般人にわかりやすい提言がなされた。「漫画広告」との二テーマ複合の一冊とはいえ、一般読者も多く人気を呼んだ『現代商業美術全集』で、広告写真が主題とされたことの意味は大きい。ここでの仲田の豊富な図版は、おそらく商店主やごく一般的な企業で広告制作に関係していた人たちにとっては、初めて目にした写真の独自性を発揮した新しい表現ではなかっただろうか。

濱田自身がその後、この号について、「本全集の漫画及び写真広告の集が発行されて以来其界の注目が……漸く著しくなった[22]」と書いている。続けて写真号の配本をきっかけに写真広告への世間の意識が高まり、朝日新聞社が広告写真コンクールを開催するまでになったと言っており、やや自賛気味のきらいはあるが、影響の大きさを窺い知る参考にはなろう。

一九二八年、『現代商業美術全集』がアヴァンギャルド芸術尖端の写真表現を掲載し、その広告への利用の可能性を示した。これは、写真広告が広告表現方法のひとつとして市民権を得る最初の一歩となったのだ。

写真広告の生命線レイアウト

写真号配本の翌年一九二九年は、『広告界』で「レイアウト」という言葉が紹介された年だ。その最初の記事で、編集長室田が「写真」をいち早く広告の要素として取り上げたことは第三章で書いた。「レイアウト」の紹介に力を入れていたこの年の『広告界』七号に、「写真広告とレイアウト」という記事が掲載される。「レイアウト」という用語が三ヵ月前に初めて紹介されたのだから、この記事は「レイアウト」と「写真広告」の関係について述べた日本で最初の文章ということになる。

執筆者は姉妹誌『商店界』の編集部員のひとり、相原壽《あいはらひさし》である。相原は第四章で取り上げた長岡逸郎と同じく『商店界』を主所属とする誠文堂の社員だ。長岡の一〇日程前に入社し、一九二八年から『広告界』でも記事を担当している。一九三四年には「商店界」特別附録の「販売手帳セールスマンズ・ハンドブック」を監修している。商学士の肩書を有しており、長岡と同様図案制作実務の経験はない、マーケティングを専門とする「商学系」の人物だ。

相原は記事の冒頭で、まず近年写真の広告利用への興味が拡大し、注目を浴びていると証言している。

> 近来漸次台頭的勢力を表はして来た写真広告は写真技術の進歩が生んだ副産物として以外に其現実的な而かも味のある事物をその儘に現す写真が筆致に依るものに優る点あるは誰れもが認める処である。広告図案界に過渡期が来たのではないかと危ぶまれる現代に於いて芽を出して来た此の種の研究は確かに将来あるものとして斬界の注目となつて居るのである。[23]

相原はこれに続けて英文雑誌広告を事例として、「写真」を使用した広告には従来型と近代的なスタイルの二者がある、と解説する（図17）。この類型は、先の濱田増治とほぼ同じだ。

相原独自の見解は、続く写真広告における「レイアウト」の重要性を説いた部分で披露される。相原は、

「レイアウト」には図案を描く行為と同様の「なみなみならぬ苦心と鋭い創作力の存在が必要」だ、という。では写真広告の「レイアウト」にはどんな創作力が必要なのだろう。相原が繰り広げる熱い主張をみてみよう。

　写真広告としての第一要素とも云ふ可きはレイアウトの巧拙によつて瞬間的な印象をどの程度まで明滅するかと云ふ点になつてくる。其處で写真広告を手がけ様とする人は集成（レイアウト）に関しての智識とすばらしい創造力をもつてゐなければならない。

[写真広告に必要なのは] 与へられたる写真を如何に応用するや、或は又限られたるスペースの中に当て込む写真は如何なる撮影方法に依るものが適するか、換言すればスペース全面に対して考へる可き配置—集成（レイアウト）の要点を決定すること

　ポスターに限らず諸種の広告物が時代と共に進行を続けて……写真広告はスペースとそのスペースを利用しての集成（レイアウト）に依つてその目的のすべてを達成することが出来る。……

「モダン的な広告」は「写真」を「レイアウト」することで可能となると断ずる。

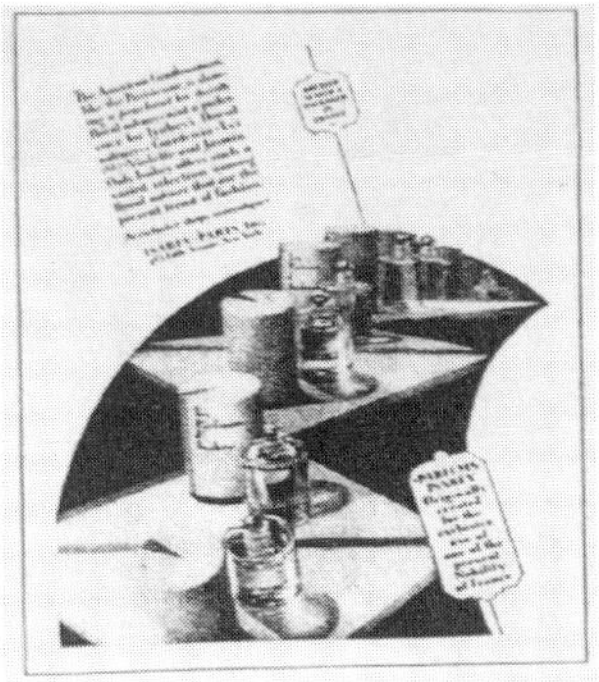

（図 17）相原壽の参考図版。動きのない生物写真。（左）が従来型で、トリミングされた写真構成の（右）が近代的スタイルと、相原は言う。

「写真広告におけるレイアウトの重要性」。相原の主張は、今日的にみればあまりにも当然のことだ。しかしこれは「レイアウト」という言葉はもちろん、広告表現への「写真」の利用さえも、まだほとんど市民権を得ていない一九二九年という時期に書かれた文章なのだ。理解の進んだ企業でさえまだ「絵画になりたかった写真」を、そのまま広告に使うことに力点を置いていた時代である。

相原は確信に満ちた言葉で、写真広告には「レイアウト」が不可欠と繰り返す。写真広告制作のキーポイントは、スペースなどの制限の範囲で、写真をどう応用するかであり、そこで「瞬間的な印象」をいかに魅せるものとするかが勝負だ。一瞥しか与えられない広告に、いかに人びとを惹きつけるか、それは、レイアウト次第だ。

明快な解説である。近代的な広告がめざす方向性がはっきりと示されている。彼は別の記事で海外著作の翻訳を掲載した際は、「以下即ち是の訳文であるとご承知願ひたい」[24]と注釈しているが、この「写真広告とレイアウト」にはそうした注釈がない。この記事は欧米書の翻訳ではなく、相原のオリジナルだと考えていいだろう。

萌芽期に書かれた「写真」を「レイアウト」することで次代の広告は創造できる、とする先見性のある記事。これを、図案家や写真家ではなく、商学士の肩書を持つ記者が書いたことに興味を引かれる。相原はこの写真広告論を、芸術の尖端動向を見聞きし理解しつつも、広告をはっきりとマーケティングの一要素と捉えて書いている。広告効果に主眼を置いたとき、「写真」は「芸術」ではなく「レイアウト」されるひとつの要素にすぎないのだ。相原の記事は、美術系学者・商学系学者・写真家・図案家などさまざまな分野の人物が往来した雑誌『広告界』ならではの価値観がもたらした記事といえよう。

さて室田はこの二号後の『広告界』九号で、「新聞広告意匠として写真利用は伸びるか」という記事を書いている。ここでの室田の考えは、二年前と大きく変わっている。室田は書き出しで「これからの広告意匠として写真を使へとは本誌がかなり以前から唱えている問題である」と自負し、「それが最近の新聞広告界にその形式の現れつつあるのは注目すべきことである」と、最近のトレンドにふれた上で、スモカ歯磨、仁丹、クラブ化粧品の三社の新聞広告を図版入りで紹介する（図18）。そしてこのなかで、美人画風写真ポスターであるクラブ化粧品の広告を以下のように酷評するのだ。

クラブの写真広告……丁度、日本の美人ポスターを見る感じであつて、何等写真技巧には新味は発見されない、極端な批評を加へるならば、幼稚な写真のポーズである。

これは驚きだ。二年前に室田はこれとほぼ同じ傾向の美人写真を自らプロデュースし、推奨していたではな

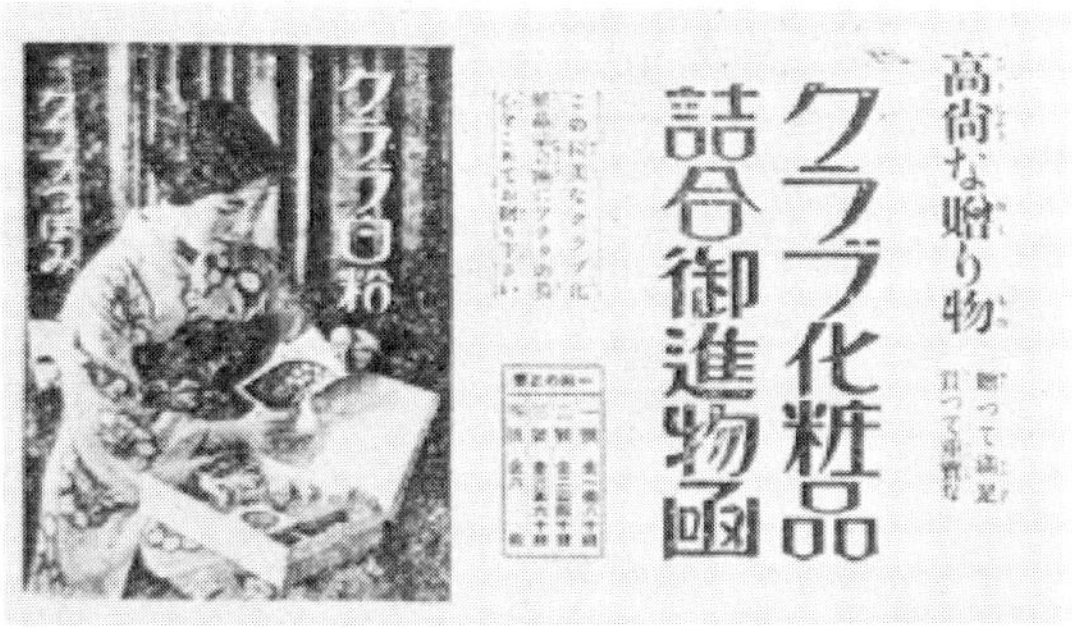

「幼稚な写真のポーズ」と酷評した、クラブ化粧品作例

「写真機とその対象による新技巧……奇異な感じを与える点で成功」と評価した、スモカ歯磨の作例

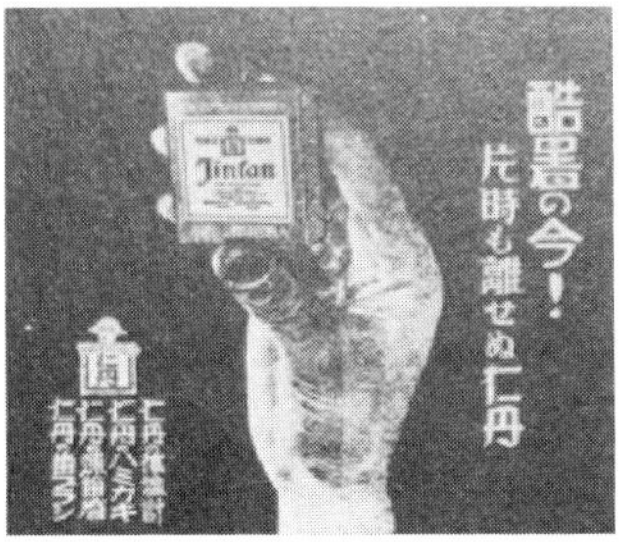

「広告としてのレイアウトは非常に上手」と評価した仁丹の作例

（図18）室田庫造「新聞広告意匠として写真利用は伸びるか」、『広告界』6巻9号、1929年

いか。室田は続けてスモカの三重露光の写真広告を、「写真機とその対照による新技巧……奇異な感じを与へる点で成功」だと評価し、仁丹の手を大写しにした写真広告も、「広告としての配構《レイアウト》は非常に上手に行つて」いると褒めている。「配構」にはレイアウトとルビが入っている点も注目だ。

さらに着目したいのは、以下の芸術写真に言及したコメントである。

> レンズを通しての技巧、これも外国の写真雑誌や年鑑、そうして映画によつて新しい技巧を学び、これを写真意匠に取り入れる等と、写真の利用は非常に広範囲なものとなつて、意匠としての写真は、割合に批難するべき点を見出さない迄になつて来てゐるのは日本に於ける芸術写真の発達のお影であらう。[25]

ここでの「芸術写真」は、室田が一九二七年に推奨していた「芸術写真」ではない。「レンズを通しての技巧」そして「映画によって（学んできた）新しい技巧」による「芸術写真」、と言い切っているのだから。ここで室田は、かつて自身が広告にふさわしいと言った、「絵画になりたかった」初期の「芸術写真」ではなく、映画のモンタージュ技法などを採り入れた、写真独自の美意識を探求する「芸術写真」の発達を歓迎しているのだ。そしてこの記事は、「数年を待たず［広告写真の］完成されたのが出来ると思つてゐる」という写真広告の近未来予測で締め括られる。

室田の志向転換は、翌一九三〇年の記述でも繰り返される。

> 広告写真の重要されて来たのは数年前からであるがこれは、芸術写真の新興によつてその生産転換として写真を広告物に応用されたものである。而して其の広告写真と名付けられたものは正確に商品を紹介し、説明するに過ぎなかつた。……ところが近頃では映画の撮映技術であつた重複写しが専ら広告写真の中にも使用されて、従来の一片の説明役であつた写真面に過程を織り込んだ説明を施して益々広告写真も万能時代来

るの声が聞かれるやうになつて来た。[26]

一九三〇年四月の文章だ。同じ用語を使っているのでわかりにくいが、この文前段での「芸術写真」は、絵画に近い表現を試みた旧来の「芸術写真」のことだ。そして、近頃ではこれではない、映画の技法に影響された二重写しなどの特殊撮影による広告写真が登場して、これは「万能」だと期待されているという。

室田の志向は確実に大きく転換した。しかしこの変異をこっけいだと揶揄するのはお門違いであろう。雑誌編集長の一番の使命は、雑誌を陳腐化させないことだ。室田の鋭敏なアンテナは、写真広告をめぐる価値観の変化の兆候を、すばやく的確に捉えた。写真広告が、ソフトフォーカスで撮られた写真から、写真独自の表現を獲得する方向へと舵を切ろうとしている舳先の動きを感知したのだ。その源泉は、宮下の記事であり、『現代商業美術全集』であり、相原の記事、そして世間のトレンドから得た直感だったのだろう。室田はただちに写真広告をめぐる記事を変化させた。

『広告界』という本邦初の広告専門雑誌を一〇年もの間率いた編集長室田が、在任中どのような努力をしたかがこの一件からも見て取れる。室田は常に内外にアンテナを張り、摑まえた新たな傾向を臆することなく直ちに同誌で披露していった。この彼の努力によって、『広告界』には常に新鮮な情報や事例が次々と掲載された。そうでなければ実用雑誌は継続しない。

室田は濱田のように自ら論を立ち上げる理論家ではなく、時流の変化や新しい広告の傾向などを逸早くキャッチするトレンド・ウォッチャーとしての才に長けていた。お高くとまった芸術雑誌ではない実用雑誌の編集長は、室田には全くはまった役回りだった。黎明期の広告（業）界は、室田という編集長が自在に繰った雑誌『広告界』の素早い動きのおかげで、次々と新しい視野を得、裾野を拡大することができたのだ。

朝日国際広告写真展と「新興写真」

室田が大きく価値観を変化させたのは一九二九年。その翌年、朝日新聞社によって一般公募「第一回国際広告写真展」が開催され話題を呼んだ（室田の意識変化の方が先で、それがこの公募に影響されたものではないことを理解しておきたい）。

一等一〇〇〇円という高額の副賞をつけたことが、この公募が世間の注目を集めた理由のひとつだ。しかし先に紹介した「赤玉」の写真懸賞も一等五〇〇円が二本、賞金総額は三五〇〇円だったのだ。こちらが今や忘れられた存在であるのに、朝日新聞社「第一回国際広告写真展」が後世に名を残しているのはなぜだろう。それは、一位となった「福助足袋《ふくすけたび》」（図19）が極めて前衛的な写真だったからだ。足袋の描く曲線と福助を組み合わせたこの写真は、ソフトフォーカスの美人写真とは明らかに世界を異にする表現で、人々を驚かせた。室田もこの展覧会観望のレポートに、この写真が「振興広告美術として多大のセンセイションを与えた」[27]と書いている。

入賞者は、東京美術学校写真科を一期生として卒業し、アメリカとパリで学んだ気鋭の写真家、中山岩太《なかやまいわた》である。写真展という名のとおり、この公募入選作は、東京朝日新聞社六階展覧会場で一九三〇年四月一日から二四日まで展示された。ここには入選作だけでなく、歴代の欧米の「芸術写真」が類別して展示された。室田のレポートによれば、そこで「最も新しい広告写真には構成主義となってゐた」[28]という。もちろんモホリ＝ナギの写真も展示された。

入選作を集めた画集『国際広告写真展選集』に、一等の中山の写真への評が載せられている。

手法　無装飾的……　理解　写真の機械性能を充分に活用して真実的呈示……商品の訴へんと欲する第一目的の表現に全力を集注……其合目的結果

以上は最も純粋的に広告写真の本格に叶つて居り、商業美術の合理的態度を示してゐる。それ故、この写真の立場は、尖端的にはル・コルブジェの機械的合理的精神にも適応し、東洋画の風格精神にも合流し得るものであることが顕示されてゐる。[29]

モダニズム建築の巨匠コルビジェを引き合いに出すなど、大きな構えの批評だ。「機械的合理的精神」というのは、機能性を最重視した当時のヨーロッパのモダニズム思想を指しているのだろう。

この公募の選者には中川静、宮下孝雄らも名を連ねているが、国内入選作品解説を濱田増治が行なっていることから、この評価も濱田の記述と推察できる。濱田も選者のひとりであった。

濱田は直後の『日本写真年鑑』で、この催しの意義を概説している。

商工写真は俄然認識された。それは昭和五年四月東京朝日新聞が国際広告写真展を計画したことから、はじめて社会に其存在を明かにした。――と、かう云つてもよいであらう。現に茲に写真と記事が、この年鑑

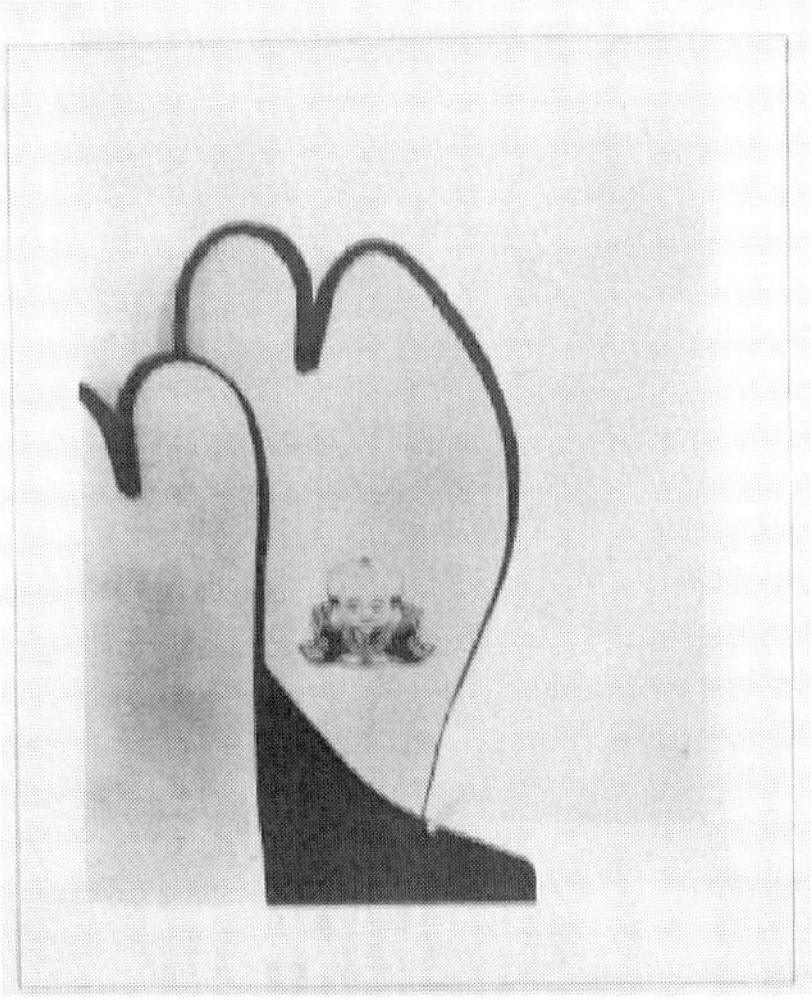

(1)

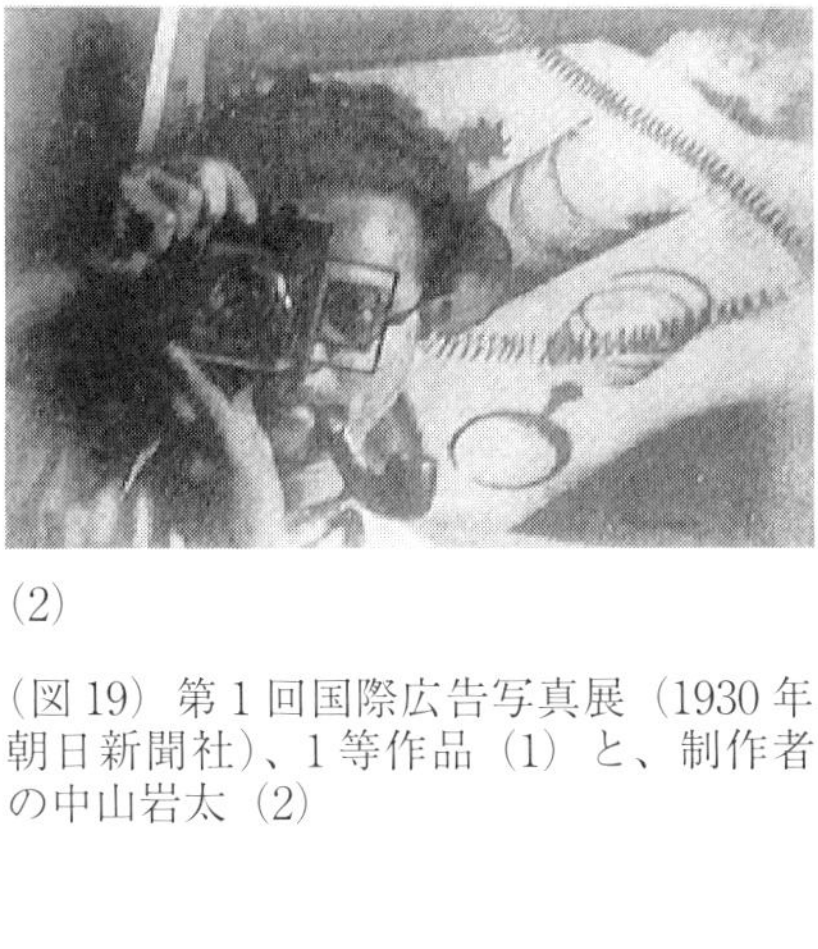

(2)

(図19) 第1回国際広告写真展 (1930年、朝日新聞社)、1等作品 (1) と、制作者の中山岩太 (2)

に組入れられる事も新らしい。……この年鑑でも、芸術写真の方が其大部分を占めてゐる事を考へても、今迄実用の方面は閑却されてゐた事を知るべきである。閑却した訳ではないが、社会的興味の外に置かれてゐたとも考へられるべきものである……商工写真は今や、写真界に於いても新しい興味である。……一九三〇年には俄然として商工写真の認識が社会に大きな波紋を投げた。[30]

審査員という身内が書いた自賛気味の論調ではあるが、この催しが画期的であったことは事実だ。濱田が言うとおり、それまで「芸術写真」で占められていた『写真年鑑』に「広告写真」が登場したことも、それまで「社会的興味の外に置かれて」いた「広告写真」に市民権が与えられた証のひとつであろう。

また『国際広告写真展選集』の序章には、この公募展が、「勃興の機運にあった広告写真界に二重の刺激を与え」たと書かれている。何が二重の刺激だったのだろうか。

ひとつは一般市民への影響だ。この第一回一等作品は、翌年コピーを加えられて新聞広告として実際に使用された（図20）。それまでの写真広告の多くが美人写真など具象の直接的な写真だったのだから（図21）、それらとは全く異なるこの全面広告は、濱田がいうとおり「社会に大きな波紋」を投げ、一般市民の写真広告に対する意識を大きく揺さぶったことだろう。新しい前衛的な写真表現を写真広告に取り入れようとする考えは、それまでは濱田・仲田・室田のようなリーダー層内部での胎動にすぎなかった。この公募展は、そうした考えを一気に広く一般の人々に知らしめたし、前衛表現の広告への使用を受け入れる土壌を作ったともいえる。

もうひとつは、企業意識への影響だ。美人写真、肖像写真とは対極にある前衛写真が広告写真として評価され、多額の賞金を得た。さらに三位までの入賞作にも前衛表現が並んだ（図22）。朝日新聞社という大メディアが前衛写真重視の姿勢をとったことが、企業や広告制作関係者の価値観に与えたインパクトは大きかった。そしてまた「この企によって従来聯絡《れんらく》を持たなかった広告主と写真家とを結び付ける機縁を作った」[31]、つまり、この企画は入選者と企業とのパイプ役も果たしたのだ。さらに入賞作品を見たアマチュア写真家が前衛広告写

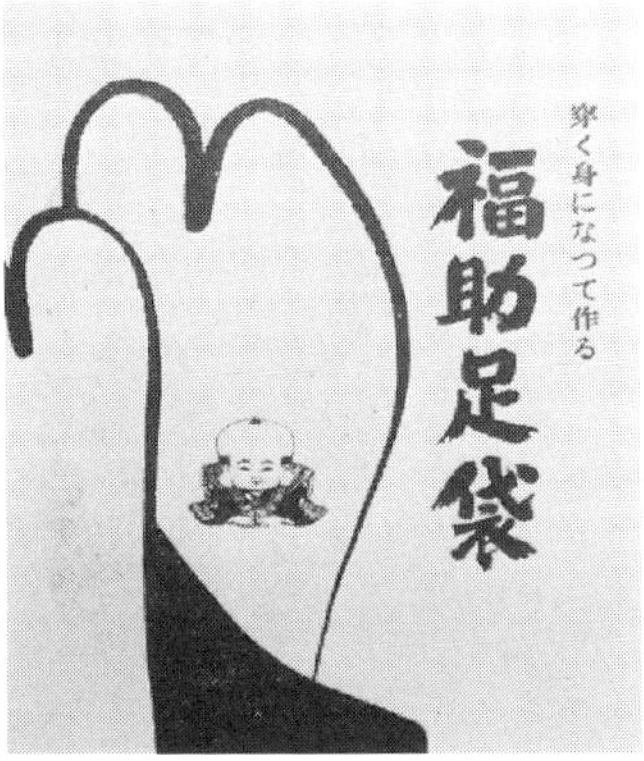

（図 20）福助足袋、新聞広告、1930 年

（図 21）クラブ化粧品、新聞広告、1928 年。写真を使う広告主として知られていた。

(1) 2 等入賞、小原徳次郎

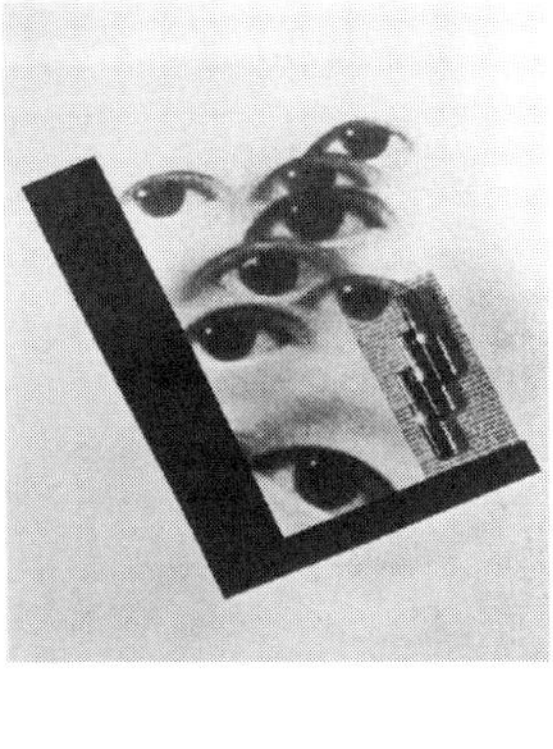

(2) 3 等入賞、小石清、スマイル目薬

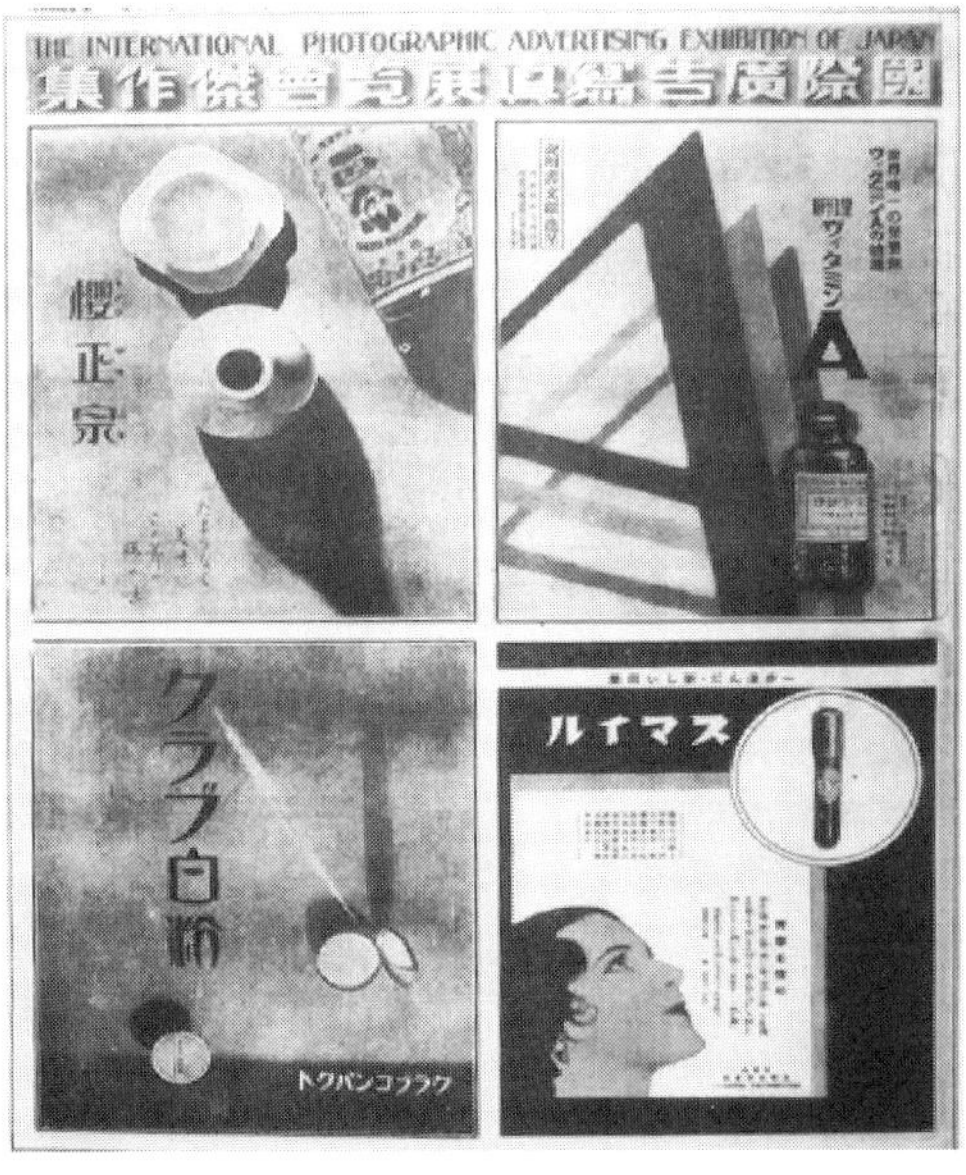

(3) 1930 年 5 月 18 日付け朝日新聞掲載の、入選作 4 点。

（図 22）(1) 〜 (3) 第 1 回国際広告写真展入選作、1930 年、朝日新聞社

真という新ジャンルに目覚め、潜在的な広告写真家を掘り起こす力も持ったのではないだろうか。

このように、一九三〇年「第一回国際広告写真展」で前衛表現が広告写真として評価され、写真広告への社会的興味は一気に拡大した。そして記憶しておきたいのは、室田がこの直前に、かつて自身が推奨した「芸術写真」を完全否定するという転換を見せていたことだ。

写真広告は明らかにこの時点で、次のステップに進んだのである。

このような転換の背景には、実は新しい芸術写真運動の勃興があった。ここでこれにも少し触れておく必要があるだろう。一九三〇年前後、広告写真に限らず「芸術写真」の世界でも、それまで評価されていたソフトフォーカスを基調とした「芸術写真」は、否定される方向に向かっていた。代わって脚光を浴びた新たな表現は「新興写真《しんこうしゃしん》」と呼ばれた[32]。第三章では、「新興写真」が提起した「ティポ・フォト」に少し触れた。ここでは「新興写真」の根源にあったこころ、「写真の社会への影響力」について理解しておきたい。

一九三〇年一〇月、堀野正雄ら雑誌『フォトタイムス』編集者らによって「新興写真研究会」が発足している。写真家木村専一《きむらせんいち》はこの雑誌内で「新興写真」について、以下のように解説している。

> 傾向的には写真印刷、又は大量製産を前提とし。技術的にはメカニズムの認識とレンズアイの肯定。対社会的にはあらゆる社会層、又は生活層に向つての広範な応用写真術の開拓が吾等の宣言した主張であつたのである。[33]

この文が示すとおり「新興写真」は、その表現性が新しかっただけでなく、「写真が持つ力の社会への応用」を目指した点でも新しい運動だった。これが、「新興写真」と、福原らの「芸術写真」とが、決定的に異なる点だ。一九三〇年の板垣鷹穂《いたがきたかほ》の著作「優秀船の芸術社会学的分析」（図23）や、板垣と写真家堀野正雄《ほりのまさお》が雑誌『中央公論』一九三一年一〇月号に二〇ページにわたり掲載した写真モンタージュ「大東京の性格」（第三章・図12参照）は、「新興写真」の日本で最初の実験的な成果とされている。[34]これらの被写体はいずれも自然物ではなく都市の人工物だ。こうしたテーマ性や、文字を配してメッセージ性を高めるという行為からは、「新興写真」が近代社会に呼応し、都市の美を社会に向けて発信しようと考えた試みであったことがわかる。

「新興写真」の意識の背景にあった欧州アヴァンギャルド芸術の存在にも理解を広げておきたい。当時の日本では特に、ドイツの芸術家、モホリ＝ナギの理論体系『絵画・写真・映画』に熱い注目が集まっていた。モホリ＝ナギという名は、本書でも宮下の文章などですでに幾度か登場した。バウハウスで教鞭をとったナギの構成理論は、タイポグラフィ、写真、絵画を要素（エレメント）として扱い、その機能的な構成こそが新時代には必要とするものだ。

これは、とりわけ新しい写真表現を模索していた日本の写真家たちに強く支持された。写真専門誌『写真新報』で一九三一年の数号にまたがってモホリ＝ナギの書が翻訳され、[35]同じ年、新興写真運動の機関紙的な役割を果たした『フォト・タイムス』の複数の号にも、モホリ＝ナギの論文が掲載されている。

一九三〇年前後の日本で、自然物の平穏な描写の「芸術写真」がにわかに否定され、ここから脱皮しようとする動きが「芸術」写真と「広告」写真の両方に起きた。その背後には、このようなヨーロッパの前衛運動の影

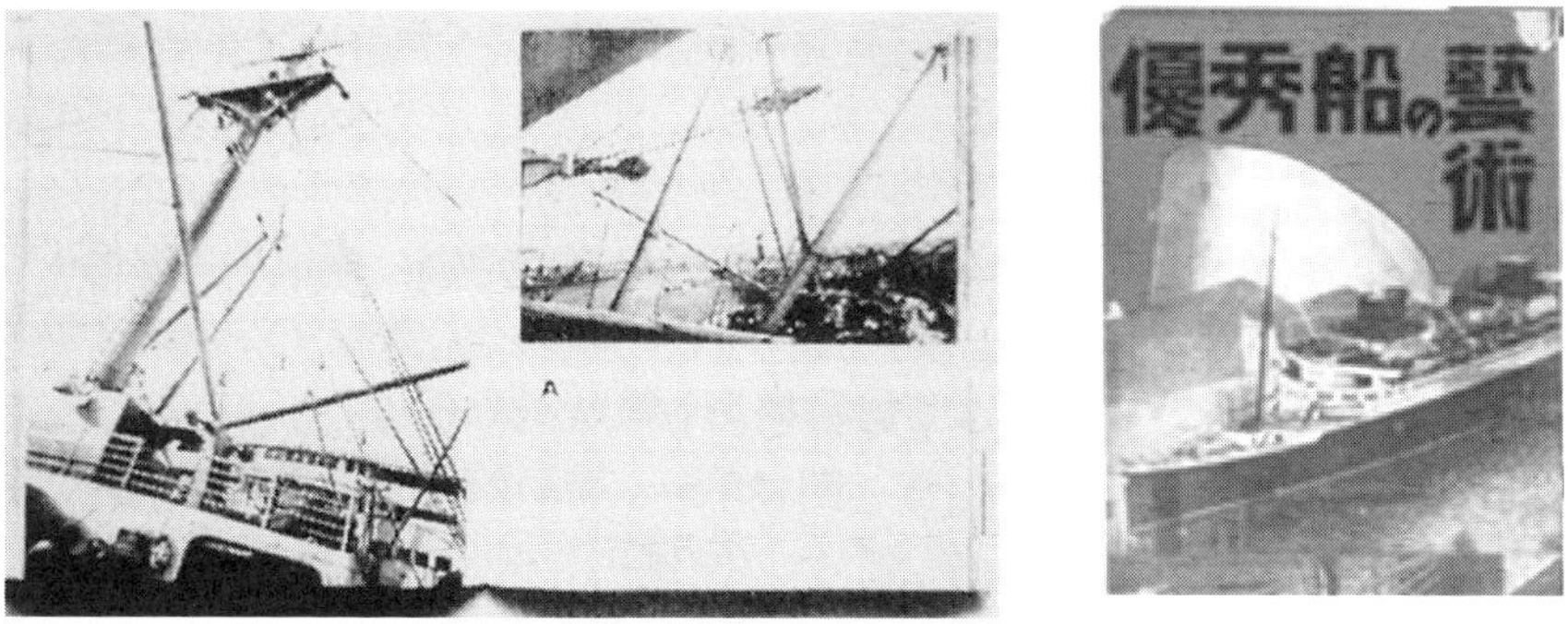

（図23）板垣鷹穂『優秀船の芸術社会学的分析』天人社、1930年

響があったのである。

「第一回国際広告写真展」の一位中山岩太と、第一回で三位入賞、第三回で一位を獲得する小石清《こいしきよし》は、いずれも「新興写真」運動の中心人物だ。彼らは、ヨーロッパの前衛芸術を視野に納め、写真独自の表現特性を追求するとともに、これが量産されることで社会に強い影響力を持つという自覚をはっきりと持っていた。写真家のこのような意識は、彼らを通してこの後の写真広告に色濃く反映されていく。

金丸重嶺、広告写真を論じ、太田に写真を提供する

モホリ＝ナギの理論に早い時期から影響を受けた一人に、写真家の金丸重嶺がいる。本章前段で触れたとおり、彼は最も初期に商業写真専門スタジオを開設し、写真広告の拡大に尽力した。「新興写真」芸術を、実社会の写真広告へと橋渡しした重要な人物であり、写真広告の黎明期を理解するためには、この時期の金丸の功績をしっかり見ておく必要がある。彼は一九三一年と三二年に『商業写真術』と『新興写真の作り方』という二冊を相次いで出版している。題名からも察せられるとおり、いずれも技術指南書だ。

一九三一年の『商業写真術』は、金鈴社コマーシャルスタジオ設立のパートナー、鈴木八郎との共著である。序章には、出版の意図がこのように書かれている。

これは、よりよき、より多くの商業写真家の輩出と、商業家への正しき理解と需用を促さがんがための、応急促進剤の意味で世に出すものであります。今日は商業写真に関する凡ゆる知識を急速に接受しなければならない時であり、又系統立てられた一つの参考書も有してゐない現在の状勢から推察すれば、この応急促進剤も十分効果を挙げ得る事を確信出来ます。[36]

彼が書いているとおり、この時期に広告写真および「新興写真」の技術書は他に例がない[37]。あらゆる知識を

1巻1号　創刊号

1巻5号

1巻6号

1巻8号

1巻12号

『広告界』表紙一覧

雑誌『広告界』の発刊期間は、前誌『広告と陳列』が創刊された1924年から1941年の18年間である。時々の最新流行を追ったこの雑誌の表紙は、大戦間期の広告とグラフィック表現の劇的な変化を鮮やかに映している。

ここには「図案」から「現代広告」へと変わりゆく黎明期の日本の広告の実像がある。

前誌：『広告と陳列』表紙一覧

1924年　第1巻

1巻は、黒地にアールヌーヴォー調イラストのシルエットで始まった。題字もアールヌーヴォー調の装飾文字で印象的だ。後半号で確認できているのは12号のみだが、前半号とはうって変わって、シンプルに造られた。サブタイトルは「図案と文案と理論と実際研究雑誌」。

2巻2号

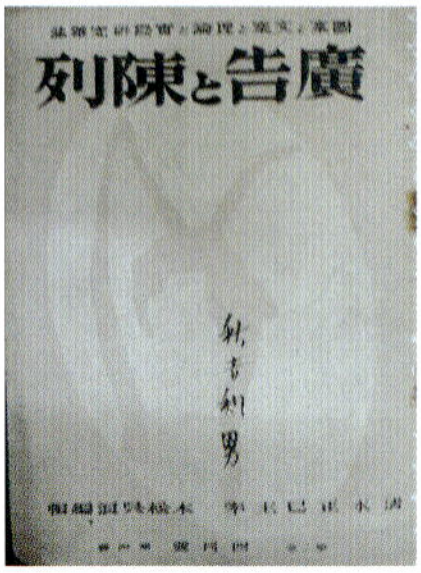

2巻4号

2巻7号

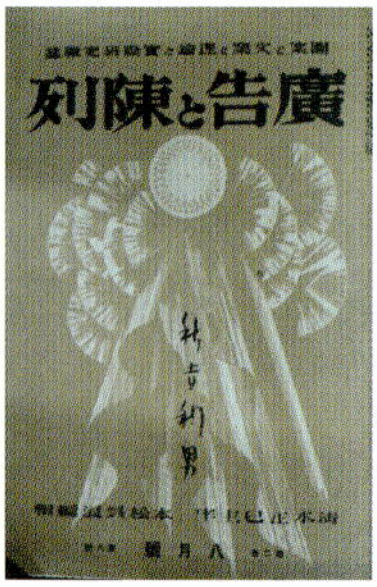

2巻8号

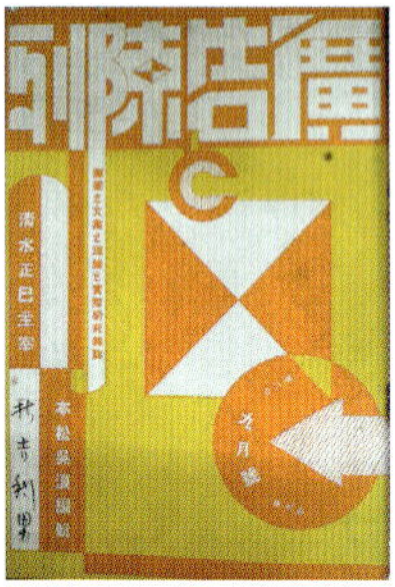

2巻9号

2巻10号

2巻11号

2巻12号

1925年　第2巻

2巻からは、表紙に編集者清水正巳、本松呉波の名がある。前半号はデフォルメされた具象画。強烈なインパクトがある後半号の幾何学形の構成は、前年1924年に村山知義らが結成した前衛芸術グループ「マヴォ」の影響を感じる。

3巻3号

3巻4号

3巻5号

3巻6号

3巻7号

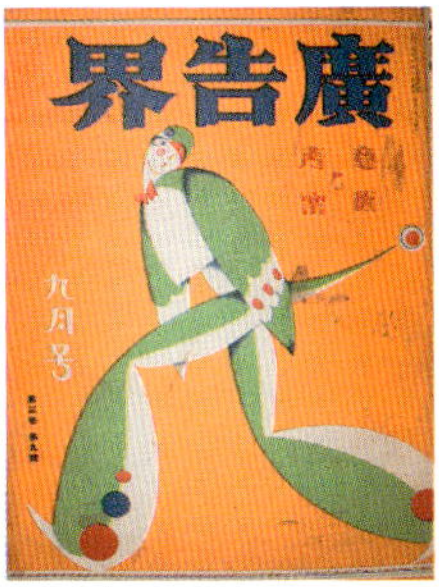

3巻9号

3巻10号

3巻11号

表紙制作者
3号　藤沢龍雄（藤沢図案社主宰）
4号　室田久良三（サンスタジオ所属）
5号　杉阪鎮吉（商業図案社主宰）
6号　濱田増治（濱田図案社主宰）
7号　多田北烏（サンスタジオ主宰）
9号　原萬助（濱田図案社所属）
10号　池上重雄（双葉図案社所属）
11号　吉田正一（春陽社主宰）

『広告界』表紙一覧

1926年3巻3号から改題され『広告界』として誠文堂から出版される。

1926年　第3巻

3巻のみ「商業美術家協会」所属の制作者が持ち回りで表紙を担当した。トカゲや道化師のモチーフを使った4、9、10号は、フランスのポスター作家、カッピエルロを思わす毒のある印象的な仕上がりだ。サブタイトルは「意匠と考案」でスタートした。

4巻1号

4巻2号

4巻3号

4巻4号

4巻5号

4巻6号

4巻7号

4巻8号

4巻9号

4巻10号

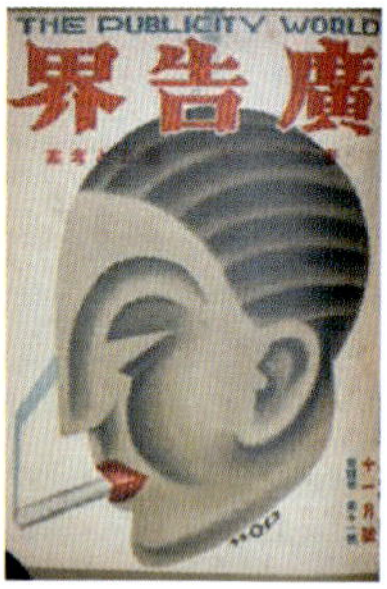

4巻11号

4巻12号

1927年　第4巻

室田庫造と富田森三が交代で担当。1号にKUR、5、8～11号にはMOPとサインがある。黒人をモチーフにした7、9、11号からは、ジョセフィン・ベーカーが活躍した1920年代の空気を感じる。

5巻1号

5巻2号

5巻3号

5巻4号

5巻5号

5巻6号

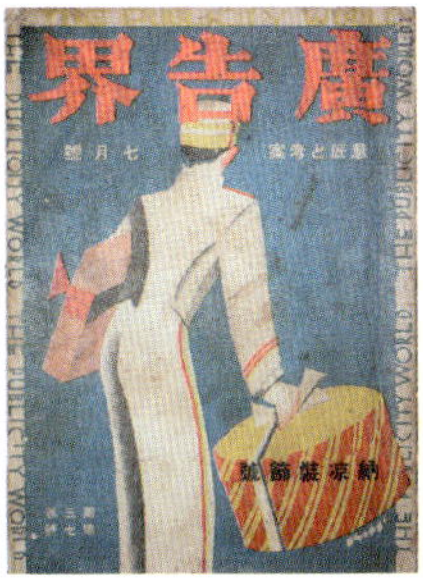

5巻7号

5巻8号

5巻9号

5巻御大典装飾図案集

5巻11号

5巻12号

1928年　第5巻

ほぼ全号にKURのサインがあり、編集長室田庫造が描いている。鮮やかな色使いのベタ塗りの「単化」図案は各号趣が異なり、室田の器用さが窺われる。『広告界』を意味すると思われる「THE PUBLICITY WORLD」の帯は4、5、6巻共通で使われている。

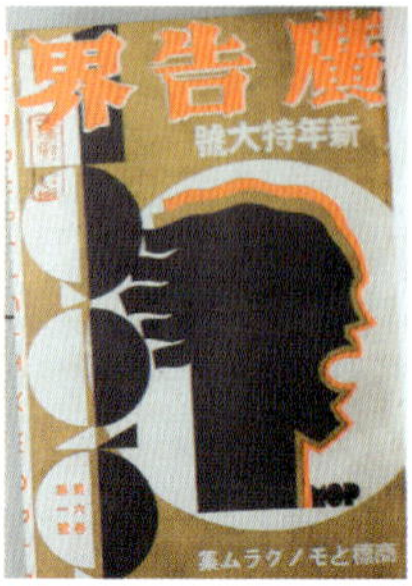

6 巻 1 号

6 巻 2 号

6 巻 3 号

6 巻 4 号

6 巻 5 号

6 巻 6 号

6 巻 7 号

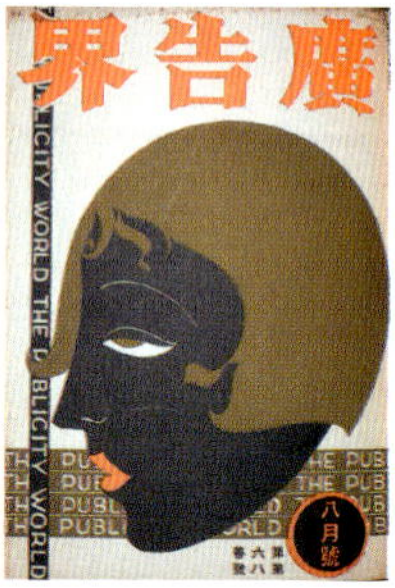

6 巻 8 号

6 巻 9 号

6 巻 10 号

6 巻 11 号

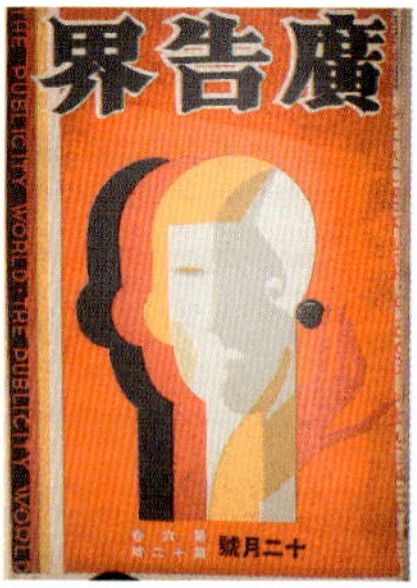

6 巻 12 号

1929 年　第 6 巻

1 号には MOP のサインがあり富田森三のデザイン。「意匠と考案」という副題は、この巻からなくなる。ポスター特集号の 2 号は、初の写真を使った表紙で、数字の「2」に、欧米のポスターやマネキンの写真など 10 点余をコラージュしている。

7巻1号

7巻2号

7巻3号

7巻4号

7巻5号

7巻6号

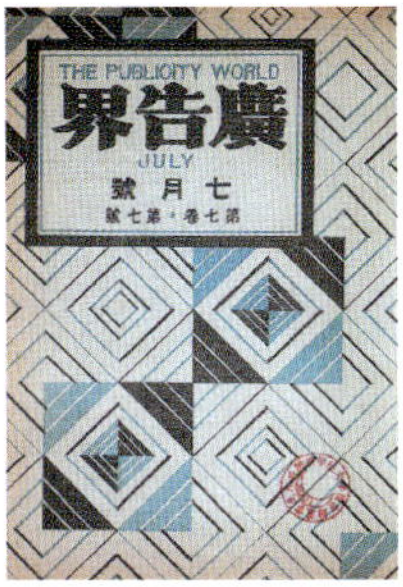

7巻7号

7巻8号

7巻9号

7巻10号

7巻11号

7巻12号

1930年　第7巻

伝統的な千代紙文様にも、前衛芸術の幾何学表現ともとれるモチーフが並ぶ。これを地模様に、太い黒枠で表題を入れ、9、10、11号には数字をゴシックで配して、近代的な印象を創りだしている。

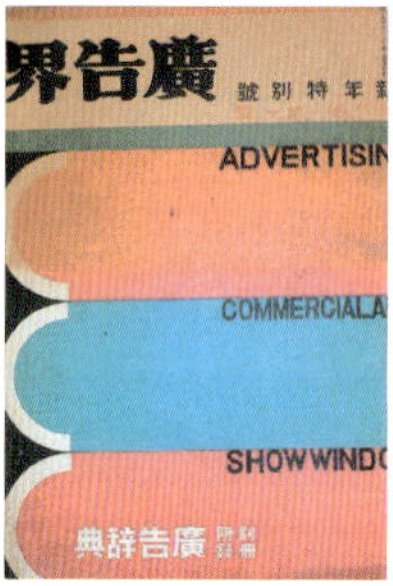

8巻1号

8巻2号

8巻3号

8巻4号

8巻5号

8巻6号

8巻7号

8巻8号

8巻9号

8巻10号

8巻11号

8巻12号

1931年　第8巻

『広告界』と号数（日本語）は右から、サブタイトルの英文字は左からと、文字配列が左右異なる違和感をうまく利用した、動きのある構成。7巻の千代紙的図案と、8巻の前衛芸術からくる美意識に、どこか共通するものがあり面白い。

9巻1号

9巻2号

9巻3号

9巻4号

9巻5号

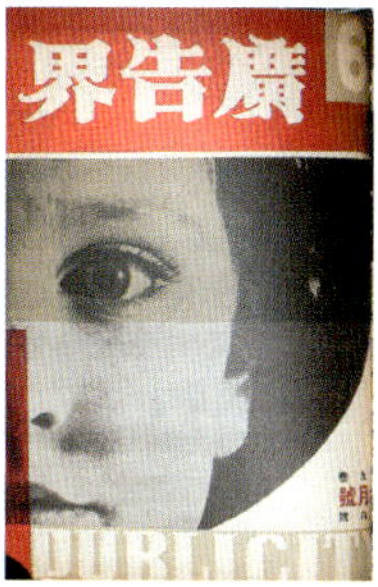

9巻6号

9巻7号

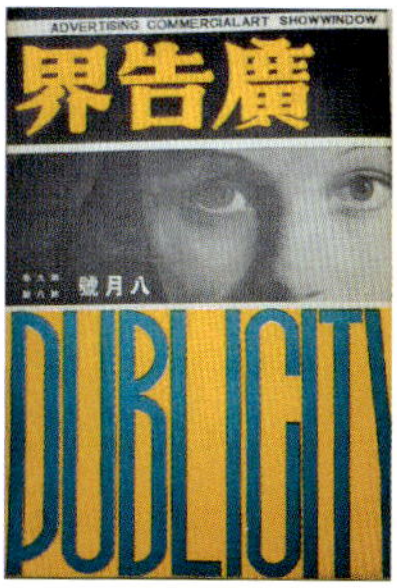

9巻8号

9巻9号

9巻10号

9巻11号

9巻12号

1932年　第9巻

全巻「新興写真」の手法を駆使したデザイン。1号と4号で見えるようにこの巻のみ装丁は1930年ごろの前衛芸術雑誌が好んだリング綴じだった。4号の丸い部分は切り取って図案集の引換券になるという趣向。9号のみリング綴じではなく、厚紙に銀紙を型押しした特殊豪華装丁。

10 巻 1 号

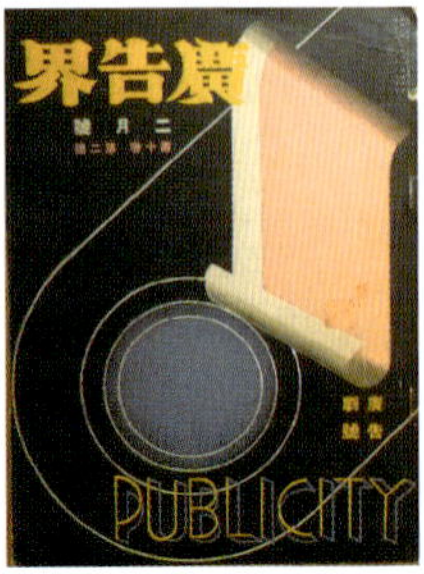

10 巻 2 号

10 巻 3 号

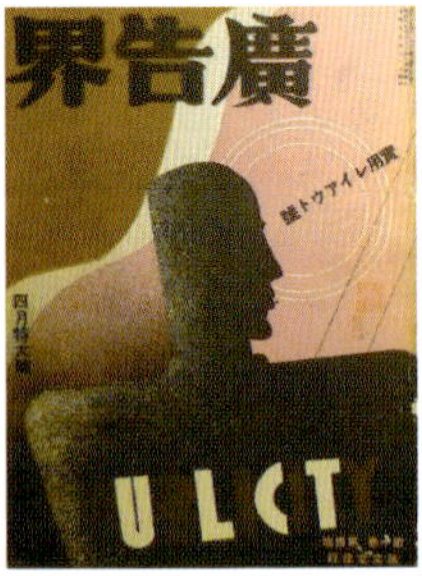

10 巻 4 号

10 巻 5 号

10 巻 6 号

10 巻 7 号

10 巻 8 号

10 巻 9 号

10 巻 10 号

10 巻 11 号

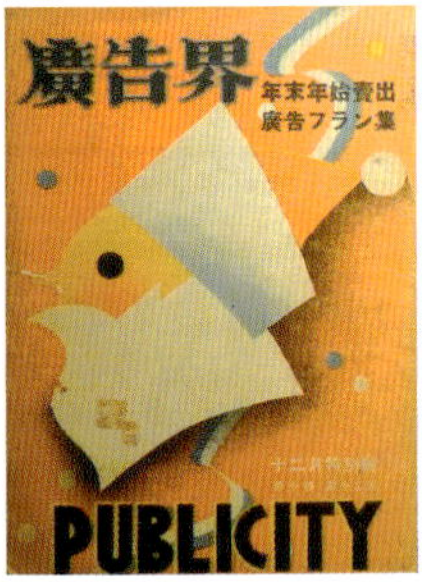

10 巻 12 号

1933 年　第 10 巻

具象イラストに戻った 10 巻は、1930 年代に全盛のフランス、アール･デコ・ポスターの影響が色濃い。グラデーション処理によって立体感や奥行きを表現する技法を多く使っている。これは、A・M・カッサンドルなどが多用した。

← 1934 年　第 11 巻

全号杉浦非水が担当。題字背景の銀色が豪華だ。非水の「自伝 60 年」が 1 号から連載された。広告漫画集が増刊されたため全 13 号。1 号付録は室田の執筆。この時期がページ数も誌面も最も充実している。

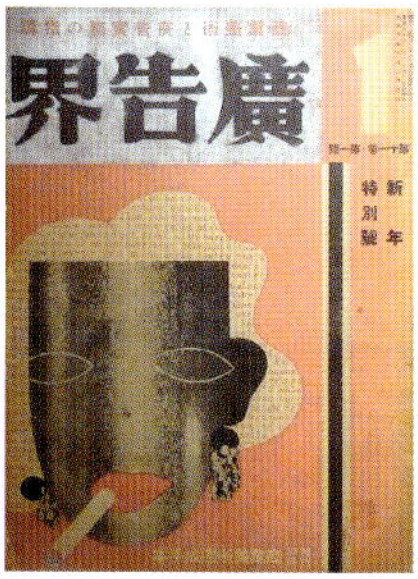

11巻1号

11巻2号

11巻3号

11巻4号

11巻5号

11巻6号

11巻7号

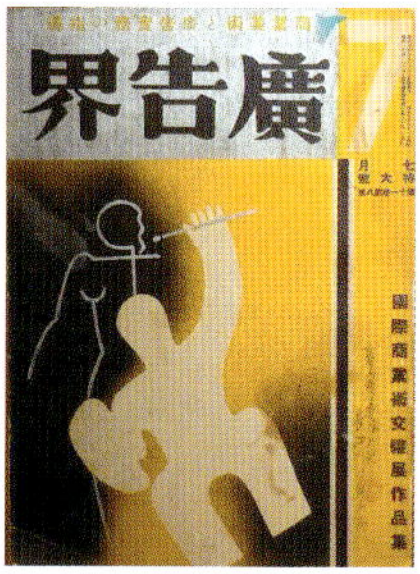

11巻8号

11巻9号

11巻10号

11巻11号

11巻12号

11巻13号

11巻1号付録

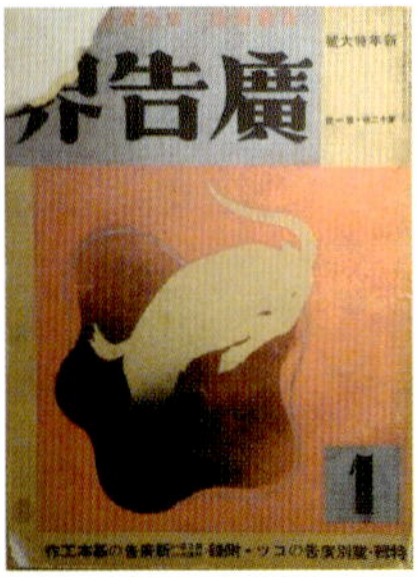

12巻1号

12巻2号

12巻3号

12巻4号

12巻5号

12巻6号

12巻7号

12巻8号

12巻9号

12巻10号

12巻11号

12巻12号

1935年　第12巻

前半号は、11巻から続く杉浦非水のデザイン。12星座シリーズでスタートしたが、後半号から、写真や布地を素材としたコラージュの手法に変わる。これは「立体原稿」と呼ばれた。本誌内で多田北烏が制作方法を解説している（14巻3号）。

13 巻 1 号

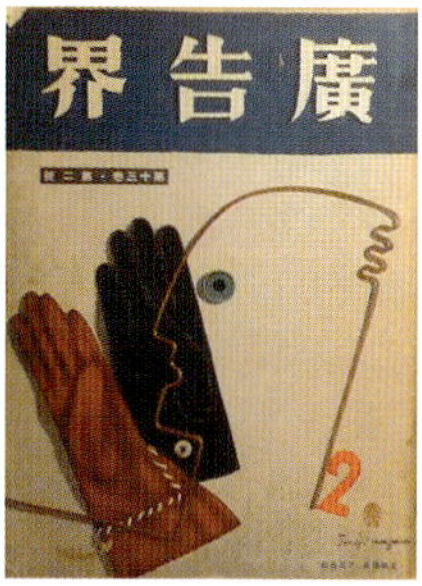

13 巻 2 号

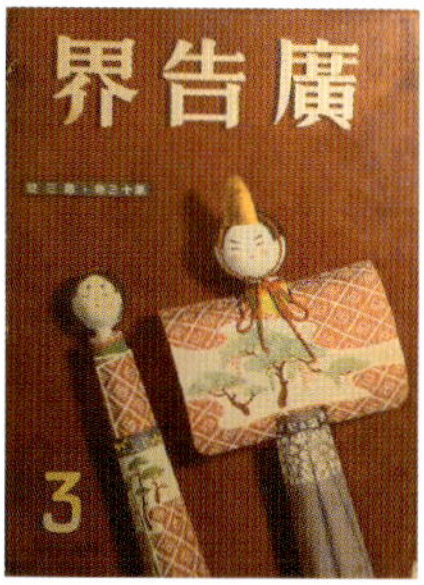

13 巻 3 号

13 巻 4 号

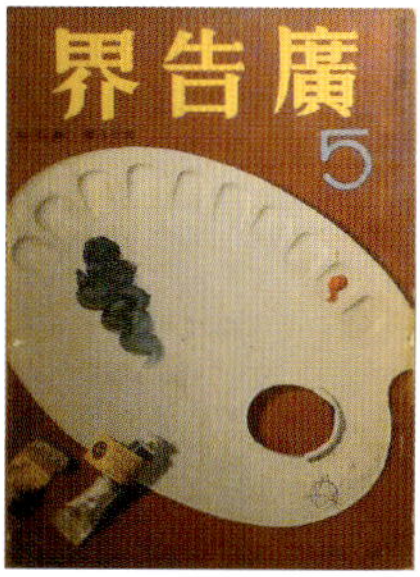

13 巻 5 号

13 巻 6 号

13 巻 7 号

13 巻 8 号

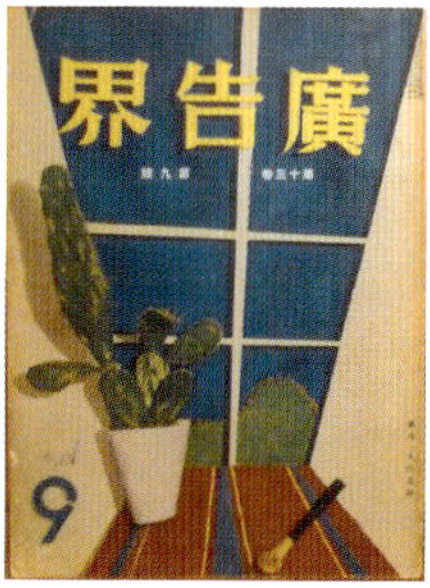

13 巻 9 号

13 巻 10 号

13 巻 11 号

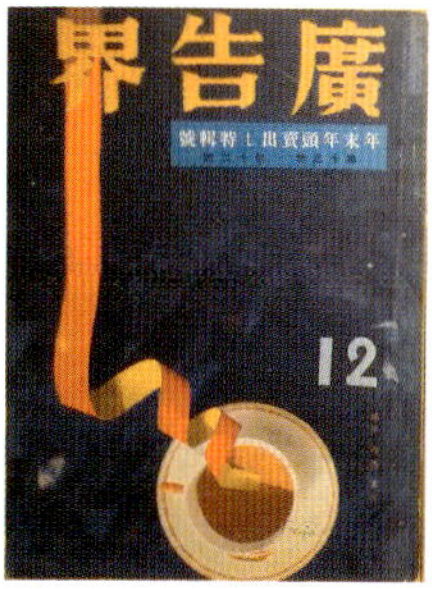

13 巻 12 号

1936 年　第 13 巻

「立体原稿」によるシリーズ。表紙に作者名があり持ち回りで作られたことがわかる。戸島逸郎（2 号）、志水知治（3 号）、花村尚武（4 号）、岩崎大子（5 号）、サン・スタジオ（6 号）、中山正徳（7 号）、入山元好（9 号）、堀内末吉（12 号）。

13 巻 10 号付録

14 巻 1 号

14 巻 2 号

14 巻 3 号

14 巻 4 号

14 巻 5 号

14 巻 6 号

14 巻 7 号

14 巻 8 号

14 巻 9 号

14 巻 10 号

14 巻 11 号

14 巻 12 号

14 巻 13 号付録

1937 年 14 巻

「立体原稿」によるものとイラストが混在している。5 号に「新看板図案工作集」が増刊されたため、全 13 号。

15巻1号

15巻2号

15巻3号

15巻4号

15巻5号

15巻6号

15巻7号

15巻8号

15巻9号

15巻10号

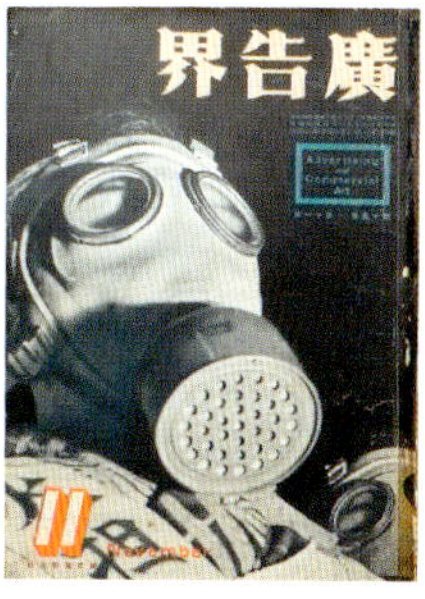

15巻11号

15巻12号

1938年　第15巻

この巻から表紙は写真構成に一変する。土門拳、藤好鶴之助ら日本工房の中心人物が制作者として記載されている。英文サブタイトルは「advertising and commercial Art」。無表情な兵士、東郷青児風の女性、防毒マスクをかぶる人物、クリスマスにはしゃぐ女性、という9号以降のちぐはぐな4冊は、戦時期に突入したものの、その実感がない世相を感じさせる。

16 巻 1 号

16 巻 2 号

16 巻 3 号

16 巻 4 号

16 巻 5 号

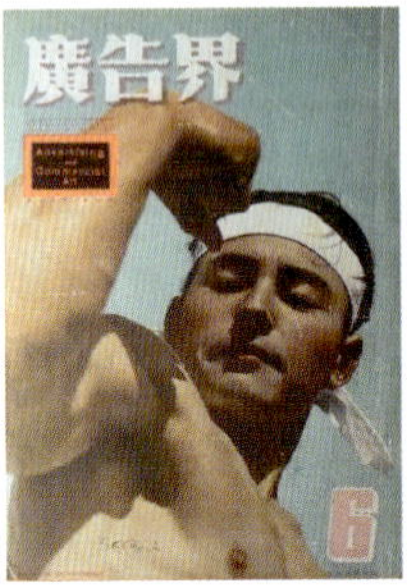

16 巻 6 号

16 巻 7 号

16 巻 8 号

16 巻 9 号

16 巻 10 号

16 巻 11 号

16 巻 12 号

1939 年　第 16 巻

広告界の文字が左からの表記に変わる。この号のみ表紙に、製版印刷「大阪永井日英堂印刷所」の名前がある。マッチョな男は戦時モチーフといえるが、その他は花や静物、熱帯魚などの穏やかな風物が選ばれている。

17 巻 1 号

17 巻 2 号

17 巻 3 号

17 巻 4 号

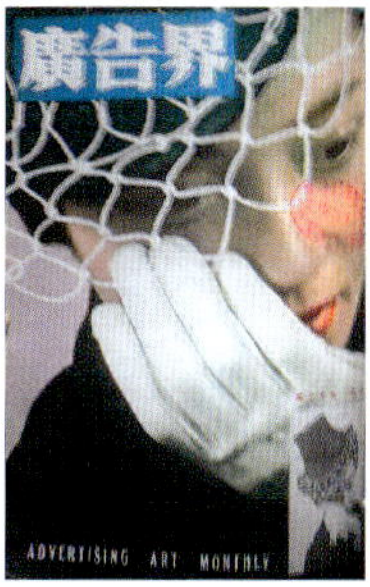

17 巻 5 号

17 巻 6 号

17 巻 7 号

17 巻 8 号

17 巻 9 号

17 巻 10 号

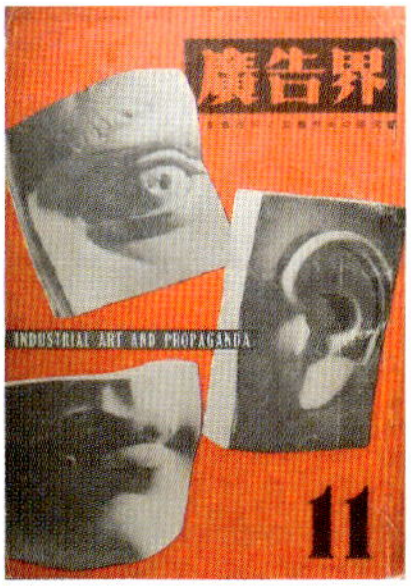

17 巻 11 号

17 巻 12 号

1940 年　第 17 号

次々とサブタイトルが変わる。7 号まで「ADVERTIGING ART MONTHLY」。8 号からは「宣伝技術と産業美術の研究誌」が追加され、英文も「INDUSTRIAL ART AND PROPAGANDA」となる。人工着色で写真に肌の色を乗せるなど、技法を凝らす余裕がまだ残されている。

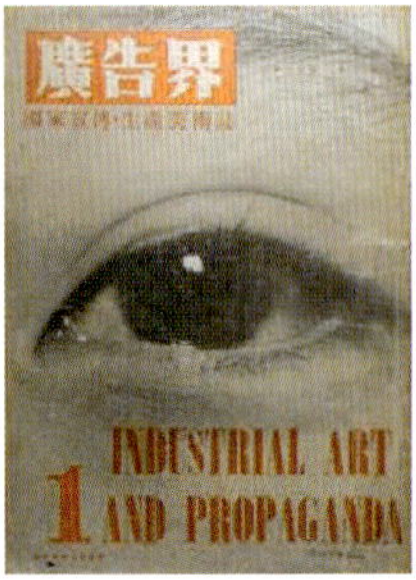

18 巻 1 号

18 巻 2 号

18 巻 3 号

18 巻 4 号

18 巻 5 号

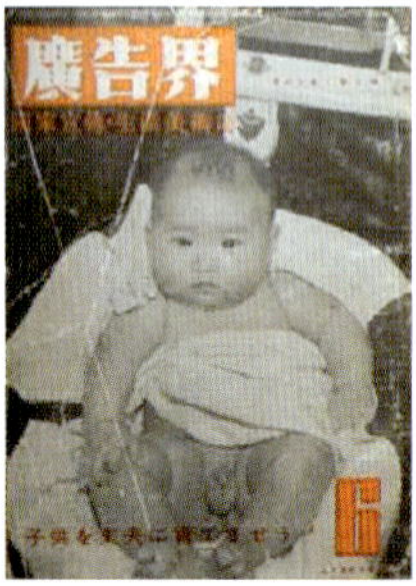

18 巻 6 号

18 巻 7 号

18 巻 8 号

18 巻 9 号

18 巻 10 号

18 巻 11 号

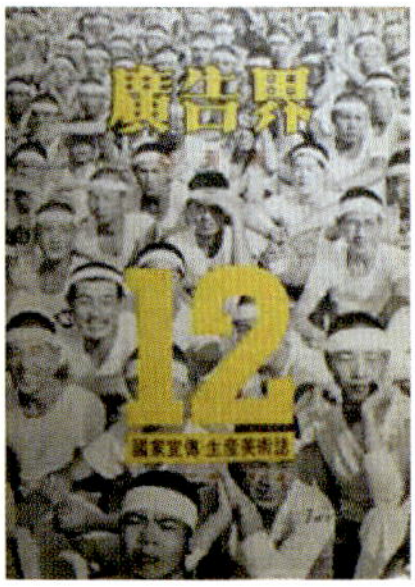

18 巻 12 号

1941 年　第 18 巻

全てモノクロで、着色もほとんどなくモンタージュもない。ページ数も少ない。サブタイトルは、「国家宣伝生産美術誌」になった。無邪気な笑顔を見せる白シャツ白鉢巻の若い男子の群像を捉えた 12 号で、『広告界』は通算 18 年の歴史を閉じる。この号のみ題字は黄色、最終の巻数 12 を真ん中にレイアウトし、終焉を飾った。

急いで広めねばという、強い思いで書かれた全一八章三〇〇ページには、商業写真の概念から、機材や現像の技術解説、フォトモンタージュなどの新しい写真技法の紹介、さらには写真印刷時の技術的な知識や、広告出稿時の出版社とのやりとりの実務までが、ぎっしりと詰まっている。

文書量も多いのだが、なんと言っても二二四点もの豊富な参考写真がこの書の存在感を大きくしている。「二重引き伸ばしによる実例」など、技巧をこらした自作の写真も多数ある（図24）。これらの写真には、それぞれ、多重露光や引き伸ばしや俯瞰などの撮影方法が、ていねいに図入りで解説されている[38]（図25）。

金丸は広告写真とレイアウトの密接な関係についても強く語っている。

写真とスペースの関係、画と文字の配置が最も適切でなければ、その広告写真がほんとうに活かされたとは言はれません。又広告写真だけ或は文字、図案、写真とで纏められた広告とその環境から受ける影響を合はせて研究しなければなりません。レイアウトとは集成、配置と云ふ意味でして、写真とスペースの関係、画と文字の配置の問題を云ふのであります。つまり、写真そのものの構図がよく整つてゐても、スペースの取り方、文字の配列、補助的図案の組入に失敗した場合には、折角の努力も全く効果の薄いものになつて仕舞ふものであります。……このレイアウトの如何が広告それ自体の効果を決定すると共に、写真そのものが活かされて使はれるか、殺されるかの重大問題ですから、写真家も亦十分にレイアウトの研究を積むでゐなければなりません[39]。

レイアウトの如何は広告の成功を左右する。写真を広告に活かすためにはもっとレイアウトを研究しなければならない。わかりやすい文章だ。読者にもすんなりと理解されたのではないだろうか。

さらに面白いのはこの書に、商業写真家を生業とするために必要な営業方法や経営の実務までが、懇切丁寧に書かれていることだ。

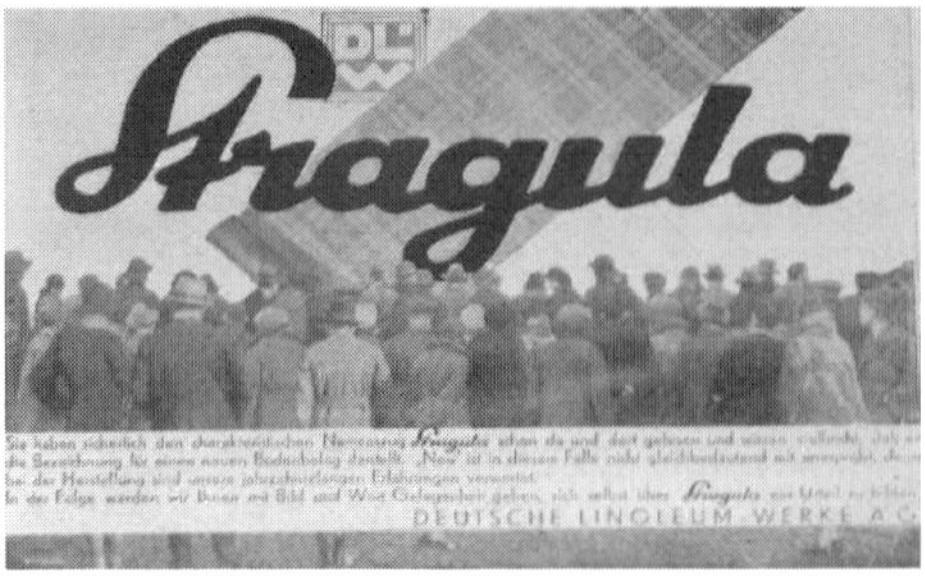

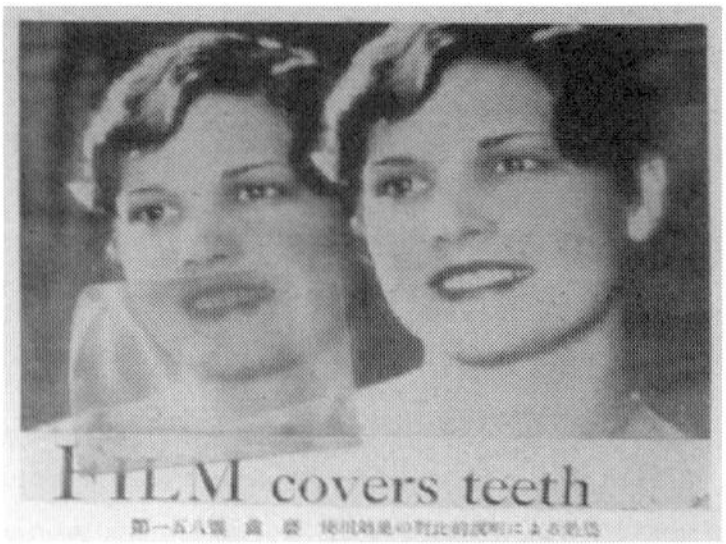

（図 24）『商業写真術』に掲載された海外の写真広告。（上 2 点）

(1)

(3)

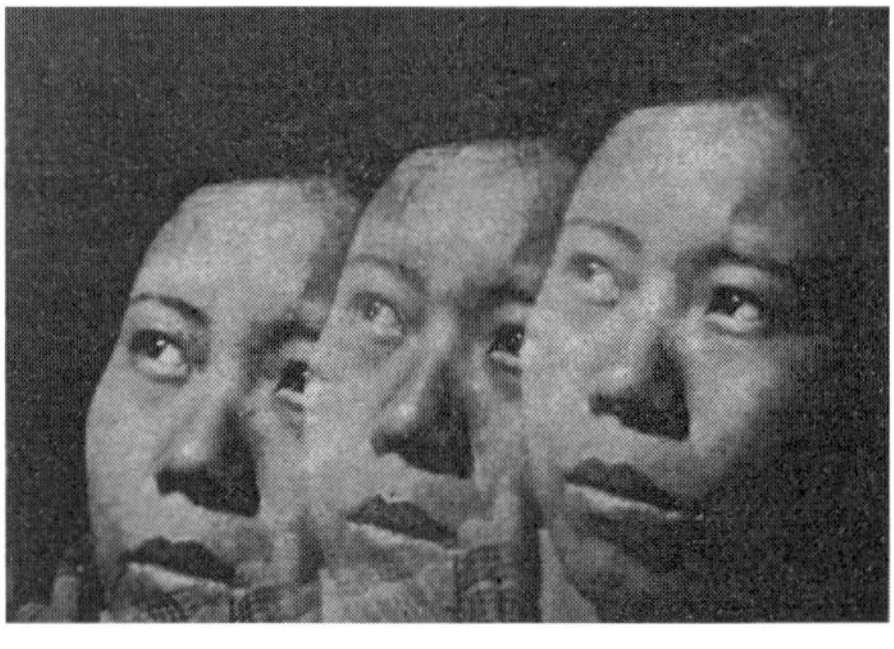

(4)

(2)

（図 24）特殊な撮影技法を解説するための自作の参考写真
(1) 二重引き伸ばしに拠る実例
(2) 重複露出による実例
(3) 俯瞰撮影による実例
(4) 合成プリズムを使用して撮影した実例

商業写真家は、外に向つて大いに宣伝をしなければなりません。……宣伝物と共に需要家を訪問して写真広告の効果を説き、又いろいろの資料を見せてなるべくこれに興味を持たせたりすることも必要であります。商業写真家は訪問してすぐに注文のあるといふことは絶対にないもので、長い間にそこの店に自分を印象させ、カタログとか、広告とかに写真の必要のある時に思出させて注文をうけられるやうな方法をとるやうに……いろいろな宣伝をすることが必要であります。[40]

写真広告創世記に早くもコマーシャル・スタジオを立ち上げた先駆者、金丸と鈴木の、ここまでの苦労が慮《おもんぱか》られる一文だ。金丸が趣味的な写真家ではない、写真を売ることで報酬を得るプロの商業写真家として活動してきたことが実感される。金丸はこの本で「商業写真家」という職域への世間の理解も深めたかったのだろう。知識と知恵が満載されたこの本には、彼らの五年間の労苦と実績のすべてが、渾身の力で投じられて

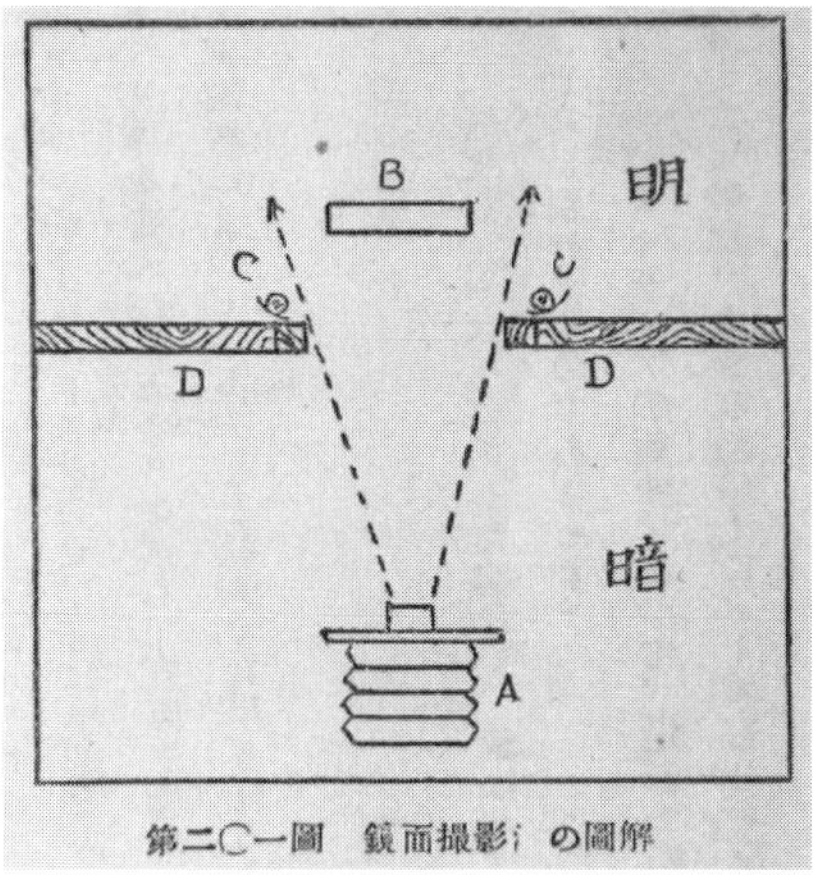

(1) 鏡面撮影の図解

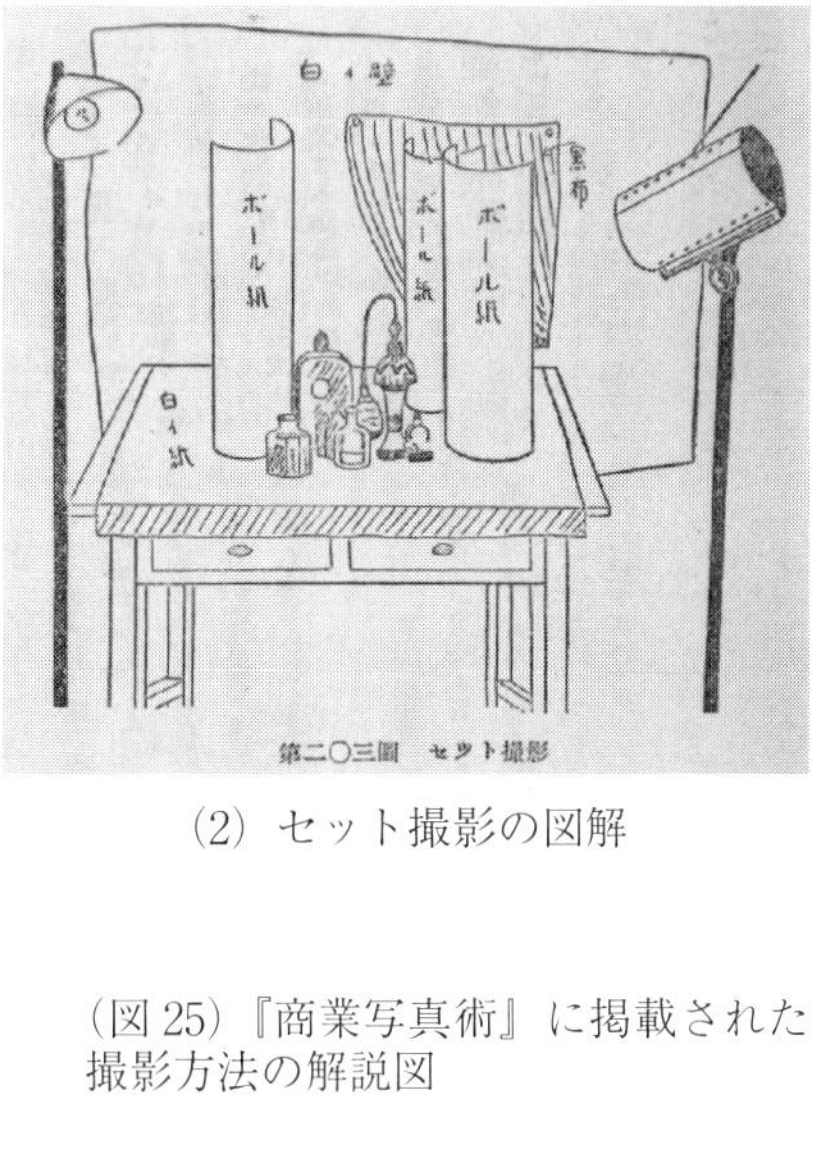

(2) セット撮影の図解

(図25)『商業写真術』に掲載された撮影方法の解説図

いるように思われる。

次に翌年出版の『新興写真の作り方』を見てみよう。この本は、実質本位だった『商業写真術』と違って豪華な装丁だ。欧米事例はアート紙上の鮮明な印刷で、それまでのどの書よりも多く掲載されている（図26）。このように金をかけた本の企画が可能だったことは、「新興写真」が富裕層のアマチュア写真家の間で相応の評判となっていたことを物語っている。

序章は「芸術写真」の否定から書き出される。

> 薄明りの中に霧を通して物象を見てゐた、所謂「芸術写真」は、写真をして、その本質的な立場を忘れさせ、カメラが持つ独自な表現力に対して、誤つた途を歩んでをりました。

金丸は「芸術写真」は誤った道だったと断言した後、続けて欧州に起きた「新実在主義的写真運動」を語っている。これこそ「新興写真」のルーツだ。この新しい芸術の展望を、金丸は明るくこのように書いている。

> 写真が生れて百余年、ここに至つて始めて写真が芸術としての存在を認められ、しかも又それがもつ社会性は、ジャーナリズムの発展と相呼応して、その位置の社会的重要性を認められたのであります。[41]

この本は、ソフトフォーカスの「芸術写真」からの完全な訣別宣言である。そして金丸が訣別の後に歩み寄る先は、「モホレー・ナギー、フランツ・ロー、ウエルネル・グラフの各氏の理論」だ。

写真は社会性のある芸術だ。「新しい写真運動」によって近年これがようやく世間に認められてきた。彼は、だから新しい写真運動の「正しく平易な紹介」のためにこの書を書くという。そしてそこでは「理論は勿論、構図、写し方、作り方の全貌を収録」すると意気込む。「写真広告」の成立史を追う私たちは、『新興写真の作

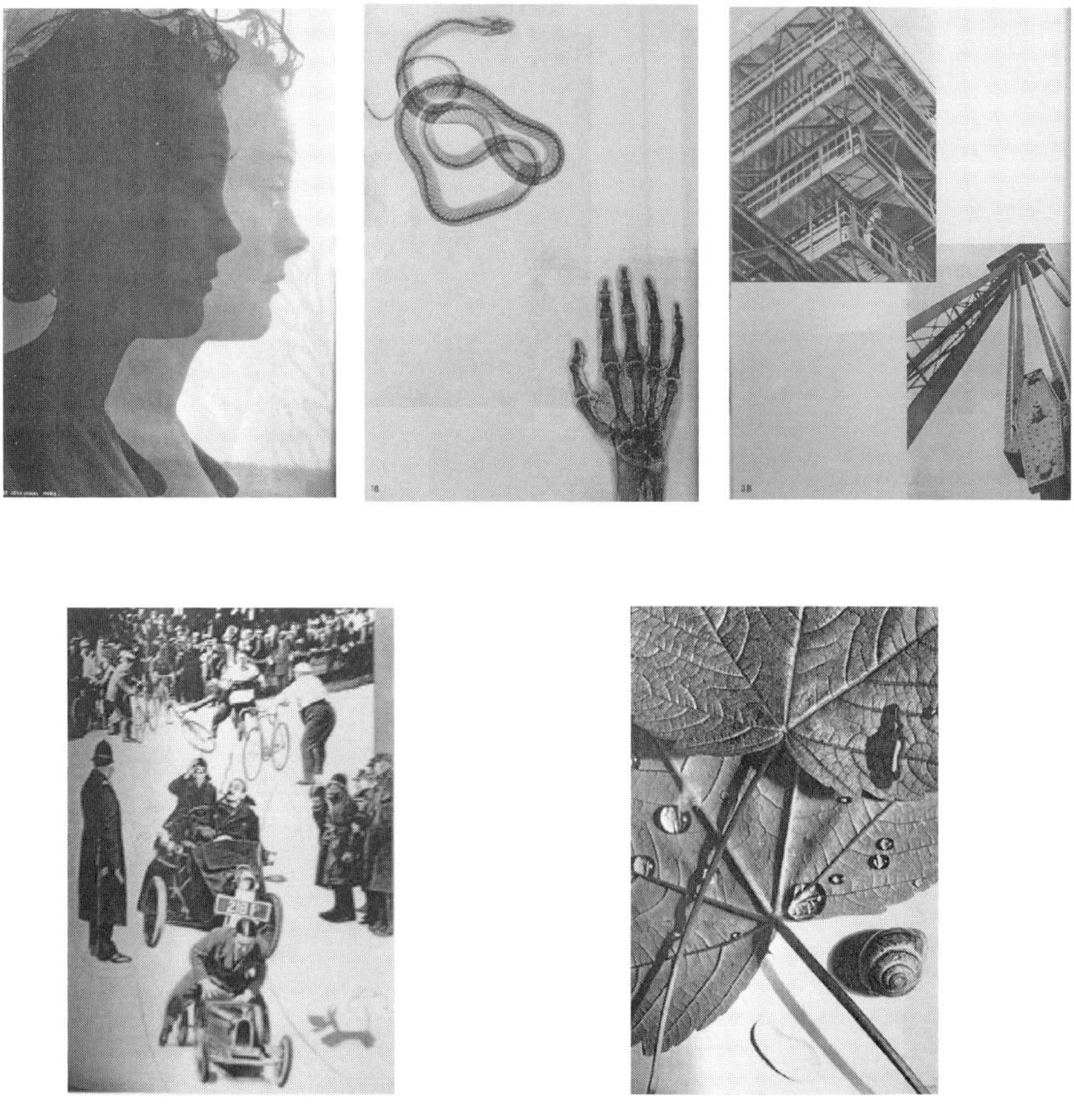

（図 26）『振興写真の作り方』に掲載された海外の前衛写真。
左上の、鏡を用いたフランスの作家の作品は、1932 年の『広告界』9 巻 2 号表紙に使われた。（図 29）参照。
左下は、モホリ＝ナギのフォトモンタージュ。『商業写真術』にも掲載されている。

り方』の以下の文に注目しなければならないだろう。

タイポ・フォトと活字

寫眞と活字の組合せのことで、新しい印刷による藝術寫眞と活字とのレイアウト（Layout 配置）として構成された視覺的報告をさすのであります。[42]

タイポ・フォトは寫眞と活字との結合によるもので、このタイポ・フォトは商業寫眞の範囲に於て現在、發展を遂げてゐる繪画（又は寫眞）と文字、又は字の配置に用ひられる広告述語、レイアウト（Layaut）と近似した意味をもつてをります。この寫眞と活字の構成的な組合せによる一つの報告は、將来も商業寫眞への發展性を多分にもつことでありませう。[43]

金丸はヨーロッパの前衛芸術家が示した「ティポ・フォト」と、アメリカの広告効果研究で生み出された「レイアウト」を、同一視している。そして彼は、それこそが「商業写真」を発展させるのだという。活字と写真を組み合わせて情報を発信するという、今日ではごく普通の表現方法は、当時はまだ新奇なものだった。そしてこの時期欧米の二つの大きな潮流が、この方法によって生まれる情報発信力に目覚めていた。ひとつは「ティポ・フォト」。ヨーロッパの前衛芸術が見出した新しい表現だ。もうひとつは「レイアウト」。アメリカのマーケティング研究が広告効果を最大限に引き出す手段として生み出した考え方だ。両者は本来遠い位置にある。しかし写真芸術の成果を芸術の範囲に止まらせず、社会へ影響を与える「広告」に持ち込もうと早くからずっと意識してきた金丸には、二つの異なるルーツを持つ概念の共通性が自然と感じとれた。

本書第三章の最後では、原弘が「新しいタイポグラフィ」を「読むためのレイアウト」と意訳したことに触れた。原も金丸と同様、ヨーロッパの芸術論とアメリカの商業主義が生んだ科学的広告研究が、実のところほとんど同じ主張をしていることに気づいていた。原はこの翻訳を一九三一年に東京府立工芸学校の研究会から冊子として刊行している。これは内部資料の域を出ない小冊子であったが[44]、金丸の書籍は豪華装丁の一般書である。

海外作家の作品を満載した『新興写真の作り方』は、芸術書としての完成度も高い。これらをも勘案したとき、この本の果たした役割が見えてくる。「新興写真」家を自認する人々の多くがこの本を手にしただろう。彼らはこの本によって、広告写真という新たなジャンルの魅力に気づくことができたし、同時に、欧州の前衛芸術で発見されたさまざまな写真技法がそのまま、広告写真に適していることをも理解したのだ。

このように欧州由来の芸術運動であった「新興写真」を、実際の広告に使う意義を強く意識していた金丸。彼の具体的な成果が一九三一年の花王石鹸のキャンペーンだ（図27）。金丸は、広告史上では知られた存在の、太田英茂《おおたひでしげ》がプロデュースしたこの仕事にも深く関わっている[45]。

太田のプロデュースの下、三月一日に新聞を飾った新発売の花王石鹸の広告には、金丸重嶺の写真が使われ

（図 27）
「花王石鹸」新聞全面広告、1931 年
太田英茂（ディレクション）、
金丸重嶺（写真）

ている。大勢の工場従業員が旗を振る石鹸の出荷風景に、実物大の石鹸の写真を重ねた二色刷りの全面広告で、「純粋度九九・四％　正価一個十銭」というキャッチコピーがゴシック体の文字で配されている。「広告といえば商品を持った美人がニッコリ笑っているものと、見る者も作る者も思い込んでいた時代」に「当時の先端的社会風潮だった前衛芸術を商業美術に取り入れ[46]」たものと評価される広告だ。確かに中山岩太の福助足袋の広告以降、このように「写真で魅せる」新聞広告は見当たらなかった。

これは「一人の画家が描く広告」から完全に脱した、「レイアウトマン」がプロデュースする写真広告であり、一歩ずつ歩んできた一連の意識変革の最初の実践といえる。しかし残念ながらこの花王キャンペーンの成果は投じた巨額に見合うほどは上がらず、太田は一年も経たないうちに花王を辞職する結末となった。写真広告が本格的に使われるようになるには、まだ超えなければならないハードルがあった。それについては次章で語ることにしよう。

室田、自論の集大成「レイアウトマンと広告写真」

ここまで金丸を中心に、最先端の写真広告や写真芸術の動向を見てきた。一九三〇年という年は、芸術写真と広告写真、双方にとって大きな転換点だった。

さて私たちは、ここでもう一度、街の広告制作者の教科書、『広告界』へと戻ってみよう。

翌一九三一年の『広告界』八巻五号には、畔倉新三郎《ばんくらしんざぶろう》による「フオトグラフと広告」が掲載されている。この記事は、広告への写真利用のここまでの進展を整理し今後の展望を平易に示している。

畔倉はまず、ここまで歩んできた道を三段階に分けて論じている。写真広告はありあわせ写真の利用から始まり、広告用として撮った写真を使うようになった後、広告効果を高めるために各種の「技巧を凝らした利用」にすすんだ。三段階目の「技巧を凝らした利用」例としては、フォトモンタージュによる「モホリ・ナギイ作品」、「ヂ・クルチス作品」を紹介している（図28）。そして畔倉は、以下のように気を吐く。

フォトモンタージュは実際には撮れないものでも、組合せにより可能ならしめることが出来る。この点、絵を描く、広告を作る、（レイアウトをする）のと同じ要領だ。日本のアドライターも早くこれに手を出すことが肝要だ。コントンたる今の広告写真を救ふ道が案外こんな所にあるのかも知れない。……この新らしい未開拓の地へ乗出して見ることだ。時代は進むのだ。日本のモホリ・ナギーの出てもよい時代だ。[47]

参考図版も的確な、極めてわかりやすい記事だ。『広告界』での写真広告関連記事の中でも記憶に残るひとつだろう。

美人写真推奨から「新興写真」の推奨へと方向転換した編集長室田庫造も、一九三二年に写真とレイアウトに関するオリジナルの論考を次々と発表する。第四章で既に取り上げた、九巻四号「欧州で流行の活字写真ポスター」、九巻一一号「広告画は活字写真組の時代へ」、そして一九三二年九巻一二号に、「レイアウトマンと広告写真の使用法」を書いている。

前二本は長岡の価値観を受け継いで、活字と写真をレイアウトすることで、広告は新しい表現世界に進むこ

（1）モホリ＝ナギのポスター

（2）ロシアのグスタフ・クルチスのプロパガンダ・ポスター

（図28）畔倉新三郎「フォトグラフと広告」参考図版

とが出来ると示したものだ。そして三本目は、表題からもわかるとおり、写真広告の作成には「レイアウトマン」が必要だと書いたものだ。これは、一九二七年に「写真広告」を、一九二九年に「レイアウト」を、いずれも日本で初めて特集した室田の、集大成ともいえる論考だった。

室田はまず畔倉と同様に、ここまでの状況を段階を追って示している。

> 第一に、従来写真は多くのレイアウトマンに依って「非芸術的」であり「機械的」であるとして軽蔑されてゐたものであつたがその写真を広告に用ひる場合には不満を持ち乍らも、経済上の事情から使用することの方が多かつた。ところが近代では写真を芸術品たらしめ様とする企ては成功して認められ……ソフト・フォーカスのテクニックが……写真の実際の目的を混乱させ、又ぼかさなくてもよいものをぼかしたりして所謂芸術写真と名付けた。だが然し此等の事実はレイアウトマンの多くはだまされないで、芸術写真以外に着眼した。ほんとうに聡明なるレイアウトマンは此れも亦絵画と写真の折衷であり、又絵画の魅力の単純な又は下手な模倣は写真の機能ではないことに気が付いた。[48]

室田はいう。まず最初、写真は機械的だと嫌われた。そして不満を持ちながらも、致し方なく有り合わせの写真を使用していた時期があった。次に、広告のために撮影したソフトフォーカスの「芸術的写真」をよしとする時期がきた。しかしそれらがいずれも誤っていたことに「レイアウトマン」は気づいた。「芸術写真も絵画と写真の折衷」だし、「絵画の魅力の単純な又は下手な模倣は写真の機能ではない」と。

室田は絵画の模倣ではない、写真独自の新たな表現として五つを挙げている。一、写実的写真（リアリティフォト）、二、モンタージュ写真、三、写真絵画（フォトペインティング）、四、活字を入れた写真（フォトタイプ）、そして、五、フォトグラム。室田はうち二、三、四が広告に適切と述べ、モホリ＝ナギ、マン・レイ、エル・リシツキーの前衛作品を掲載する（図29）。そしてこのように意志表明する。

欧州に於ても、絵画美術の熱心な研究家ゲオルグ・グロッス、モホリイ・ナギー、マン・レイ等は新しいそして生々としたカメラの使用法を、此の芸術の創造者として発見しつつあるではないか。……新しい開拓は常にレイアウトマンは忘れてはならぬ問題ではあるまいか。

これからの写真広告は、アメリカで生まれた職業である「レイアウトマン」が、欧州のアヴァンギャルディ

フォトモンタージュの参考図版

エル＝リシツキー

A・M・カッサンドル

(図 29) 室田庫造「レイアウトマンと広告写真の使用法」参考図版と掲載された『広告界』1932 年 9 巻 2 号表紙。

ストが発見したさまざまな技法をさらに開拓して創造して行くべきだ。論旨は明快で説得力がある。豊富な参考図版も、記事のわかり易さや魅力を格段に向上させている。図版はすべて欧州のアヴァンギャルド作品だ（図29）。

この記事は、日本に最初に「レイアウト」を紹介した室田の集大成であり、室田流「写真レイアウト論」の結語である。海外書籍の引用に止まっていた一九二九年の著作『広告レイアウトの実際』には、まったく欠落していた、「写真をレイアウトする広告」という視点を的確に補完し、さらに進化した「写真レイアウト論」を手中に収めている。

一九二七年からの室田のドラスティックな変化と、すばやく的確な理論構築にはまたも驚かされる。そして、室田のスピーディな変化から、背後に、「写真広告」への世の中の価値観の急激で大きな変容、写真広告の立ち位置が短期間で大きく変わっていった事態があることを思い知らされる。

写真広告にとって大きな五年間

広告に新しい写真表現を使おうと意識され始めた、一九二七年頃から一九三二年までの数年を見てきた。この短期間に、写真広告への考え方は急速に変わった。この間の一年一年、それぞれに大きな一歩があった。一九二七年『広告界』での本邦初の広告写真特集巻を皮切りに、一九二八年には濱田の『現代商業美術全集』写真号が刊行され、一九二九年には「レイアウト」と、「写真」の関係性が意識され始めた。その次年一九三〇年には「朝日国際広告写真展」が開催され、一九三一年には金丸の出版、そして太田の実践と続いていく。実に短期間に大きな動きが目まぐるしく起きている。『広告界』室田は、この動きの都度、機敏に反応し、時々にふさわしい発言をし、この変動を一般読者へすばやく拡大すべく務めている。

興味深いのはこの間の後半、金丸をはじめとした幾人かが、欧州アヴァンギャルド芸術で生み出された「ティポ・フォト」と、アメリカの広告研究の場で生み出された「レイアウト」の近似性を見出したこと、そしてそれがすぐに拡大していったことだ。

本章の最後に示した三一年の畔倉と三二年の室田の記事、いずれもが、今後の写真広告は「欧州のアヴァンギャルディストらの作例に習って、(アメリカ由来の)「レイアウト」によって創られるべきだ」と断言している[49]。モダニズム期に全く別の環境で生み出された欧州の芸術理論とアメリカ由来の広告研究が、日本の「広告界」の中でなんら矛盾せず融合したのである。そしてそれが、日本の写真広告の新しい表現世界を拓いていったのだ。

ここには、ヨーロッパとアメリカとの両方から新しい表現や考えを貪欲に吸収し、それを独自にアレンジしていった黎明期の日本の広告人たちの姿がある。「写真広告」という新たなジャンルは、美術系学者(宮下や仲田)、商学系編集者(相原や畔倉)、美術系編集者(室田、濱田)、図案家(富田)そして写真家(金丸)という、複合部隊による試行錯誤が積み上げられて、ようやく市民権を得ていった。このことにも改めて目を向けておきたい。「写真」という、今では「当たり前」の道具を広告に「当たり前」に使うためには、これほどに多様な知の結集が必要だった。

さて、この章の最後に、トレンド・ウォッチャー室田の以下の指摘を上げておこう。「朝日国際広告写真展」に対する一九三〇年の記述だ。

広告写真については単なる写実作品、芸術写真としてより広告的な内容をもつと含んで貰ひたい。……一つの特別な撮影技術を生かしたさに写真を撮る、これでは広告が忘れられて了ふのも当然であつて、この観念は捨てなければ真の広告写真は創れないことになる。[50]

写真にしか出来ない技法を使った表現こそ写真にふさわしいと言っていた室田。しかしここでは、写真技術を生かしたいという観念は捨てなければ、と言っている。ともすれば矛盾にも見えるこの発言。嗅覚鋭い室田は何を捉え、「朝日国際広告写真展」に何を注文しているのだろうか。この疑問は次章で解くことにしよう。

1　ひろしま美術館『絵画と写真の交差』展図録、美術出版社、二〇〇九年、一一九頁。
2　メンバーは、信三の弟、福原路草や掛札功、大田黒元雄ら。初期「芸術写真」については以下の図録に詳しい。『写真芸術の時代　大正期の都市散策者たち』展図録、渋谷区立松涛美術館、一九九八年。ほかに以下も参照。飯沢耕太郎『「芸術写真」とその時代』筑摩書房、一九八六年、『日本のピクトリアリズム　風景へのまなざし』展図録、東京都写真美術館、一九九二年。
3　入門用カメラとして普及したベスト・ポケット・コダックは、フード様の絞りを外すことで軟焦点描写が可能だった。「ベス単フード外し」と呼ばれたこの手法が、幻想的なソフトフォーカスの表現を撮りやすくし、大正期の趣味人の間で一世を風靡した。
4　写真芸術社が一九二一年から関東大震災で終局を迎えるまでの三年弱で残した写真は、ソフトフォーカスとセピア調を特徴としてはいたが、古色然としたものばかりではなく、都市をテーマとしたモダンな表現も含んでいた。二人の福原のおい、義春は彼らを「一見古い表現様式をとりながら、本質的にはモダニストだった」と語っている。福原義春「刊行によせて」『写真の歴史入門　第二部創造』東京都写真美術館、新潮社、三頁。
5　中井幸一『日本広告表現技術史』玄光社、一九九一年、一九〇頁。
6　赤玉ポートワインポスター以外にも、二〇年代前半には、写真を使用した広告が散見される状況となることから、写真の広告使用は概ね二〇年代前半が黎明期と考えてよいだろう。
7　クラブ化粧品で知られる中山太陽堂も広告への写真利用に積極的だった。しかし壽屋同様それらは、美しく撮影されたややソフトフォーカスの美女の肖像写真を利用する形式だった。（図21）参照。
8　澤本徳美「日本の広告写真」『The 広告写真』PPS通信社、一九八八年、巻末。
9　中井幸一、前掲書、一九五頁。金鈴社については、飯沢耕太郎が『日本写真史を歩く』新潮社、一九九二年、で書きおこしている。
10　井深徴「商業写真」『最新写真科学大系』新光社、一九三五年、一五―一六頁。
11　室田庫造「一九三二年日本広告写真刊行に際し、序に代えて」東京朝日新聞社『第三回国際広告写真』誠文堂、一九三二年。
12　倉本長治「広告に於ける写真の位置」『広告界』四巻八号、一九二七年、二八―二九頁。倉本は商店界の所属。当時『商店界』編集長であった倉本長治は、室田入社までの『広告界』三巻一一号までの実質的な編集長であった。倉本については後に宮山が「(誠文堂社長小川菊松の)倉本氏に対する信頼感は絶大なもので……倉本氏がうなづかないと、何も通りませんでした」と、誠文堂の書籍編集に影響力の強い編集者であったことを述べている。宮山峻「雑誌編集者の実態」『語り継ぐ昭和広告証言史』渋谷重光編、宣伝会議、一九七八年、一六九頁。
13　室田庫造「私の試みた写真広告」『広告界』四巻八号、一九二七年、七〇―七一頁。
14　たとえば日本工房の関係者は福原の表現を「滋味深い俳諧の味」と称している。飯島実「『日本工房』創設から『国際報道工芸』解散まで」『先駆の青春―名取洋之助とそのスタッフたちの記録』日本工房の会、一九八〇年、二七頁。
15　富田森三「広告写真とその使用効果に就いて」『広告界』四巻八号、一九二七年、五八―五九頁。
16　宮下孝雄「フォト・エレメントと広告美術」『広告界』四巻八号、一九二七年、三〇―三一頁。
17　濱田増治「写真及び漫画応用広告の概念」『現代商業美術全集一四』アルス、一九二八年、三―五頁。
18　「実物見本」はハードカバーの上製本の束見本(装丁見本)を兼ねて書店に配布されたと思われる。参考図版が実際に三〇ページ余り刷られ、八本の論文の冒頭部分が掲載されている。後ろ半分は白紙。この論文や図版は必ずしも出版された際には掲載されていない。ここで参照したフォトモンタージュによる映画ポスターも、本誌には掲載されていない。
19　仲田定之助「写真の新傾向とその応用広告」『現代商業美術全集一四　写真及び漫画応用広告集』アルス、一九二八年、九頁。
20　同書の参考図版は、これ以外も豊富で、七人社のメンバーでもあった新井泉のフォトモンタージュ(下図)も眼を引く。

21　金丸重嶺「広告用写真の製作法」『現代商業美術全集一四　写真及び漫画応用広告集』アルス、一九二八年、一五頁。
22　濱田増治「最近広告と其商業美術の表現」『最新傾向広告集』二三巻、一〇頁。
23　相原壽「写真広告とレイアウト」『広告界』六巻七号、一九二九年、三六―三七頁。
24　相原壽「印象的効果を高める広告法」『広告界』六巻一一号、一九二九年、三二頁。
25　室田庫造「新聞広告意匠として写真利用は伸びるか」『広告界』六巻九号、一九二九年、三二―三三頁。
26　室田庫造「広告写真と形の形成」『広告界』七巻五号、四六頁。
27　室田庫造「国際広告写真展を観る」七巻六号、四一頁。
28　室田庫造「国際広告写真展を観る」七巻六号、四一頁。
29　『国際広告写真展選集』東京朝日新聞社、一九三〇年、二頁。
30　濱田増治「商工写真の認識」『日本写真年鑑　第六年版　昭和四―五年』東京朝日新聞社、一九三〇年、二六頁。
31　『国際広告写真展選集』「序章」東京朝日新聞社、一九三〇年、一頁。
32　「新興写真」はドイツで一九三〇年前後に提唱された写真表現「新即物主義」や、バウハウスでの写真理論の影響を受けた日本の潮流。近代社会と都市や機械の美学を礼賛し、写真の社会性を重視した。その意味で報道写真とも近い位置にある。その表現は、ソフトフォーカスなどを使わない直截に被写体を撮るストレートフォトから、フォトモンタージュなどの技法や望遠鏡やレントゲンなどの機械の力で得る表現など非常に範囲が広い。後者は前衛写真とも近い位置にある。
33　木村専一「その後の新興写真運動」『フォトタイムス』八巻八号、フォトタイムス、一九三一年、一七三頁。
34　板垣鷹穂の活動については、以下の論文が詳しい。松実輝彦「１９３０年代初頭の日本における写

『現代商業美術全集 14』に掲載された新井泉の制作例

真の機械美学─板垣鷹穂の批評活動を中心に」表現文化研究、第一巻第二号、二〇〇一年。
35 翻訳者は扇田漸。扇田はペンネームで本名は森芳太郎。一九三六年にアルス社が発刊した『最新写真大講座一三 新興写真術』の、金丸との共著者。
36 金丸重嶺、鈴木八郎『商業写真術』アルス、一九三二年、一頁。
37 同年一九三二年に出版された書籍『ポスターの理論と方法』には、金丸の『新興写真の作り方』について「同書は技術的テキストとして恐らくわが国で最初のもの」と称揚している。新井泉男、池邊義敦『ポスターの理論と方法』アトリエ社、一九三二年、一四七頁。
38 金丸は同書でヨーロッパの前衛芸術家にも触れている。一六章「広告写真の制作技巧」では、フォトグラムを「マン・レイ、ラヂラウス、モホレー・ナギーなどが、八年程前に前後して発表したもの」と解説し、フォトモンタージュは「新しい芸術の一つの領域におかれてあるものでありますが、これを転化して、商業広告並びに宣伝用に用いられて外国の新しい商業写真家の広告にも盛にフォト・モンタージュの文字を見られるようになりました」と書いている。金丸重嶺『新興写真の作り方』玄光社、一九三二年、二五七─二六〇頁。
39 金丸重嶺、鈴木八郎『商業写真術』アルス、一九三二年、二二一─二二三頁。
40 金丸・鈴木、前掲書、二八六─二八七頁。
41 金丸重嶺「序」『新興寫眞の作り方』玄光社、一九三二年、巻頭。
42 金丸重嶺『新興寫眞の作り方』玄光社、一九三二年、六九頁。
43 金丸重嶺『新興寫眞の作り方』玄光社、一九三三年、八九頁。この文で金丸はティポフォトについて、モホリ=ナギの発言を翻訳して説明している。「その提唱者、モホレー・ナギーの言葉によりますと、『タイポ・フォトグラフィイは、活字體として構成された報告である。フォト・グラフイは、光學的の把握を視覚的に構成したものであり、タイポ・フォトとは、視覚的に最も精確に構成された報告である。』と云つて、をります」。
44 川畑直道、前掲、『僕達の新活版術』、六六頁。
45 多川精一は東方社で原とともに『FRONT』の制作に従事したスタッフ。
46 多川精一『広告はわが生涯の仕事に非ず』岩波書店、二〇〇三年、五〇─五一頁。同書は太田の仕事について詳細に解き明かしている。
47　畔倉新三郎「フオトグラフと広告」『広告界』八巻五号、一九三一年。
48　室田庫造「レイアウトマンと広告写真の使用法」『広告界』九巻二号、一九三二年、三六―三七頁。
49　「（新しい）写真表現」と「レイアウト」との密接な関係を主張する記述は、『広告界』ではこれ以降も頻繁に掲載される。たとえばアメリカで開催された広告・商品写真展を紹介している一九三三年の無記名の以下の記事は、写真とレイアウトの密接な関係を平易に述べている。「商業写真はこの二三年に素晴らしい発展を遂げた。……多くの場合、写真の効果をレイ・アウトの具合だけでとやかう言ふのは正しくないかもしれないが、然し、と言つて、レイ・アウトを抜きにして考察ができるといふものでもない。時とすると立派な写真でも拙劣なレイ・アウトの為にその効果を台無しにされる場合もあり、又その反対に格別素晴らしいレイ・アウトの為に下手な写真が生きてくるといふ場合もある」。「アメリカで競技賞を得た最も傑れた広告商品写真」『広告界』一〇巻一号、一九三三年、八四頁。
50　室田庫造「広告写真の着眼点」『広告界』七巻七号、一九三〇年、四一―四三頁。

第3部

広告近代化と総力戦

6

迷走する商業広告

教科書はポスター図案にあっては単化を以って視覚的訴求効力の上から最上の理想だと教える。街頭には強烈な求視力を備えた所詮ドイツ風のポスターがはんらんする。がそれに対して大衆は案外無意義な、瞬間的な一瞥《いちべつ》をこそ余儀なくさせられることは事実だが、その次の瞬間には早速それが何のために描かれたポスターであるかさえを解しようとは努めない。極端な単化禍のために、大衆の鑑賞眼に対してあまりに工芸的図案化したせいではなかろうか。[1]

これは一九三七年に書かれたものだ。

書いたのは、関西を拠点に戦後まで活躍したデザイナー、今竹七郎《いまたけしちろう》。今竹によれば、一九三〇年代の街頭には「強烈な印象を与えるドイツ風のポスター」が氾濫しているという。これは本当だったのだろうか。

消耗品であるポスターの過去の実像に迫るのは容易ではない。しかしいくつかの街頭写真、そして職業意識を持ち始めたデザイナーらが各所で開催した自作ポスター展（図1）を辿ると、どうやら一九三〇年代半ばのポスターの大勢が、「単化」スタイルであったことは間違いなさそうだ。今竹はこれを極端な「単化禍」、単化の災いと呼んでいる。災いと名づけたくなるくらい、数多く「単化」が作られたということだ。

これが実情なのだとすれば、前章で跡づけてきた、一九三〇年前後数年の間に日本の広告制作現場にあった様々な新しい気づきは、どこへいってしまったのだろう。写真だけに実現可能な「トリッキー」な表現や、タイポグラフィを重視した構成的な広告、そしてこれらの要素を「レイアウト」するという制作手法。そこには確かに、ヨーロッパとアメリカの両方から貪欲に知識を得、それを日本の商業広告の実情にあわせて読み替えようと努力する昭和初期の広告人たちがいたはずだ。

一九三〇年初めの重要な気づきは、実際の広告をただちに変えることができなかったのだろうか。だとすれば、そこにはどのような困難があったのだろうか。せっかくの「気づき」は、戦前には芽吹くことがなかったのだろうか。

第三部で見るのは、一九三〇年代の広告の実態である。この一〇年に庶民が見た広告の真の姿をひも解いていこうと思う。

一九三〇年前後に集中した近代的な広告成立に向けた気づきが、一九三〇年代の商業広告において、活かされたのか、否か。広告制作者らはそこでどのような意思を表明していたのか。あるいはそこにどのような力が

(1) 神戸創作図案協会　第 11 回ポスター展、1936 年

(2) 地下鉄新橋駅、1934 年

(3) 地下鉄乗り場壁面広告、1934 年

（図１）ポスターの展示風景

加わったのか。そして「戦争」の影はどのように関係してくるのだろうか。

街の広告制作者――図案所という現場

広告のポイントに触れないで、すべて打算と追従と卑屈とのトリオによって作られたものが、現在最も広汎に大衆の眼にそれが『広告物』として映じてゐるところの、ポスターであり、チラシであり、レーベルであり、等々であるのである。これらは「広告物」ではなく、「印刷所の製品見本（当然粗悪な）」でしかない。広告主はそれに依って何ものも得ない。[2]

一九三三年に書かれた、「図案所を考へる」という文章である。

「図案所」とは、今で言うデザイン事務所のことだ。若き日の松本清張が印刷所に併設された「図案所」に勤める「図案工」だったことは既に触れたとおりだ。

この文章を書いた資生堂のデザイナー山名文夫の言葉を借りれば、当事「非常に夥多《かた》な、図案所と呼ばれるところの広告美術製作所が、小都市大都市に散在して」いた。同じ年の数号後の『広告界』には、「広告図案社はぽつぽつどころではない、東京大阪を合わせたら恐らく二千近くの経営者があらう、その看板を挙げてどの位が算盤がとれてゐるのだろうか」[3]という記事があり、山名の言葉を裏づけている。しかし夥しい数の「図案所」の記録は何も残されておらず、今日ではその実情を知るすべがほとんどない。それどころか、この文が書かれた一九三三年当時でさえも、山名は「図案所」は、「未だどんな側の人々からも云々されたことのない考察の処女地」なのだと言っている。確かに雑誌『広告界』でも図案所を書いた記事はこれ以外に見当たらない。

当時も今も誰からも注目されない「図案所」なる存在。しかし、これこそが「全国群小商工業者の広告宣伝物の発生地」であるし、それが「社会の各層各面に於て、……大衆と緊密な接触をして」[4]いたのだ。大衆の眼にふれる多くの広告を、この「図案所」が引き受けて作成しているのだから、その影響力は多大で見落としてはならないはずだ。「図案所」とはどのような経営だったのか、「図案労働者」は、そこで何をどのように作っていたのだろうか。

山名は、図案所にも特別な地位にあるもの、たとえば「唯一商店の専属的な図案所」や、「研究所的な組織によつて、研究生又は徒弟を動かして、所謂一流の広告美術家が、その社会的地位と聲望《せいぼう》の中で、作品を発表している」ところもあって、これらは経営が安定した一握りの特例なので、「ここでは、敢てそれらのものには触れない」と言っている。

雑誌『広告界』には、独立系図案所のトップデザイナーが多くの図案見本を提供している。その仕事ぶりや事務所は『広告界』の記事で時おり紹介されている。彼らは「所謂一流の広告美術家」で、山名の言う一握りの特例だ。

宮島久雄《みやじまひさお》が『関西モダンデザイン前史』で掘り起こしている「大阪の図案所」もこれとほぼ同じだ。業界誌『大阪印刷界』に「模範図案」を提供したデザイナーが所属する「大阪の図案所」に関するこの研究は、「図案所」の実態に迫る現時点で唯一の貴重な研究だ。[5]だがこれも、「作品」を発表する、「一流の広告美術家」が率いる特別な図案所である。

しかし山名が「図案所を考へる」の文中で注目を促しているのは、これら特例の図案所ではなく、ごく一般的な大多数の図案所だ。「地位も勿論聲望もなく、唯定規と絵具とで、唯素裸体で、言はば図案労働者であるところの本当のフリーランサーである人々の所謂《いわゆる》スケッチ図案所の仕事」である。山名は、そこで行なわれている制作について、冒頭のとおり悲嘆にくれている。

山名の批判の矛先《ほこさき》は、街の図案所が置かれた「打算と追従と卑屈とのトリオ」という虐げられた状況に向けられている。それは以下のような三角関係のことだ。

激甚な競争入札をさせるクライアントと、これに追従し値を下げて仕事を受注する印刷所、そしてその印刷所の要望に応えるために最小限のコストで卑屈に「極めて無気力」に原稿を作成する図案所。負のトリオによって結局、打算の結果ともいえる広告が出来上がる。そのような広告は、広告効果も低い。パワーのない広告は、クライアントを満足させるような販売促進効果をもたらさない。結局それは「信用の失墜であるだけ」で、クライアントの広告への投資意欲はますます下がってしまう。

庶民に最も身近な広告制作現場である「図案所」は、この「負のトリオ」の悪循環に陥っており、そこから抜け出せない限り本来の仕事は実現しない、と、山名は嘆く。

図案所の人々は筆技に秀でてゐても、模倣と改悪が常習であり、広告人としての才能と経験を欠き、もし有つたとしても、前述のような甚だ不利な弱い立場に在つて、果敢な広告美術の闘士になり得ない。

コスト削減しか眼中にないクライアント、これに卑屈に応える印刷所。この構図が変わらない限り、図案所は不利で弱いままだ。そこにデザイナーが自身の判断で腕を振るった広告デザインをつくる余地はない。山名の問題提起は、当時の広告制作現場のかかえる問題を活写しているし、どうやらここに、指導者層が熱く語った「一九三〇年前後の新しい気づき」が、大衆の眼に触れる実際の広告に活かされなかった一つめの理由がありそうだ。

どれか一つの眼が開いた時、この悲しい因果関係が破られるであらう。そしてそれを契機として、憂鬱な広告美術の全線が、明るい展望を示すであらう。群小広告主の活発な真率な広告への自覚は、商戦の活調を寧ろ意外に容易に将来するにちがひないのである。

山名はこのように将来展望を語る。しかし、果たしてこの好循環がすぐに起きることはなかった。停滞の底に流れているのは、図案（デザイン）の持つ伝播力や宣伝効果を理解しない、コストが安ければそれでよいという広告関係者の意識だ。これは不幸にも継続し、負の循環は一九三〇年代に断ち切られることはなかった。

勤務図案家という立場

山名の嘆息のおかげで、「図案所」という注目されにくい、しかし庶民に最も近い位置で広告を制作していた現場の実態を垣間見ることができた。

改めて整理しよう。一九二〇年から一九三〇年代の広告制作者には、この「図案所」を含めて、三種類の所属があった。

ひとつは、個人商店に勤務する店員だ。現在ではこのようなことは考えにくいが、広告黎明期、店の広告を器用な店員が自前で手を動かしてデザインし、印刷所に持ち込むことは珍しくはなかった。『広告診療所』にその事例が多く載っている。これを見ると、この制作者らはある程度までは自身の価値観で、思うままに広告のデザインが可能だったと思われる。だから長岡の指導に従い、「活版活字」を小気味よく「レイアウト」する広告チラシが実現したのだ。とはいえ、この制作者は広告制作が本業ではないのだから、技術力や表現の発展には限界がある。ここでの仕事が、写真家を雇って写真を撮り「レイアウトマン」が取り仕切ってつくるといった、組織だった制作に発展することはほとんど期待できない。

次にあるのが、前段で示した「図案所」というデザイン事務所ないしは印刷所併設の図案部に所属する制作者だ。大多数の図案所が置かれていた状況は、「図案労働者」という呼称が似あうかなり過酷なものだった。彼らが新たな制作に挑戦する余力を持つのは相当困難だったように思える。ごく一部の有力デザイナーの図案所を例外として、ここでつくられた広告に新しい表現が実現することはなかっただろう。

とすれば期待がかかるのは、三つ目の立ち位置である。三つ目は、森永を代表格とする企業勤務デザイナーだ。一九二〇年代後半から、企業が広告部を持ち専属の制作者を雇用する動きが起こり始めていた。百貨店や消費財メーカー、あるいは広告代理店などの企業組織に所属するデザイナーは増加傾向にあった。この現象はもちろん、商売には「広告」が有用と考える社会認識の高まりを表わしている。であれば彼らこそは、一九三〇年前後の多くの気づきを実相することが出来たのではないか。彼らの勤務実態はどのようなものだったのだろうか。

一九三二年四月に『広告界』主催で「勤務広告家の改革座談会」なる催しが開かれている。三共製薬図案部、丸善広告部、資生堂写真部、日活映画宣伝部、日本毛織図案部といった、有力企業所属の広告制作者が集まった座談会である。「現職にありますので差しさわりのないように」匿名で掲載すると約束され、本音が語られた興味深いものだ。

座談会には「商店会社に務める図案家の目標は幹部（広告部長）になることですか？」という室田の問いかけを契機に、「そんな望みは空想以外何物でもない」といった、勤務図案家の本音が吐露されていく。

同じく社員と云ふ名であつても、他の社員とは本質的に異つたものだらうと思ひます。と云ふのは、他の会社員諸氏は年を経るに従つて普通の脳味噌を持つた人間ならば幹部にと進んでゆくことになつてゐます。いや少くとも之の可能性があるわけです。ところが図案家は何時迄も一介の図案家で幹部級に昇進する望みはありません。[6]

勤務図案家には管理職登用の望みがなく、いつまでも一介の図案家だという。それだけでなく、給与などの待遇も悪いという。

A：吾々図案家が通常の社員以上に待遇されてゐると云ふ話は聞いたことはない。……図案家を特に優遇する会社や商店は絶対にないと云へるでせうね。

B：さうです、絶対にないと云つても決して過言ではありますまい。一番みじめなのは俺達にちがひない。

C：私の会社では図案家の特殊の技術才能を一寸も認めてゐるとは思へない。仕事そのものを、平社員の帳簿記入などと同一のものとしか見てゐないらしい。

H：私たちのところもさうだ。

さらに、これまでに経験した、デザイナーの制作意図が捩じ曲げられたという残念な出来事も語られる。ポスターの原画と校正刷りが大きく変えられているにもかかわらず、自分のサインが歴然と入っている。抗議すると「大多数の意見でこうしたので絵かきの思ふ通りにはならぬ」と言われた。あるいは、部長が自分の思うとおりに原稿を変えて、デザイナーに校正を見せもせずに印刷した。抗議すると「図案家がそんなに偉い人なら会社を退いてくれ」と言われた。制作者らは「画の一寸も判らない人が喙《くちばし》を入れるのは、図案家としての活躍が制限される」「図案家を侮辱することを意味する」と、猛然と抗議している。

この座談会に終始流れているのは、クリエーターの仕事に無理解な経営陣への抗議、そしてその結果である勤務図案家の立場の弱さへの嘆き、である。

勤務図案家という安定した立場に思える彼らが抱えていた問題も、結局は街の「図案所」の状況と本質的には変わらない。デザイン（図案）の持つ力を企業側（幹部側）が理解しておらず、そのため広告制作は虐げられる、あるいは簡単に捻じ曲げられる。広告目的に合致したクリエイティブを作ろうとしても阻害される。横槍が入るので、顧客を惹きつける力のある広告が作り出せない。その結果、ますます広告クリエイティブが持つ力に対する真の理解が妨げられる。花形と思われる「企業広告部」も、この三つの悪循環を断ち切れずにいたのだ。

しかしこの座談会は単に愚痴を言うだけに終わらず、意識ある勤務図案家が、改革には何が必要なのか、将来展望を語っており希望が持てる。彼らはこう言う。

「図案家は又アドライターでありビズ《ママ》ネスマンでなければならぬ」。「広告面全体を取扱ふのも図案家の仕事であらう。即ちレイアウトマンとなるのが図案家の本来の行方」。

彼らの示す打開策は、図案家は、デザイン（図案）の持つ力を経営者あるいは顧客に説得できる「ビジネスマン」にならねばならない、ということだ。そのような人格があってはじめて、新しい広告表現に挑戦できるし、その効果がわかれば、広告業界の新しい発展も望める。勤務図案家である彼らがそれを一番わかっていた。ビジネスマンとしての視点も持ち、経営者と広告を語る。そんな「図案家」の存在があれば、広告にデザインの手腕を存分に発揮することができる。しかし、残念ながらこれは未来展望だ。一九三〇年代前半、まだそのような土壌は企業側には醸成されていなかった。

朝日国際広告写真展の功罪——芸術性と実用性

企業広告部に所属する勤務図案家という立場も、一九三〇年代にはまだ確固たるものではなかったことが見えてきた。勤務図案家らの発言が本当であれば、一九三〇年に「発見」された写真を使った新しい表現は、企業広告部でどのように受け止められていたのだろう。デザイナーを重視しない企業が、朝日新聞社主催「第一回国際広告写真展」によって開眼し、新しい写真広告を創り始めることが出来たのだろうか。

第五章で書いたとおり、この展覧会には、東京美術学校写真科を一期生として卒業し、アメリカとパリで学んだ気鋭の写真家、中山岩太による前衛的な写真「福助足袋」が入賞した（第五章図20参照）。この広告写真公募展は大きな評判を呼んだ。すぐ翌年の一九三一年には、広告写真史に名を残す太田英茂プロデュースによる、花王石鹸写真広告キャンペーンが実施された。

この二つの出来事は、朝日新聞社の写真展の後の日本の広告界に、順調に近代的な写真スタイルが広まったと感じさせる。実際これまでの先行研究はこれよりも深い実態を見ていないので、写真広告の歴史を読むと、一九三〇年を境に写真広告への道が開けたような印象を受ける。

朝日新聞社は、第一回展公募の際に、このイベント開催の意図を次のように表明している。

写真を広告に応用する事は世界的流行となつてゐるが我国の写真、広告業界は分立の状態で両者を結合すべき機関を欠いてゐる。本社はこの両者の結合によつて一般を利すること偉大なるべきを信じ……国際広告写真展覧会を開催する。[7]

広告への写真利用拡大のために、写真家と広告業界の橋渡しをするのが、この公募展の役割だというのだ。実際、入賞作の強い印象は、広告業界全体が「写真」に目を向けるきっかけをつくった。

しかし、前節で見たような企業勤務広告制作者の嘆きを知ると、その後の展開には疑問がわいてくる。新しい表現への挑戦である写真広告。これを採用する企業は、この公募展以降実際に増えたのだろうか。

ここで気になるのが、室田の「第一回国際広告写真展」に対する一九三〇年のつぶやき「特別な写真技術を生かしたさに写真を撮る、という観念は捨てなければ」である。これは、何を示唆していたのか。朝日新聞社の「国際広告写真展」のその後を見てみよう。

コンクールの一位の座は、二年目以降も第一回と同じ傾向、前衛写真が射止めた。二位以降も同じ傾向だ(図4)。しかしこれら名声を得た作品への感想は、意外にも批判に満ちたものが多い。少し長くなるのだが、四つの意見を紹介しよう。いずれも写真広告の現実と将来を考え、真摯に書かれた説得力のある文章だ。

広告写真は、誕生後僅かにして高速度の発展をして来た。だが、それは我々が最初から憂ひてゐたやうに、単に写真の撮影方法が発達しただけで、広告の着想とか、レイアウト等の点に於ては、その進歩は大して見るべきものなく従つて迫力ある販売基点を巧みにレイアウトし消費大衆にアツピールさせるといふ方面から見ればまだまだこれからだという観を抱かざるを得ない。[8]

研究的な試作の素晴しさと、実際に活用すべく作られた写真の素晴しさとが、決して同一でない場合の方が多いのである。私達は、一枚の広告写真作品を見るとしても、モンタージュの快さ、鮮麗な画面の味ひに、陶酔する前に、先づ以て如何にしてその作品に広告使命を果さすべきか、また果し得べきかを考へずには居られない。……今日の日本の製版技術と印刷とでは、とても再現し得ないやうな微味なトーンの醸す味を生命とするやうな作品であれば、それは遂に、一個の試作であるに過ぎない。……従つて国際広告写真展の作品は、結局高嶺の花の見事さに終るであらう。……私は研究的芸術的良心で製作された広告写真作品に深い敬意を表すること、決して人後に落ちないつもりである。ただ実際上の効果を期待する広告人としては、味ひを主とした作品、写真技巧の妙を極めた作品、よりは写真の持つ実在感と迫力を高調した、複製を十分意識した作品を要求し、その方面の研究を更に熱望し度い。……高踏的な作品は、サロンの花であり得ても、街の人気者ではあり得ないのだ。[9]

いかに技術的にまた芸術的にすぐれた作品でありましても、それが広告としての価値がなかつたら、勿論ホイソレと頂く訳には参りません。……写真としての面白味に主眼を置いて見るのと、広告用としての価値に主眼を置いて見るのと、その立場によつて非常に相違が出来ますが、この二つの立場を出来るだけ接近させて、そのいづれから見ても満点である様な作品が生れない限り、真の広告写真の一級品とは云へないのであります。ところが現在の出品作品の殆ど大部分が、どうやら写真としての面白味にあまり力を入れすぎてゐる様に思はれます。……新聞とか雑誌類のザラ紙へ印刷するのには、まだまだ大きな苦労が残つてゐるのでありますゝ。折角意気込んでまはした原稿が、出て見ると版がつぶれて、見る影もなくなつてゐる様な例は今までに数へ切れないくらゐ味はつております。[10]

あまりに芸術的にして実用を無視した作品があるかと思へば、広告で飯を食ふ所謂玄人の企及すべからざる優れたる作品があるのが懸賞作品の弱点にして強味……展覧会場で見ての秀作が、実際にはどれだけの効果があるか。[11]

これらはいずれも、一九三三年の第四回朝日国際広告写真選の入賞作に対する批評である。書いたのは順に、朝日新聞社広告部、レート化粧品、サロメチール、味の素の広告部という、広告制作の現場にいる人々である。これはどういうことか。彼らは新時代の写真表現の動きを知らないわけではない。フォトモンタージュやレイアウトという用語を使っているし、その意味を正しく把握していることが文面から推察できる。当時としては理解の進んだ広告人である。その彼らが、コンクール写真に対し「あまりに芸術的にして実用を無視」している、という評価を下している。

このような評価は翌一九三四年の『アサヒカメラ』に掲載された「初めて広告写真をつくる人へ」と題された文章で、更に鮮明に主張される。

先ず第一に広告図案を作るんだ―と云ふ事を頭の中へしつかり入れて置いてもらひたいですね。芸術写真を作るのでなくて、広告を作ると云ふ事をね……ところがどうも間違ひ易いんですね。間違へると云ふよりもどうしても先入観念からぬけ出られないのではないでせうか。やけに印画としての調子―色や紙やデテールにばかりにとらはれて、印刷されてからの効果を考へずに原画の調子ばかりを気にし易いと云ふ事が最も重大な欠点ですね。[12]

みなが声をそろえて言っているのはこのようなことだ。公募展の入選作は、「写真技巧の妙を極めた作品」

であることはわかる。しかしそれは複製、つまり印刷されることを意識したものではない。「今日の日本の製版技術と印刷とでは、とても再現し得ないやうな微味なトーンの醸す味を生命とするやうな作品」ばかりだ。だから結局、入選作は「サロンの花であり得ても、街の人気者ではあり得ない」。まず必要なのは、その作品が広告使命を果たしているかを第一に考えることだ。写真の撮影方法を研究するのではなく、広告の着想や製品の「販売基点（＝セールスポイント）」をアピールする方法を研究してほしい。これらの声が示すのは、第一回展に対する室田の懸念と同じである。

一九三〇年の第一回展の時点では、まだ他の選者は、中山岩太の前衛写真を絶賛していた。しかし室田は中山の着想を賛美しつつも、広告写真が芸術性を重視しすぎる傾向へと向かってしまう危険性を予知していた。そしてこれに不安をいだき、「特別な写真技術を生かしたさに写真を撮る、という観念は捨てなければ」と、つぶやいていたのだ。

当の室田も一九三四年に、雑誌『アサヒカメラ』で改めて意見をのべている。

広告の写真を作る技術家は純正写真に於ける自己の思想のみを表現するをやめて、読者の目を捉へ、商品を紹介することに腐心すると云ふ純正写真家の立場と全く異なつた仕事である。……広告写真は決して自らを楽しませる作品ではなく、公衆を悦ばせるために作らねばならない。[13]

雑誌『広告界』にも匿名で同様の指摘がされる。

近来広告写真の進歩は著しいものあるに拘はらず、はやく既に賛同し難い傾向を発見するのである。即ち、第一に、広告写真は、広告物作製の一材料物に過ぎず版下に過ぎないといふ点が閑却されがちとなり、それ自体―商品又は産業からはなれて―芸術的な画面的まとまりをもつやうになり、……この傾向は、かつて、所謂『商業美術』の名に於て、広告実務家の広告物作製の材料とは別個に、所謂図案家なる存在に依つて不必要に傾向づけられて、各独自の発達を期すべき個々の産業に画一的な阻害的な役割をさへ演じてゐるのと同一の方向を辿るのではあるまいかと危ぶまれる次第である。[14]（傍点原文）

かつて商業美術は、実際の広告ではなくプロトタイプの制作に励むという間違いを犯した。広告写真もこれと同様に、広告物の一要素ということを忘れ、「芸術写真」の制作に走っているのではないかという危惧である。

入選作品を見てみよう。確かにヨーロッパのアヴァンギャルドらの実験的写真の影響が色濃く、写真表現の持つ可能性を実験しているような表現ばかりが目に付く。（図2）は、第一回から五回までの一等入選作である。微妙な露光の加減や、フィルムの重ね焼き、多重露光など、当時の写真技術の粋を集めた写真は、なるほど写真としての完成度は高い。しかし当時、印刷された広告写真としてこれらは果たして有効だったのだろうか。第五回のミツワ石鹸は、女性の背中のなめからな線と背中、石鹸の質感が描き出された習作だ（図2、右上）。この表現は無を思わせる真っ黒な空間に、微妙な濃淡のあるなめらかな白い肌が浮かび上がるところに魅力がある。しかし真っ黒と微妙な濃淡、いずれも印刷での再現は、当時の技術や用紙の質から考えるとかなり困難だった。

第一位の作品は、東京朝日新聞に一頁広告となって出稿されたが、このミツワ石鹸の広告に対して、「大体新聞紙と云ふザラ紙へだね、玉の肌―と云ふ様なスベスベした感じを出すのはむづかしいな。新聞に印刷されたものは、この原画に見る様なデリケートな濃淡による背のふくらみなどは全く出てゐない[15]」という評価がされている。漆黒の面を印刷で再現する困難には、白い足袋と漆黒のコントラストで魅せようとする（図3）も行き当たるだろう。

また、（図4）の三つの入賞作は、いずれも繊細なグラデーションの重ね焼きによる効果が味である。この

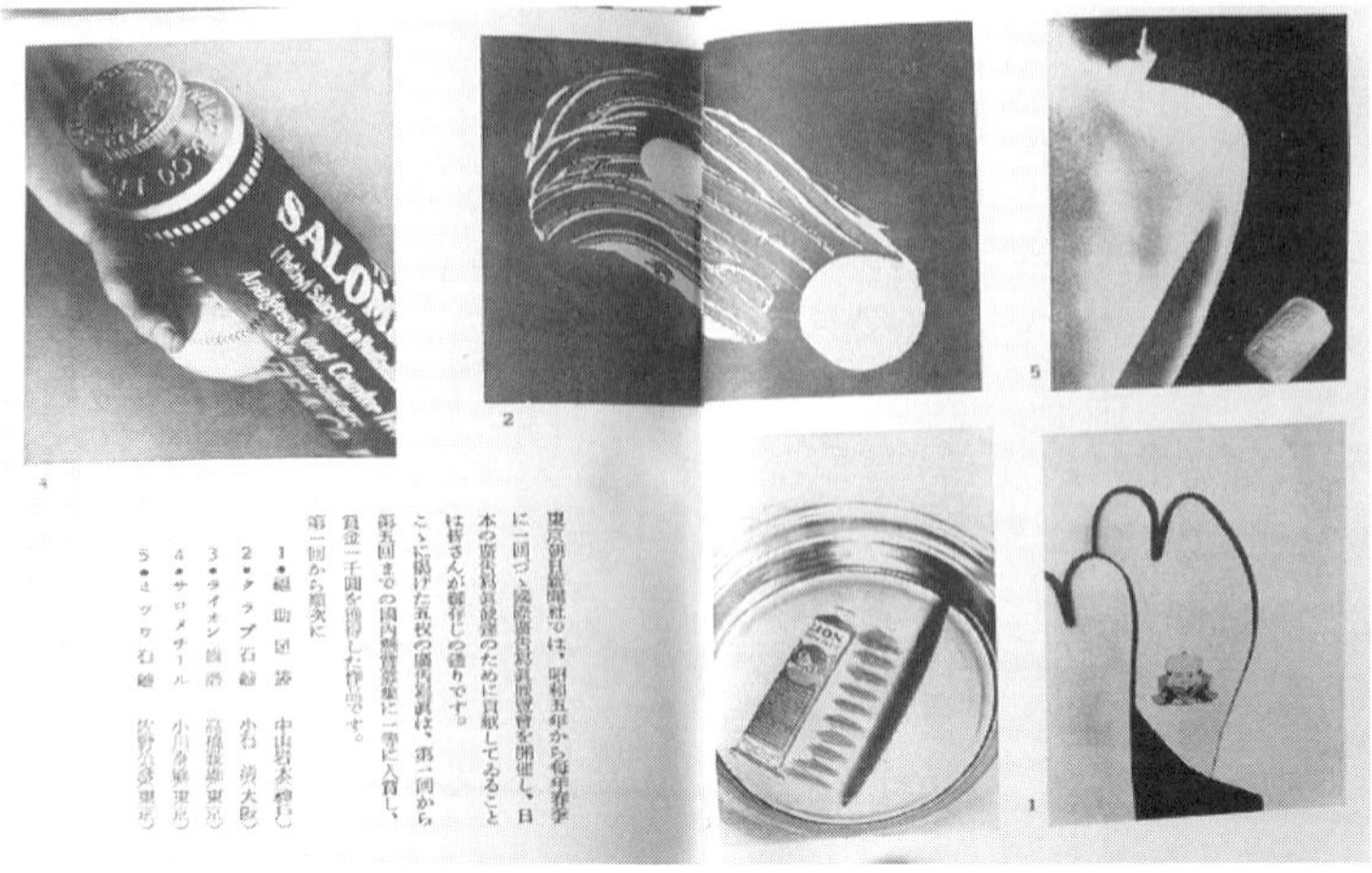

（図２）国際広告写真展（朝日新聞社）第１回〜５回１位入選作（上）

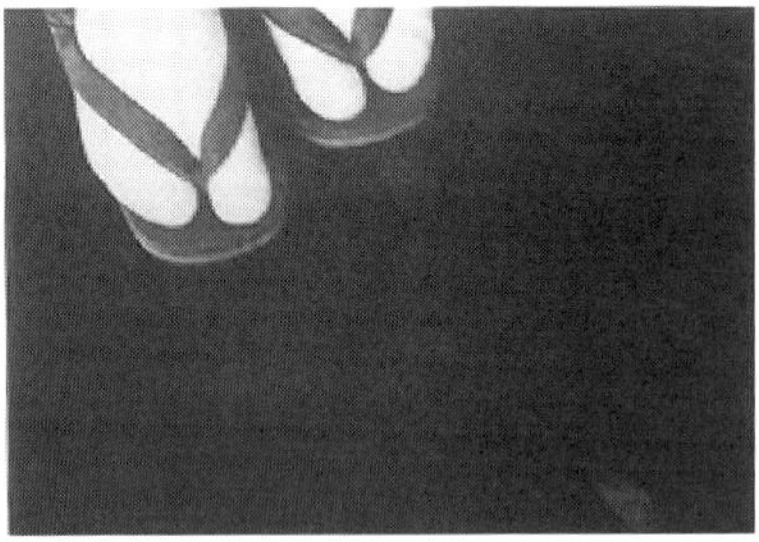

←（図３）水野正利、
第３回国際広告写真展２等

↓（図４）国際広告写真展（朝日新聞社）
第１回〜第５回その他入選作

⑴ 富永一郎、
第２回３等

⑵ 伊藤繁三、
第４回佳作

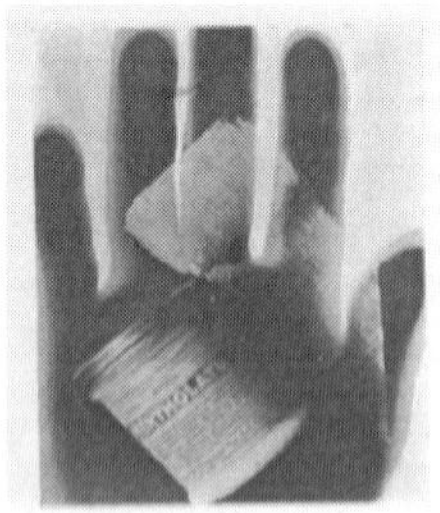

⑶ 深井光男、
第５回入賞

ような微妙なトーンもまた印刷での再現は相当むずかしい。

いずれも見るものをはっとさせる効果があるし、技巧を凝らし、構成にも凝った、写真としては高いレベルの作品である。「赤玉杯」の頃から比べると、写真表現の格段の進歩を感じる。しかし「赤玉杯」は芸術写真の公募だったが、朝日の公募は実用を前提とした「広告写真」の公募である。多くの指摘のとおり、当時の印刷技術、そして印刷される雑誌や新聞という媒体の紙質をも考慮したとき、これら入選作品が広告写真にただちに利用可能とはとうてい思えない。

このような朝日新聞社国際広告写真展の功罪に関して、一九三五年に刊行された単行本『広告写真術』で『アサヒカメラ』の編集長、松野が明確に言い切っている。

昭和五年の朝日新聞主催第一回国際広告写真展覧会が我国の広告写真に理解をもたせる第一の口火になつた事はいなまれない事実である。これには広告写真の価値は相当広く世間に認められてきた。広告主のこれに対する理解も、或る程度まで深まつては来たが、実用化と言ふ点になると、わが国の現状は、欧米のそれに比して、まだまだと言はねばならない。展覧会に集まつて来る作品などを見ると、着想や技術の点では、見るべき佳作が多くありながら、それが最終の段階に於いて生命を見出さずに、即ち、額縁に収められた一枚の下絵として鑑賞されるだけで、輪転機に送りこまれないといふことは、その製作者たちの並々ならぬ努力を考へると一寸涙ぐましくもなる。……最後の生命を与へるのはやはり広告主だからである。[16]

コンクール入選写真は「額縁に収められた一枚の下絵として鑑賞されるだけ」では、広告写真ではなかろう。もっと現実を見ろ、実用を考えよ、というわけだ。そして松野はこう結論づける。「日本の広告写真界の現状は、……まだ『習作時代』であつて、……その最も優秀な分子が明日の活躍を予測されるに止まつて、厳密な意味では未だ完全な実行期には入つていない」。

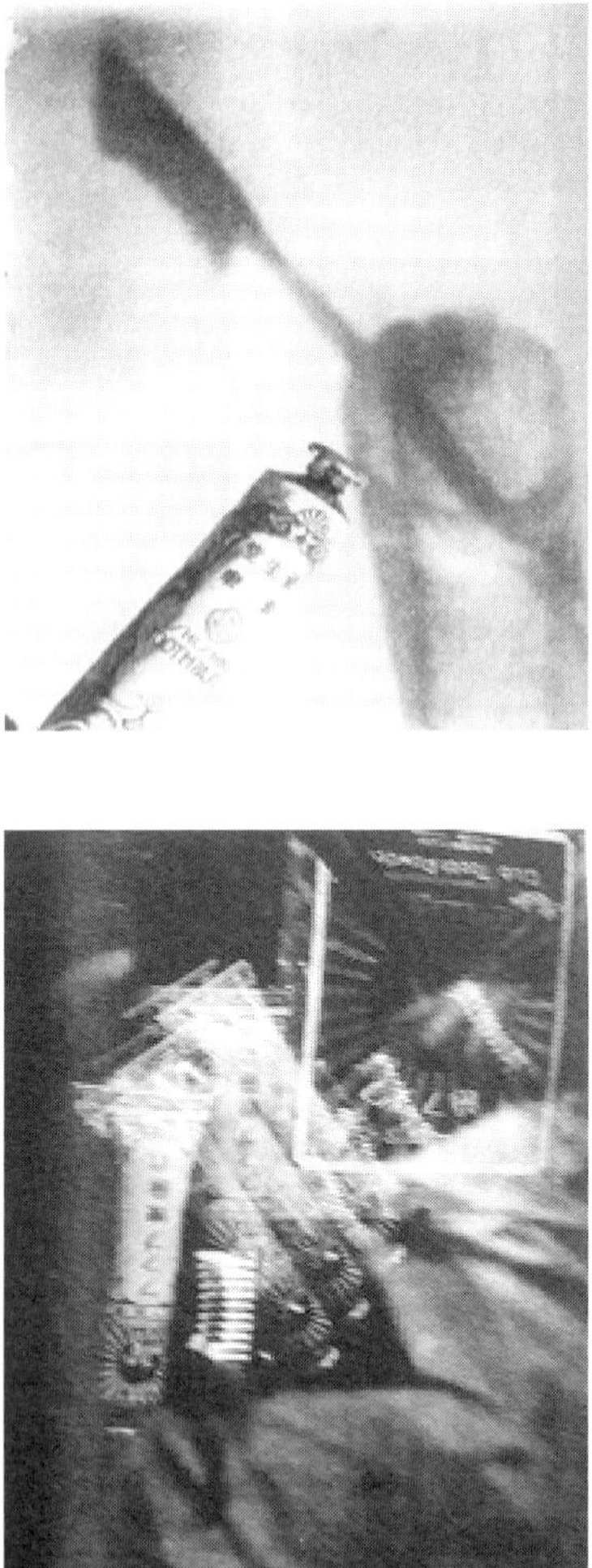

（図5）中山岩太、広告用習作2点、1930年代

このような多くの非難に対して、第一回の一等入賞者、中山岩太は強く反論している。

朝日新聞社の広告写真展の応募作品は直に使へるものと云ふ事に重きをかれてゐる為にいつもそれを使用したか何うかと云ふ事が問題にされる様だ。そして使へるものがないとか自分のところの形式と異ふとか広告主からきかされる。……ただ作家としては大衆を目的として広告主などは実際から云へば問題とすべきでない、それが広告写真家の真情であらねばならない。……資本と惰性が広告の結果を漠然としてゐる為に依然御本人の考へが正しいと安心してゐるのが一般の〔広告主の〕情勢である。然し世の中にはかういうタイプの広告主ばかりではない。新しい作家やアトラクテイブな仕事を無条件に採用するところもあるはずだ。かういうところは残念ながら日本にはよほど少ないと見える、……時代は代る、大衆にアピールするものも日に月に変化してゆくものである。それをこの過去の人即広告主の御意見どほりに仕事するのであつたならば、広告写真作家といふものは此世に必要はない。[17]

中山は、大衆に好まれるような写真ばかりを求めていても真の広告写真の発展にはつながらない、という。写真家は大衆に迎合するのではなく、時代を牽引するより先端の表現を提示すべきだ。この中山の論は確かに正論である。

実際、一九三〇年代に中山が撮った広告用の写真は、非常にレベルが高い。二重写しや繊細な露光と印画の白黒のコントラストが美しくバランスをとっている。初期の広告人の多くが参照したヨーロッパのモホリ＝ナギとは違う持ち味の、艶のある中山独自の世界を確立している（図5）。近年、これら彼の残した多くの作品への再評価が進み、東西の美術館で複数の回顧展が行なわれた。

しかし残念だが、一九三〇年代にこの理想は尚早すぎた。第一回展入選で脚光を浴びた中山だが、その後彼が生み出した多くの繊細で実験的な写真が、実際の広告に全く活かされることなく埋もれていったという事実、一九三〇年のコンクールで広告写真家として華々しいデビューを果たした中山が、その後この分野でまったく活躍できなかった事実を考えたとき、受賞後の中山の制作態度は、実業に即さない理想論であったと言わざるをえない。中山は広告制作者ではなく、芸術家だったということだ。

量産された「単化」への懐疑

一九三〇年に行なわれた朝日新聞主催「第一回国際広告写真展覧会」の話題性と華々しい成功から、一九三〇年代が「写真広告」の時代であるかのように思われたが、これは錯覚だった。実際は、一九三〇年代半ばを過ぎても広告表現は「単化」全盛の時代だった。

実例を挙げよう。朝日新聞社が広告写真懸賞を行なった翌一九三一年、対抗する立場にあった毎日新聞は、大阪毎日と東京日日の共催で、広告図案の懸賞募集を行なっている。「街頭に躍進する芸術」という副題のある「商業美術振興運動」という名称の公募だ。これは、名前と形式を何度も変更しながらも戦後まで続き、今日も、毎日デザイン賞として続いている。

（図6）第3回大毎東日商業美術展応募作品中、唯一の写真を使ったポスター（大阪毎日賞受賞、木下力三作）

懸賞の第一回から第三回まではポスターも募集された。[18] 一九三〇年の広告写真の衝撃を受ければ、この応募作品にも写真を使ったものが多くありそうだが、三年を経た一九三三年（第三回）の二〇九七点という多数の応募ポスターのうち、写真を使ったものはたった一枚だった（図6）。期待した写真広告が少なかったことを、評価側から残念に思う声が上がっている。

モンタージュ物が一枚しかなかつたのは些か物淋しさを禁じえなかつた。ポスター構成の新しき運動として、将来この機械美術の境地は益々開かれて行くものと思はれ、又開拓して行つて見たいと思ふ。[19]

これを書いたのは多田北烏。自身は美人画ポスターの大御所だが、上野の地下鉄開通にポスター新時代を期待していた次の時代への嗅覚を持つ人物だ。多田はこの唯一点の写真を使った「大毎賞」に入賞したポスターを、丁寧に分析・批評している。

「写真を広告に使え」という意図で朝日新聞社が行なった広告写真公募に対抗するように毎日新聞社が行なった「街頭の芸術」の公募には、結局期待に反し相変わらず多数の「単化」が応募された（図7）。こればかりではない。一九三〇年代に多く行なわれたさまざまな広告展はすべて「単化」一辺倒である（図1参照）。

三〇年半ばになるとこの状況に対し、指導者的立場にある多くの広告関係者からは疑問の声が上がる。「ホールウインの真似をする人はホールウインの為めに宣伝をするのである」[20]「街に単化ポスターが流行ると何處の展覧会へ行つて見ても単化の大流行です」[21]といった嘆息には、広告デザインといえば、「ドイツを真似た『単化』のこと」と思っているデザイナーを多く排出してしまった実態と、意識あるデザイナーのその実態への抵抗感が表われている。

『広告界』主催の一九三五年の「商業美術座談会」（図8）では、東西のデザイナーが、この問題の打開策を求める議論を展開している。[22]漠然とした名前の会だが、会の目的は、「単化」氾濫への憂いを共有することと、その解決策討議にあった。

東西の離反、「写実回帰」と「デッサンではない構成力」

ここには東西の錚々たるメンバーが打ち揃った。東京勢は濱田増治や山名文夫そして多田北烏。大阪勢は「単化」式の代表的なデザイナーと認知されていた河村運平らである。

実はこの前年、室田は『広告界』を去り、フランスに旅立っている。室田の動向も気にかかるが、誠文堂と決裂したわけではない。「日仏交換ポスター展」の主催をきっかけに、純粋にフランスでの勉学を志して編集長を辞したのだ。室田に代わって編集長となったのは、宮山峻《みややまたかし》という制作経験を持たない編集者だ。宮山は一九四一年の廃刊まで編集長を続ける。

さて座談会は、商業美術の基礎教育というテーマで宮山が口火を切ると、大阪の河村が早速、「先づ写実を理解してから」と、デッサン重視の姿勢を表明する。河村は、デッサンなどの描く基礎を勉強しないで「単化」を作成するなどはありえない。ポスター制作の基礎にはまずデッサンが必要で、「断乎として、商業美術家の基礎教育としてはデッサンを主張し強調します」と気を吐く。

関西広告美術協会の山茂雄も、「結局色々非難を受ける因は写実の基礎が強固でないといふことが或いはさうした非難の起る根源ぢやないかと思ふ、だから単化ポスターにしても……結局は基礎工事としての写実を深く突止めて置く必要があると思ふ」と、写実デッサンの必要性を強調する側に立つ。

これに対し東京の濱田は「単化よりもデッサンを重しとするのですね」と反論する。

しかし繪をうまく描く人必ずしもいい商業美術を物すると限らない、今のお考だとすると絵画から入る単化はひとつの絵画の形式である。……商業美術はもつと考へなければならぬ、特別の商業美術としての基礎がありはしないか。

デッサンは商業美術の基礎にあらず。そうではない「特別の商業美術としての基礎」があるはずという濱田。ここへ山名文夫が加勢する。

［デッサンや写実から入るとなると］結局油絵なり水彩画なりがうまく描けなくちや駄目といふことである、さうでなく［商業美術は］絵画構成、一つの画面の構成をハッキリ出来るといふその腕前をもつて居なくてはいけない、その腕前があればいい、それが結局商業美術の基礎の一つになるのじゃないか。

山名を受けて濱田はさらに、その「商業美術の特殊の領域」には「広告学が如何に必要であるか……理論が先か、技術が先かといふ問題は理論がどうしても先」そして基礎は「レイアウトの教育」だ、とたたみかける。描く技術・デッサン力が本当に必要なのか、必要なのはそうではない理論の理解とデザイン力（構成力）ではないか。これが、濱田が『現代商業美術全集』によって先導した「単化」デザインの急増・乱造という状況に対して、濱田自身が提示した解決策であった。

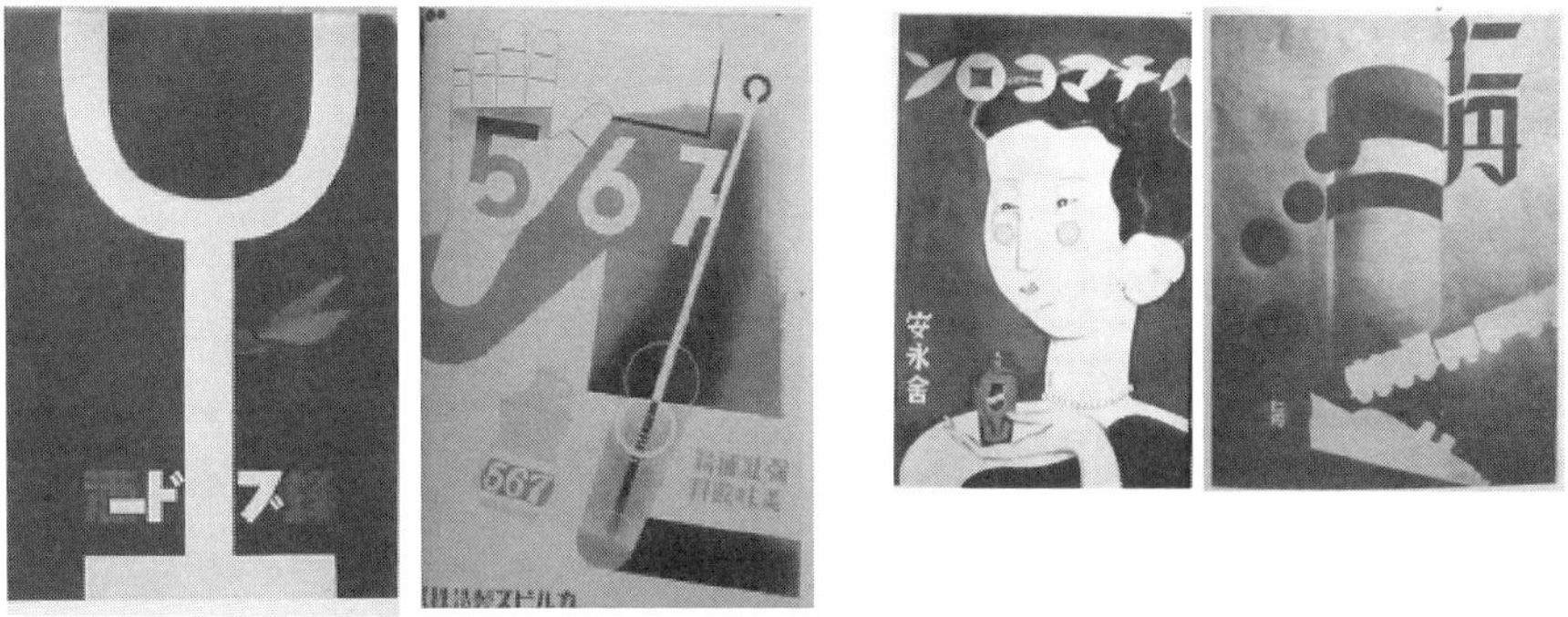

（図 7） 第 3 回大毎東日商業美術展、
入選作と展示風景、
左上「蜂ブドー酒」は、河村運平作

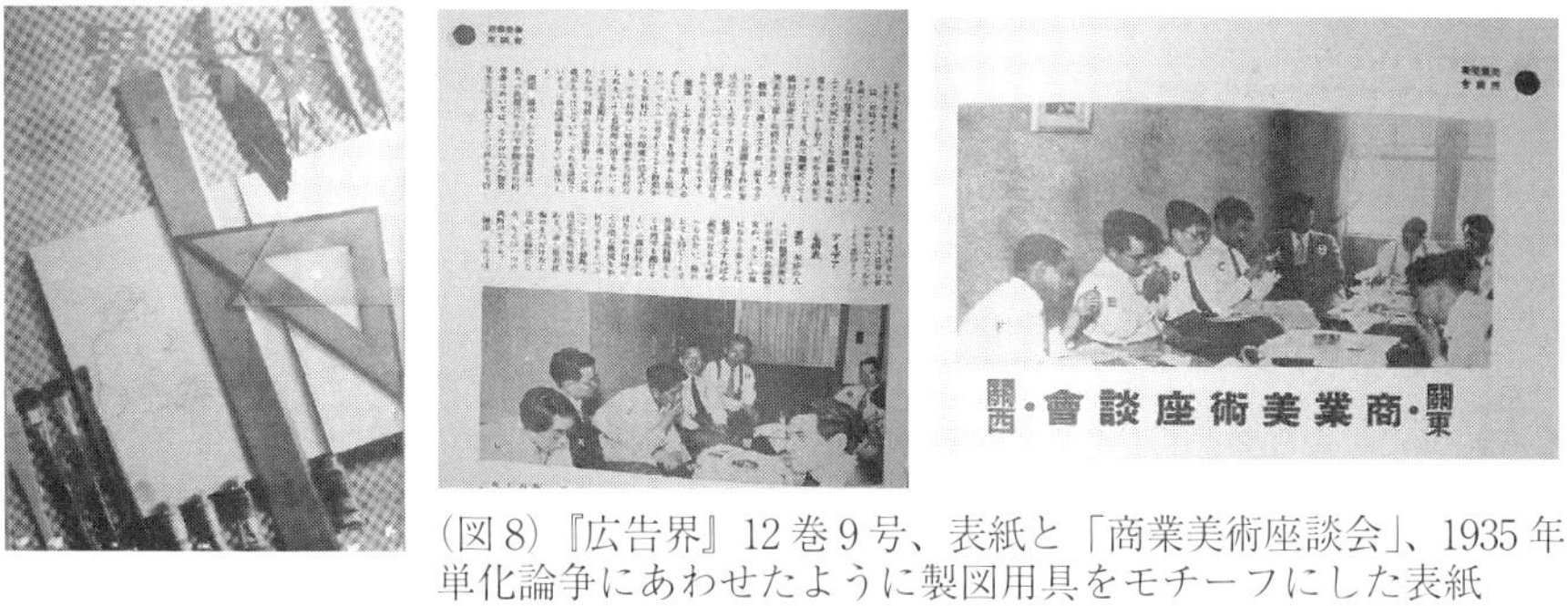

（図 8）『広告界』12 巻 9 号、表紙と「商業美術座談会」、1935 年
単化論争にあわせたように製図用具をモチーフにした表紙

この議論の背景を、増殖した「単化」ポスターを見ながら少し考えてみよう。

単化乱造の理由と東西が進んだ道

ポスター展に出品されたり駅に貼られた「単化」ポスターを見ると、その多くが、実物の形態からかけ離れた、むやみに直線的な表現である（図9）。日本人が最初に共鳴したドイツの「単化」ポスター（図10）と比べると、大阪勢が言うとおり、確かにこれらには「デッサン力のなさ」を感じる。「単化の創案者は写実から入つた確《しつか》りとした基礎の上に建てたものだが、単化されたものを見て一般の図案家がその儘模倣した為に薄つぺらなものに成つて仕舞つた[23]」のだ。東西の制作者が嘆いているのは、このようないわば薄っぺらな「単化」の増殖だ。

このような薄っぺらな「単化」が増殖した原因、根本にあったのは何か。それは広告需要の急増である。一九二〇年代の終わり頃から、広告の制作需要は急増した。先に書いたように、有力企業が広告部を持つようになったこともその表われである。この制作要請を受ける広告業界は、もはや少し前のように手の込んだ美人画を作る余裕がなくなった。いやしかし、この急増に対して、例の事前に印刷された美人画に後で文字を刷る「引き札」形式なら間に合ったかもしれない。しかし「美女」ポスターは、もう時代遅れだと皆が感じ出していた。クライアントは「単化」形式にしたいという。

その要望を受けて、「図案所」や企業デザイナーは、「単化」作成に走った。「単化」は、そのような急激な需要の増加には絶好なスタイルだった。なぜなら、簡略化した限定された色数で構成する手法は、まず印刷が早い。しかも安価だ。そして、美人画を描くほどの「デッサン力」が要らない。美人画は描けない図案職人でも、「単化」は描ける。「写実を基礎にやるより単化の方が楽だものなあ[24]」なのである。つまり人件費が安い。早い、安い、それでいて新規なものに見える。これが「単化」の魅力だった。こうして「図案所」の実態に対して山名が憂いていたような、悪のトリオ構造、打算の産物としてうすっぺらな「単化」が、数多く生み出されたのだ。

話を戻そう。後から振り返ると、河村が「デッサン」を、濱田が「デッサンではない構成力」を主張した、この一九三五年の「単化」の基礎技術論争は、その後の東西それぞれの広告表現の道を分かつ、重要な転換点となった。二つに分かれた東西の流れは、一九三六年にこう指摘されている。

　写実主義も単化主義も一様に行詰まり……東京の作家は単化への熱心を見せ、大阪の作家はレアリズム復帰による再出発を企てゐる……私は其處に意志的な、主観の強いレアリズムであることを感ずる。[25]

（図 9）単化ポスターの作例、第 3 回商業美術連盟入選作、1934 年

（1）ベルンハルト、ブライヘルト（輸送機器会社）、1914 年

（2）ホールヴァイン、ミュンヘン動物園ポスター、1912 年

（図 10）ドイツの代表的な作家のポスター

これを書いたのは愛知商業美術協会に所属する人物だ。彼は、その街頭ポスターか屋内ポスターか、短期のものか長期のものか等も考えない、あらゆるテーマへの「便利主義」で「無条件な単化主義化」が個性を喪失させた。「猶いけなかつたことは、それが商業美術の尖端であり、本質であるかの如く大衆に強要して来たこと」だという。

東西の価値観の違いは、フランスのアール・デコ・ポスターへの評価にも現われている。

アール・デコ・ポスターには、一九三〇年代、エアブラシのグラデーション効果で立体感や奥行きを表わす描き方が多用された。関西の河村はこれを、「フランスのカツサンダやジャンカールのポスターに観る如く必要的に選んで居るスプレーの技法やラフなボカシの技巧等は新技巧と言ふ丈けのものではなくよくアイデアの強調を助成せしめて居る」[26]と、推奨する立場をとっている。この手法は、(図11)を見てもわかるように、透視図法や遠近法などに基づく「写実の基礎」がなければ効果的に使いこなすことは出来ない。デッサンの基礎をと叫ぶ河村がこれを賛美するのはよくわかる。

一方東京勢の代表・濱田増治は、一九三六年一月年頭の『広告界』で、フランス・アール・デコ様式のエアブラシのグラデーション描法を酷評している。「単化主義の傾では独逸から輸入された平面的単化が、やや立体的に傾いたかと思ふと、それはふりかけやたたきの描法でお茶を濁してゐる。これに超現実主義の手法が加つて、グロテスクな味を示したが、それだけ作家の自己陶酔の度を増したから、次第に大衆から顔をそむけられかけてゐる」[27]。両者はやはり対照的である。[28]

三〇年代後半になると、河村の路線は関西を中心に推進される。関西デザイナーの大御所・今竹は、一九三七年にこのように主張している。

写実復興、極端な単化の傾向に反動して、最近写実への復帰が叫ばれているが、この写実は過去の写実への還元ではなく、単化から一歩突き進んだ新しい解釈に基いた新写実なのである。[29]

今竹自身の作風に象徴されるが、関西が向かった方向は「人間味のある手描き」である。これ以降関西では、一九七〇年代のポスト・モダンを先取りしたかのような、肉筆の力強さを生かした味のある「新写実」によるポスターが多く作られていく（図12）。そしてその傾向は戦後まで継承される。[30]

関西には「理論」が先行する禁欲的な構成主義は、制作者側にも、受け手である顧客側にも馴染まなかったのではなかろうか。それは当時も戦後も――。活動拠点を関西に置きながら戦前戦後と長い期間活躍し続けた今竹が、その趣向を体現している。彼は終生デザイナーであり画家でもあった。戦後活躍した第一世代のデザイナーにもその傾向がある。田中一光《たなかいっこう》と早川良雄《はやかわよしお》はいずれも関西出身だが、構成的でストイックな表現を作る田中は東京に拠点を移すが、筆跡の残る手描きの味を特徴とする早川は関西で活動し続けた。彼らの次世代の多くは東京で活動するが、クレヨンなど画材の質感が残る描き方が特徴のK２黒田征太郎はずっと関西で活躍している。

それでは濱田ら東京勢はどうなったのだろうか。彼らは一九三五年の論争を機に、濱田を中心に、「単化への熱心」＝さらに進んだ論理的なモダン・デザインへと突き進んで行く。

それにしても東西の見事なまでの訣別だ。有力な東西人員をそろえたこの座談会は、「単化」デザインの打開策に関する東西の見識の差を『広告界』が事前に見抜き、仕組んだものだったのかもしれない。宮山が、白熱した議論は主催者として有意義だったと礼を述べてしめくくっているので。いずれにせよ、この座談会を境に東西の広告制作者は歩む方向を変えていく。

「理論が先か、技術が先かといふ問題は理論がどうしても先」と宣言した濱田。彼は翌年『広告界』一九三六年二月号で、ここまでのポスターの発展過程を論理立てて説明している。筋書きはこうだ。

はじめは絵画的（＝美人画）だったが、次に写実的（＝単化）となり、そして現在の傾向として日本画的描線の回帰（＝関西の写実的単化）がみられる。これまでの経緯を三ステップで示した上で、次に進むべき第四の傾向をこう予告する。

ポスターは絵画の表現が目的でなく……即ち画家以外の人間でも頭のある人間ならば、尚よくこれをこなし得るのである。[31]

広告制作に必要なのは「頭」、デッサンの基礎は不要だというのだ。そして濱田は続く三月号では広告構図とレイアウトについて、五月にはフォトモンタージュについてと、次々にデザインの新技術と新概念にかかる記事を書き下ろし、「頭でつくる広告」の普及活動を開始する。

思い出して頂きたい。第二章で示したとおり、濱田は構成主義を「ポスター創作としては最後の理想に近いもの」と最初から意識していた。しかし日本の広告界へのその普及はまだ早すぎる、「ポスターの理解がもっと行き届いてから[32]」でなければと判断しまずは遠ざけた。そして一九二八年から開始した『現代商業美術全集』刊行時点では、前哨戦として「単化」を強調し推進した。

この目論見が成功し、商業美術という名の普及とともに「単化」が急増した。状況を見極めた濱田は、一九三五年の座談会で「単化」に幕を下ろすと表明し、すぐさま濱田が本来理想と考えていた第二幕へと向かうのだ。

次なる戦略は、写実回帰でも、絵画要素の残るアール・デコ様式でもない。構成・レイアウト・写真をキーワードとした、より近代的なデザイン理論の普及であった。そこで必要なのはデッサン力ではなく「理論」と「頭」である。

『広告界』と「レイアウト」のその後

濱田が第二幕として描いた広告のあるべき姿、「デッサンではない構成力」による広告とは、つまりは「『レ

(1) 靴のウニク

(2) 北極星号

(3) ユナイテッド・ステーツ・ライン

(図 11) フランスのアール・デコ・ポスターの代表、A・M・カッサンドルのポスター。エアブラシによるグラデーションを巧みに使用。

(1) 今竹七郎、1941 年

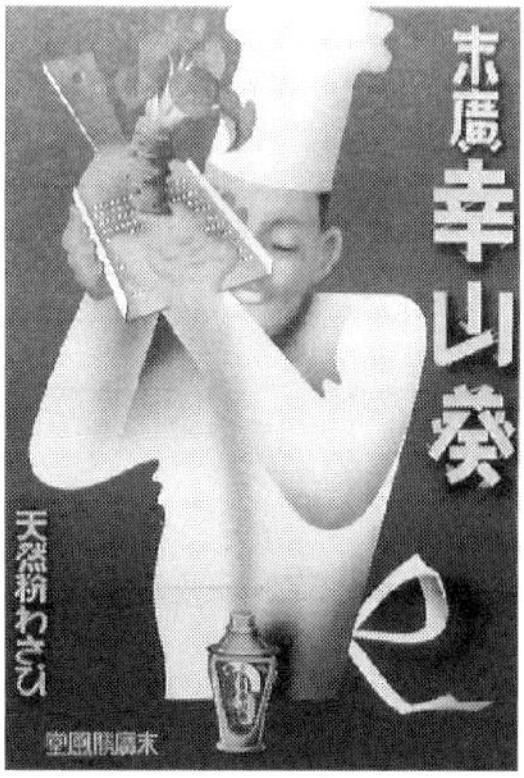

(2) 河村運平、1938 年

(図 12) 関西の写実に回帰した「単化」ポスター。
今竹の (1) は、人気があり盗難が相次いだという。今竹自身はこのポスター制作にあたって「冷たい物理では人は感じない。人を興奮させ、涙を流して泣かすことが出来たとしたら、そのポスターは歴史的な傑作たり得る」と述べた。(『プレスアルト』49 号)

イアウトマン』が企画する広告」のことだ。

前衛写真を使った広告はさすがにまだ実用が難しかった。しかし、一九三二年の座談会で勤務図案家が述べていたように、広告画面を「レイアウト」するという考えや、「レイアウトマン」という職種は必要だし、その台頭は可能なように思う。本書第三章でその発生をたどった「レイアウト」という新しい用語は、東京勢の推進によってその後普及していったのだろうか。

実は、当の濱田は一九三七年頃から体調を崩し「当分商業美術の第一線に起つて仕事する事をやめる」と宣言するような状況にあった。[33] そして残念なことに、一九三八年一一月二七日、脳溢血により逝去。享年四七歳だった。一九三五年の論争で熱弁をふるった濱田は、そこで描いた第二幕を、自身の手で演出することは出来なかった。濱田が開けた第二幕だったが、濱田抜きで実践されることとなった「構成」「レイアウト」という概念の普及。広告制作者はデッサンが出来なくても良い、頭で描くための特別な基礎が必要だと言い放った彼の遺志は、うまく拡大していったのだろうか。

当時の資料を追っていると、「レイアウト」という言葉の不思議な二面性に気づく。第三章冒頭で示したとおり「レイアウトマンから発生して、アートディレクターという考えにたどりついた」という発言が残され、「レイアウト」と「レイアウトマン」が、戦前に、新時代の広告制作の方向性を示した先駆的な新概念であったと回顧する制作者がいる一方で、指導者の一人である山名文夫[34]は戦後、このようなことを書いている。

> レイアウトということばが、われわれの会話のなかに使われるようになるまでには、二十年もかかっているといったら、いまの人は本気にするであろうか。われわれの仕事に必要なことばで、こんなにもゆっくり行きわたった例もめずらしい。[35]

山名はこの言葉の普及スピードが、異常に遅かったと言うのだ。室田が日本にこの新語を紹介したのが一九二九年なのだから、山名の認識どおりであれば、「レイアウト」という用語が普及したのは一九四九年、つまり戦後までかかったということになる。これは、戦前にあった「レイアウトマン」という職域が、戦後のアートディレクター制度による新しい広告制作へとつながったという、先の叙述と真っ向から矛盾する。

この矛盾は、そのまま一九三〇年代の広告界の二面性を現わしている。

レイアウトをめぐる二面性——先駆者と一般人の乖離

『広告界』は、一九三七年六月に「新聞雑誌広告レイアウト・コンクール」というイベントを開催している。誠文堂創立二五周年記念事業として企画されたこのコンクールに、同社は相当な力を入れていた。イベントは「『広告界』当事者の異状な奮發」[36]のもとで、まず同社が一九三七年年初に有力企業に協賛を募るところから開始された。同年三月二三日に協賛を呼びかける勧誘状を郵送し、四月までの約一ヵ月間で、東京一七社、大阪五社もの協賛を取り付けている。かなり精力的な活動だ。協賛を得るために有力企業に「レイアウト」の意義を説明・説得すること自体が、「レイアウト」概念の広報活動だったとも言えるだろう。[37]さらに日本各地の商業美術団体の連合体として新編成されたばかりの全日本商業美術連盟[38]の共催も取り付け、同連盟を通じての応募者拡大も目指している。

このような大々的な広報活動を組織したのは編集者・宮山峻である。彼は第一四巻七号で、コンクールの開催をこう宣言している。

レイアウトそのものは、今、改めて採り上げる可き新しい問題ではありません、併し、広告作成の技術として、最も大切なこの問題が、その重要性に比して、重要視されてゐない事実は、新しく検討しなければならぬ問題でせう[39]

この宣言が、この時代の「レイアウト」の二面性を物語っていることに注意を払いたい。「新しい問題ではない」にもかかわらず「重要視されてゐないことは問題だ」と言うのだ。なんだかおかしい。これはどういうことか。

「レイアウト」概念が紹介されてから八年もの月日が経過した一九三七年の時点で、いまだ「レイアウト」が広告作成現場で「重要視されてゐない事実」があるという。これは「広まるのに二十年かかった」と言う山名の戦後の証言に結びつく状況だ。

一方「改めてとりあげるほど新しい問題ではない」という感覚は、既に「レイアウト」を咀嚼し、ものにしていた先駆者らの視点に立った発言だ。後で示すとおり、実際一九三〇年代半ばのトップランナーたちにとっては「レイアウト」や「構成」は、ほとんど『常識』となっていたのだ。宮山は、現場の実情と、先駆者の立ち位置が既に大きく乖離していたことを理解し問題視していた。それがこのような書き方になって現われたのだ。

第一四巻七号には、宮山のコンクール開催声明だけでなく、「応募者の為に、特に参考になるやうに」[40]力の入った「レイアウト」特集が設けられた。ここには、宮山が招いたトップランナー四人の外部寄稿が華々しく掲載される。宮山のねらいはもちろん彼らのレクチャーによって読者の理解を深めることだ。しかし宮山の意図は完全に裏目に出た。これが先駆者と一般人との乖離を露呈し、混乱を深める結果となってしまったのだ。

混乱が最も顕著に見えるのは原弘の「フォトモンタージュをテーマとせるレイアウトに就いて」[41]である。この文は、「今更フォトモンタアジュであるまい」という否定文で書き出される。「表題は編集者から僕に与へられた」が、「正直なところ僕はこんな大仰な見出しの原稿を書くことに気がひける」と、冒頭は立て続けに後ろ向きな書き方だ。

原は、芸術様式としての「フォトモンタアジュ」は旬を過ぎ「今日ではオールドファッションドなもの」であるとまで言う。ただし、「流行としてのフォトモンタアジュはシーズンを過ぎてしまつたが、他の場所で立派に役立てられてゐる例へば広告に於けるそれである」とも言っている。広告には未だ応用可能であるという認識に、読者はやや安堵しただろうか。しかしいずれにしてもこの文章は、写真構成や「レイアウト」の可能性に対して肯定的な読み方が出来ない。

原は、数年前の自己を含めた周囲のフォトモンタージュへの興味についてはこう書いている。「振興写真が栄えた頃……ナギイとかチホォルトとかクルツィスなどからこの新しい表現手段に就いて学んだが、僕等の熱心さは長くは続かなかつた……単なる新しいもの珍らしいものに対する皮想的な興味即ち好奇心でしかなかつたから」。

数年前、つまり室田が「レイアウト」という概念を紹介し、写真広告が朝日新聞社の働きで注目を浴びたと同時期の一九三〇年頃、確かに原らトップリーダーも「新しい表現手段」に衝撃を受け、「僕等の熱心」と称するように、新しい表現の探求に向けスタートを切ったのだった。

そして彼らは瞬く間にその表現手法を手中にした。原個人について言えばこの数年の間に彼は安定した学校勤務をやめ、日本工房、中央工房といった事務所に所属し、写真家と協働で国際的にも通用する極めて現代的なグラフィックデザインの制作を実現した。この文章が書かれた一九三七年には、パリ万国博覧会の写真大壁画（図13）を構成するなどしていた原にとっては、数年も前に手中に収めたレイアウトやフォトモンタージュ概念など、あまりにも当たり前で、「新しいもの珍しいもの」では全くなかった。これをお題にと命ぜられて、「今更フォトモンタアジュであるまい」と、否定的に書い

（図13）原弘のプロデュースで作られた、
1937年パリ万博日本館のためのフォトモンタージュ、『日本観光写真壁画』

てしまうのも無理はない。
原に限らず先駆者にとって三〇年代の前半の数年は、急激な意識革命の時期だった。今日多くの先行研究が高く評価する、日本工房による『ＮＩＰＰＯＮ』の出版に見られるように、「レイアウト」や「モンタージュ」や「構成」は、彼らにはあっという間に消化され、古い概念となってしまった。
しかし私たちがここまで見てきたとおり、この間、一般的な制作者はひたすら「単化」に停滞していた。先人と『広告界』読者との距離はあまりにも隔たってしまった。まだ「レイアウト」が技術なのか、職種なのかさえ理解できていない段階にあった読者には、原の文章は間違いなく理解の範囲を超えていただろう。
原は、文章後半で、写真とタイポグラフィを日本の広告で利用する際の理想的な方法についても書いている。

文字に就いては僕等は日本の図案家として長い間の苦悩を受け継いで来てゐる。そして写真と文字の結合の問題（ティポ・フォト）に就いてもその理論を欧羅巴《ヨーロッパ》から学んだ為に著しい矛盾に逢着せざるをえなかった……ニッポンのタイポグラフィを樹立し、それから僕等のレイアウトの理論を引き出さなければならない。

先ず整理され分類された図案の製作に必要なあらゆる種類の写真（成る可くは印画とネガの両方を）をストックして置く……即ちフォトテエクである其外の種々な印刷面構成に必要な図形及び数種の書体の文字のネガをもストックして置く……是等を形成の材料として図案家はデザインし、そのデザインに従つてそれ等をモンタアジュして行けば良い。

新しい写真表現と矛盾しない、新しい日本語のタイポグイラフィ（文字デザイン）の作成を急がねばならない。フォトテエク（あらゆる種類の写真のストック）があって初めて、良いモンタージュが実現する。いずれも今日のデザインの現場に不可欠な事実を正確に書いており、現代の私たちであれば原の先見性に共鳴できる。しかしこの原の論文は、「レイアウトコンクール」への読者の理解を深めるためにという『広告界』の意図とは、全く合致しないものだった。

原以外の記事も難解を極めている。「視覚人間の競技場　レイアウト選手に告ぐ」[42]（匿名記事）と、広告制作実務者の河田の「レイアウトの秘訣」[43]では、「機械とレイアウトの間に緊密な一脈の連結が存在する」「形式の定型と目的の定型」といったレイアウトの観念論が展開されるのだ。読者には、理解不能だったに違いない。四本のうち山名の「新聞広告レイアウトの要点」は、唯一事例研究というスタイルで比較的読み進みやすい。次の文面からは、山名が原には眼中になかった先駆者と普通の制作者とのギャップを、正確に理解していたことがわかる。

> レイアウトは、未だ商業美術の新らしい分野で、そこに的確な方法論的指示の材料文献は寥々《りょうりょう》たる有様で、唯わづかに広告人の実践体験と心理的な考察によつてレイアウト概論化が行はれてゐるに過ぎない。[44]

山名は「レイアウト」が全く普及していない状況を示し、それは的確な方法論が無いからだという。そして山名流レイアウト方法論を披露する。彼は「商品の内容を暗示せよ」「スペースを効果的に考えよ」「広告面に特色を与えよ。キャラクターの創造〔が有効だ〕」「視線の流逸を防げ」というようなレイアウトのための六つのポイントを示している。

これはいわば「頭で描く広告」を作る際の「精神」「心構え」である。広告制作の要点を的確に捉えていて、今日の私たちの視点からは大変理解し易いものだ。しかし実はそれまでの『広告界』は、要素の配置などの細かな「レイアウト」の「作業」を「レイアウト技術指導」として書いてきている（図14）。それらの技術指南と、頭の使い方を示す山名の文にはかなり隔たりがある。最も平易な山名の記述もやはり、「レイアウト・コンクール」に何を投稿すべきか？と迷う読者に戸惑いを与えてしまったように思う。

このように「レイアウト・コンクール」開催にあたって『広告界』と編集長宮山が力を入れて集めた原や山名らの寄稿はそれぞれ、「レイアウト」に対する深い理解に根ざして書かれたものだった。これら先駆者の論が、一九三七年という時代をどう反映しているかという検討も興味深いが、ここではこの外部寄稿による特集が、庶民的な広告制作者の理解深度とは大きく乖離していたことを指摘したい。

コンクールの結果は、案の定、芳しいものではなかった。同年五月から七月にかけて募集されたコンクールの応募総数は、全日本商業美術連盟参加団体の責任出品以外に七百数十点だった。主催者『広告界』編集長宮山は、「期待した数の半分にしか満たなかつた」[45]としているが、「其予期以上に積み上げられた作」[46]「七百数十点といふ応募作品が机上にうず高く積まれてゐたのを見て驚き」[47]といった評価者のコメントもあり、数の上ではまずまずの盛況だったと考えていいだろう。

入選作（図15）三点を見ると、イラストレーション（または写真）とメインコピーには実物を用い、細かな文字部分には、ダミーの活字文をはめこんでいる。確かにレイアウト「原稿」が審査され、特選、入選と選出されているように見える。しかし入選作にこれといった新規性はないし、批評を読んでも、この作品の何が「レイアウト」として優れているのか、よくわからない。

そして、コンクールの複数の結果評は、選にもれた応募作品の多くが、期待した内容から大きく外れたものだったと言っている。

> レイアウトの概念を正しく理解されてゐない應募者が可なり多かつた……図案にだけ重点を置いたものや、アイデアだけに力点を注いで、各種の構成要素を自由に扱つて広告面を集成する肝腎な智的工作を忘却したものが割合に多かつた。甚だしきに至つては図案だけのものもあつた。[48]

まだレイアウトといふことを充分に呑み込んでゐない人が相当にあるといふ一事であつた。中には単に構図といふ位ひに考へて文字の配列などは眼中になかつた作品もあつた。[49]

結果は必ずしも参加広告主の大部分の満足を捷ち得たかどうか、それは疑問であるかもしれない。応募者としての作者の半数以上が、このレイアウトなるものを真に理解してゐたかどうか[50]……

審査員の一人であった山名文夫も審査評で「この商業美術の新興分野に異常の興味と努力とを持つてゐる人達を多数発見し」たが、「単に広告の挿絵にすぎない作品を作つた人達もかなり多数にのぼつた」[51]と嘆いている。戦後にはこのイベントを回顧し、「レイアウトの用語解説から始める状況であった」[52]と書いている。

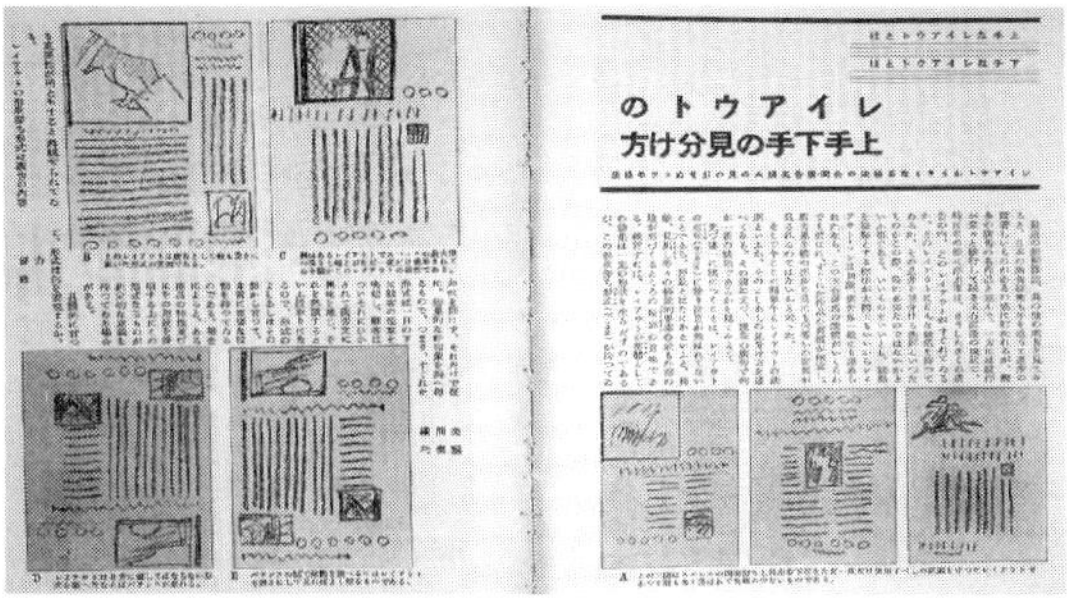

（図 14）『広告界』「レイアウトの上手下手の見分け方」の記事、大川信司、1933 年
　室田の最初の紹介以降、「広告界」はレイアウトの普及を目指す記事を何度も掲載。「どうレイアウトすれば効果的か」という技術指南が多い。

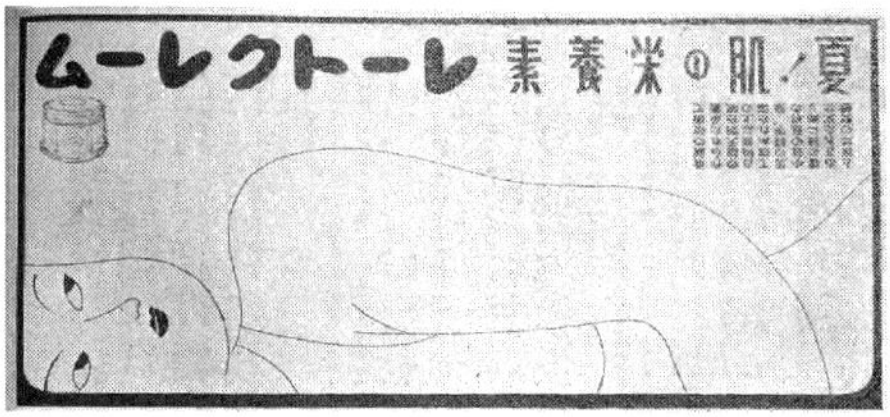

⑴「レートクリーム」1 等作品、毛利久

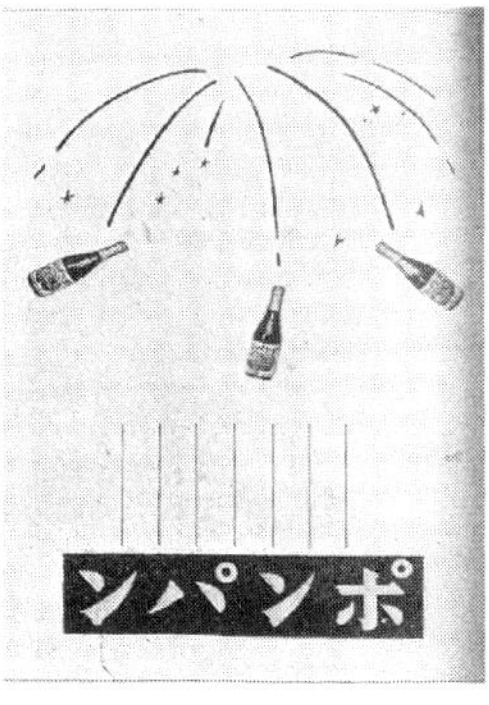

⑵「ポンパン」2 等 1 席作品、川崎順平

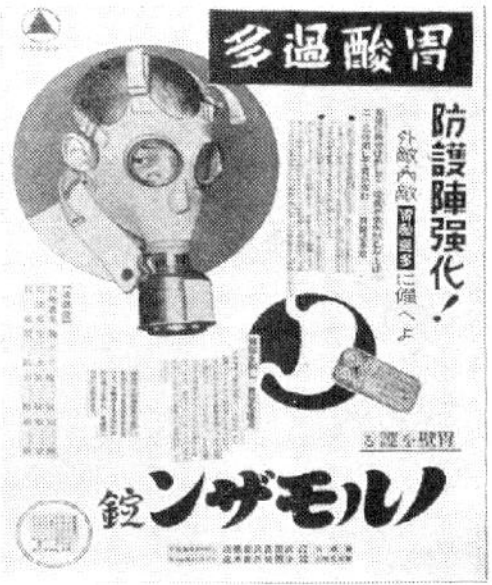

⑶「ノルモザン錠剤」2 等 2 席作品、谷本猛

（図 15）「新聞雑誌広告レイアウト・コンクール」入選作　3 点

関西の広告業界誌『プレスアルト』[53]は、このコンクール全体を大失敗だと酷評している。「試みが面白いので期待されたが応募者がてんでレイアウトを解してゐないのは、主催者側も意外であつたろう」と応募者の理解度の低さを嘆くとともに、「これは審査員に眼がないとあきらめてよろしい」「概評に眼を通すと、全般的にレイアウトを裁く言葉を知らないのは応募者も審査員に判らないなりにこのコンクールをやつたことになる」「何れもゴテゴテ云うばかしで指導的な提示もない」などと書き、主催者の認識不足、指導不足にまで言及している。

『広告界』が相当に力を入れて開催した同コンクールは、第二回が催されることはなく、一度だけで終了している。[54]結局のところこのイベントは、「レイアウト」という新概念の普及にはまったく寄与しなかった。この失敗が語るのは、この時期の普通の広告制作者と、指導者層との大きな隔たりである。

一九三七年時点で、機械美学や構成主義と広告、グラフィックデザインを結びつけた意識にまで進展していた先駆者と、「単化」に埋没していた一般人との間で「レイアウト」に対する認識は、相当遠く離れてしまっていた。「新聞雑誌広告レイアウト・コンクール」は、広告制作現場の二重構造を露呈したイベントだったのである。結局「描く」という行為に直結しない「レイアウトする」という行為を、一九三〇年代の一般的な制作者は理解できなかった。「レイアウト」は、三〇年代には、原らが示した新しい広告制作への発展はもちろんのこと、実務的な技術としてさえ一般には普及しなかったのだ。

大衆雑誌の広告の実情とコスト高

図案所や勤務図案家の弱い立場、広告写真コンクールの現実離れした写真群、そしてフォトモンタージュやレイアウトという考えが先駆者の独走体制にあり、一般には全く理解されていない実情。

このような一九三〇年代の現実が見えてきた。本章の終わりに、当時実際に制作され庶民が目にした広告を見ておこう。事例は大衆雑誌。国民的大衆誌と呼ばれた雑誌『キング』と『主婦之友』（図16）である。

『キング』は、一九二五年（大正一四年）に講談社によって創刊された。創刊号は七四万部を突破し、昭和に入り日本で初めて一〇〇万部を達成した雑誌である。販売価格は五〇銭で安価でボリュームのあるページ数と内容とで、大衆娯楽雑誌というジャンルを確立したと言われている。もうひとつの『主婦之友』は、一九一七年創刊の女性誌の代表である。同誌は創刊時一五銭、一九三〇年代には六〇銭で、一九三〇年代に最高発行部数一六三万部を超えた。「小学校卒業程度の学力でも読めるよう中流の主婦の生活に記事内容を設定」[55]しており、この雑誌もまた、大衆に最も身近な存在だったといえる。この代表的な二つの大衆誌に、一九三〇年代にはどのような広告が掲載されたのだろうか。

一九二〇年代には両雑誌ともに写真利用の広告は見当たらない。一九三〇年代に入り初めて見られ、三〇年代初めには二誌とも一冊に二、三点の写真広告が掲載されている。以降『キング』は少しずつ増加する程度だが、『主婦之友』には、『キング』よりも急激に写真広告が増加する。三〇年代半ばには、『キング』には一冊当たり数点から一〇点が写真広告、『主婦之友』は、四〇点ほどの広告の半数が写真を使った広告となる（図17）。写真広告の数がピークとなるのはいずれも一九三八年から一九四〇年で、それ以降は減少に転じている。数としては以上のような推移だが、この間の広告表現に目を向けると、実はその傾向は、驚くほど変化に乏しい。

ほとんどが人物（女性）を大写しにした写真に文字を配するスタイルなので、業種やメーカー、掲載時期が異なっていても、その区別が難しいくらいに同じ印象を受ける（図18）。花王石鹸の広告だけが第五章で触れた太田英茂の伝統を受け継いでか[56]、やや構成的な広告紙面ではあるが、それもやはり女性や子供の顔と文字というスタイルにとどまっている（図19）。一九三〇年に太田が行なったような存在感のある写真の力を活かすような傾向は全く存在しない。広告している商品の区別さえも難しい、ステレオタイプ化した写真広告に対し、当時も批判の声が上がっている。

12巻11号、1936年

14巻6号、1938年

雑誌『キング』表紙

12巻6号、1928年

16巻3号、1932年

21巻9号、1937年

雑誌『主婦之友』表紙

（図16）

化粧品の広告に女優の写真をあしらうなどは、その初期に於ては如何にも素晴しい思ひつきであつたかも知れないが、度々見慣れて来るに従つて、かうした手法は最早陳腐なものとなり、今では「またか」で、たいして珍らしくもない。[57]

販売基点とはいかなるものかと申しますに、商品の持つ優れたる特長利点品質を特に需要者に訴へこれによつて購買者の所有感を喚起して購買に導くための要素……現在の広告写真が余りにこの販売基点と云ふものを無視して製作されては居らないか……女優の写真を広告構成の指図の関係より配するのであると云へば今日見られる此種の広告構成は余りに考へがない様に感じられる。この点従来の写真家が余りに写真の構図のみに捕はれ過ぎた感があるのと広告と云ふものに対して余りにも無関心であつたと云ふ事は今尚広告写真が種々なる方面から広告界の人々の認識不足を招いて居るのではないかと思ふのであります。[58]

「従来の写真家が余りに写真の構図のみに捕はれ過ぎた感がある」といっているのは朝日国際広告写真展の周辺状況を指しているのだろう。写真家が広告目的を無視した制作に走りすぎたから、写真広告が発展できず、「広告界の人々の認識不足を招いた」というのだ。

しかし朝日のコンクール入賞作を批判した企業広告部の人々は、写真広告に全く理解がなかったわけではない。むしろ広告には写真を使うべきで、その際は、販売目的に合致した写真を使うべきだと発言していた。彼らは多数派ではなかったかもしれないが、写真広告の効果は一部には理解されていたし、印刷技術も（前衛写真は無理であったにせよ）整いつつあった。だからこそ大衆雑誌に写真広告が増加していったのだ。

であればここまで女性の顔ばかりでなくてもよいではないか。他のモチーフを使った個性的な写真広告がもっと存在してもいい。なぜ、ほとんどの広告が判で押したように同じようなスタイルの写真広告だったのだろう。

この疑問に対しては、いくつかの証言が答えを示してくれる。販売基点＝セールスポイントについて書いているのは、企業の広告部に雇用されていた数少ない写真家である井深徴《いぶかあきら》だ。彼は、広告主が専属カメラマンを持たないことが、どのクライアントの写真広告も似通ってしまう原因だと指摘している。

写真家を専属せしむるには、其の経費の点に於て多くの犠牲を拂ふ事になり、小広告主にあつては到底出来得ないのでありまして、やむを得ず写真家に商品なり、其他の広告物の撮影を依頼する事になつた……又

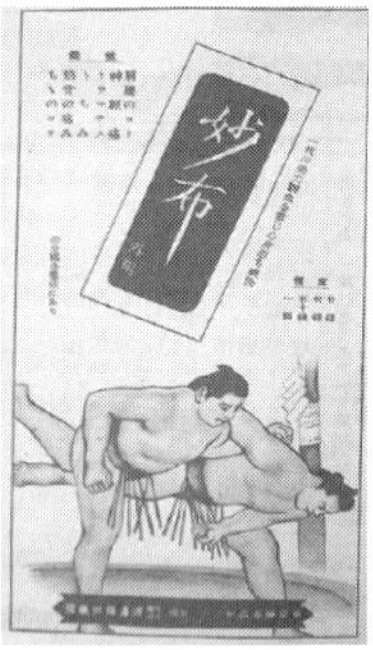

① キング14巻7号、1938年 イラスト広告と写真広告の混在

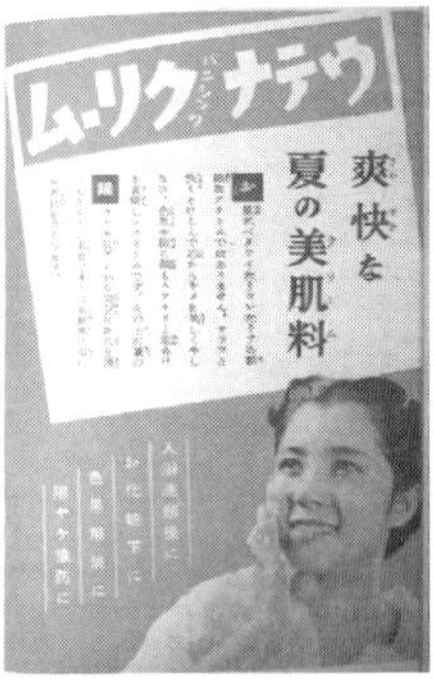

② キング16巻8号、1940年 写真広告

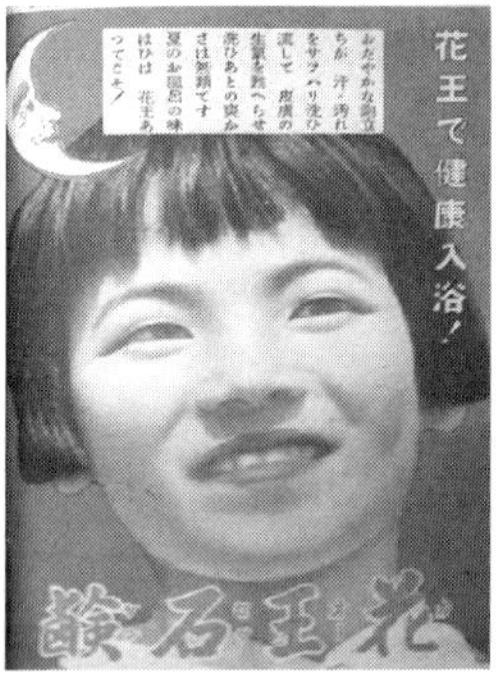

③ キング16巻9号、1940年 写真広告

(図17) ①②③『キング』の広告事例

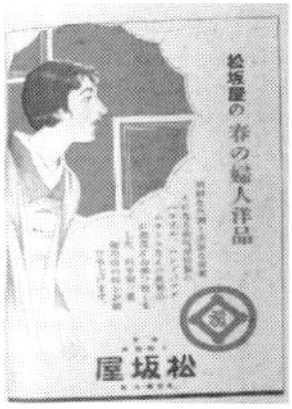

④　主婦之友 16 巻 4 号、1932 年　広告写真が少し現われる程度

⑤　主婦之友、21 巻 9 号、1937 年　5 点

主婦之友は、1937 年 1938 年には
広告写真が半数を占めるようになる

（図 17）④⑤⑥『主婦之友』の広告事例

この広告を製作する写真家が同じ人である為に（小広告主は、広告作成家に、写真其他の材料を提供して広告の製作を依頼する、直接依頼しないでも雑誌社を通じて依頼を受ける）非常に似た広告が多くなり、今日では余程研究して広告を作りませんと、どこの広告も一緒になつてしまふ……。[59]

写真広告を作ろうと考える広告主もいるにはいたが、大部分がコストはかけたくないと考えていた。井深が所属していた資生堂は、福原社長のもと、思い入れをもって写真に金をかけた、例外中の例外、唯一無二の存在である。[60] しかしその他のほとんどの企業は、自社所属カメラマンを抱えるほどのコストを写真広告にかける意思は無い。

写真広告を作る際は、みな外部カメラマンに撮影を委嘱した。そして第五章で商業写真スタジオを日本で初めて開業した金丸の苦難を紹介したとおり、当時広告写真を撮るスタジオはそう多く存在しない。企業が委嘱する、あるいは企業に依頼された雑誌社が委嘱する写真家が、必然的に同じになる。そのため、結局『キング』や『主婦之友』に見られるような、どれも似たような、ステレオタイプ化した広告が制作される結果となってしまったのだ。要するに資生堂のように本腰を入れて写真広告を作るには、あまりにも「経費の点に於て多くの犠牲を払ふ」必要があるということだ。この点は、原弘、小石清も同様に憂いを表明している。

（図 17）⑥主婦之友、22 巻 5 号、1938 年　4 点

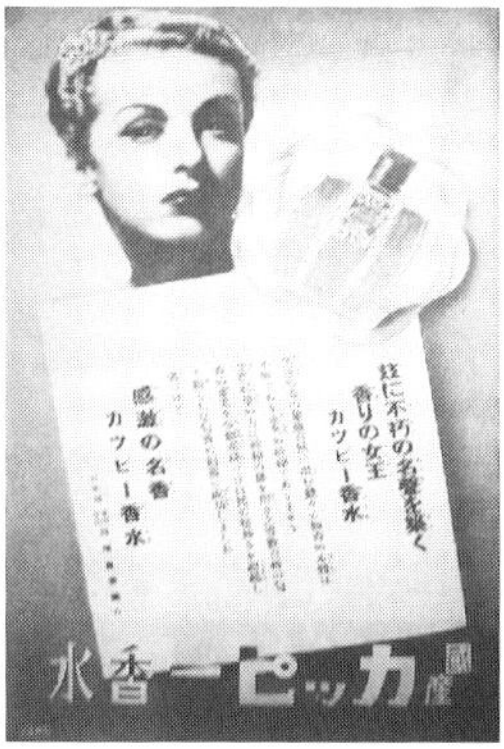

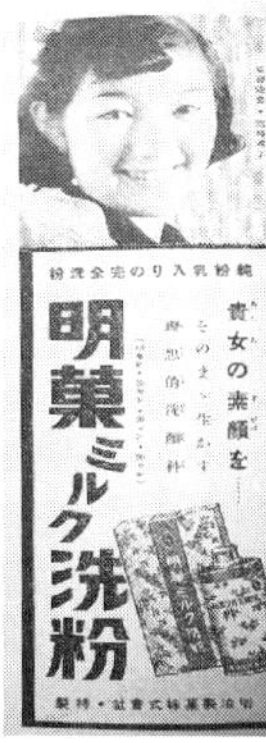

（図 18）一様で同じ印象を受ける写真広告、いずれも主婦之友 22 巻 5 号、1938 年

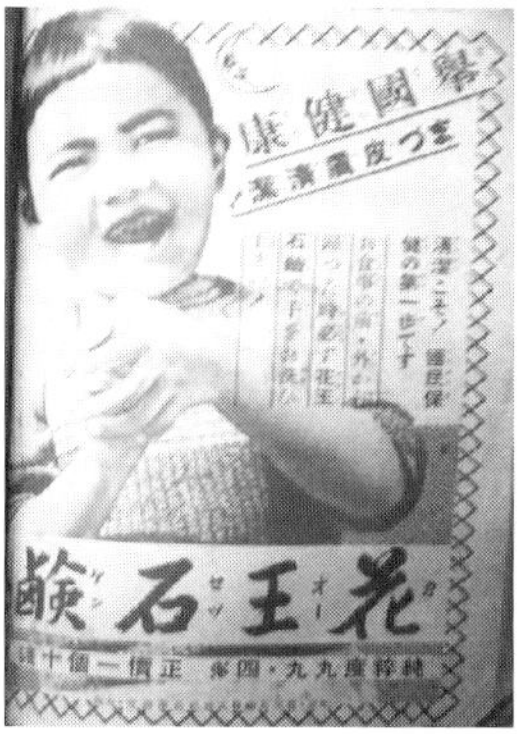

(1)

(2)

(3)

(4)

（図 19）花王石鹸の広告、4 点

(1) キング 14 巻 6 号、1938 年
(2) 主婦之友 16 巻 3 号、1932 年
(3) 主婦之友 21 巻 9 号、1937 年
(4) 主婦之友 22 巻 7 号、1938 年

今日の広告写真は……蒔かれた種子は未だ花を開いてゐない。……依頼者側にも罪がある……広告写真の必要は感じ乍らも一人の広告写真家を専属として遇しやうとはしない……世の広告主の多くは広告写真の為に支払ふ費用を余りに惜しみ過ぎる。余りに安価なものに考へ過ぎる。少くとも現状はさうである。[61]

日本の写真家のうちに商業写真を主として活動研究されてゐる作家の少ないことも遺憾ではあるが企業的活用に伴つて、良き理解を持つ企業の存在の少数であること茲に我々の悩みもあると思ふ。[62]

これらの発言からは、一九三〇年代のなかばすぎ、広告主に写真広告の作成には費用がかかり過ぎると思われていたこと、つまり費用対効果で考えたときに、写真広告は割に合わないと捉えられていたことがわかる。このような状況にジレンマを感じていた資生堂の井深は、理解の進展を懇願している。

広告写真、商業写真に就いては広告主に対しても商業写真家に対して、もう一歩認識を深めて頂きたいとお願ひする。幾度も云ふやうであるが、写真術の進歩は実に驚くべきものがあつて……最近の写真科学を研究して欲しい……萬国博、オリンピックに備へ近代商戦の寵児となつた写真に就いて充分理解する必要があるのではないかと考へる。それには広告主も広告作成家も写真家も一層協力しなければ写真本来の使命も実行するに至らない。[63]

しかし『キング』『主婦之友』の広告が示すとおり、状況は変わらなかった。それはここまで書いてきたように、一九三〇年代中葉まで一世を風靡し続けていた「単化」が、すこぶる経済的だったことにも起因する。『現代商業美術全集』で濱田は「単化」の特性について、次のように言っている。

スピードのある生活に適合するには単化的手段が必要であることは、これは極めて合理的であつて、必然である。手数を省くといふことは、すでに工作のスピードを増すことである。スピードの要求は経済的理念にも根拠を有してゐる。単化は即ちそれである。……この単化的方法は、経済的顧慮の上に於いても行はれる。一つの広告に、三色で表現するものと二十何色を用ひて表現するものとでは、其費用が前者と後者の間に比較にならぬ程の差のあることは事明である。[64]

「単化」の魅力は、遠方からも一目でわかる表現の訴求力だけでなく、その経済性と制作スピードにもあった。

一方近代的な写真を駆使した新たな広告は、経済性という重要な魅力を備えていなかった。デザイナーが一人で図案を描き、印刷業者との交渉までこなすことが標準であった当時、写真家という撮影技術をもつ専門職を雇う必要がある写真広告は相当なコスト高だった。これは「図案所」や、理解の浅い企業広告部にはとうてい乗り越えることが出来ない壁だった。ごく一部の先見性のある企業を除く普通の企業は、「単化」から「写真広告」へと移行することで急激に跳ね上がる広告制作費に投資する意欲を持たなかった。せっかく実現した写真広告も、費用を安く上げるために社外の同じカメラマンの写真を複数の企業が利用する「打算の産物」となってしまった。だから、大衆雑誌にあった広告は、どれも似通った印象を受ける没個性の「女の顔写真」広告となってしまったのだ。

このように、一九三〇年代中葉までの実際の広告シーンにも、近代的な写真やタイポグラフィを使った広告表現は、やはりほとんど見当たらない。その要因の一つには、朝日新聞社主催の広告写真公募が、印刷を考慮しない芸術的すぎる写真を入賞作に選出したこともあった。だが、根本的な理由は、写真を使うことでかかるコストだ。

一九三七年に『広告界』編集長宮山は、ネガティヴな見解を示している。写真広告がもたらす効果が、この高コストに見合うと理解する企業はこの後も簡単には増加しない、というのだ。

［写真広告は］企画と技術の完全なる分業に落着かねばならぬだらう。が、かうなつた場合、問題は、果して之が企業として成り立つかどうかになる、日本の現状では企業として成り立たぬ悲観説が多い様である。[65]

宮山の予測のとおり、一九三〇年代後半になっても、商業広告に新しい写真表現が増えることはなかった。つまるところ、そのようなコストを払ってでも見合う「写真によって強いインパクトを与える広告」を、まだ誰も見ていなかったし、知らなかったということである。

宮山がこれを書いた一九三七年の『広告界』一四巻一一号は、「商業写真研究号」だった。しかしこの号が写真特集であるにもかかわらず、月間で選出する「目を惹いた広告印刷物」掲載欄に、写真を使った広告実例がひとつも掲載されていない。これは広告への写真利用が進んでいない実態を表わす具体的な証左となるだろう。

1　今竹七郎「商業美術家への重大なる是正と提案」『広告界』一四巻一号、一九三七年。
2　山名文夫「図案所を考へる」『広告界』一〇巻四号、一九三三年、二八―二九頁。
3　玉川一郎「広告立案所、広告図案社経営のコツ」『広告界』一〇巻九号、一九三三年、六二頁。
4　山名、前掲書、二八―二九頁。
5　宮島久雄『関西モダンデザイン前史』中央公論美術出版、二〇〇三年。同書第二部一章から三章に、当時の業界誌『大阪印刷界』から調査した大阪の図案所の実態が示されている。宮島が発掘した明治から大正期大阪の図案所は、一九一〇―二〇年代に、業界誌に「模範図案」を提供できる専門教育を受けた経営者と、そこに図案画工が数人程度雇用されている「図案所」である。彼らは呉服店などの小売店や、市電規模の交通運輸業を顧客として、ポスターやチラシ、看板絵、ビラなどのデザインを印刷所から受注して制作していたという。エリートデザイナーを中心とした研究ではあるが、街の図案所の仕事ぶりを描き出した唯一の貴重な研究である。

6 「勤務図案家の改革座談会」『広告界』九巻六号、一九三二年、七七―七九頁。

7 「国際広告写真展覧会」一九三〇年二月八日、東京朝日新聞朝刊。四月一五日より一〇日間展覧会を開催するという報道である。「海外より募集の広告写真」「国内より懸賞募集の広告写真創作品」「広告写真に関する参考となるべきもの」の三部構成の展覧会の二部を、「広告写真懸賞」として募集することが書かれている。一等賞金は一千円、二等二百円が四名。三等百円が八名、佳作十円が二十名という豪華さだ。応募作品は化粧品、薬品、飲料、その他の四部に分かれていた。審査員として宮下孝雄、中川静、福原信三、森芳太郎、濱田増治、和田三造ら、一六名の名が書かれている。

8 斎藤憲一郎（大阪毎日新聞広告部）「一石二鳥の広告写真」『広告界』一〇巻一一号、一九三三年、五八頁。

9 平尾賛之輔（レート化粧品）「広告写真管見　其使命を果して居るか」『アサヒカメラ』一五巻一号、一九三三年、三七四―三七五頁。

10 内藤豊次（サロメチール）「広告主から広告写真作家へ」『アサヒカメラ』一五巻一号、一九三三年、三七八―三七九頁。内藤はこの中で「面白いのは、今度の第四回国際写真展覧会の落選作品を特にお願ひして拝見しましたが、私などから見ますと、入選作品よりは落選作品のなかに存外頂戴したいのがあつた事で御座います。」と、技巧に走りすぎていない選外の写真のほうが実用的だとも述べている。

11 高木清茂（味の素）「広告写真展一瞥」『アサヒカメラ』一五巻一号、一九三三年、三七三頁。

12 蒲田平松「初めて広告写真をつくる人へ」『アサヒカメラ』一七巻三号、一九三四年、二八九頁。

13 室田庫造「海外広告写真工作展望」『アサヒカメラ』一七巻三号、一九三四年、二八一―二八二頁。

14 匿名A記者「新しい広告計画展覧会」『広告界』一一巻九号、一九三四年、五六―五七頁。

15 松野志気雄「国際広告写真展落選作品を葬ふ」『広告界』一一巻六号、一九三二年、四四頁。

16 松野志気雄『広告写真術』東京朝日新聞発行所、一九二四年、三四―三六頁。
17 中山岩太「作家の立場から」『アサヒカメラ』一九巻四号、一九三五年。
18 四回目以降の公募は新聞図案のみとなった。
19 多田北烏「大毎東日商業美術展作品評」『広告界』一〇巻八号、一九三三年、二八頁。
20 水田健之輔『街頭広告の新研究』アトリエ社、一九三〇年、二七〇頁。
21 「印刷美術座談会」『プレスアルト』第一五号、プレスアルト研究会、一九三八年、九頁。大阪大丸宣伝部の柴田加壽馬の発言。
22 「商業美術座談会」『広告界』一二巻九号、一九三五年、五四―五七頁。
23 「印刷美術座談会」『プレスアルト』前掲、柴田加壽馬の発言。
24 「印刷美術座談会」『プレスアルト』前掲、ニッケ宣伝部の大田健一の発言。
25 田中均「過渡期に立つた現在のポスター」『広告界』一三巻三号、一九三六年、四五頁。愛知在住の田中は、大阪のレアリズム回帰を歓迎している。
26 河村運平「ポスター研究方向と私観」『広告界』一一巻八号、一九三四年、九〇頁。
27 濱田増治「一九三六年の商業美術界はどう進むか」『広告界』一三巻一号、一九三六年、四二―三頁。前段では「悲観の材料が増加して来る……前一二年の情勢であるが専門家方面は台頭期程の熱が不足して、早くも行き詰まつて了つてゐる」と商業美術界の現状を憂いている。
28 三〇年代のなかばにはドイツ「単化」式の氾濫からの脱却を意図して、ドイツ以外の欧米各国、特にフランスのアール・デコ様式を踏襲した表現への拡大も試された。本文では書かなかった、フランスへの興味にも少しふれておきたい。
『現代商業美術全集・最新傾向広告集』ではこの傾向を、「立体」式と呼んでいた。「ドイツ『単化』式への傾倒が次に『立体』式に傾き『佛国のポスター画家に学んでいる』」濱田増治「一九三六年の商業美術界はどう進むか」『広告界』一三巻一号、一九三六年、四二―三頁。

一九三八年の『プレスアルト』には「単化図案の一時的流行によつて失なはれかけてゐた作家の個性をもう一度正しい軌道に乗せ換えようとする絵画」が最近の商業美術に発生しており、カッサンドルが代表として挙げられている。「商業と芸術との目的を兼備した新しい絵画」という新しい傾向がカッサンドルだとも書かれている。佐藤英一郎「商業美術の二つの方向」『プレスアルト』第一三号、プレスアルト研究会、一九三八年、五頁。

遡って『広告界』が創刊一〇周年記念に開催した「国際商業美術交換展」(一九三四年)も、ドイツではなくフランスとアメリカから欧米作品を選出しており、フランスへの傾倒がうかがわれる。室田はこの交換展を機に渡欧する。

向井寛三郎も「フランスの香とドイツの臭、イギリスの控え目と地味、アメリカの華やかさと強さ」といった国別傾向比較を行なった上で「或者は少なからずフランス式であり、或者はかなりドイツ式」である日本の有様を揶揄し「世界の諸強国の意匠傾向を吟味し…そのいづれが、果してわれ等の同伴者たり得るものなるかを了解」するべし、と結んでいる。向井寛三郎「広告印刷物の意匠」『プレスアルト』第九号、プレスアルト研究会、一九三七年、三頁。

29 今竹七郎、前掲、『広告界』一四巻一号、一九三七年。

30 関西独自の表現の展開については、拙稿以下も参照されたい。『関西モダニズムと広告』都市文化研究センター編『往来する都市文化』大阪市立大学大学院文学研究科都市文化研究センター事務局、二〇〇九年。

31 濱田増治「三つの時代を制したポスターの表現技巧の必然性と偶然性」『広告界』一三巻二号、一九三六年、六二―六四頁。

32 濱田増治『商業美術精義』冨山房、一九三二年、一四七―一四八頁。

33 霜鳥之彦「故濱田増治君を偲ぶ」『プレスアルト』No二三、一九三八年、三頁。濱田から霜鳥にあてて、このような文面の簡単な通知状での挨拶が一九三七年に来たという。

34 山名文夫は『広告界』での啓蒙記事のほか、戦中、報道技術研究所に所属した際に、機関紙『報道技術』(生活社、一九四三年)に掲載した論文「宣伝美術」においても、「レイアウト」について詳細を概説している。戦後一九六二年には『広告のレイアウト』を著すなど、戦前戦中に跨って「レイアウト」の普及活動において中心的な役割を担った。自叙伝である『日本広告デザイン小史』にも自身のその活動について記述している。

35 山名文夫『広告のレイアウト』ダヴィッド社、一九六四年、八頁。

36 杉浦非水「レイアウト・コンクール審査概評」『広告界』一四巻九号、一九三七年、七八頁。
37 宮山峻「新聞雑誌広告レイアウトコンクール開催に際して」『広告界』一四巻七号、一九三七年、九六頁。
38 全日本商業美術連盟は、この年、一九三七年に杉浦非水を委員長として全国規模の広告関係者の団体として発足している。
39 宮山峻、前掲、一九三七年、九六頁。
40 宮山峻「編集後記」『広告界』一四巻七号、一九三七年、一二八頁。
41 原弘「フォトモンタージュをテーマとせるレイアウトに就いて」『広告界』一四巻七号、一九三七年、一〇六―一〇九頁。
42 レイアウト工作連盟「視覚人間の競技場　レイアウト選手に告ぐ」『広告界』一四巻七号、一九三七年、九七―九九頁。この記事の筆者はレイアウト工作連盟と記載されている。「諸君の日常を取り囲む自然物以外のあらゆる物質的存在はそれぞれのレイアウト美をもってゐる。」で始まり「機械の構成美運動美とレイアウト芸術の幾何学的形態美、律動美との相似は、機械とレイアウトの間に緊密な一脈の連結が存在する事を容易に想像せしめる。」と結ばれる文章だ。機械美学の影響をうけた人物が、レイアウトを機械的な構成美と結び付けて書いたものだとわかるのだが、哲学的で、実務指導にはほど遠い。『広告界』の読者にはかなり唐突だったと思われる。
43 河田榮「レイアウトの秘訣」『広告界』一四巻七号、一九三七年、一〇四―一〇五頁。「レイアウトの活用の範囲を単に形式活用にのみ止めないで、その目的性より出発して、形式は以前より形式以後に至る諸要素の上に全幅的な発展をを意図するのであります」。と、精神的な意義を掲げている。
44 山名文夫「新聞広告レイアウトの要点」『広告界』一四巻七号、一九三七年、一〇〇―一〇三頁。
45 宮山峻「レイアウト・コンクール審査概評」『広告界』一四巻九号、一九三七年、八一頁。
46 山茂雄「レイアウト・コンクール審査概評」『広告界』一四巻九号、一九三七年、八〇頁。
47 金丸重嶺「レイアウト・コンクール審査概評」『広告界』一四巻九号、一九三七年、七九頁。
48 粟屋善純「レイアウト・コンクール審査概評」『広告界』一四巻九号、一九三七年、七八頁。
49 多田北烏「レイアウト・コンクール審査概評」『広告界』一四巻九号、一九三七年、七八―七九頁。

50 杉浦非水「レイアウト・コンクール審査概評」『広告界』一四巻九号、一九三七年、七八頁。
51 山名文夫「レイアウト・コンクール審査概評」『広告界』一四巻九号、一九三七年、七八頁。
52 山名文夫『体験的デザイン史』ダヴィッド社、一四一頁。
53 『プレスアルト』八号、一九三七年、六頁。『プレスアルト』は、京都高等工芸学校近くで古本屋を営んでいた脇清吉が、ポスターやリーフレットの現物とともに頒布した小冊子の呼称。戦前は一九三七年から一九四四年まで継続された。
54 選者からは継続を望む声が寄せられた「次回のコンクールの成績が幾倍にか向上進展するかとの期待が」（杉浦非水）「次回に大きな期待をかけさせられた」（山名文夫）、いずれも前掲「レイアウト・コンクール審査概評」七八頁。
55 主婦の友社編『主婦の友社の五十年』主婦の友社、一九六七年、七二八頁。主婦之友社には戦前、「写真部」があった。
56 太田は一九三一年の花王石鹸キャンペーン実施のわずか三ヵ月後に退職している。第五章（図27）参照。
57 松野志気雄『広告写真術』東京朝日新聞発行所、一九三四年、七頁。
58 井深徴「広告写真と販売基点」『アサヒカメラ』一五巻一号、一九三三年、五一―五三頁。
59 井深徴「商業写真」『最新写真科学体系一写真芸術　新聞写真　商業写真』誠文堂新光社、一九三五年、一六一―一三三頁。井深自身はマンネリ化しないために「私も常に苦労して居るのでありますが、今月は一頁全体を埋める写真を用ひれば、来月は其の一部に写真を入れて、他は簡単な図案を配したり……又はホトグラム、ホトモンダージの方法等を採用して、他の写真と少しでも変化したものを作って居るのであります」と言っている。
60 資生堂に次いでクラブ化粧品も写真を積極利用したが、クラブ化粧品は美女写真に特化していた。
61 原弘「広告写真」『三田広告研究二〇』一九三六年七月、慶応広告学研究会、七六―七九頁。
62 小石清「写真壁画に就て」『プレスアルト』一五号、一九三八年三月、六―七頁。
63 井深徴「商業写真対広告主、写真家、図案家」『広告界』一四巻一一号、一九三七年一〇月、四九―五一頁。

64　濱田増治「最近広告と其商業美術の表現」『現代商業美術全集二三』アルス、一九三〇年、三―四頁。

65　宮山峻「この理想を目標に」『広告界』一四巻一一号、一九三七年一〇月、四五頁。

7

総力戦と広告の現代化

ディレクターが「写真」や「タイポグラフィ」という要素を繰ってチームで一つの広告を完成させる。この近代的な手法は、一九三〇年代の商業広告ではほぼ実現しなかったといっていい。新しいスタイルの写真広告の制作には大きな投資が必要だった。その先駆性と訴求力を真に理解したクライアントでなければ投資には踏み切れなかった。だがそのような知見を持つ経営者はまだ皆無に等しかった。結局写真広告は、コストメリットという利点を持つ「単化」を牛耳ることは出来なかったのだ。

しかし同じ時期、特殊な雑誌制作の場で、一部の先駆者らの手によって近代的な表現手法は既に実用段階に入っていた。本書でも幾度か触れた対外プロパガンダ誌『NIPPON』がそれである。多くの先行研究がその今日的な表現性を高く評価するこの雑誌の創刊は、驚くほど早い一九三四年だ。

日本工房の仕事はまさに、一つの制作のために、アートディレクターの許でカメラマンやデザイナーら複数人が関与する手法の先駆けであった。日本工房は当初私営の制作会社だったが、理想を追ったこの雑誌の創刊資金に財産家であった創立者名取洋之助《なとりようのすけ》[1]が、家一軒分の私財を注ぎ込んだと言われている。写真を駆使する表現に、当事どれほど巨額の費用が必要であったかがわかるエピソードだ。

さて一九三〇年代後半を追う本書最終章で、私たちが視野に収める必要があるのは、迫りくる第二次世界大戦の足音だ。一九三八年「国家のすべての人的・物的資源を政府が統制運用できる」と定めた国家総動員法が制定される。商業活動は急速に先細り、広告の対象は商業から国家へとすりかわっていく。もはや見るべきは商業広告ではない。大衆に身近な広告を追う本書も、商業を離れここに意識を向けなければならない。総力戦が叫ばれる中、制作者は、そして雑誌『広告界』は、どう考えどう動いたのだろうか。

日本工房も一九三八年頃から国家との繋がりを深めていく。商業広告では認知が進まなかった新しい写真表現の持つ訴求力、有効性に国家が気づき、国家宣伝に利用しだしたのだ。この後敗戦までの間に日本工房は『NIPPON』に加え、一九三八年に『SHANGHAI』、一九三九年に『CANTON』といった占領地向け広報誌を出す。いずれも国家を資金源とした仕事である。新しい写真表現は「近代国家日本」のイメージをまといながら同社が作る雑誌によって、海外諸国に向けて拡大していく。[2] 一九四二年には東方社が制作した対外広報誌『FRONT』もこの列に加わる。

しかしこれらは対外プロパガンダ誌であり、当時これを目にできた日本人はごく限られた少人数の専門家にすぎない。では今日的手法で作られた新しい写真表現は、戦前、私たちが知ろうとしている日本の一般大衆の視野には一切入らなかったのだろうか。大戦間の日本の一般大衆は、結局現代的な写真表現を見ることができたのか（できなかったのか）。それは広まったのか（あるいは広まらなかったのか）。本書最終章のテーマはここにある。

この問いを解くにあたってまず始めに、一九四〇年に開催予定だった、幻の東京オリンピック周辺で制作されたポスターに着目しよう。東京オリンピックは、一九三六年七月に日本開催が決定したが、その後内外からの声に押され一九三八年七月に開催権を返上する。この二年間は、ちょうど日本工房が国家に近づき、国家の資金を得た活動に転じていく時期と重なっている。

オリンピックは絶好の対外宣伝の機会であり、ここで制作される宣伝物には当然力が入るだろう。そこには国家の価値観が直接反映されるはずだ。

1　一九四〇年　幻の東京オリンピック周辺の広告

オリンピック招致をめぐる宣伝戦

日本工房は、創刊から二年目一九三六年六月、『NIPPON』七号（図1）を、オリンピック招致広報用としてベルリンに送るために発刊した。[3] ランナー（暁の超特急と呼ばれた吉岡隆徳《よしおかたかよし》）がスタートを切る一瞬を捉えた表紙、柔道や剣道、弓道など日本の武道が紹介されている記事ページ（図2）、いずれにも写真と文字とを高い精度で構成した極めて現代的な表現が実現している。雑誌全体が、ディレクターとデザイナー、そして写真家の三者がチームであたる洗練された手法で制作されたのである。[4]

しかし『NIPPON』七号は、オリンピック招致に向けた公式の印刷物ではない。オリンピック招致にあたっては、これとは全く別に、各国の審査委員への送付用として公式の宣伝用パンフレットが作成された（図3）。

日本だけでなく、第一二回大会の候補地であったローマとヘルシンキもそれぞれに招致用宣伝パンフレットを作成した。これら各国のパンフレットの出来栄えを比較した当時の論評が残されている。書いたのは、戦後一九六四年に東京オリンピックが実現した際にポスター作成を担うことになる、当時弱冠二一歳の亀倉雄策《かめくらゆうさく》である。亀倉はこの文を書いた直後日本工房に採用され、以降同社のディレクターとして活躍する。論評では、ローマ、ヘルシンキ、東京の三都市のオリンピック招致用パンフレットと、ドイツがベルリン・オリンピック開催時に広報用に作成したパンフレット、計四点（図4）の出来栄えが比較されている。亀倉の論旨は、痛烈な日本版パンフレット批判だ。

日本は例のイタリヤの ROMA OLIMPIACA の完全なるイミタッションである。……富士山、日光、金閣寺それに五月の節句等の名所絵葉書の様な写真とスポーツの写真が連続してゐる。ここに不思議に思ふの

（図1）『ＮＩＰＰＯＮ』7号表紙。構成・河野鷹志、写真・名取洋之助、1936年

（図2）『ＮＩＰＰＯＮ』7号記事ページ。1936年

（図3）オリンピック東京・札幌大会誘致のための宣伝用パンフレット

は名所写真や節句がオリムピック候補地の科学的條件と、どう云ふ関係があるか……ローマのパンフレットは後半編集の緊張を見せてゐて各スポーツトラック、スポーツ各会館の建築写真が編纂してあり、いかにオリムピック地として理想的なスポーツ環境と條件を、そなへてゐるかを均衡を持つたレイアウトの上で説明してゐるのは、他のパンフレットに比較して形式の上で秀逸である。ローマに比較して日本の秩序を失つたプロポーションのレイアウトは、どうしたことであらう。[5]

亀倉はドイツの写真表現の構成（図5）を最も賞賛し、これを真似たヘルシンキ（フィンランド）も、それなりに出来がいいと評価している。イタリアが日本に一九四〇年大会を譲ることを決定したため、[6]オリンピック開催権は実質フィンランドと日本が争うことになったが、パンフレットを比較した亀倉の最終的な結論は、「［日本は］宣傳戦の上では、完全にフィンランドに敗けた」であった。

若き亀倉の鋭い見識に驚嘆する。そして亀倉が比較した各国のパンフレットを見たとき、日本工房の『NIPPON』の表現が、当時いかに卓越していたかが、より鮮明に理解できる。

このパンフレット批判で押さえておかなければならないのは、日本政府が、オリンピック招致という国際舞台を目前にしているにもかかわらず、すでに先鋭的な制作を実現していた日本工房の存在に全く着目していないことだ。一九三六年時点の日本政府は、対外広報で使われる写真表現の効果や重要性をまったく意識していない。亀倉の憤りはここに向けられていた。

民間のお祝い商戦――「笑われてはいけない。」

一九三六年七月三一日、ベルリン・オリンピック開催前日に開かれた国際オリンピック委員会総会において、次回の開催は東京と決定された。このニュースを受けた日本国内は沸き返った。雑誌『広告界』は、開催決定直後にオリンピック特別号を組んだ（図6）。この一九三六年一〇号で編集長宮山峻は、今後オリンピックのために制作されていくであろう各種広告がいかに重要であるかを問うている。

日本の凡ゆる意味に於ける文化を居ながらにして世界に問ふに四年の準備期間は、一瞬の無駄も許されぬ。[7]

来るべき第十二回オリムピックを目指して、先づその準備の皮切りである……オリムピックは、決して一

(1) 日本（東京）

(2) イタリア（ローマ）

(3) フィンランド（ヘルシンキ）（左）

(4) 第11回オリンピック・ベルリン大会、広報用パンフレット表紙　L・ホールヴァイン（右）

(図4) 第12回オリンピック招致用宣伝パンフレット・表紙

(図5) 第11回オリンピック・ベルリン大会、広報用パンフレット、記事ページ

局部的な仕事ではない、国家と民衆が混然融合して、美しい輝しい、意義のある日本全体の文化を高揚しなければならない。[8]

そして、民間の広告部長から後に内閣情報部の嘱託に起用される広告研究者森崎善一《もりさきぜんいち》は、この号の誌上で、オリンピック開催にあたって国家による宣伝統制が重要だとする強い主張を展開している。

オリムピックの招致も日本を世界に宣伝するためで、……従つて國民もその積りでやつて貰ひたい……〔ドイツでは〕オリムピックの根本プラン、オリムピックに対する全国民の態度に就いては、宣傳省が中心となつて色々の政策方針を作つたのであります。……次の東京オリムピックの準備委員本部が、文部省の体育課と、観光局の両者によつて組織されて居るなぞ、我が政府として、オリムピックの精神を、根本的に考へ違ひをして居るのではないか……四年後の東京には、全世界の民族が、血を異にした、そして眼の色の変つた人々が、多分に、民族と云ふ意識の上に起つて集つて来る……一糸乱れぬ統制を保つための宣傳統制を実行せなければならないのである。……かつて外國人の眼には、富士の山と、扇子と、日傘と、そして歌麿画風俗と、人力車の範囲を出なかつた日本は、今、教育の國、科学の國、体育の國、貿易と産業の國、交通信の國、そして軍國の日本の姿と変つたのである。笑はれてはいけないのである。[9]（傍点原文）

（図6）『広告界』オリムピック特集号・表紙
1936年13巻10号

← （図7）『広告界』オリムピック特集号、掲載広告見本

『広告界』は、商店やメーカーの「商業広告」の指南書だったはずだ。しかしこれを読むと、この時点での同誌が既に「国家宣伝」へと守備範囲を拡大していることがわかる。「商業広告」と「国家宣伝」を「ないまぜ」にしかかっているとも言える。

　このように『広告界』は、オリンピックが単なるスポーツ競技会ではなく、日本という極東の国を世界に広く知らしめる国家イベントなのだと明言した。そしてそのような場におけるさまざまな制作物は、文化国家日本にふさわしい表現でなければならない、「笑われてはいけない」と示した。ところが、である。この明快な宣言とともに同誌がこの号で掲載した推奨デザイン見本は、新しいモダニズム表現とはほど遠い手描き図案ばかりだった（図7）。

　同特集号には別刷りの『オリンピックカット集』が付いている。付録をつくるというところからも誠文堂の力の入り具合が窺われるのだが、ここにも、陸上競技から体操やバレー、野球などの競技を行なう選手が「単化」されて数多く掲載されている（図8）。また本誌内には、いわゆるオリンピック景気、オリンピック特需にも大きな期待をよせ、各種あやかりグッズや店頭装飾事例を掲載しているが、それらもまた、森崎の「笑われてはいけない」という指示にとうてい合致するとは思えないキッチュなデザインであった（図9）。

　『広告界』はこれ以前の号で、新しい写真表現の創作も紹介しており（図10）、先駆的なデザインを掲載する実力がなかったわけではない。オリンピック特集号での森崎の高尚な主張と、掲載デザインの古臭さというギャップはなぜ起きたのか。その理由は前章で見てきた「レイアウト」の二面性と全く同じ

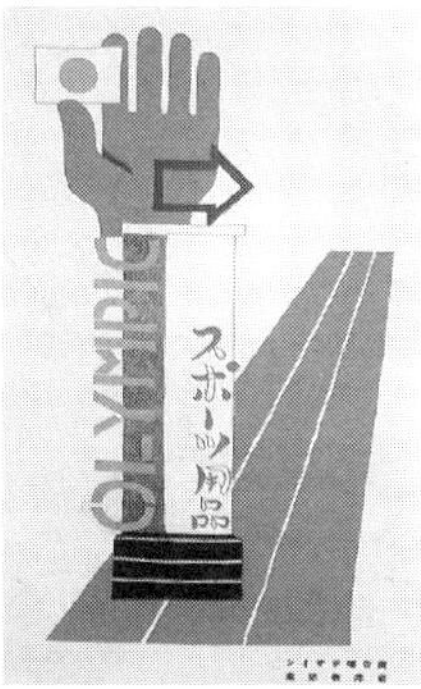

(図 8)『広告界』オリムピック特集号、付録カット集

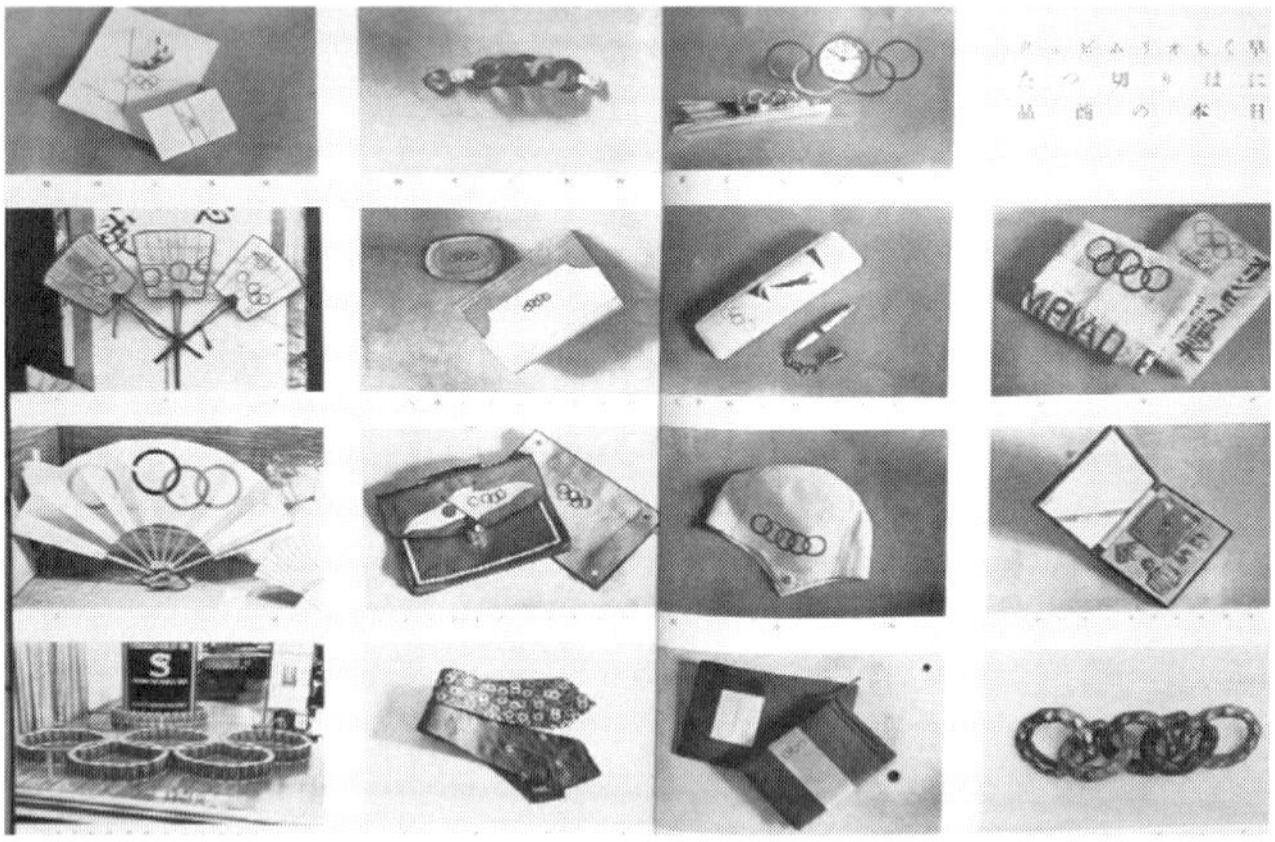

(図 9)
(1)「早くもオリンピックにはり切った日本の商品」

(2)「オリンピック開催決定にちなんだ店頭陳列」

である。森崎は国家宣伝の理想を語った。しかし『広告界』編集者らは、同誌読者が『ＮＩＰＰＯＮ』のような先駆的な写真広告をまだ多くは見たことがなかっただろうこと、彼らにそのような表現は理解されず、喜ばれもしないことがよくわかっていた。

先に見たとおり、雑誌『広告界』の主要な読者は、自身の店舗のために広告を作ろうとする全国の一般商店主や図案所の制作者たちだ。新聞折り込み用や店舗配布用のチラシなどに、即応用可能な見本帳としての機能が同誌の人気を下支えしていた。招致決定直後に企画されたオリンピック特集号は、お祝い商戦をすぐにも行ないたいと考えた一般商店主がただちに利用できる見本帳でなければならなかった。そのような彼らに受け入れられる表現は、写真を構成した先端スタイルではなく、イラストレイティブな「単化」によるスポーツや五輪のイメージだったのだ。

(1)「蔵ばらひチラシ構図」室田庫造（『広告界』11 巻 2 号、1934 年）

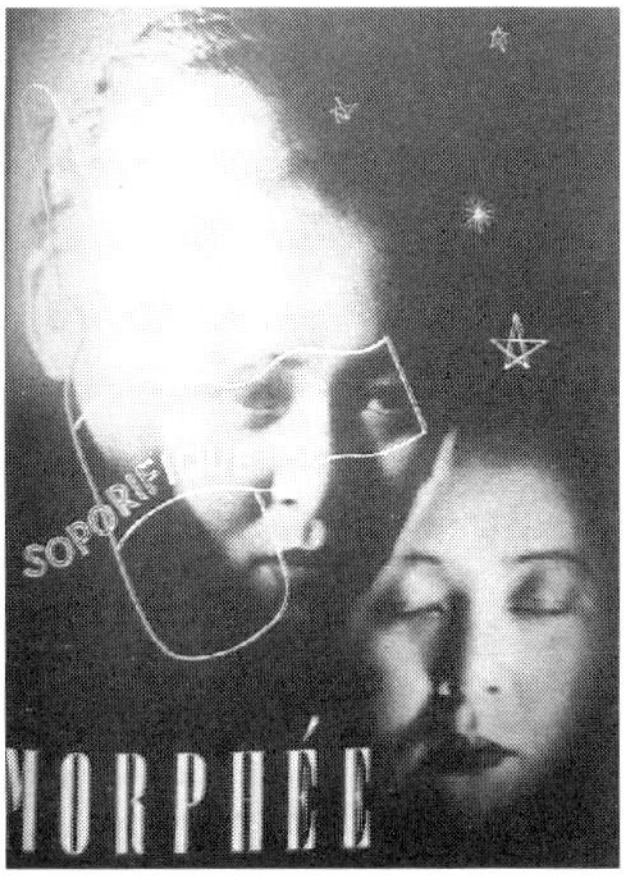

(2)「フォトモンタージュ」川田栄（『広告界』12 巻 4 号、1935 年）

（図 10）写真利用デザイン見本

オリンピック組織委員会の「宣伝戦」

民間の反応はこのような状況であった。では肝心の国家はオリンピック開催決定後、何を行なったのだろう。オリンピック開催までの全体方針を決定する立場にあったのは、オリンピック組織委員会である。ほぼ週時で開催された委員会の詳細な議事録が『報告書』として残されている[10]。これを見ると、対外宣伝や広報に関する検討は、当初からほとんど重要視されていなかったことがわかる。

第一回（一九三六年一二月一四日）委員会から第九回（一九三七年一月一五日）までの議事には、宣伝や広報に関する事項が全く上がっていない。第一〇回（二月二三日）の議事録にようやく「欧州の誘導を東京より行はんとするは全然不可能」なので、今後海外向け「オリンピック」新聞の定期刊行と、各国に於ける「プロパガンダ映画上演の組織」が必要という[11]、断片的な記述が登場する。

第一一回（三月二日）では分科会である小委員会において「組織委員会規約中に挿入すべき事項」の「参考」情報として「宣伝に関する事項」が検討される。ここで事務局が行なうべき業務として初めて「宣伝並に宣伝の統制、写真、映画、案内書、刊行物、ポスター等の作成、新聞通信係」が挙げられている。しかしこれもあくまで「参考」情報だったため、結局「概ネ左記ノ如キ事務ヲ行フニ必要ナル事務局ヲ設クベキモ、其具体的決定ハ将来必要ニ應ジ組織委員会ノ議ヲ経テ之ヲ定ムルモノトス[12]」と、詳細な計画決定は先送りされた。

組織委員会は宣伝ではない何を重要視していたのだろう。それは何といっても「先ず差当り必要なる競技場建設の大事業等」であった。

議事録は常に、主競技場から水泳場、各種室内外球技場、馬術やヨット競技場や選手村にいたるまでのそれぞれの候補地、その施設建設の予算や建設計画で埋め尽くされている。競技場やインフラ建設事業を重視するがゆえに「宣伝部設置の問題は暫く之を延期[13]」を余儀なくされたのだ。

このような貧弱な体制下で、オリンピック招致決定からおよそ九ヵ月が経過した一九三七年四月から、ようやくポスターとマークの選定についての検討が開始された。これを担当したのは、オリンピック組織委員会の諮問機関であった総務委員会に設置された第二部委員会。しかしこの総務第二部委員会は「便宜上事務局［を］、国際観光局、日本旅行協会等に事務を委ね[14]」た臨時組織で、専任事務局を持たない、いわば仮設の委員会だった。従って実際に検討にあたったのは「外務省、文部省、鉄道省、内閣情報委員会（内閣情報部）、日本放送協会、日本旅行協会、同盟通信社、大日本体育協会、東京市[15]に所属するする人々であった。

彼らはまずポスターの選定方法を「之を公募か或は特定の人に依頼するかは異論の在する所、結局之を公募する」[16]と決定した。しかし肝心の公募審査の全権を、「デザインニ付テハ大日本体育芸術協会ニ助力ヲ乞フコトニ決定」[17]として、別組織である「大日本体育芸術協会」に委ねてしまう。

兼任者で構成された仮設の委員会にしてみれば、これは致し方ない判断だったのだろう。総務第二部委員会はポスター公募締め切り日の直後、ようやく宣伝部へと昇格したが[18]、その際も専任部員はわずか一名しか配置されなかったし、宣伝部長は最後まで兼任のままだった。関係者は後に、総務第二部委員会（宣伝部）は、このような貧弱な体制だったから「常に計画、抱負のみにして実行が伴はなかった」[19]し、主体的な指針を出すことはおろか、「東京大会宣伝といふ大事業も終始消極的な方法に依らざるを得」[20]なかったと書き残している。

さて、審査を委ねられた「大日本体育芸術協会」とはどのような団体だったのだろうか。この団体は、「近代オリンピック芸術競技」の作品の募集や国内予選を行なう協会である。「芸術競技」とは何だろう。奇妙な名前に思えるが、これは「スポーツに関する絵画、彫刻、建築、音楽、文学」を採点する競技だ。古代オリンピックは、スポーツによって強く美しい肉体で「神」を表現するものであり、芸術表現も同じく「神」を表現する一手段だと考えられていた。「近代オリンピック芸術競技」はその思想を受け継いで、一九一二年のストックホルム大会から一九四八年のロンドン大会まで、合計七回のオリンピックで正式競技として実施された。日本人選手は一九三二年のロサンゼルス、一九三六年のベルリンの二回参加している[21]。

この「選手」を選ぶ「大日本体育芸術協会」が、ポスター審査を任せられた。彼らが選んだ審査委員が、猪熊弦一郎《いのくまげんいちろう》、東郷青児《とうごうせいじ》、安井曾太郎《やすいそうたろう》といった著名洋画家となったのは自然な成り行きであろう。このほかにフランス文学者であり写真家でもあった中島健蔵《なかじまけんぞう》、本書第五章に登場した資生堂二代目社長で芸術写真家、福原信三も名を連ねている。しかし、ポスターを含む広告制作の専門家を自認し、活発に活動してきた広告制作者、あるいは科学的な広告効果や理論の確立を目指していたアカデミックな研究者は、誰一人として審査に参画できなかった。山名はこれについて「グラフィック・デザインの仕事は、たかだか印刷の版下描きで、そんな職人が［オリンピックの］作品審査に立ち会うなど、もってのほか[22]」と思われている時代だったからだと回顧している。

公募は、ポスター一等に一名千円、マーク一等には三百円の賞金をつけて[23]、六月三〇日を締め切りとして告知された。ポスターには一二一一枚、マークには一万二一一三枚の応募があり七月五日に審査が行なわれた。シンボルマークはすぐに一等と佳作三点が選ばれたが（図11）、ポスターは低調で、「遺憾ながら佳作すら無く已むを得ずポスターのみは再募集[24]」となった。第二回公募は九月二四日締切りで、これには七八一点の応募があった。

再公募という曲折を経た後にようやく選出されたポスターは、松阪屋京都支店勤務の黒田典夫《くろだのりお》作の神武《じんむ》天皇を描いた手描き図案の作品である（図12）。二等には資生堂の山名文夫（図13）と、カルピス社所属で後に洋画家となる赤羽喜一《あかばねきいち》（図14）の二案が、三等には黒田と同じ松阪屋の加藤清澄《かとうきよずみ》（図15）らの三点が選ばれた。

一等の黒田のポスターは、『日本書紀』に記された、神武天皇が東征の際に金鵄《きんし》が弓の上端に止まって光を放ち、相手方兵士の目をくらませ勝利を導いたという故事にちなんだものである。なぜ黒田は神武天皇をモチーフとしたかは、一九四〇年がちょうど日本の紀元節、二六〇〇年にあたっていたからである。これは、オリンピック招致運動開始当初から日本が東京での開催を主張する理由のひとつだった。運動の中心であった東京市市長永田秀次郎《ながたひでじろう》と東京市会が一九三一年に可決した「国際オリンピック競技大会開催に関する建議」には、「時恰も開国二千六百年に当り之を記念する」と記されたし、ローマでの開催の譲歩をムッソリーニに懇願する際の理由ともなった[25]。

雑誌『広告界』のオリンピック特別号にも「皇紀二六〇〇年・東京オリムピックだ　製造家よ小売商店よ準備はよいか！」「二六〇〇年東京オリムピック漫画[26]」などと書かれているし、デザイン見本にも「二六〇〇年」の文字が随所で使われている（図16）。「皇紀二六〇〇年の祝祭として開催される第十二回オリンピック」

(図 11) シンボルマーク懸賞入選作・1 等、廣本大治 (中央上)。他 3 点は佳作

(図 12) 懸賞 1 等ポスター、黒田典夫

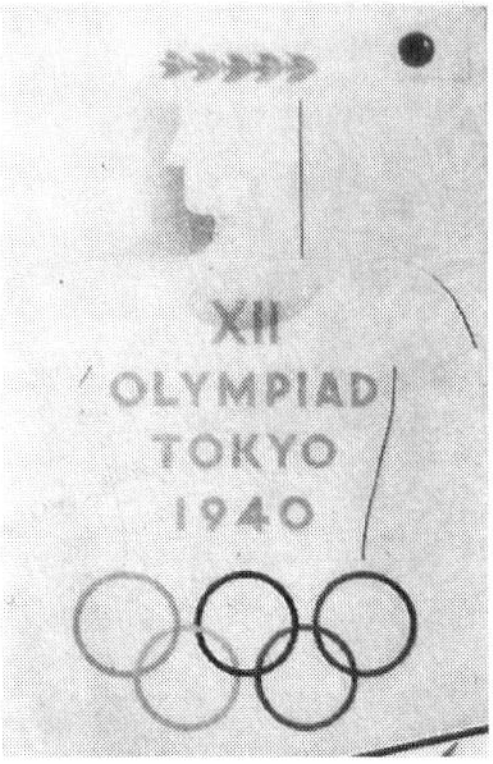

(図 13) 懸賞 2 等ポスター、山名文夫

(図 14) 懸賞 2 等ポスター、赤羽喜一

(図 15) 懸賞 3 等ポスター、加藤清澄

(図 16) デザイン見本、パンフレット表紙案、矢崎英二、『広告界』13 巻 10 月号、1936 年

という感覚は、国家の基本方針に沿ったものであり、民間にもよく理解されていたのである。

一等に選出された黒田典夫作ポスターは、このような民意をストレートに捉えて「神武天皇の即位から数えて二六〇〇年の歴史のある日本」を海外に向けて標榜しようと構想したデザインだった。ところがこのモチーフ、つまり天皇像をポスターに使用することが「内務省図書検閲課ニ於テ発行不許可」[27]となり、同ポスターは発行禁止とされてしまう。[28]

再公募のあげくようやく選出された一等作品が今度は身内の検閲で発行禁止となるという一連の騒動について、審査員に選出されなかった広告制作者サイドからは苛立ちが表明されている。「第一その目的性をオリンピック委員は確立してゐないし、作家に対して何等の計画内容に就いての提示がなく、寧ろ、委任のかたちであるのは無暴な話である。この点にも委員の非常識な節が多い」。

政府がオリンピック広告の意義や目的を全く示さないまま、無軌道なポスター選出を行なっているということの的確な指摘は、関西の広告関係者の機関紙『プレスアルト』誌上に掲載された無署名の論考である。『プレスアルト』誌は続けて、このコンペの有るべき姿を提案する。

ポスター案は複数の制作者による指名コンペとすべきで、委員会は彼らに事前に「計画内容を提示」すべきだ。つまり、まずコンペの意図明確化を提案している。さらにその「計画内容」を決める審査員適任者として具体的な人名も示している。広告研究者森崎善一、『広告界』編集の責任者倉本長治、誠文堂編集者新保民八《しんぽたみはち》、評論家板垣鷹穂。いずれも本書にも登場した広告や新しい写真表現に詳しい人物である。そしてコンペは指名制にすべきで、多田北烏、山名文夫、里見宗次ら図案家を数人と、商業写真家である金丸重嶺、木村伊兵衛《きむらいへえ》、中山岩太、小石清らを参画させるべきだという。最後に「以上の人々の合議性が眞のオリンピックポスターを世に出す」[29]と結んでいる。

この提案は、オリンピック宣伝の重要性を理解しているだけでなく、その選出には宣伝に適切な表現を知っている商業美術の専門家が関与すべきであること、かつそこでは新しい表現媒体として「写真」が外せない要素であることをも示している。広告関係者が自由に意見交換するサロン的な機関紙であった『プレスアルト』誌の先見性が見て取れよう。

しかし結局、このような広告制作者からの提案が公式ポスター採択にあたって採用されることはなかった。また、先の騒動から、そもそも意見が分かれていたオリンピック公式ポスターの公募という手段そのものの是非が再度問われ、再々公募も実施されず、二等の山名や赤羽の作品が昇格されることにもならなかった。

専任一名の貧弱な宣伝部は、この後どう動いたのだろうか。宣伝部はマークの審査委員でもあった和田三造《わださんぞう》に、改めてポスターデザインを依頼するのである。和田は帝国美術院所属の洋画家で東京美術学校図案科長、大日本体育芸術協会にも属している。そして和田が作成した仁王像を背景に片手を挙げる男子選手が描かれた図案が、最終的に公式ポスターとして採用決定される（図17）。一九三八年五月のことであった。そしてその二ヵ月後、七月の閣議でオリンピックの返上が決定され、いずれのポスターも印刷されることのない幻のままで終わっている。

以上のような公式ポスターをめぐる一連の出来事で、まず注意を払いたいのは、オリンピックにかかわる対外宣伝が、オリンピック招致決定後もほとんど重要視されなかったという事実だ。そのため、いわば手近な存在であった大日本体育芸術協会に委嘱されたファインアートの専門家だけで占められた、慎重に選出されたとは言いがたい審査員によってポスターの審査が行なわれた。審査には、既に日本に存在していた宣伝や広告のノウハウを持つ専門家が一切参画しなかったのである。結果、選出作品が旧態の手書き「単化」図案となったのは当然のなりゆきだったといえよう。

日本政府は、新しい写真表現の訴求力と国際性を、オリンピックプレ広報に生かすといった発想を持たなかった。そればかりか、何が先進国を表明する表現となりうるか、対外宣伝としてどのような表現がふさわしいのかという議論そのものも、まったく成されず置き去りにされた。この認識の欠如は、募集意図を明確に表明しないままポスター・コンペが開催されたことそのものにも顕著に現われている。そして公式ポスターは、

（図17）第12回オリンピック公式ポスター、和田三造、1938年

（図18）冬季オリンピック、ドイツ、ガルミッシュ・パンテンキルヘン大会公式ポスター、ルートヴィッヒ・ホールヴァイン

天皇像の使用可否というひたすら内向きの国内事情に右往左往し、公募した当事者であるはずの国家によって否定されるという何ともお粗末な顚末となった。

最終的に選ばれた幻の東京オリンピックの公式ポスターを改めて見ると、これが、ベルリン・オリンピックと同時開催されたドイツ冬季オリンピック（ガルミッシュ・パルテンキルヘン大会）のポスター（図18）に大変似ていることに気づく。片手を挙げた選手のポーズや胸の五輪マークや全体構図が同じであるのみならず、輪郭線を持たない色面で単純化された具象物を描く「単化」描法までが酷似している。

それもそのはずだ。このポスターは、ルードヴィッヒ・ホールヴァイン作なのだ。ホールヴァインは一九〇〇年代から第一線で活躍を続けていたベルリン出身のポスター作家で、日本でも「単化」の手本として崇拝されたことは本書第一部で見てきたとおりである。

しかしベルリン・オリンピックが開催された一九三〇年代半ばのドイツでは、既にホールヴァインの時代は過ぎ去っていた。ドイツは欧州のモダニストらのさまざまなアヴァンギャルド表現の実験の中心地であり、とりわけバウハウスを中心にモホリ＝ナギ、ヘルベルト・バイヤーらによって「テキストと写真の重ね合わせや、活版技術を写真製版によって表現するなど、タイポグラフィーと写真の接点についてさまざま実験」が試みられていたのである。この実験はやがて「新しいテクノロジーを魅力溢れた視覚的フォルムに表現するという、今日まで続くグラフィック・デザインの規範として成長を続け」[30]、現代デザインの基礎となる重要な先駆的活動となっていく。一九三六年のベルリン・オリンピックの時点ですでに、この実験的制作は多くの結実を得ていて、ポスターでも力強いモダニズム表現が数多く生み出されていた（図19）。ドイツのグラフィック表現にはこの時期新旧が混在していたのである。

ドイツの新しい傾向は、当時の日本でもすでに理解されていた。一九三二年の『広告界』で室田は、「写真芸術の誕生地の感あつた独逸は、バウハウスに立籠つて写真の革命の先駆者と稱えられたモホリ・ナギイの運動勢力の下に……商品写真に活躍してゐる。……独逸は南北の二巨匠、ホールバイン氏や、ベルンハード時代は去りて……新時代意識が覗はれた」[31]と書いている。極東の日本でも「ホールバイン氏やベルンハルトの時代は去りて」と、いわば旧態として認知されていた。にもかかわらず、ドイツ政府はそのホールヴァインを、冬季と夏季（ベルリン）オリンピック、両方のポスターに採用した。ドイツはこの直後一九三八年にはオリンピック記録映画「オリンピア」を作るなど、ナチス・ヒットラーが、写真の強い表現力を国内外のプロパガンダのために最大限に利

(1) ドイツ工作連盟国際展ポスター「映画と写真」、作者不詳、1929年

(2) エッセン広告芸術国際展ポスター、マックス・ブルヒャルツ、1931年

(3) 宝くじのポスター、ラースロー・モホリ＝ナギ、1932年

（図19）ドイツ・バウハウス周辺の写真を使った広告

用していく。だが、ベルリン・オリンピックプレ広報には、モダニズム写真表現の訴求力は生かされなかった。[32]ナチス政府もこの時点では写真の持つ力に、まだはっきりとは覚醒していなかったのである。

結局、ベルリンと同じ認識の遅れが、東京オリンピックの周辺でも起きたということである。公式ポスターをめぐる騒動のあげく採用されたのが、ホールヴァインを手本とした「単化」表現だったのだから。

以上見てきたように、一九三六年から一九三八年という幻のオリンピックプレ広報の時点で、国家も民間の広告と同様、写真表現の持つ力に開眼していなかった。しかし、オリンピックの開催権を放棄したこの年、一九三八年は、日本社会が戦争に向かって大きく舵を切った年である。商業広告が先細ることが現実となってきたこの年は、広告制作者にとってもグラフィック表現にとっても大きなターニング・ポイントだったはずだ。この転換期をもう少し深く見てみたい。

2　一九三八年、戦時期にむかう広告制作者の意識

オリンピック・ポスターに冷静で的確な指摘をした雑誌『プレスアルト』。関西で一九三七年に創刊されたこの雑誌を戦後復刻した津金澤聰廣《つかねさわとしひろ》は、同誌の性格を「戦時宣伝色が余り強くなく、いわば編集の基調は時局迎合を極力抑えたところに『プレスアルト』の面目がうかがえる。おそらくそれは編輯印刷発行人である脇清吉《わきせいきち》の秘められた非戦思想「反軍旗」への反骨精神が支えとなっており……[33]」と、指摘している。『プレスアルト』誌は戦局が押し迫る一九四四年という時期まで継続発刊されたが、編集者の意思により、時局迎合の色合いが極力抑えられたという。これを知ると同誌のオリンピックへの指摘の的確さもうなずける。

一方、本書でずっと見てきた雑誌『広告界』はどうだったのだろうか。

『広告界』は、それまで使っていた英文副題 Advertising and Commercial Art[34]を、一九四〇年八月号以降は Industrial Art and Propaganda、または日本語の「宣伝技術と産業美術の研究誌」と改め、さらに

一九四一年からは「国家宣伝・生産美術誌」へと変化させる。副題の変化は時局にあわせ変節していく『広告界』の性格を写しているようだ。『広告界』編集陣は、戦時宣伝をどう捉えていたのだろう。廃刊時の編集長宮山峻は、戦火が迫り、先細る商業広告を対象に出来なくなってきた時期の思いをこう回顧している。

緊迫した時局は「広告界」のありかたに根本的な変化を強いてきた。広告は、商品の生産と消費を結ぶパイプとして、平和時に於てこそ意義がある。国を挙げて平和産業が軍需産業に切り替えられるなかで、何のための広告なのか、その専門指導誌である本誌の存在は、まったく意味をなさぬのだ。

その頃、欧州ではヒトラーを総統とする独軍が、破竹の勢いでヨーロッパ全土に猛進劇を開始した。……PKと称するドイツの報道部隊の活躍は特にめざましかった。この部隊は、最前線の戦闘場面やヒトラーの人間像を写真や絵でドラマチックに演出し、対敵宣伝や国民の戦意高揚に実に巧妙に利用したものである。

これらの資料は、まだどうにか入手できたし、毎号の「広告界」グラフ頁の呼びものとなった。同盟国の一環として、ヒトラーの熱狂的人気や水際だったプロパガンダに、一種の陶酔感と興奮を覚えたものだ。日本もやがて、世界最強の国家になるだろうという幻覚にすら陥った。ところが肝心のお膝もとは一向にはかばかしくないどころか、物資統制の強化は、首を絞めるようにあらゆる日常生活用品に及んできた。[35]

この発言は、戦時期に生き残ろうとする『広告界』の危機感、そして、そのために大きな抵抗感を持つことなく商業広告から戦時宣伝へと対象を読み替えていく様を率直に示している。宮山は当局との関係を、「広告や宣伝畑ではプロを自認する仲間どうしがグループをつくって、情報局やその外郭機関だった大政翼賛会に出入りし、素人じみた官庁の報道に協力する態勢をとった……国策に協力し『広告界』の存命に少しでもいい点を稼ぎたかったに過ぎない」とも記している。[36] 宮山は戦時標語「ぜいたくは敵だ」の考案者として知られているが、この標語も、一九四〇年、奢侈品販売制限が発令されたとき翼賛会から急ぎの呼出しを受けて作ったものだったという。

『広告界』の責任者であった倉本もまた、当時このように書いている。

広告も国家中心主義たり得るのであつて、国家の為に有益な商業宣伝といふものについて、お互ひにもつと考へなければならない筈である……徒らに宣伝を抑制するといふ考へ方を捨てて、むしろ宣伝を非常時日本の要求する型にまで誘導し、飛躍させる方が國のためであろう。[37]

倉本も商業広告で培ったノウハウを（抑制するのではなく）、国家宣伝へと転向させることが急務だという。これらからすると雑誌『広告界』には、『プレスアルト』に底流するような反戦精神は存在しなかったと考えられる。とすれば、戦時下で編纂された『広告界』には、時局に沿った広告制作者のありかた、制作者らの生き残りをかけた必死の模索が、率直に現われているはずだ。またそれは当時の大多数の広告制作者の状況を写し、心情を代弁しているとも考えられる。広告制作者らは商業広告が先細る中で、戦時宣伝に対してどのような意識を表明していたのだろうか。

「国民精神総動員ポスター」と広告制作者の自意識

一九三一（昭和六）年満州事変により中国へ日本の軍事進出が開始されたが、一九三〇年代半ばまで日本の広告活動は膨張し続けた。……一九三七（昭和一二）年日中戦争に突入し、翌年国家総動員法が公布され「非常時」が宣言されると、広告活動は縮小を余儀なくされた。[38]

日中戦争開始から一年間の広告界は、それまでの発展・拡大を持続しながらも、戦時色が加わり、媒体間の差もあって、多様な様相を見せていた……広告への取締りが本格化するのは、一九三八年夏である[39]。

商業広告が戦時体制の影響を受けざるをえなくなった転換期は、これら先行研究が示すとおりやはりオリンピック返上の年、一九三八年であったようだ。これに従って制作者らの意識を、一九三七年から一九三八年の『広告界』での発言から実証することにしよう。

雑誌『広告界』で戦時宣伝について最初に書かれた記事は、一九三七年一四巻一〇号にある。新保民八《しんぼたみはち》[40]による「戦争と宣伝」である。これは七月の盧溝橋事件直後、八月に印刷された。

神保はこの記事で、第一次大戦時の欧州各国の宣伝戦を紹介した後、戦時宣伝の役割をこのように書いている。「［宣伝は］敵愾心を喚起」したり「敵国内を攪乱する」といった役割を果たすことが可能で、「戦争に、事変に、今後の国際戦は宣伝の仕事を忘れては全然成功することが出来ないといふことは、以上のいろんな事実が最も雄弁に物語つてゐる[41]」。

この記事が掲載された一〇号の表紙は、大陸の地図と爆撃機がモチーフだ（図20）。一四巻の表紙は、サン・スタジオ（多田北烏）らが制作した手芸品を構成して写真で撮影する「立体原稿」と呼ばれた方式で、これは一二巻から続いている。前後の号が小鳥や女性像など平和なモチーフを使用している中で、質感は同様であるものの、一〇号の爆撃機モチーフは特異で目を引く。編集陣の盧溝橋事件への意識の強さが見て取れるが、とはいえこの号に表紙と神保の記事以外は戦争を感じさせるものはない。「内外ヒット広告事例」特集や、「超現実主義と商業美術」といった海外事例を引いた制作技術指南が変わらないトーンで並んでいる。

一九三七年は『広告界』が、前節で示した「レイアウト・コンクール」を開催した年だ。その後も、「マーケッチングの欠陥はどこに在る?」（一四巻二号）「広告計画の基礎としての広告変動研究」（一四巻四号）といったマーケティング指導関連記事も多く、創刊号からの「商業美術の啓蒙書」という性格にも特段の変化は認められない。

しかしこれが翌一九三八年から一変する。
まず表紙はそれまでの手工芸的な作りから、写真による構成となる[42]（図21）。一五巻の一二冊のうち八冊が日本工房の土門拳《どもんけん》による写真だ。『広告界』には日本工房との人脈があった。既に日本工房に所属していた亀倉は、「ガクガクのデザイン論であり、写真論」を『広告界』と日本工房の制作者らで夜遅くまで「だべった」と述懐している。[43]後述するが、二誌には同じ写真も使われていて、若い制作者らの親密な関係も含め、両誌の制作スタッフは近しい関係にあった。[44]
さて表紙装丁が一変した一五巻の一号には、今竹七郎が「これからの思想ポスターと商品ポスター」と題した記事を書いている。

國民精神総動員だといふ切角の重且大なる意企が國策ポスタアとして具現される場合に及んで、全然方向違ひの、元老とは云へ、一老純粋美術家の手によつて、日本画富士の、骨董的価値を背負つてあらはれるとは、全く以つて異なるかなではありますまいか。……商業美術家の存在が如何に影薄きかを判然證明されたかたちでもあり、手厳しくとれば商業美術家が当局に無視されたとも云へるでせう。[45]

ここで今竹が言う「國民精神総動員の國策ポスタア」とは何のことだろう。それは、一九三七年一〇月に国民精神総動員運動を広め

（図20）『広告界』14巻10号表紙、平田善四郎・構成、1937年

（図21）『広告界』15巻6号（左）、11号（右）表紙、いずれも藤好鶴之助・構成、写真・土門拳、1938年

るべく、政府が横山大観《よこやまたいかん》・竹内栖鳳《たけうちせいほう》という日本画家の重鎮に描かせたポスターのことである（図22、23）。今竹は、この人選そのものが、近代的な新しいポスター表現に対する政府の無理解を露呈していると嘆く。[46]

オリンピック・ポスターの選出にもまったく声が掛からず、あげくは日本画の大家に国家の思想ポスター制作が委嘱された。続く出来事は、広告制作者としての職業意識を持つ今竹ら『広告界』に集う広告人らのプライドに火をつけた。これをきっかけに彼らは「国策宣伝」に正面から対峙する。[47]翌年以降、来る国家有事に必要な国策宣伝は、純粋美術家ではなく商業美術家が担うべきだという強い自意識のもとで、意見を述べ始めるのだ。

戦後に向けた準備期と捉える広告制作者たち

第一五巻一号には森永製菓広告課の稲生平八《いのうへいはち》の「事変後の広告宣伝への準備」という文も掲載されている。稲生は前半で戦争の影響が商業広告には悲観的なものだと述べるが、しかし表題のとおり結論は前向きなものだ。

　日本の國威が、今度の事変によつて増大すれば、先ず東洋に大きな市場が展開される……商品のチャンネルにはより多種なものが流れて一層活発な躍進時代が来ると確信する、宣伝は寧

（図 22）国家総動員ポスター、横山大観・画、比田井天来・書、近江文麿・左上色紙、1937 年

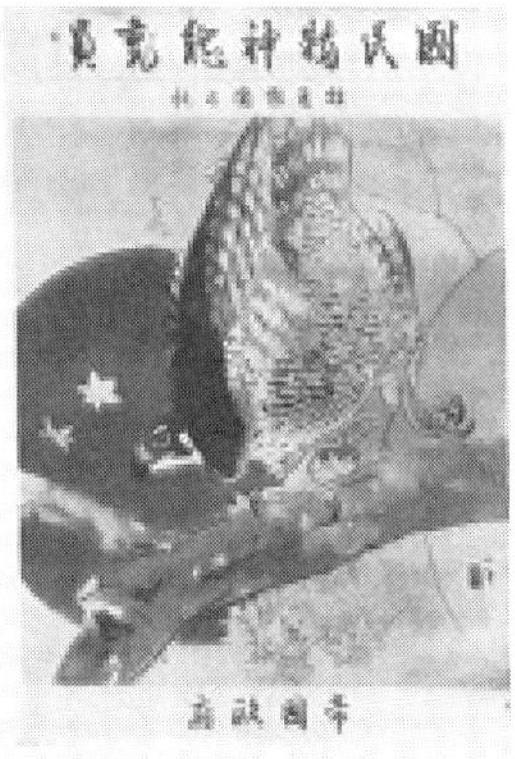

（図 23）国家総動員ポスター、竹内栖鳳・画、比田井天来・書、1937 年

ろ積極的活躍への準備時代である。……計画的な大広告宣伝のみがヒットすることにならう。事変中に貯へられた宣伝力の爆発時代が来たとき、部分的な線香花火的宣伝に終始してゐることは、甚だしい浪費となるであらう。[48]

稲生は、国策宣伝は将来に向けた準備期間であり、戦後ここで培った力を、爆発的に活かす時代が来ると予測する。「国家宣伝は、その後に来る平和時の大きな市場における商業広告の準備」。稲生と同様のこのような認識は、この後複数の広告人が語っている。

戦に勝つため……どんな統制下にも甘んじねばならぬ。問題は、イザと言ふ場合、立直る腹の準備である。泳いで、泳いで、泳ぎ抜いて彼岸に到達し、そのままへたばって了つたんでは、今迄の苦労は水泡だと云ふだけだ。國家が我々に求めてゐる眞の目的を冷静に批判し、國家と共に我々の生活を生かし、そして将来へ備へるためには、一面的観察では駄目だ。次々に起つて来る禁止法令、実際問題との間に生ずる矛盾、之は、万能の神でもない限り誤解、摩擦を無にすることは出来ぬ。要は、その精神を汲んで、対処することだ。[49]

これは『広告界』で初の戦時宣伝特集号として組まれた、一五巻九号（九月）にある編集長宮山峻による巻頭言だ。宮山も「イザと言ふ場合、立直る腹の準備」を強調し、戦時中にも「将来に備へるためには、一面的観察だけでは駄目」であり、戦後を見越して宣伝にあたるべきだという。

この九号の中身はすべて、戦時宣伝に関するものだった。[50]表紙も兵士の写真で戦時色が強い（図24）。この兵士の写真は、同年二月二八日発刊の『ＮＩＰＰＯＮ』一四号内で使用された写真（図25）と同じで、撮影は土門拳である。[51]前後の号に記載の副題 Advertising and Commercial Art はなく、代わりに「之からの宣傳はどうするか」というコピーが赤枠に囲われて書かれている。

この特集号が企画された背景には、一九三八年五月五日に施行された国家総動員法がある。広告関係者らはこの法律の施行によって、いよいよ時局が本格的に戦争に傾き始めたという覚悟を強めた。転換を余儀なくされる事態にあった広告制作者らの主張を見てみよう。

一稿目の寄稿者は、国内最大の制作集団「サン・スタヂオ」主宰の多田北鳥である。多田は「商業美術家は如何に対処すべきか」と題して、やはり戦時を商業美術にとって好機ととらえる発言をしている。

> 吾々は新産業組織下に於ける商業美術、いや、もつと廣義に民族の統制生活下に於ける実用美術の関係を、此の事変を契機として、大ひに追及する責任がある。かくてこそ戦争は文化を躍進させる母体だといふ世の定則の使徒ともなることが出来るのではないか。……今事変は一方に一部の商業美術を否定した形を採つたが、他方に於いて……新らしき美術を要求してゐる事を見逃してはならない。……それは宣傳或は指導に使はれる政治機能としての美術であるが、これこそ吾々が多年主張してゐた指導美術の現はれであつて、明らかに時代が要求する新しいものの一つであろう。[52]

多田はこの文に続けて今後プロパガンダという明確な目的を持って広告制作にあたることで、これまでの間違った（目的意識のない曖昧な）商業美術制作の軌道を修正できる。だから、日本の商業美術家にとって政

（図24）『広告界』15巻9号、表紙、1938年7月

（図25）『NIPPON』14号、1938年2月

治宣伝は絶好のチャンスだし、これがあってこそ飛躍的な第二ステップが迎えられる、という。多田は杉浦非水とともに最初期のポスター作家として知られる大御所だ。自らは美人画を含む写実描写によるポスターを制作していたが、地下鉄ポスターに新時代を見るなど「メディアとしての広告ポスター」に早くから開眼していた。多田の「宣伝感」は明快だし「戦争は文化を躍進させる母体」という言い方も印象的だ。

第二稿は、山名文夫による「統制経済と商業美術」である。山名は「プロパガンディスト」という目新しい用語を用いて、多田と同様戦時を契機として広告制作はスケールを拡大できると主張する。

現代商業美術家の多数の人々は、プロパガンディストでなく、又それへの心構への少い人で……その意味でスケールの小さな仕事になり、人材になると思ふのである。……もつとスケールの廣いプロパガンダに対する熱情と用意とが必要だと思ふ。現在日本にはそのやうなはつきりしたプロパガンダ・デザイナーと云ふかアーチストといふ人々は居ないと思ふが、事変後所謂時局ポスターが商業美術家によつて作られ、いづれもナマヌルイものになつたのは、作家の技術ではなく、用意の不足であると思ふのである。……戦争目的達成のための国家総力戦下に、われわれも亦そのための直接的な最前線的奉公を熱望する。[53]

一五巻一号で「國民精神総動員の國策ポスタア」を批判した今竹七郎は、九号では三稿目「「発言美術」への推進」を書いている。

商業美術なるものは、はつきり云へばノツクアウト、衰退である。これはどんな理論を以つてしても覆ひかくせない事実だ、然し、ここに、これに打つてかはつて、換言すれば、商業美術が変貌して時局の表面に躍如として躍り出るものがある。これがいはゆる宣伝美術である。……宣伝美術、この機能の本質は論をまつまでもなく全く商業美術と共通するものであつて、而もその手段に於いては商業美術に較べてはるかに切実であり直接的であり、また情熱に燃えてゐる。また、この、切実さと情熱は戦時下の異常時宣伝に於いて最も極端である。欧州の商業美術が、驚くべき緊迫した訴求を擁し尖鋭な姿を以つて世に表はれ来つたのは実に大戦以後の事であつた。この恐しいほど真迫性と合目性は何処から与へられたものか、それは大戦の恩恵に他ならない。……この純度の高い機能的機能が思へばいままでの日本の商業美術に欠けてゐたのではないか。そこに、いままでの商業美術の温床が如何に生ぬるい甘つたれたものであつたか……戦争といふものが、宣伝美術といふ形を借りて商業美術を陶冶し純化し還元して行く事は首肯出来る[54]

今竹は、商業美術はノックアウトだと悲嘆に浸るのではなく、欧州の広告表現が第一次大戦で大きく進展したことを引いて、現在の日本でも商業広告は戦時宣伝によって躍進できると鼓舞する。「情熱に燃え」た戦時下の宣伝美術は「甘つたれた」商業美術を純化し淘汰するという。

第四稿は、国内最初の広告写真専門スタジオを開設していた金丸重嶺によるものだ。金丸はまず、「客観的状勢よりみれば一応、悲観的な見方に首肯しなければならない。」と、物資統制が迫る中での写真のこれからを憂慮している。しかし後段では、以下のような期待も示している。

広告写真の出発は、欧州大戦にあつた、とゆふことは、写真史の上にも明らか……写真が広告に利用されたとゆふ事は、欧州大戦にその源を発してゐる。大戦中、各國は、写真が軍事の為に重要なる結果をもたらしてゐるのに鑑み……これを躍進への努力をした、この結果、大戦は写真術に革命的な進歩を促がしたのである……欧州大戦は、写真界に一つの躍進を与へ、又広告の分野に写真をして一歩前進せしめた。……僕等は今、嵐の中に立つ。しかし、嵐の後の黎明に誰が信念をかけ得られないであらふか。私は試練の今日を寧ろ喜こんでゐるのである。草は踏みにじられてゆくかもしれない、しかし、根はいつかは芽ざしてゆく、新しき芽は、更に強く伸びるであらふ[55]。

写真の分野は第一次世界大戦で躍進したのだから、商業広告が先細る現在の日本の戦時下の情勢にも希望を見出せると金丸は期待する。しかし後半の「嵐の後の黎明」「試練を寧ろ喜ぶ」という言葉以降は悲壮感に満ちており、心痛む。それでも金丸は「新しき芽は、更に強く伸びるであろう」と、希望をつないでペンを置いている。

一九三八年一五巻九号の『広告界』戦時広告特集号は、このように、商業広告から戦時宣伝への意識転換を広告制作者らが自ら宣言した論集であった[56]。この号は七月に編集された。商業広告の消滅を予感する国家総動員法施行（五月五日）以降、戦時宣伝に関する議論が本格化したことがわかる。

彼らは各々「思想ポスター」「発言美術」「指導美術」「プロパガンディスト」といった新語を取り出して、意識改革を喚起している。共通するのは、戦時宣伝は商業広告のノウハウが伸張するチャンスだとする希望だ。国家宣伝という明確な目的を持ってポスターを制作するという経験は、「美人画ポスター」に代表される目的意識の希薄な商業広告を陶冶するという。今竹や金丸は、第一次大戦が欧州の広告（宣伝）表現の進展に大きく寄与したことと、今の「事変下」を重ね合わせる。多田は「戦争は文化を躍進させる母体だ」とまで言い切る。

考えてみれば私たちも本書でここまでずっと、そのことを見てきたわけだ。すべてのきっかけは「第一次世界大戦ポスター」の衝撃だった。「戦争」は「メディア」を伸張させる。これは事実であったし一九三〇年代の広告人には自明のこととなっていたのだ。

この時期の彼らの記述には他にも興味深い点がある。稲生が先の文に続けて「計画的な大広告宣伝のみがヒットする……凡ゆる広告宣伝媒体を総動員するのでないと」いけない、と示唆していることだ。「広告宣伝媒体を総動員」、つまり多様なメディアを計画的に統合して動かすことが「宣伝」には最重要だという。この発言は、戦後の商業広告で重要視された「メディアミックス」という考え方を予感させるものだ。社会学者津金澤聰廣《つかねざわとしひろ》は自身の少年期の経験を「戦時期自分は『少国民』だったが、ラジオやポスター、新聞や政府出版物で何度も同じ標語や同じ「国民歌謡」の歌詞を見聞きしたことで、心に国家忠誠の意識が浸透していった。あれはまさに『メディアミックス』だった」と語っている。[57]

津金澤は戦時期の広告制作者の意識に関しては、このように思慮している。

「戦争と宣伝技術者」の問題がなぜ問い直されねばならないかについて『報道技術研究会の記録』の「まえがき」ではたとえば次のように述べている。……「この部分は、現在までほとんど空白のままである。」なぜ空白のままなのか。「この頃のことは、誰もが黙して語らない風がある。……」しかし、ただ仕事になればよいという気持ちで、仕事をしてきたのではない。「何とかして現状を打ち破って、高い国家の理念を摑み、そこから出発する企画と構成のもとに、技術を最高度に駆使してみたいという思いが、私たちの心奥には絶えず燃え続けていたのである」。この率直な「まえがき」は当時の宣伝技術者に共通する心情として理解できるし、この種の戦時期デザイナーの記録の乏しさもそこに大半の理由がある。[58]

これまで見てきたとおり、一九三〇年代中葉は、商業主義の拡大によって、商業美術家という広告制作者の地位確立がようやく果せつつあった時期だ。商業広告の拡大に希望を抱いていたに違いない彼らにとって、これが衰退し、目前の国策宣伝に向かわねばならない現実は、あまりにも残念だっただろう。国策宣伝は、来る平和時の商業広告の需要に備えた準備期間だという発言は、この残念さとジレンマの裏返しであり、自らと周囲を激励する意味も強かっただろう。

しかし広告制作者の戦時期の意識を一括りで語ることは出来ない。ジレンマを感じる一方で、津金澤が指摘するとおり、彼らは持てる技術を最大に駆使し国家のために尽くしたいと「燃えて」もいた。これこそが「『戦争』は『メディア』を伸張させる」原動力であっただろう。

そして彼らの「戦後」予想は難しい。今日私たちは彼らの言う「戦後」を、現実のものとなった民主自由主義経済と解釈して読みがちだ。しかし当時思い描かれた「戦後」の大方はそうではなく「大東亜共栄圏」である。宮山はその「戦後」を、「将来、事変が一段落した場合を前提として現はれる経済組織」として、すべての事業が半官半民、完全な自由経済、あるいは一部事業に限り統制経済が続く、の三つの見方があると述べている[59]。

しかしいずれの場合も「今」よりも経済圏が飛躍的に拡大した、新しいステージが来るという前提での予想である。彼らは活躍の範囲が拡大するであろう「戦後」を信じ、戦時宣伝をその「戦後」に向かう前哨戦と意識した。広告の技術を「国家宣伝」によって磨こうと自身や周囲を鼓舞した。このような彼らの意識は、次節での、戦時に突入した後に作られた広告や国策宣伝物を検討するにあたって、重要な情報となる。

では、戦時期に彼らは、実際にどのような活動を行なったのだろうか。そこで「広告制作」は可能だったのだろうか。最終節では、一九三八年に政府によって創刊されたグラフ雑誌『写真週報』を見ていこう。戦後の準備期間と意識しつつ商業広告から戦時宣伝へと制作の場を転換せざるを得なかった広告制作者たちは、政府が刊行したこの巨大メディアの制作にも直接・間接に関わっている。

3 『写真週報』と広告

『写真週報』創刊

オリンピック返上が正式に閣議で決定されたのは、一九三八年七月一五日。広告制作者らの存在意義を国際舞台で示す絶好の機会も、これで完全に消滅した。

商業活動への圧迫はさらに強まる。屋外広告に限っても、この後敗戦までの数年、取り締まりは強化の一途をたどった。たとえば戦前の広告物取締法は「安寧秩序ヲ害シ若ハ風俗ヲ紊《ミダ》ルノ処アリト認ムル」広告物を、行政官庁が「処分」できると定めた。これを受け一九三八年に東京府、翌年には大阪府で広告物取締法施行規則が改正された。一九三九年には百貨店組合に対し季節大売出しの中止とアドバルーンの禁止が言い渡され、一九四〇年には電力調整令に基づいて、ネオンや広告燈、電飾が禁じられた。用紙統制も緊迫する。一九三九年の『広告界』にも「婦人雑誌のグラビア頁もだんだん紙の制限で減らされ、従って広告も少なくなった」[60]などと書かれている。急速に戦争へと傾斜する時局に、広告業界は危機感を強めていった。

「国策のグラフ」を自称する『写真週報』が創刊されたのはこの年、一九三八年二月一六日のことだ（図26）。『写真週報』は内閣情報部によって発刊された、写真グラフ雑誌である。創刊から終刊号となる一九四五年七月一一日の三七四、五合併号まで七年余りの間、週刊で発行された。そば一杯が一五銭、『アサヒグラフ』は二五銭、『サンデー毎日』が二〇銭、『広告界』は一部一円から一円一〇銭という時代に、『写真週報』の定価は一部一〇銭[61]。破格の安値であった。創刊号の奥付では定期購読を推奨しており、その場合は年間購読料四円八〇銭とさらに割引が適用された。写真を使ったグラフィック作成の当時の高コスト構造を考えれば、この定価がクリエイティブ・スタッフの雇用を含めたコストに見合うはずはない。国家に動員された専門要員が制作にたずさわったからこそ実現した低価格だった[62]。

　販売場所は官報販売所だけでなく書店、駅売店、写真材料店と幅広く、庶民が手に入れやすかった。創刊当初四万であった発行部数は、情勢が緊迫するにつれ延びてゆき、一九四二年四月の同誌自身の記述によると、三〇万余部が印刷されていたという。しかも一九四一年七月一六日の一七七号に掲載されたアンケート結果によると、一冊を平均一〇・六人で回覧して読んだという（図27）。読者の属性は、学生生徒が四五・四％、無職九・八％、工場・鉱山労働者七・五％、会社員等六・八％、商業六・七％、教員四・四％、技術者四・三％、官公吏四・三％。そして、読者の学歴は、小学校卒業程度六一・八％、中学校卒業程度二六・六％、高専卒業以上が七・八％という。『写真週報』が学生生徒を中心としながらも幅広い職業の大人にも読まれていたことがわかる。

三〇万部×一〇人という読者数字に誇張があったにせよ、六万部内外を推移した『アサヒグラフ』と比較しても格段の影響力を持つ、戦時期の庶民大衆層にとって最も身近なグラフ雑誌であったことは間違いない。[63]大衆の目に触れたビジュアルメディアを追う私たちが、一九三〇年代末から敗戦までの間の彼らの視野をたどったとき行き当たるのは、この雑誌『写真週報』をおいて他にはない。

しかし、なぜこの時期に政府は写真グラフ誌を創刊したのだろう。唐突で不思議に思われる。本章冒頭で書いたとおり、オリンピック組織委員会の挙動からは、日本政府が一九三八年時点で「写真」による広報（宣

（図 26）『写真週報』創刊号表紙、写真・木村伊兵衛、1938 年 2 月 16 日付

（下）記事写真・木村伊兵衛

（図 27）「武漢大学門ほかにて読まれる『写真週報』」、『写真週報』46 号、1939 年 1 月 4 日付

伝）の威力をまだ一切重視していないことが明らかだった。それなのになぜオリンピックのプレ広報とほぼ時を同じくして、政府は突然に『写真週報』の創刊に踏み切ったのだろうか。

写真による日本バッシング

さて一九三九年の『広告界』一六巻六号に、本書でも随所で登場してきた商業写真家の先駆、金丸重嶺が、「戦争宣伝雑感」という記事を書いている。内容は、日本の対外宣伝が今のような消極路線では駄目だ、もっと写真の力を使って、個々人の「感情」を動かすものにしなければならない、という強い進言だ。金丸がこれを強調する理由はふたつあった。ひとつは自身の渡欧経験。金丸はこの前年にドイツを訪問し「ナチス政権獲得三年間の国内宣伝、及び対外宣伝」を見る機会を得ている。もちろん彼の訪欧の主目的は「専門である処の写真宣伝の資料を得ること」だったのだが、ドイツで「宣伝が国家の存立に対して、まことに有効な滑油となつてゐることが判つきりと知ることが出来た」という。

そしてもうひとつの理由をこう書いている。「支那はアメリカ、英国系の雑誌を通じて、日本の人道に対して悪逆であることを巧妙な写真をもつて宣伝してゐる。これによつて、反日的な雑誌は日本の非文化的な事例の写真をのせ、双方の宣伝と相まつて、英、米、国民の感情を悪化させてゐることは、大きな事実であると思ふのである」。

金丸の証言では中国は、たとえば「日本の欠食児童」「一時間、二セントの労働賃銀で働く女労働者」「牛よりも酷使を受けておる日本労働者」というような「非文化国日本」を想起する写真、あるいは「上海に於ける『新世界』の自国機による爆撃の惨状を写真に撮り、あたかも日本の爆撃によるかの如き、キャプションをつけ、死屍累々たる惨状の写真、しかも、若き女性や、幼児の死体のクローズアップのごときもの（写真）」を配信し、英米に「巧妙な（感情に訴える）宣伝」をしているという。金丸は、巧妙な写真による宣伝戦を行なう中国に対し、日本は立ち遅れた施策しかとっていない。これは死活問題だと叫ぶ。

日本は現在、国際宣伝戦のさ中にあって、まことに大きな試練にあつてゐるといつてもいい。宣伝下手は、日本の国民性だ。不言実行こそ、我国祖先依頼伝統の美徳であるといふ諦め的な言葉丈けでは、最早カヴァーすることが出来ない程、宣伝は、近代戦の中から抜くことが出来ない……発表形式の文字でなく、もつとも扇情的な、写真や、文字を借りて、宣伝の材料に用ひてゐるのが支那の逆宣伝である。……宣伝は、外くの人々の人心征服法で、言葉を換れば群集心理の操縦法である。[64]

この文が『広告界』に書かれていること自体が時の情勢を示している。雑誌『広告界』、そして実際の広告（業）界には、この時点でもはや「広告」と「宣伝」を区別する意識がほとんどない。

金丸のいう中国が行なった「巧妙な写真」による宣伝とはどのようなものだったのか。

ここで新たなキーパーソンを紹介しよう。林《はやし》謙一《けんいち》。東京日々新聞社記者を八年務めた後、一九三八年に内閣情報部（一九四〇年から情報局）に任用され、『写真週報』の編集者として活動するという経歴をたどる人物だ。内閣情報部は宣伝の重要性が増すにつれ、これに堪能な民間人の実務者を積極登用していった。林も当初は嘱託扱いだったが、一九四一年六月からは文官高等試験を経ずして情報官に登用され『写真週報』編集の現場の指揮をとるようになる。[65] ちなみに林は戦後、人気を博したNHKの連続テレビ小説「おはなはん」の原作者である。

林は『写真週報』創刊から五年後の一九四三年に、金丸が語った中国が行なった「写真による日本バッシング」こそが、『写真週報』創刊の直接の契機だったと証言している。

「これが支那事変だ」といふ題の下に、爆破された上海站北の北停留場にただ一人取り残されて泣いてゐる赤坊の写真は、昭和十二年度で世界一に有名になつた赤坊である。米英はこの一枚の写真に引摺り廻され、日本軍の非人道、侵略の悲劇を怒号し、対日ボイコットを決議し、義捐金を募り、義勇飛行士をさへ募集して我が作戦を第三国の気かねに窒息させてしまつた。三歳の童子も写真宣伝に姿を変へられては手のつけやうもなかつたのである。この写真は「ニュースリール・ウオン」と仇名された蒋介石寵愛のカメラマン王小亭が、世界に窮訴するために捏造した謀略写真であつた。この事例から我々が銘記しなければならないことは、世界中の写真を全く知らぬ一般の人々は勿論、専門家の編集者までが蒋介石のデマ宣伝に一役買はされたのである。彼の辣腕に全世界の新聞雑誌がこの写真を掲載し、この場面はまた同時にニュース映画にも撮影されて地球上狭しと発表されたことである。[66]

林はこの文章の傍らに、問題の写真を掲載している。線路の真ん中に置きざりにされた赤ん坊。負傷し泣き叫んでいることがよくわかるショットで、破壊された駅舎の惨状とともに眼を覆いたくなる衝撃的な写真だ（図28）。金丸の言う「自国機による爆撃の惨状」とはこの写真のことだ。

林によれば、一九三九年一二月に米国紙「エディター・アンド・パブリッシャー」が、この写真に注目した人々の数を「一、米国に於ける掲載紙数　八百社。二、米国以外の新聞の写真として見た人数　二千五百万人、三、同一場面を含むニュース映画として見た人数　一億一千一百万人合計一億三千六百万人以上」と発表したという。この数字が正確かどうかは定かではないが、アメリカ国内で非常に大きな話題となったことは

（図28）「上海『北站停留所日軍轟炸』」

林はこの写真に、以下の解説を付けている。「同様のものが他に二枚ある。いろいろ構図をかへて撮つたが、それを、三枚世に出してしまつたことは確に敗である。謀略で演出したものこそ只一種にして置かねばならない」。これからすると、このシーンに類する写真が当時複数種、配信されたようだ。

間違いない。林は文章をこう締め括る。「僅か一枚の宣伝写真が如何に広く伝播されて害毒を流していったかを知る実例であり、写真が宣伝戦の恐るべき新鋭兵器であることに今更眼を見張るのである」。

林は戦後にも、この出来事をきっかけに、政府が「これに対抗しなきゃならん、視覚による対外宣伝を拡充すべき」と、「目で見せて、理解を得る」ことの重要性にようやく遅い目を覚ました、と明言している。[67]

林の証言のとおり内閣情報部は、写真による反日宣伝に対抗すべく、一九三七年一〇月二〇日、写真を使った宣伝実施の具体的提言「写真報道事業」を作成した。[68] そしてこの提言を受けいち早く実行に移された国内向けプロパガンダ事業が『写真週報』の出版だった。オリンピックプレ広報時宣伝に全く力を入れず、旧態の「単化」表現を海外向けポスターに選んだ日本政府。ほぼ同じ時期に「國家総動員ポスター」を日本画の大家に委嘱した日本政府。しかし写真の訴求力を使った強烈な日本バッシングという先制攻撃を受け、日本政府も遅ればせながらこの時点で写真表現の重要性に覚醒したのである。

しかし『写真週報』は日本語表記だし、あくまで、国内の大衆を読者とするグラフ雑誌だ。この雑誌が対外宣伝という役割を担っていたとは不可解だ。この疑問は『写真週報』の二つの顔を知らなければ解くことができない。もちろん同誌の一義的な大きな役割は、日本の大衆への国家メッセージの伝達である。庶民の目線を追う本書は、このメディアの大衆性に注目しなければならない。だが同誌はこれだけではないもうひとつの顔を持っていた。少し横道に逸れるが、同誌の特異性を知るためにこちらにも少し目を向けておこう。

以下は、内閣情報部が局として昇格した直後の一九四〇年に、幹部職員の手引きとして作成された内部資料である。

昭和十二年十月二十日の内閣情報部では「官庁及民間団体に於て撮影、供給する記録及情報写真に依る対内外宣伝実施の官民合同の中枢機関」という目的で……真剣に考慮されて居たが……写真週報には国内の国策宣伝啓発という第一任務の外に対外宣伝写真の蒐集というかくれた任務をも遂行せしめることになった。

即写真週報の名義にて各種の対外宣伝用写真の蒐集撮影を行はしめ官庁の材料を蒐集していることを少しでも「カムフラージュ」して効果的にするようにつとめた。……〔選定された写真は〕英文にて解説文及個々の写真に説明を付し、査閲を経て初めて数百枚の頒布印画を作り発送する……発送した写真は海外に渡った後更に多数複製されるように各国の大通信社写真部又は写真組織と連絡する一方、一枚でも多く写真を売って利益を上げやうとする多数の個人経営の写真通信社とも契約している。[69]

『写真週報』は、「対外宣伝写真の蒐集」という隠れた任務も担っていたのだ。対外宣伝用写真を海外に配信する事業を早急に軌道に乗せねばならない。これが日本バッシングへの有効な対抗策だ。そのためには日本をより良く見せる写真を多く撮り、集めねばならない。『写真週報』のための撮影だと欺くことは、撮影活動、写真蒐集を容易にする。さらに『写真週報』は、国内の素人写真家からも素材を集めるべく、その告知の役割も担った。「愛国懸賞写真募集」の告知は、同誌内で幾度も繰り返されている（図32（1）（4）参照）。

海外配信の実務は情報部とは別組織の財団法人写真協会があたったが、その配信数は「年百五十テーマ、約三万枚に達し」た。この内部資料はその効果を「〔一九四〇年までに〕海外諸国の諸新聞雑誌に掲載された実績を、もし掲載広告料金に換算するならば、数百万円を超ゆるであろう。」と自負している。

直前までの無理解を見てきた私たちは、国家の「写真」への価値観が短期間でここまで大きく鮮やかに、そしてシステマチックに変貌したことに驚きを禁じえない。それほどまでに写真による日本バッシングがもたらしたダメージが大きかったということである。そして『写真週報』は、日本バッシングへの対抗のために、政府が綿密に計画し資金を投じた一大「事業」だったのだ。

「報国」を売る「写真広告」だった『写真週報』

ここまで『写真週報』の創刊事情と、国家の「写真」に対する大きな意識転換を追ってきた。このあたりでこれを見た「大衆」側の視点に戻ることにしよう。

写真によって造られた情報を受け取るというメディア経験は、庶民にはまだ一般的ではなかった。したがって『写真週報』を眺めるという行為はそれ自体、彼らにとって全く新しい視覚経験であった。同誌の中身はどのようなものだったのだろう。そしてそれが庶民に与えた影響は何だったのだろうか。

『写真週報』は毎号おおむね二〇ページ内外で構成され、表紙を含むほとんどすべてのページに写真が使用された。巻頭には「時の立札」と題されたスローガンが写真つきで掲げられた。本誌には、ニュース写真や国内、中国、台湾、朝鮮など植民地の様子や、内閣の動き、衛生や健康管理、隣組の生活などをテーマとした写真と解説文で構成されたグラフページが続く（図29）。

柏木博《かしわぎひろし》は同誌の表現を『ＮＩＰＰＯＮ』などの先駆雑誌に「及ぶべくもないほど出来は良くない」と指摘した上で、しかしデザインレベルが低くはあるが「（とりわけ写真）を使っていかに的確に『メッセージ』を伝えるかということの様々な〝手法〟を駆使している」と評価もしている。そして「いかにすれば、意味の拡散をふせぎ、〝理解しやすい〟画面を作るかということを、第一義的な目的にしていた『写真週報』が、その後の写真を使ったグラフィック類に与えた影響はすくなからぬものがある」[70]と、後世への影響力を指摘する。

確かに『写真週報』には〝理解しやすい〟画面を目指すあまりの安っぽい写真表現も目につく。総合的な完成度は決して高くはない。紙質も印刷レベルも『アサヒグラフ』に劣り、もちろん『ＮＩＰＰＯＮ』と比較できるようなものではない。しかし、写真でしか表わしえない強いメッセージ力の獲得に成功した表現もある。特に表紙写真には、印象に残る力のある写真が採用されている（図30）。誌面の写真構成も控えめに言っても、二年前にオリンピック招致用各国パンフレット比較で亀倉が賞賛したドイツ・パンフレットの紙面デザイン（図5参照）のレベルには充分達している。

大衆はこれらを見て、何を感じたのか。その実態を摑むことは困難だが、制作者側、発刊した情報局サイドが大衆に何を与えようとして制作したか、その意図は残されている。先に挙げた情報局内部資料にこう書かれているのだ。

　簡単にいえばカメラを通じて国策をわかりやすく国民に知らせようという趣旨……これを普及ぶりから見れば、週報ではとっつき難い読者層というか、キング級の層にも喰い込んでいることが写真週報問答欄や投書からも窺はれる。そこで、編集方針もつとめて大衆向きとして程度を下げることに腐心し……写真という大衆に親しみやすく、また感情を引き付けやすい宣伝媒体を武器に、文字と相まって国策をわかりやすく理解させ、時局常識を植えつけることに主眼を置いている。[71]

『写真週報』は、「感情を引きつけやすい」写真を使って、「文字と相まって国策をわかりやすく理解」させ

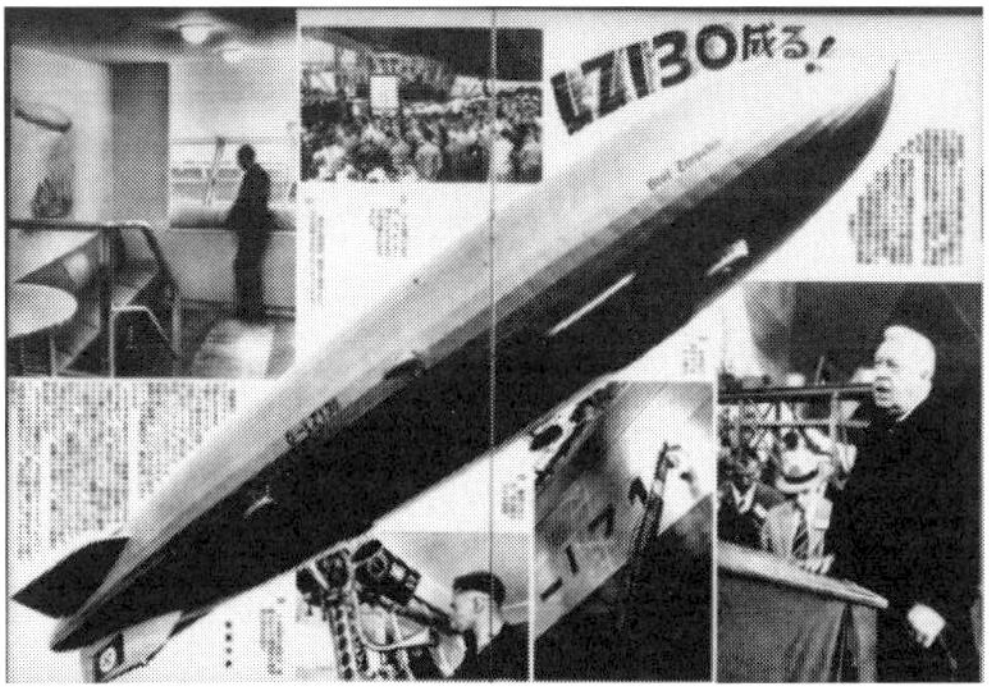

(1)「新造船ドイツ航空船 LZ130」、『写真週報』36 号、本誌面、1938 年 10 月 19 日付

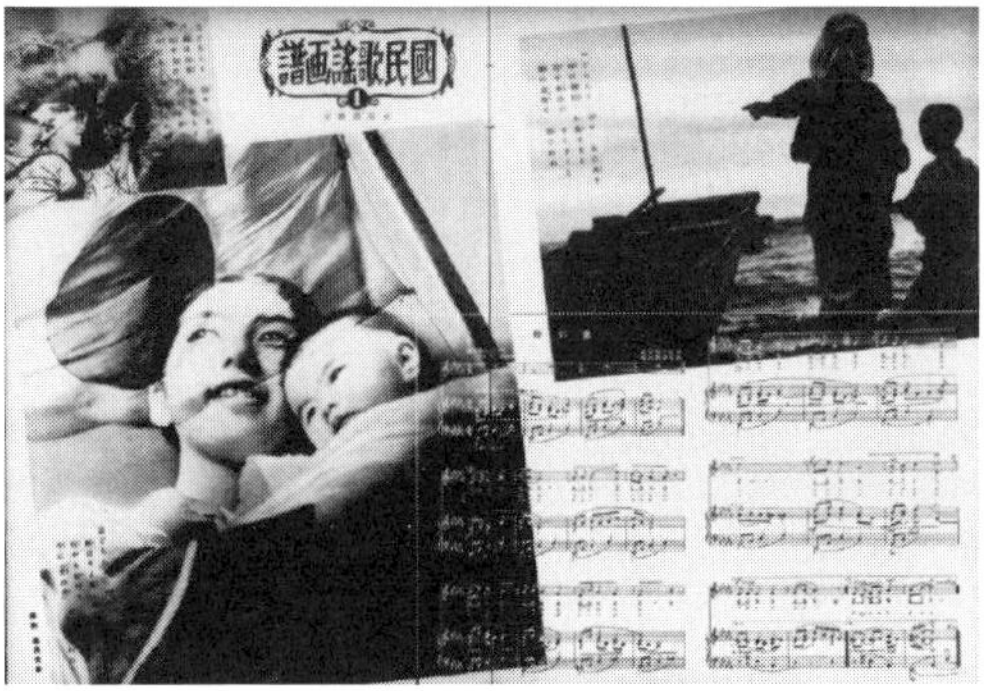

(2)「国民歌謡画譜」、『写真週報』31 号、本誌面、1938 年 9 月 14 日付

(3)「陣中演芸大会爆笑」、『写真週報』46 号、本誌面、1939 年 1 月 4 日付　　（図 29）

る表現を目指したという。編集に関わった林はさらに具体的に、何故に「写真が宣伝に使はれるか」、その理由を七つの柱としてこう語っている。

イ、写真は感情に訴へる
ロ、その現実性に真実感を抱かしめる
ハ、印刷によつていくらでも複製される
ニ、文字を解せざる者にも読みとり得る

(1)『写真週報』21号表紙、写真・木村伊兵衛、1938年7月6日付

(2)『写真週報』36号表紙、写真・梅本忠男、1938年10月19日付

(3)『写真週報』73号表紙、写真・小石清、1939年7月12日付

(4)『写真週報』135号表紙、1940年9月25日付

(図30)

ホ、直感的に情勢を捉へ得る
へ、電波によって送達し得る
ト、しかも写真は美しい

以上の七つの柱の上に写真は立ってゐる。この七つの特性一つ一つが既に宣伝の要素そのものではないか。「写真は感情に訴へる」、科学実験の写真類でないかぎり、写真はひと目見ただけで、美しい、冷やかだ、真剣だ、圧倒されさうだ、凄い、憎々しい、悲惨だ、同情に値する、等の感情を揺り動かす。ここに宣伝が便乗するステップがある。[72]

七つの柱を持つ「写真」の力に「便乗」した「宣伝写真」が持つ力を、林はさらに刺激的にこう表現する。「〔写真を〕印刷にして何億枚でも複製されるに到つてはその伝播力に於いて宣伝の毒ガスである。映画が宣伝の機関銃なら写真は確に毒ガスだ[73]」。

林は多弁だ。『写真週報』の編集について、こうも言い切っている。「何が国策の写真であるかといふ問題……国策写真を撮られるのには、在来の芸術写真の考へを一時清算なさらんと行けないです。……芸術写真的な観方といふものよりも、もつと写真を文学的にみる、即文章を書くために筆や万年筆を握る気持ちでキャメラを握るんですね[74]」。「理性ではない。感情に訴へる。写真を表示の媒介とした場合、相手は感情です。これを逃さず強調する。強調の方法は写真の科学性を利用する……広角レンズ、望遠レンズ、赤外線、紫外線或はカラーフォトですね、あの手この手と総動員で描くのです[75]」。

『写真週報』の画面は、林の言うところのさまざまな「写真の科学性」を駆使し、文章を書くようにあの手この手の「作為」に満ちた写真で創られていた。「写真の科学性を利用した写真」とは、かつて宮下孝雄が書いた「モホリ＝ナギのトリッキーな写真」とほとんど同義だろう。『写真週報』は、これを繰った「感情に訴えるメディア」だったのだ。

グラフ雑誌は事実の報道を目的としたものであるはずで、そこでの意図的な構成、「作為」は、本来排除されるべきではないか。しかしそれは今日の価値観である。

これらの林の語りを見ると、『写真週報』が、今日の価値観で言うドキュメント写真、「報道グラフ雑誌」では決してなかったことがはっきりとわかる。[76]この事実は、受け手である大衆にとって何を意味したのだろう。

林の以下の発言に注目したい。

〔『写真週報』は〕一種の宣伝雑誌ですからね。実際デパートなどから、アラモードとか何とか言つて、毎月流行を知らして来るやうな雑誌と同じやうなものです。それは皆に無代で差し上げるべき雑誌でせうね。あれに出て居る写真といふのは本当の宣伝写真です。……ジャーナリスチックな商業写真です。ハンドバッグを買つて貰ひたいとか、パラソルを買つて貰ひたいといふのと同じ気持で作つて居る。[77]

林は『写真週報』を、雑貨販売を目的とした百貨店の広告誌と同じ気持ちで作っているという。この林の言葉をそのまま受け止めれば、『写真週報』は、本誌面のすべてのページが「報国」という感情を売るための「広告」グラフだったということになる。

一九二〇年代から開始された「広告現代化の軌跡」を追ってきた私たちは、最終章になって、総力戦という予想外の力によってもたらされたこの特異な「写真広告」の存在を受け止めなければならない。

人々が『写真週報』を眺める行為は、「感情を逃さぬよう設計された写真広告〔宣伝〕」を眺める経験だった。それはほとんどの日本の大衆にとって初めての経験だった。その成り立ちはイビツだが、『写真週報』は、日本の大衆が初めて写真で造られたメッセージを受け取る機会、多くの人々が同時に「写真によるビジュアル・マス広告」を体験する機会となったのだ。

情報局は、『写真週報』の本誌ページそのものを切り取って、街の掲示板に張り出そうというキャンペーンも行なっている（図31）。張り出されて「ポスター」としての役割も果たした『写真週報』。『写真週報』はそれ自体が、「報国」という商品を売る「写真広告」だったのだ。

国家宣伝のかたわらで制作された現代的な広告

同誌の編集にはどのようなスタッフが参加したのだろう。

『写真週報』本誌の写真は、海外への写真配信を行なった財団法人写真協会に委嘱されており、詠み人知らずのものが多い。しかし朝日新聞社の国際広告写真コンクール入賞者である小石清、太田英茂の花王石鹸新聞広告に写真を提供した木村伊兵衛、日本工房の土門拳、そのほか永田一脩《ながたいっしゅう》、林忠彦《はやしただひこ》、入江泰吉《いりえたいきち》、梅本忠男《うめもとただお》といった写真家らの参画も確認されている。柏木博は先駆雑誌に「及ぶべくもないほど出来は良くない」というが、中には写真でしか表わしえない強いメッセージ力の獲得に成功した表現もある。それは、このような実力のある写真家も制作に参画していたからなのである。

レイアウトやエディトリアルデザインは、情報部（情報局）部員が担当した。いくつかの林の発言から推察すると、全てのページではないにせよ、林は誌面レイアウトに采配をふるう中心的な「レイアウトマン」として活躍したと考えられる。

さてここまで『写真週報』の本誌面そのものが、写真を巧みに使ったいわば「広告」であったことを指摘してきた。実はそれのみ

(1)「掲示板に『写真週報』、大阪市役所」、『写真週報』49号本紙面、1938年1月25日付

(2)「『写真週報』の壁新聞、東京府立第三高女」、『写真週報』33号本紙面、1938年9月28日付

（図31）

ならず同誌には、実際の「写真広告」も掲載されていた[78]。しかもその多くは、一九三〇年代の大衆雑誌にあったプロトタイプ化された美女写真広告をはるかに超えた、高度な表現だった。

人物の写真をトリミングあるいはクローズアップして構成する、俯瞰と近景の組み合わせで近景に迫力を持たせ強調するなど、「新興写真」や欧州の実験的なモダニズム写真が行なった技法を随所で採り入れて、その多くが、写真と文字の力で広告を「魅せる」レベルに達している（図32、12点）。前出の日本工房が制作した広告と比較してどうだろう（図33）。紙質の悪さを考慮すれば、表現レベルは肉薄しているのではないだろうか。同じテーマで被写体を捉えたものを並べてみると（図34）遜色のない出来上がりといっても過言ではない。

建築や風景とともにいる子供、あるいはスポーツシーンで肉体美を誇る男性が、仰角や、遠景から引いた視点、逆光やクローズアップなどの撮影技法を駆使して捉えられた写真。これに全体構成を考慮して文字が配された画面は、タイポグラフィに稚拙味は残るものの、現代の広告に通じる写真ならではの空気感を創っている。裏表紙は二色ないしは三色「カラー」印刷が可能で、これも効果的に利用していて見応えがある。

高コストの壁に阻まれて、一九三〇年代の大衆雑誌に、写真広告はあっても画一的な美女写真だけだった状況を鑑みると、『写真週報』に掲載された広告が「初めて見る本格的な写真広告」だった大衆も多く存在したに違いない[78]。

このような広告を作る努力をした広告人は、誰だったのだろうか。

『写真週報』の制作者は本誌でさえもいわば「詠み人知らず」のものが多いが、広告の制作者となるとさらにはっきりしない。間接的ではあるが、その制作傾向から誰が手がけた広告だったのかを推察してみよう。

一般誌に掲載された広告デザインとの共通性から、各社の広告部が制作した可能性も捨て切れない。たとえば目薬「スマイル」のロゴは、『キング』にあった広告と同じものが使われている（図35）。ロゴとともに広告も製薬会社玉置商店の広告部が作成した可能性もある。しかし『写真週報』の広告が、グラビアにも使えるような臨場感のある写真や、シュルレアリスムの影響色濃い凝った写真構成であるのに対して、『キング』の広告は「美女の顔」である[79]。

一方、異なるメーカーの広告に、あきらかに同じ場所やモデルを撮影した写真が使われている例もある（図36）。これからは、本誌面編集で手に入れた写真を使って、本誌スタッフが広告を制作していたという推察も可能だ。

日本工房が対外広報誌『NIPPON』を作る際、本誌面のみならず、掲載する一般企業の広告のデザインもすべて請け負ったというエピソードが知られている。『NIPPON』の誌面で一九三五年に使われた写真を『写真週報』の広告が使用している例もあり（図37）、二つの雑誌が人的にあるいは資料を共有できる近い関係にあったことが推察できる。日本工房に倣って『写真週報』の広告も、各企業からの入稿ではなく、編集スタッフが制作を担ったのかもしれない[80]。

写真そのものの表現性からわかることはないだろうか。『写真週報』に写真を提供した小石清が一九三六年に賞を獲得した富士自転車の写真広告（図38）と、『写真週報』掲載の広告のひとつ「スマイル」（図39）を比較して見てみよう。「スマイル」は、女性モデルの個性や生命力が伝わる魅力あるショットだ。二点を並べると、仰角で女性を見上げる視点、全体を斜めにレイアウトすることで生まれる躍動感を活かした画面構成、近景を木や斜面の一つに絞り、背景はすべてぼかす手法など、両者に共通点が多いことに気づく。

小石は戦後「私は海軍従軍以来、三転して報道写真界に入ってしまったのである。これは職業写真人として当然ゆきつくべき与えられた写真の国家的重要性を活用すべき道だったのである」[81]と述懐している。「報道写真界に入ってしまった」という言い方には小石の、不本意でやるせない思いが滲んでいる。中山岩太に続き二回目の朝日国際広告写真展最優秀賞を獲得した小石に、商業広告への思いも強かったのではないだろうか。

前節で確認したように、戦時期に突入する際制作者らは、「戦時宣伝は、きたる戦後の商業広告への準備」だと前向きに捉え、自らと周囲とを鼓舞していた。これをも想いながら『写真週報』に掲載された力のある広告群を見ていると、制作した匿名の制作者らの心情が響いてくる[82]。カメラマンや編集スタッフは、『写真週

(1)「愛国懸賞写真募集、富士のフィルム」広告、『写真週報』14号、
1938年5月18日付

(2)「新マツダランプ、マツダ真空管」広告、『写真週報』23号、
1938年7月20日付

(3)「富士のフィルム」広告、『写真週報』25号、
1938年8月3日付

(4)「愛国懸賞写真募集、富士のフィルム」広告、『写真週報』9号、
1938年4月13日付

(5)「胃酸過多にノモルザン錠」広告、『写真週報』15号、1938年5月25日付

(6)「超疾患にビオフェルミン」広告、『写真週報』33号、1938年9月28日付

(図32)

(7)「理研ヴィタミン」広告、『写真週報』44号、1938年12月14日付

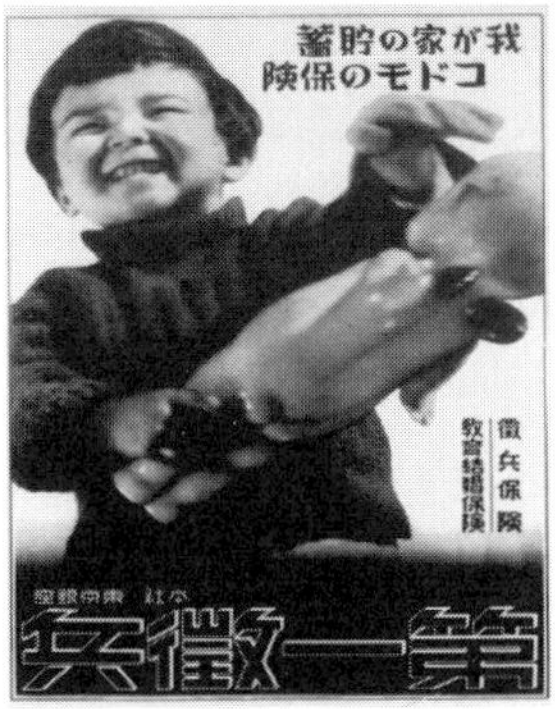

(8)「コドモの保険」広告、『写真週報』55号、1939年3月8日付

(9)「筋力にエビオス」広告、『写真週報』71号、1939年6月28日付

(10)「ハリバ服む子は健康児」広告、『写真週報』161号、1941年3月26日付

(11)「特別報国債権」広告、『写真週報』239号、1942年9月23日付

(12)「保険は銃後の弾丸なり　第一生命保険」広告、『写真週報』211号、1942年3月11日付

(1)「マツダ真空管、ランプ」広告、『写真週報』18号、1938年6月15日付

(2)「芝浦モートル」ポスター、1938年。日本工房作、ディレクション・亀倉雄策、写真・土門拳

(図33)

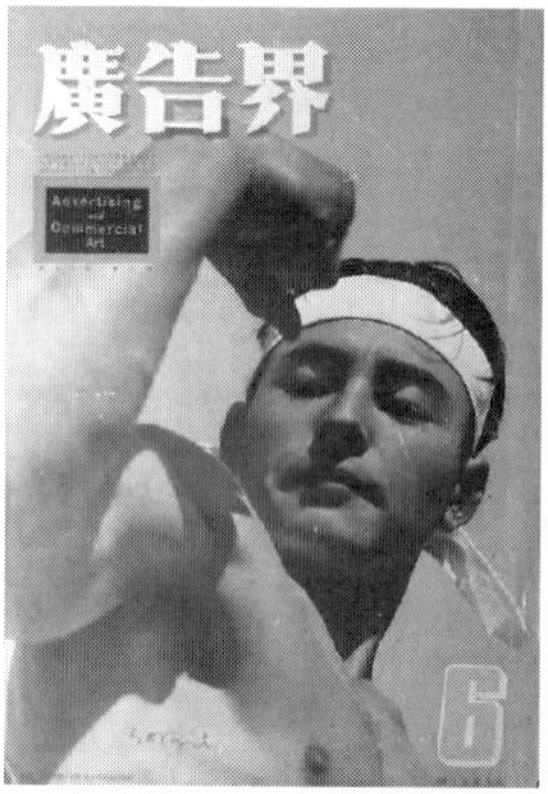

(1)『広告界』16巻6号表紙、1939年

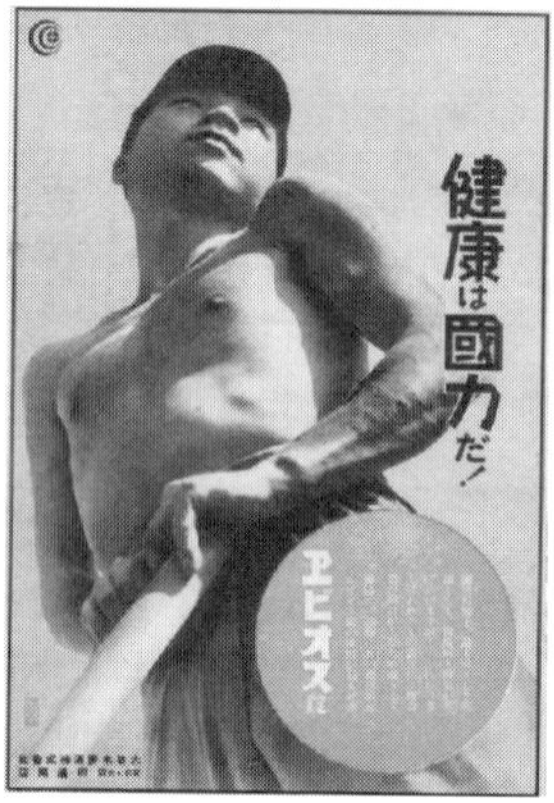

(2)「健康は国力だ！　エビオス」広告、『写真週報』173号、1941年6月18日付

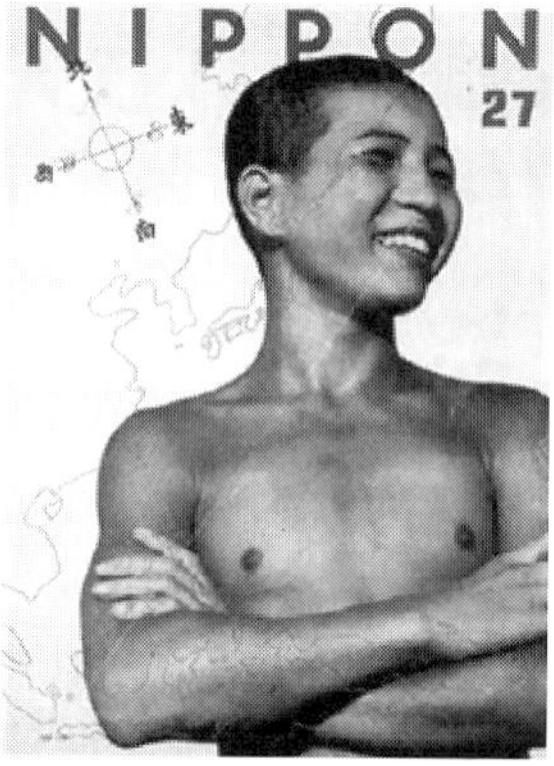

(3)『NIPPON』27号、1941年8月30日付

(図34)

報』本誌編集でおそらく本位ではない啓蒙的な写真撮影と編集を強いられただろう。彼らが息抜きにあるいは来る戦後の商業広告全盛の社会を夢見て、自身の持つ制作技量を発揮して当時としては最高レベルの本格的な写真広告を制作したのではないか……と、思われてくる。

近年複数の研究が、戦時期メディアの成立には、権力による上からのメディア統制と操作という図式だけでなく、下からの積極的な参加もあったことを浮かび上がらせている。[84]本書でもここまで、広告人たちの意識、戦後の自由競争社会における商業広告へと望みをつなぎ、国家宣伝へと自主的に力を傾けて行った広告人らの「下から」の思いを見てきた。

広告人有志が集った「報道技術研究会」という広告プロダクションが一九四〇年に発足している。[84]当初は自主的に国家宣伝への提言を行なっていたこの組織は、まもなく内閣情報局と緊密に連携し、国家をクライアントとした仕事を実行していく。この会の活動は、「下からの積極的な参加」の典型例であろう。「報道技術研究会」の中心にいたのは、これまで本書に何度も登場したリーダー層の広告人たち、山名文夫、原弘らだ。そしてこの「報道技術研究会」には、『写真週報』を編集した林謙一も参画している。前段で引用した林の「写真の七つの柱」を書いた文章は、一九四三年に「報道技術研究会」が出版した書籍『宣伝技術』に、山名と原の論考の間に挟まれて掲載されたものだ。

だからといって「報道技術研究会」のメンバーが、『写真週報』の制作に直接手を動かしたと言えるわけではない。だが、一九三〇年から新しい広告表現を模索し、後に戦後の広告業界の中心となっていく人材が揃ったこの研究会と『写真週報』との間に、林というキーパーソンを通した人的なつながりがあったことは事実である。リーダー層の間で一九三〇年から議論が繰り返された「レイアウト」や「新しい写真表現」や「タイポグラフィ」といった今日的広告への模索は、直接ではなかったかもしれないが、『写真週報』に活かされたと言ってもいいのではないだろうか。

こうして、文字と写真を恣意的に演出し構成することで強いメッセージを表現する広告、グラフィックデザ

(1)『写真週報』55 号、1939 年 3 月 8 日付

(2)『写真週報』60 号、1939 年 4 月 12 日付

(3)『キング』13 巻 6 号、1937 年

(4)『キング』113 巻 7 号、1937 年

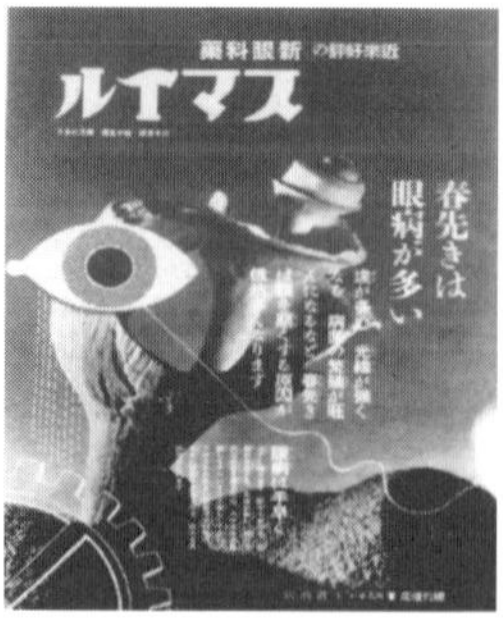

(1)

(2)

(3)

(4)

(図 35)『写真週報』と『キング』掲載の「スマイル玉置商店」広告

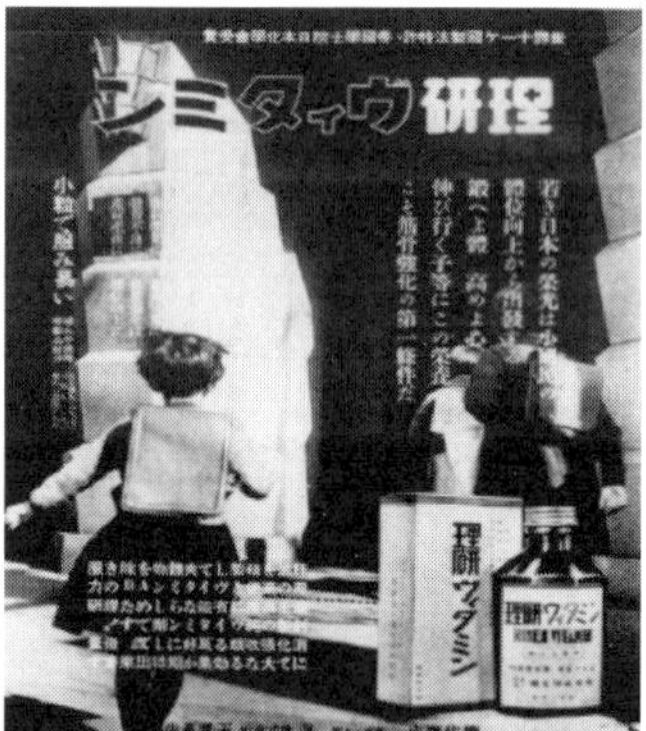

(1)

(2)

(1)「理研ヴィタミン、玉置商店」広告、『写真週報』9 号、1938 年 4 月 13 日付。
(2)「ポリタミン、武田長兵衛商店」広告、『写真週報』11 号、1938 年 4 月 27 日付。
(図 36) 同じモデルと場所で撮影された、異なるメーカーの広告

インのモダニズムの手法は、商業雑誌や商業広告ではなく『写真週報』というプロパガンダ雑誌によって一般に認知されることとなった。

　これが実現した背景には、政府の写真表現に対するドラスティックな意識転換があった。『写真週報』の特異性を鑑みると、この雑誌に存在していた本格的な写真広告は、総力戦体制が生んだいわば「あだ花の広告」

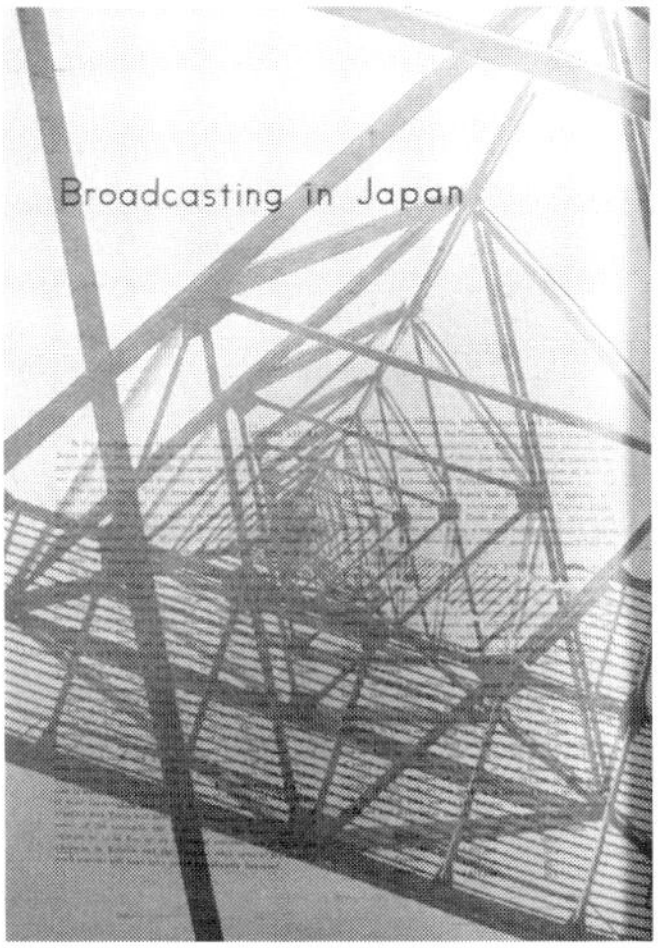

(1) 日本工房『NIPPON』2号、記事ページ、1935年

(2)「財団法人に本放送協会」広告、『写真週報』6号、1938年3月23日付

(図37)『NIPPON』と共通する写真を使用した『写真週報』の広告

(図38) 小石清「女性と富士自転車」懸賞広告、写真1等、1936年

(図39)「スマイル」広告、『写真週報』26号、1938年8月10日付

である。コスト高の写真表現は、写真の持つ圧倒的な訴求力に遅まきながら気づいた「国家」という顧客（資金源）を得て、ようやく大衆の目前に登場し得たのだ。

広告制作者らは、戦後の広告全盛時代を夢見つつ、その前哨戦と位置づけて国家宣伝に関わっていった。制作者もはっきりしない『写真週報』の広告だが、そこには、戦後を予感させるような鮮やかな出来映えのものも少なくない。そして『写真週報』が庶民に与えた影響の大きさを考慮すれば、たとえ誰がどのような意思を込めて（あるいは込めることなくただ手慰みに）制作したのかが判然としなくとも、日本の広告史の中でこの存在を見逃すべきではないだろう。

たとえそれが「あだ花」だったにせよ、『写真週報』は日本の大衆が、本格的な写真広告を目にする最初の機会となったのである。

1　名取洋之助は一九二三年に創業した富士電機製造株式会社初代社長名取和作の息子。

2　日本工房については、当事者の回想である飯島実「『日本工房』創設から「国際報道工芸」解散まで」『NIPPON 先駆の青春　名取洋之助とそのスタッフたちの記録 1934-1945』日本工房の会、一九八〇年、他、多数出版されている。『名取洋之助の仕事 1930 年代：写真鎖国主義をとらなかった先駆者』西武百貨店、一九七八年。中西昭雄『名取洋之助の時代』朝日新聞社、一九八一年。白山真理、堀宜雄編『名取洋之助と日本工房［1931-45］』岩波書店、二〇〇六年など。

3　この号は、名取洋之助の写真で、構成は河野鷹志。全体を名取がプロデュースした。河野は制作時の状況をこう書き残している。「『今度の号はオリンピック特集号でいきますから、吉岡のスタートの写真に若い女性の横顔を敷いて』と、名取さんから具体的な注文があるわけです。つまり、どんな表紙にするか、絵柄のイメージは、彼の方で決めてるんですね。アート・ディレクターは名取さんで、イラストレーションとデザインの仕事が私という仕事のやり方だったわけです」。石川保昌『報道写真の青春時代』講談社、一九九一年、六三頁。
4　井上祐子は、名取には日本工房を「売れる写真」を生み出す「企業」にしようという意図があったと指摘している。井上祐子『戦時グラフ雑誌の宣伝戦　十五年戦争下の「日本」イメージ』青弓社、二〇〇九年、二七―三〇頁。
5　亀倉雄策「オリムピック招致戦上に躍るパンンフレット」『広告界』一四巻四号、誠文堂新光社、一九三七年四月、六二―六三頁。
6　中村哲夫「第12回オリンピック東京大会研究序説（Ⅰ）」『三重大学教育学部研究紀要』第三六巻、一九八五年三月、一〇七―一一〇頁。この論文は、駐伊日本大使らがムッソリーニと会談し、オリンピック辞退を懇願したいきさつの詳細を書いている。第一二回オリンピック東京大会については坂上康博・高岡裕之編『幻の東京オリンピックとその時代』青弓社、二〇〇九年に詳しい。
7　宮山峻「巻頭言」『広告界』一三巻一〇号、誠文堂新光社、一九三六年、一頁。
8　宮山峻「巻頭言」『広告界・オリムピックカット集』一三巻一〇号付録、誠文堂新光社、一九三六年、一頁。
9　森崎善一「オリムピックを迎へて我が政府の宣傳制作」『広告界』一三巻一〇号、誠文堂新光社、一九三六年一〇月、四六頁。
10　永井松三編『報告書』第十二回オリンピック東京大会組織委員会、一九三九年一月。これは政府が刊行した報告書だが、東京市も別に『報告書』を作成している。
11　永井編、前掲「第十二回オリンピック東京大会組織委員会議事録」、七四頁。
12　永井編、前掲、七六頁。
13　永井編、前掲、三三五頁。
14　永井編、前掲、三三五頁。
15　永井編、前掲、三三五頁。その後逓信省や国際文化振興会からも兼任の委員が加えられた。
16　永井編、前掲、三三八頁。
17　永井編、前掲、「「総務第二部（宣伝部）委員会第10議事録」三三四頁。

18　総務委員会第二部委員会は一九三八年の七月一日に「宣伝部」に昇格した。
19　永井編、前掲、三三三頁。
20　永井編、前掲、三二五頁。
21　オリンピック芸術競技ついての研究には以下がある。吉田寛「近代オリンピックにおける芸術競技の考察――芸術とスポーツの共存（不）可能性をめぐって」『美学』二二六号、美学会、二〇〇六年。
22　山名文夫『体験的デザイン小史』ダヴィッド社、一九七六年、九三頁。
23　ポスター二等は二名に各三〇〇円、三等三名には各二〇〇円、シンボルマーク佳作三名に五〇円の賞金が付与された。
24　永井編、前掲、三二八頁。
25　第一二回オリンピック招致にあたって、はじめから紀元二六〇〇年の祝賀の意図があったことは、以下の研究を参照。中村哲夫「第12回オリンピック東京大会研究序説（Ⅱ）」『三重大学教育学部研究紀要』第四〇巻、一九八九年、一〇三―一〇四頁、一三一―一三三頁。この意図は開催が決定された後に、オリンピック運営の中心組織となった大日本体育協会の基本方針にも継承されていった。
26　『広告界』一三巻一〇号、誠文堂新光社、一九三六年一〇月、四二頁、五六頁。
27　永井編、前掲、「総務第二部（宣伝部）委員会10議事録」（一九三八年五月五日）、三四〇頁。
28　公募のいきさつは、前掲の永井松三編『報告書』に記載があるほか、二位となった山名文夫が自伝的書に書き残している。山名はデザインの審査委員が日本画家や洋画家で占められていて「われわれの畑の人は見当たらない」ことが、当時のデザイナーの社会的地位の低さを物語っていると述べている。そして最終案についても「洋画家・和田三造画伯に執筆をわずらわす有様」であったとし、商業美術家ではない「有名画家」に最終案が依頼された当時の情勢を嘆いている。山名文夫「オリンピックと万国博―1940」『体験的デザイン史』ダヴィッド社、一九七六年、九〇―九三頁。
29　「日本商業美術の国際的デビュー戦」『プレスアルト』第七号、一九三七年七月、四頁。
30　エレン・ラプトン「モダニズム時代におけるデザインとプロダクション」『グラフィックデザインのモダニズム』印象社、二〇〇〇年、四三頁、四六頁。
31　室田庫造「海外振興広告美術界の展望」『広告界』九巻一号、誠文堂新光社、一九三二年、七四―

七五頁。
32 一九三六年のベルリン・オリンピック組織委員会が発行した公式広報誌『OLYMPISCHE SPIELE 1936』を見ると、表紙絵は重々しいホールヴァインのポスターの図案だが、中身はスポーツの躍動感あふれる写真を構成した軽やかなページレイアウトとなっている。この時期のドイツのグラフィックデザインに新旧が混在していた様子を象徴するように見える。
33 津金澤聰廣「『プレスアルト』(一九三七~四三年)にみる戦時宣伝論」『インテリジェンス』創刊号、二〇〇二年、七四頁。
34 一九三八年九号は後述するとおり例外で、この副題は書かれていない。
35 宮山峻「人間交差点」アド・プランニング、一九七六年、五〇―五一頁。
36 宮山、前掲、五二―五三頁。
37 倉本長治『宣伝読本』誠光堂、一九二九年、四―五頁。
38 土屋礼子「日本広告史概説」山本武利編『現代広告学を学ぶ人のために』世界思想社、一九九八年、一一二―一一三頁。
39 井上祐子「「国家宣伝技術者の誕生」」『年報日本現代史』第七号、二〇〇一年、八五頁、九三頁。
40 新保は元誠文堂編集者で後に花王石鹸取締役となった。戦後は倉本長治とともに出版社「商業界」をおこす人物。新保民八「戦争と宣伝」『広告界』一四巻一〇号、七二―七三頁、一九三七年。
41 新保は文末にかっこ書きで「昭和十二年八月四日朝事変放送を聞きつつ」と記載している。
42 これ以前の『広告界』の表紙で写真構成によって作られているのは「新興写真」がトレンドだった一九三二年の九巻のみで、その前後の表紙はいわゆる「単化」スタイル、または一四巻のような工芸物を構成したデザインであった。一五巻からこれが一変し、以降廃刊までのほぼ全号が、写真を構成したスタイルをとっている。本書口絵『広告界』表紙一覧参照。一五巻の一一冊中、三、四、五、六、八、九、一一、一二号は土門拳の写真を藤好鶴之助が構成したものである。
43 土門と藤好は日本工房での同僚で、藤好はこの時期『広告界』と日本工房を兼任している。当時日本工房に在籍していた亀倉雄策は、藤好の友好的な人柄について「大変キザなシャレ男だったが、いたって気分のいい奴だった」と書いている。亀倉雄策「青春 日本工房 時代」『日本デザイン小史』

ダヴィッド社、一九七〇年、二二三頁。

44　日本工房は、軍部の出資を得て一九三八年から、上海に「プレス・ユニオン・フォト・サービス」を設立するなど、政府との関係を深めている。

45　今竹七郎「これからの思想ポスターと商品ポスター」『広告界』一五巻一号、一九三八年、四八頁。

46　今竹によれば、商業美術の進展から立ち遅れた「お役所ポスタア」の姿は惨め極まりなかったが、普通選挙法の改正時一九二八年に朝日新聞社が行なった懸賞が「ひろく良心的な作品を世に求めた」。ちなみにここには「単化」図案が多く出品されている。またこの文後半で今竹は「思想ポスタア」の表現が観光ポスターを中心に最近やや進歩してきた「今日になつて漸くポスタア技法の存在価値と重要性をお役所にまで普及し辛じてエキスパアトの作品がお役所ポスタアに見うけられるやうになつてきた」と評価する。しかしそれらは「辛うじて」であって、そこでの技法が「外國ポスタアの技法をそのまま流用するために起る弊害」を持っており、記憶に残るのは画面効果だけで内容は残らないと批判で結んでいる。

47　この「国民精神総動員」ポスターについては『広告界』一四巻一二号でも批判的に触れられている。

48　稲生平八「事変後の広告宣伝への準備」『広告界』一五巻一号、誠文堂、一九三八年、六八頁。

49　宮山峻「巻頭言」『広告界』一五巻九号、誠文堂、一九三八年、四五頁。

50　『広告界』一五巻九号には他にも政府関係者、民間企業の広告部長など様々な立場の関係者による戦時宣伝への提言が掲載されている。

51　『ＮＩＰＰＯＮ』一四号は「支那事変特集」で「中国の軍事組織」（軍人による記事）、「支那事変と日支関係の特質」（朝日新聞論説委員による記事）などの日中戦争関連記事がならぶ。『広告界』表紙に使用された土門の写真は、『ＮＩＰＰＯＮ』では「支那事変での日本の陸海軍」という表題の陸軍軍人による記事に使われている。

52　多田北烏「商業美術家は如何に対処すべきか」『広告界』一五巻九号、誠文堂、一九三八年、八七―八八頁。
多田はこの前段に「要するに今度の現象は、美術が時代の精算に逢つた一つの現れであり、或は第一期革新への前駆的社会現象とみるのが至当ではあるまいか。……今にして時局今後の動向を摑み新らしきイデオロギーとホルムを獲得しない限り遂に吾等の美術は滅亡する」、後段には、「今度の事変は、（今日迄の社会組織に対しての）修正を実行するのに好個のチャンスとも考へるのだ。擱筆に望んで再び云ひたい。今こそは日本の商業美術はその第一次革新期に望んでゐるといふ事」といっている。戦争はきっかけをつくっただけで、商業美術はそもそも転換期にきていた。ここで新しいイデオロギーを摑まねば明日はないという主張だ。地下鉄ポスター以来、広告は新しいメディアとして脱皮すべきと再三訴えていた多田らしい。

53　山名文夫「統制経済と商業美術」『広告界』一五巻九号、誠文堂、一九三八年、八九―九〇頁。山名はこの前段で、国家主義への傾倒から、欧米排斥と日本的なものを求める機運が進むあまりに、広告表現が古典的美人画へと回帰することを愚として警告している。日本的を求めるからといって、古典的な浮世絵風の表現のみを日本的と考えるのは狭量でおかしい。今日本で欧米の広告表現スタイルが多いのは、社会がそれを要求するからであり、それ自体が今日の日本である、といっている。

54　今竹七郎「発言美術への推進」『広告界』一五巻九号、誠文堂、一九三八年、九一―九二頁。これに続けて今竹は、「日本の国民性はモウションが著しく鈍い」ため「果して大戦後の欧州の如き目覚しい展開が日本の商業美術に於いて望み得るや否に就いては大きな疑問」「国民の覚醒を強しなければならぬ場合に当つて、何の精神作用も喚起しない骨董美術同然の精神総動員ポスターが悠々と表はれる日本」とも揶揄している。

55　金丸重嶺「統制経済と商業美術」『広告界』一五巻九号、誠文堂、一九三八年、九三―九四頁。

56　この号には原弘も寄稿しているが、制作に必要な用品が不足する中、代替品を紹介する内容で、戦時期宣伝への意思や思想は全く表明していない。

57　二〇一一年八月一日「第十八回大阪メディア文化史研究会」での聞き書き。

58　津金澤聰廣「『プレスアルト』（一九三七～四三年）にみる戦時宣伝論」『インテリジェンス』創刊号、二〇〇二年、七四―七五頁。

59　宮山が描く三つの見方は要約すると、このようなものである。「事業の合併、資本の集中が行はれ、その各々が、半官半民の形で現はれる」「自由主義的競争が、廣大な市場を擁して一層、拍車をかけて行く」「統制によって、その効果をより以上挙げ得る産業面はそのまま継続され、他は自由競争」宮山

峻「巻頭言」『広告界』一五巻九号、誠文堂、一九三八年、四五頁。
60　小松他仁「雑誌広告評」『広告界』一六巻一号、誠文堂新光社、一九三九年、五八頁。
61　東京朝日新聞、東京日日新聞、読売新聞の三紙が交代で毎週水曜日に「十銭の国策グラフ『写真週報』」といった広告を掲載している。
62　清水唯一朗は、一冊あたりの印刷経費が五銭程度だったことをつきとめている。清水唯一朗「国策グラフ『写真週報』の沿革と概要」『戦時日本の国民意識』慶應義塾大学出版、二〇〇八年、三六―三七頁。
63　玉井清「解説」『フォトグラフ・戦時下の日本「写真週報」』、大空社、一九八九年、一〇頁。玉井は「市町村史の編纂に当たって史料調査をすると、かなり多くの家で『週報』や『写真週報』が発見されることが少なくない。消極的な証拠ではあるが、『写真週報』の役割を窺うに足る事実であろう。」と、その影響力を推量している
64　金丸重嶺「戦争宣伝雑感」『広告界』一六巻六号、誠文堂、一九三九年、四六―四八頁。
65　清水、前掲書、五頁。
66　林謙一「報道写真と宣伝」『宣伝技術』報道技術研究会編、生活社、一九四三年、二〇四頁
67　林謙一「国家宣伝は必死になってやるもんだ」渋谷重光『昭和広告証言史』一九七八年、二〇二―二〇三頁。
68　「写真報道事業」については、白山真理「半日宣伝に対抗する報道写真―『写真協会』の設立を中心として」『インテリジェンス』第四号、二〇世紀メディア研究所、二〇〇四年、五一―五六頁参照。白山によると、林と金丸の証言にある中国人の「しかけ」写真が、一九三七年一〇月四日号のアメリカのグラフ誌『ＬＩＦＥ』に掲載され、これが「写真報道事業」が書かれる契機となったという。白山論文は「写真報道事業」の提言をうけた対内、対外写真宣伝実施への具体的な動きを精緻な調査で掘り起こしている。
69　「情報局ノ組織ト機能」内川芳美解説・編集『現代史資料　マス・メディア統制』第四一巻、みすず書房、一九七三年、三〇四―三〇五頁。この資料は無署名のタイプ印刷版で、再録した内川によって現代文に改められている。

70 柏木博『欲望の図像学』未来社、四四頁、五七頁。
71 前掲「情報局ノ組織ト機能」、三〇一―三〇二頁。
72 林謙一「報道写真と宣伝」『宣伝技術』報道技術研究会編、生活社、一九四三年、二三二―二三三頁。
73 難波功士はこの記述が、『写真週報』創刊間もない第二号に書かれた巻頭言と近似しており、これも林が書いたように感じると述べている。難波功士「撃ちてし止まむ」講談社、一九九七年、五六―五七頁。
74 「内閣情報部と国策写真の座談会」『フォトタイムス』一五巻七月号、フォトタイムス社、一九三八年、一一頁。
75 「グラフジャーナリストの要求は何か？（座談会）」『フォトタイムス』一五巻一一月号、フォトタイムス社、一九三八年、四六―四七頁。この座談会で林は理想のグラフ写真をリテラリーフォトと名づけ、『写真週報』もこれに向かうべきか否かを議論している。相手は梅本忠夫や土門拳、日本工房の飯島実ら。
76 新聞社時代の林は記者である。カメラマンではない。その出身による他との違いを、自らこう解説している。「写真家から報道写真家に変わられやうとして居られる人が非常に多い……僕の考へは新聞記者から報道写真へ入らうとする。だから考へ方が少し勝手な考へ方をするかも知れないが、新聞記者を八年やつて居つて、つくづく考へたのは文字のまだるつこしさです。……所がそれをすぱつと写真で表はしたら、所謂スピーキング・フオト、何かを言はうとする写真……見た人の心に何か動きを与へる写真……さう言つたもので行けたらどんなにこのまだるつこしさが取除かれるものだらうか」『フォトタイムス』一五号、前掲「グラフジャーナリストの要求は何か？（座談会）」。林が写真を、情報伝達の「道具」と理解していたことがわかる。
77 前掲、フォトタイムス「グラフジャーナリストの要求は何か？（座談会）」四六頁。
78 広告は表紙裏面と裏表紙に掲載された。表紙裏面はモノクロ、裏表紙は二、三色刷りだった。
79 『写真週報』に掲載された広告は、国債など政府をクライアントとする広告も多いが、一九三〇年代は民間企業の商品広告も多い。その約半数強が写真を使った広告だった。写真の利用は三〇年代に集中し一九四〇年代に入ると表現は弱くなる。写真広告の掲載は一九四二年までで、以降はほぼ消えてしまう。

80　『写真週報』と同じグラフ雑誌『サンデー毎日』（一九二二年創刊）にある広告も、『キング』『主婦之友』と大差はない。

81　『写真週報』の広告を追っていくと、時に「単化」図案もあり（図1）、写真広告の洗練とは真逆の、スローガンがアジビラのように描かれたものもある（図2）。『写真週報』に広告表現への統一見解が無いことがわかる。制作を担当した個人の力量で表現を変えることが出来たのだろう。なお「単化」の広告はポスターからの転用も多く、（図1）もその一つ。

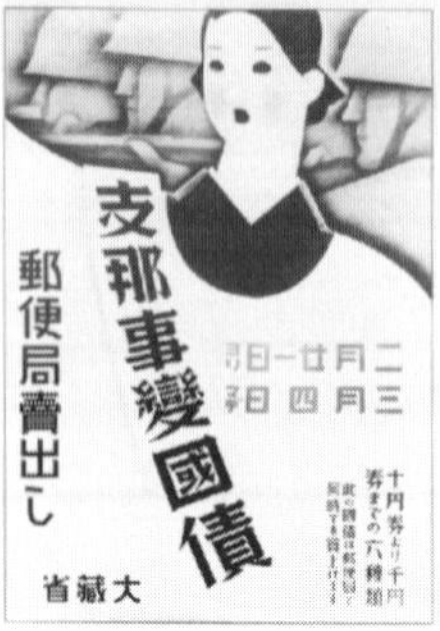

（図1）『写真週報』53号、1939年

（図2）『写真週報』192号、1941年

82　鈴木佳子「小石清」『写真の歴史入門第3部「再生」』新潮社、二〇〇五年、一七頁。

83　清水唯一朗は「〔『写真週報』は〕戦時において、国策への参加が彼ら芸術家の生き残りの方途であり「報道写真の盛り上がりと写真宣伝という時局の要請が適合した時代の産物」と述べている。清水唯一朗「国策グラフ『写真週報』の遠隔と概要」玉井清編『戦時日本の国民意識―国策グラフ誌『写真週報』とその時代』慶應義塾大学出版会、二〇〇八年、四頁。

84　有山輝雄は一九三〇年代四〇年代の言論報道活動の複雑さを、「上からの統制と下からの参加という二つの契機が同時に作動し、絡みあうということは、政治権力対メディア・民衆の対抗的関係、あるいは操作・統制的関係という枠組みはもはや通用せず、政治権力、メディア、民衆それぞれ相互のあり方を見直さなければならない」と表現している。有山輝夫「戦時体制と国民化」『年報、日本現代史第7号　戦時下の宣伝と文化』現代史出版、二〇〇一年、三頁。

85　報道技術研究会については、難波功士「撃ちてし止まむ」講談社、一九九七年が活動の詳細を描き出している。

終章

約一年足らずの間に自由主義から全体主義へと、我々の周囲は対内的にも対外的にも目まぐるしい変貌を来し、望むと望まざるとに不拘……今日の広告からすでに多くの作家を本当に、広告界から「さよなら」させて畑異ひの世界へ転向させてゐるのであります。[1]

一九四〇年一一月の『広告界』にある記述だ。

太平洋戦争に突入した以降の広告人たちの動向を詳細にたどる紙面は本書には残されていない。ただわかっているのは、先頭集団の制作者らでさえ「よりどころを失った小鳥のようにウロウロするばかり」で、「〝バスに乗りおくれるな〟という言葉がはやったように、一日毎に細っていく広告や図案の仕事から、やりがいのある仕事に飛びのりたがっていた」[2]状況だったことだ。

先頭集団は先に書いたとおり一九四〇年の年末に「報道技術研究会」を結成し、国策宣伝へと力を注いでいく。では私たちが本書で追いかけてきたもっと庶民的な広告制作者らはどうしたのだろう。おそらく「広告の前途を徒らに悲観して、作家が絵筆とペンを、ハンマーに鋤にとり換え」[3]て、「畑違いの世界」へと向かう以外に道はなかったのではないか。戦争は現代化への道を歩んでいた広告の行く手を阻み遮断した。これは間違いのないことだ。たとえ先駆者らの動きの一部が戦後への布石となったとしても、それだけを捉えて戦時期を全面肯定することはもちろん出来ない。

一九四〇年代も半ばになると、『写真週報』に「写真広告」が作られることもなくなった。そのような遊戯が許される余裕はもう残されてはいなかった。一九四一年末『広告界』廃刊。『プレスアルト』は『印刷報道研究』と名を変えながら続いたが、一九四四年に休刊となる。「さよなら広告!」[4]だった。

しかし国家が力を傾けた『写真週報』は、一九四五年の七月一〇日までほぼ週一度の刊行が続けられた。[5]一九三八年から七年半もの間、写真を使った様々な「宣伝（広告）」が、庶民に向けてずっと続けられたのだ。投降するソ連兵の隊列、狙撃された米航空機、戦地で活躍する白衣の天使、「全国に〝撃ちてし止まむ〟の意気展開」「進む　東亜の大建設」……。『写真週報』は、繰り返し戦地や地方、植民地の人々や戦勝のイメージを数多くの組み写真で表現し、そこにキャッチーなスローガンを「レイアウト」した。そしてそれは安価でばらまかれた。

『写真週報』の写真表現は決して質の高いものではなかった。だが『写真週報』が、それまでの商業広告が為し得なかったこと、クローズアップやモンタージュなどの新しい写真表現を大衆に馴染みのものとする、その最初の扉を開く役割を果たしたのは確かである。

敗戦後、復興期のポスターには、恣意的な（トリッキーな）写真表現が極めて少ない。

占領期には写真が広告に使われた例がそもそもない。これは経済的な理由によるものだ。しかし一九五一年に発足した日本宣伝美術協会（日宣美）が毎年行なった展覧会への応募作品にも手描きイラストが並ぶ（図1）。大雑把に言えばそれらは「単化」表現である。日本の商業広告はこの日宣美というデザイナー団体の興隆とともに本格的に復興の道を歩み始める。日宣美が始動した一九五〇年代、少なくともその後半にはすでに景気も上向き、日本は高度成長期へと向かいつつあった。この時期の企業に写真広告をつくる経済力はあったはずだ。

戦前に比べ制作コストも格段に下がっていたのだから。しかし写真広告は増加しない。

僅かながらも作られた一九五〇年代の写真広告には、仰角のアングルや、クローズアップやモンタージュ、フラッシュを焚いた瞬間などの恣意的な表現が見当たらない。一九五一年に発足したデザイナー集団「ライトパブリシテイ」は戦後の写真広告制作を牽引する存在だが、[6] 彼らのこの時期の写真広告もいうなれば「静」のものばかりだ。

復興期の広告に写真ならではの強いインパクトを持つ表現がない。なぜだろう。ひとつには以下が思い当たる。

> 広告写真はヨーロッパだけではなく、アメリカにおいても二〇年代以降急速に発達するけれど、ヨーロッパと違って、アメリカではあまり激しい実験は行われませんでした。……（アメリカでは）フォトモンタージュで現実をエネルギッシュに再構成するような試みは、ほとんど真似事で終わってしまった……新しい視

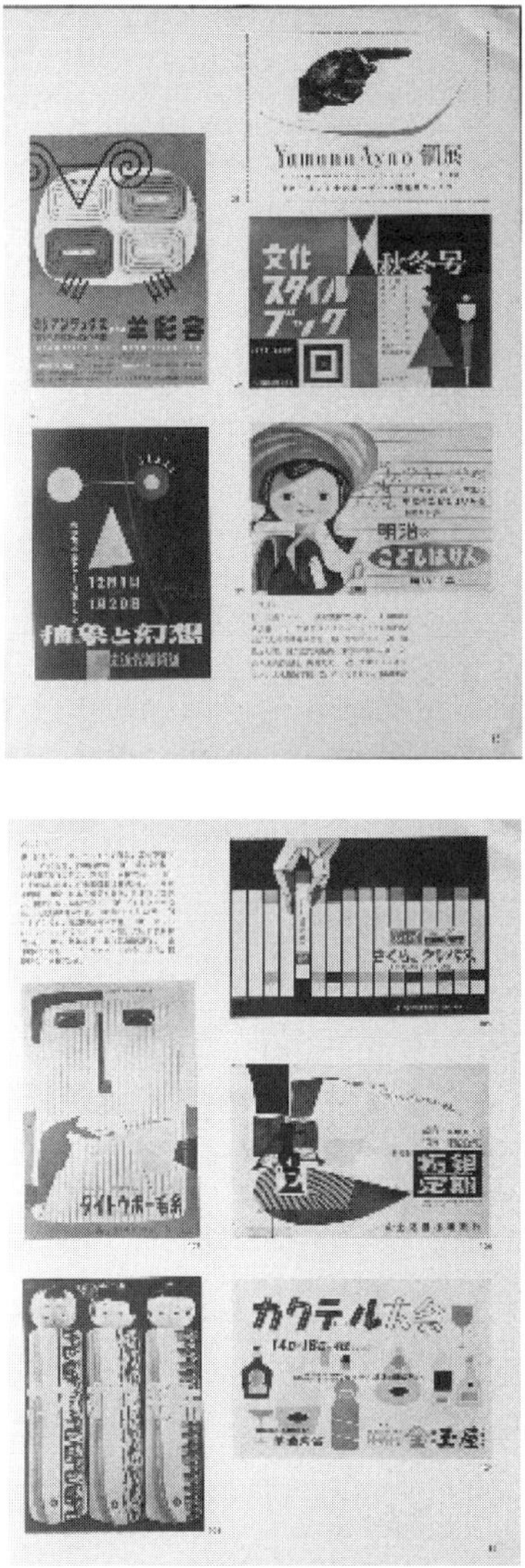

（図 1）「1953-4 年日本商業美術作品年鑑」『アイデア』1 巻 5 号、1954 年

覚言語を作ろうとするエネルギーに関しては、ヨーロッパのほうが圧倒的に大きかったことだけは間違いない。ただ、それだけに、アメリカでは現実をリアルに捉えるという写真のもっとも基本的な、ドキュメント的な側面が発達した。[7]

占領期の日本は圧倒的なアメリカ文化の影響下にあった。日本はそれまでヨーロッパに向けていた視線を、敗戦と同時にアメリカへと切り替えた。そのアメリカで主流の写真表現は、飯沢の指摘に従えば、ヨーロッパで盛んだったフォトモンタージュなどの実験ではなく「現実をリアルに捉えるドキュメント的な」ものだったのだ。

しかし大戦間期の日本の広告の蠢《うごめ》きを見てきた私たちには、これとは別の理由が想起されるだろう。戦火強まり行く中で『写真週報』が繰り返し拡声したメッセージ性の強い写真表現。それが初めて出会った写真メディアだった大衆には、イコール、プロパガンダと捉える感性が生まれてしまったのではないか。少なくとも戦時下の傷がまだ癒えない復興期に、制作者も受け手も、戦時を想起する表現を見たくはなかったはずだ。戦時期のイメージがいわば社会全体のトラウマとなった。そのためインパクトのあるモダニズム写真表現は、復興期の広告から意識的にあるいは無意識に避けられたのではないか。

「絶対非演出の絶対スナップ」。土門拳が一九五〇年から提唱した「リアリズム写真運動」の精神ともいえる言葉だ。

日本工房に所属していた土門は敗戦後「報道写真」からは距離を置き、芸術家として写真に関わるようになる。この印象的な言葉には、恣意的な写真表現からの訣別という土門の強い意思が感じられる。土門は戦後、貧困にあえぐ人々や、原爆の後遺症に苦しむ広島の人々にファインダーを向けた。井上祐子はこれらの行為が、リアリズムを見失った戦時下の「報道写真」に対する土門なりの戦争責任の取り方だったという。[8]

　戦争と、それへの協力はかつてどんなに道楽じみていようと、写真の持っていた自由の意識も、表現の意味も奪ってしまった。[9]

　写真表現は戦争に利用されることで大衆に身近な存在となることができた。しかしそれは結局、広告に写真を自由に使うようになる日がくるのを遅延させたのではなかったか。本来自由であるはずの「写真」（描く行為から脱却できるという意味も含めての自由）に、戦争は固有色をつけてしまった。写真が「戦争と、それへの協力」をしたことは、戦後復興期の広告にまで影を落としている。復興期の日本の広告には「演出」を排除した「静」の写真しか使われなかった。それは、写真が国家の意図を創作する道具となってしまった戦時下の記憶が招いた結果のように思える。

　そして敗戦から一五年を経て六〇年代に入り、一九六二年。東京オリンピックのプレ広報のために作成され

（図 2）東京オリンピック・ポスター
「スタート」1962 年
AD: 亀倉雄策
PH: 早崎治
PD: 村越襄
ad: 宮川久、d: 中村誠

たポスターで、亀倉雄策は満を持して「動」の表現を取り出す。[8] 初めての写真によるオリンピック・ポスター「スタート」（図2）と、一九三六年の『ＮＩＰＰＯＮ』七号表紙（第7章、図1参照）の着想は、非常に近似している。戦争の記憶も遠のき、大衆の感性にもようやく「動」の写真が受け入れられた。いや、「平和の祭典」オリンピックだったから、負の印象が払拭できたのかもしれない。いずれにせよ今度こそ実現が叶った東京オリンピックによって、日本の大衆はモダニズム写真表現にあった戦時イメージから完全に解放された。幻の東京オリンピックの日本版パンフレットを酷評していた、あの亀倉雄策が創ったポスターによって。[11]

＊

「美人画」一辺倒だった広告が、今日的な「ビジュアル・メディア」へと変貌を遂げるまでの旅。お楽しみいただけただろうか。大戦間期多くの広告人が、拡大する経済と共に疾走し、そして戦時下へと突入する荒波の中を泳ぎ抜けた。彼らの葛藤が、今日の私たちをとりまく複雑なメディア社会の「原点」を形成したのだ。

彼らは複製されるビジュアル、「ポスター」が持つ強力な伝播力に驚き、その驚きを原動力として極めて短期間で、近世的だった日本の広告を近代広告へ、さらに今日的な現代にも通じる広告へと変貌させた。大戦間期は広告の黎明期であり、かつ激変期だった。思えばたった一〇年でここまで変わったのだ。

メディアと広告の変化は、技術革新と社会の変動をきっかけに、短期間で一気に起きるように思える。本書が対象とした大戦間期、複製印刷技術がもたらした驚きと、戦争という力が大きな革新を招いた。そして今、急激に電子化する社会変化の渦中にいる私たちの周辺には、さまざまなメディア革命が起きている。

一〇年前に現在の高度な携帯端末や、ツイッターやフェイスブックといったＳＮＳメディア、口コミという双方向広告が日常化し、「社会知」が語られる状況が想像できただろうか。さらにその後半戦に至って、今度は戦争ではなく、世界的な経済不況と未曾有の大震災が私たちの目前に押し寄せてきた。これらは戦争とは異なるが、私たちの生活をいやがおうにも変える力を持つという意味ではそれに近い脅威である。この現実の変貌の中でメディアは、広告は、刻々とその姿を変えつつある。

広告の役割は、商品の購買を喚起することだ。

しかし現代社会において広告は、もはやその役割だけではすまされない存在となっている。日々の生活を彩り、美意識に影響し、時に心を動かす。震災後広告が自粛された後の再開のとき、広告が生活にもたらすもの、潤いや励ましやその他多くの意味を持つことに、私たちはついさきごろ改めて気づかされた。

広告とは何か。それはこれからどのように立ち振る舞うものとなっていくのか。なっていくべきか。

メディアと時代の変革期にある今、広告が誕生した時代に立ち戻り、激変の時代を駆け抜けた広告人らの挙動や、彼らが創った広告から、その答えを探したいと思う。

1 大智浩「広告作家は今日何を為す可きか」『広告界』一七巻一一号、一九四〇年、五三頁。
2 今泉武治「戦争と宣伝技術者」山名文夫、今泉武治、新井誠一郎編『戦争と宣伝技術者 - 報道技術研究会の記録』ダヴィッド社、一九七八年、二五―二六頁。
3 大智浩、前掲書、五四頁。
4 大智浩のエッセイの題名。「さよなら広告」『広告界』一六巻一一号、一九三九年、六六頁。味の素広告部に所属していた大智はこのエッセイで、売るものがなくなってしまった状況を嘆き「内燃する熱情をそのまま国家の要求に応じ得る道は、国家宣伝に関して絵画的な参与より外にはない」と書いている。
5 一九四五年の六月は月三冊しか発行されなかった。
6 ライトパブリシティは日本工房のメンバーだった信田富夫が中心となって設立された。
7 飯沢耕太郎「二〇世紀のメディア・二〇世紀の広告　写真」『広告批評』二二八号、マドラ出版、一九九九年、一〇七頁。

8　井上祐子『戦争グラフ雑誌の宣伝戦――十五年戦争下の「日本」イメージ』青弓社、二〇〇九年、三一〇頁。
9　多木浩二「戦争の記録Ⅱ」『日本写真史一八四〇―一九四五』平凡社、一九七一年、四四四頁。
10　亀倉の五〇年代のポスターもイラストレイティブなものばかりだ。（図1）左上の「羊彩会」のポスターは、亀倉作。
11　七〇年大阪万博にも亀倉の写真ポスターが採用された。こちらはさらに技巧を凝らしたフォトモンタージュである。

あとがき

東京オリンピックのポスター「スタート」を初めて見たときの私の疑問はこんな感じだった。

こんなにも現代的な表現が、このとき突然制作可能になったの？（亀倉雄策って何者？）

それまで調べていた一九五〇年代のポスターは、どれもイラストレィティブでかわいらしかった。ほのぼのとした五〇年代の表現の次にいきなり、圧倒的なパワーで迫るこの写真広告が登場する。一九六二年制作。なぜ日本の広告はこの時いきなり現代化したんだろう？

もうずいぶん前のことだがこれが、私が本書を書くことに至った最初のきっかけだった。

学芸員時代にへとへとになりながら整理した数百枚の、巨大な大戦間期のヨーロッパポスター。その実感も、研究を深める動機となった。なぜなら、それらが作られたと同時代にそれに出会った日本人が、ひどく驚いている記述をいくつもみつけたからだ。ヨーロッパポスターの「でかさ」を体感した私に、彼らの驚きはリアルに共感できるものだった。そりゃあびっくりしただろう。しかもその「でかいポスター」は同じものが何枚も複製可能と聞けば、鋭敏な感性の持ち主がその影響力に畏怖の念を抱いたのはしごく理解できる。テレビももちろんなく映画も画質の荒いモノクロだった時代。複製される巨大なビジュアル・メディアを初めて見た人々の驚きは、今の感覚からの想像をはるかに超えたものだっただろう。彼らの驚きは何に繋がっていったのか。それを知りたくなった。

こうして日本の広告のルーツを紐解き、調べ、書き、発表などして多くの研究者と出会ううちに気づいたことがある。

デザイン史は社会学者が書く広告史に、社会学の広告史はデザイン史に、互いに遠慮しているのか、あるいは今はもう遠くにありすぎるのか、両方を行き来するという無鉄砲なことをする人はあまりいない。ということだ。

しかし広告は社会の産物だ。「見た目」だけではその成立事情は捉えきれない。でもやはり「見た目」が命である。「見た目」は重要な時代の証言者だ。広告の「見た目」を証左として社会を見ていく広告史はやはり必要だと思われた。両者は密に繋がるべきではないか。大戦間期の広告学者とデザイナーが同じ場で意見を交わしたように。社会学とデザイン史の両方からアプローチした広告史を書きたい。この無謀な思いも、途中から研究を続ける動機に加わった。

そして、雑誌『広告界』と出会ってしまった。

この雑誌では、絵描きとマーケティング学者と美術系学者と企業人と街の商店主と新聞雑誌記者と軍人とが一緒になって「広告」を語っている。まだ小さな広告業界をいかに大きくより活発にしていくかについて、ジャンルを超えて語る。そんな誌面に引き込まれた。刻々と変わる表紙のデザインも時代の変遷を雄弁に語るもので魅せられた。

高度成長期の東京オリンピックポスターの成立史を書くつもりだった私の広告の旅は、どんどん時空をさかのぼり、結局一九二〇年代から書き始めることとなった。そして描いたのは、戦争と戦争の間の時代である。東京オリンピックポスターのルーツがそこにあったからだ。

この間の多くの広告人の積極果敢な行動や、スピード感のある仕事ぶりにふれるにつれ、彼らに惹かれ励まされるように調べ、筆を進めることとなっていった。本当にこの時代の人々のアグレッシヴな活動には脱帽する。それは高度成長期のモーレツサラリーマンとは異なる、明治期の維新のパワーともまた違う。維新のときよりもずっと大勢のごく普通の人々が、社会を作る、時代を作る、という使命感を持ってジャンルを超えて繋がる。そんな熱気であったように思う。今日のソーシャルネットワークの原点とも感じる彼らの熱気から、今という変貌する時代に身をおく私たちが学ぶことがきっと、ある。結局本書の終着地点は、広告を人とモノから描くという形になった。それゆえに偏りと至らぬ点が多いことをお許しいただきたい。しかし「広告」という、芸術でもなく機能一辺倒でもない、でももはや生活に無くてはならない人間くさい代物を描くには、相応に意味のある方法ではなかったかと思う。

*

最後に私事の謝辞を書くことをお許し頂きたい。まず雑誌『広告界』に出会い、その研究をしたいと徘徊していた私を導いてくださった吉田典子先生、そして水田恭平先生をはじめとする神戸大学国際文化学研究科の先生方に感謝をお伝えしたい。吉田先生の親身なご指導と真摯な研究態度からは、学問だけでなく生きていく基本の心を学ばせて頂いたと思う。博士課程在籍の三年間なくしては本書を書き上げるという長い階段を上りきることはとうてい出来なかった。

津金澤聰廣先生を求心力として集う大阪メディア文化史研究会の皆さんから得た多くの刺激にも励まされた。土屋礼子先生（早稲田大学）、難波功士先生（関西学院大学）そして、井上祐子（京都外国語大学）・田島奈都子（姫路市立美術館）・石田あゆう（桃山学院大学）・加島卓（東海大学）・熊倉一紗（同志社大学）の諸氏。会の発足から3年余、近い領域の研究仲間からは有形無形の力をいただいた。また、博士号取得後に大変ありがたい研究環境を提供くださった石田佐恵子先生と、大阪市立大学文学部社会学教室にも感謝の意をお伝えしたい。

二〇世紀メディア研究所（早稲田大学）の山本武利先生と津金沢先生という日本の広告史研究の先駆者であられるおふたりに幾度もアドバイスを頂戴する幸運にも恵まれた。両先生のご指導に深謝したい。柏木博先生（武蔵野美術大学）からはデザイン史の深く広い知識に根ざした暖かいご指導を頂戴した。民族芸術学の木村重信先生と意匠学会の藤田治彦先生（大阪大学）には国際学会へと世界を広げて頂いた。水野由多加先生（関西大学）から日本広告学会にお誘い頂いたご縁は、私にとってデザイン史から拡大した広告史への扉となった。幻の東京オリンピックというテーマでご一緒できた坂上康博先生（一橋大学）の親身なお力添えにも感謝をお伝えしたい。宮島久雄先生のご推薦により頂いた財団法人鹿島美術財団からの二〇〇九年度の調査研究助成と、まさかと思った当該年の優秀者としての表彰も、強い力となった。本書の研究の一部がこの助成金により実現したことをご報告するとともに、財団法人鹿島美術財団のみなさまに心から御礼を申し上げたい。

美術史家の高階秀爾先生より、鋭いアドバイスを頂戴したことも大きな励みとなった。学芸員時代から広告史という辺境にある私の研究に目を向けて、広い視野からその面白さを広報くださったことに、この場を借りてお礼を申し上げたい。そして、底知れぬ知的好奇心の広がる学芸員という職とポスターに出会わせてくれた故佐治敬三、故坂根進、旧サントリーミュージアム〔天保山〕の人たちと、社員の個性を大切に伸ばそうとする社風を持つサントリーという会社に、感謝の意を表したい。

ここに書ききれない多くの方々との出会いと御好意によって、この本はなんとか書き上げることができた。社会学とデザイン史、両領域の先生方に親身に頂いた数々のお力添えがなければ、執筆途中でくじけていたと思う。

最後に青土社の西館一郎さんへ。分不相応な守備範囲を射程とした私の奇妙な試みを「面白い」と応援して下さったこと。そして、不慣れな私への西館さんの辛抱強いフォローと、本質をついたアドバイスがなければ、この本は世に出なかった。感謝いたしております。

最後の最後に私事の私事ですが、増え続ける古資料の山にあきれながらも面白がってくれた家族三人と、亡き母に、感謝いたします。

二〇一一年八月

竹内幸絵

図版出典

はじめに

（図１）『広告は語る―アド・ミュージアム東京収蔵作品集』吉田秀雄記念事業財団、2005 年、1988-504

（図２）増田太次郎『引札・絵びら・錦絵』誠文堂新光社、1981 年

第１章　女優や芸者の死せる肖像

（図１）⑴『アドスタディーズ』vol.14、吉田秀雄記念事業財団、2005 年、1994-194
⑵『美女 100 年』サントリーミュージアム天保山、1993 年、電通所蔵、1987-2380
⑶『日本のポスター史』名古屋銀行、1989 年
⑷『アドスタディーズ』vol.15、吉田秀雄記念事業財団、2006 年、1988-1157

（図２）⑴、⑵『現代商業美術全集 2』アルス、1928 年、（巻頭モノクロ図版）

（図３）⑴、⑵『カッサンドル展』サントリーミュージアム天保山、1995 年
⑶、⑷ 水田健之輔『街頭広告の新研究』アトリヱ社、1930 年 （巻頭頁）
⑸『美女 100 年』サントリーミュージアム天保山、1993 年

（図４）⑴ 東京国立近代美術館所蔵
⑵ 新潟県立近代美術館、新潟県立万代島美術館所蔵

（図５）⑴ サントリーミュージアム［天保山］所蔵、90-0007
⑵ サントリーミュージアム［天保山］所蔵、F414

（図６）⑴『ドイツ・ポスター 1890-1993』、京都国立近代美術館、2008 年
⑵ サントリーミュージアム［天保山］所蔵、G 49

（図７）⑴、⑵ 東京大学大学院情報学環アーカイブ　第一次世界大戦期プロパガンダ・ポスターコレクション
⑶ サントリーミュージアム［天保山］所蔵、W136

（図８）『大戦ポスター集』朝日新聞社、1921 年

（図９）⑴、⑵、⑶『大戦ポスター集』朝日新聞社、1921 年
⑷ 東京大学大学院情報学環アーカイブ　第一次世界大戦期プロパガンダ・ポスターコレクション

（図10）『国粋』1921 年 10 月号、國粹出版社

（図11）都鳥英喜『最近仏蘭西ポスター集』三 K 会、1921 年 10 月

（図12）⑴ 上巻：田中一良編『ポスター』高原會、1921 年
⑵ 下巻：『ドイツ・ポスター 1890-1993』、京都国立近代美術館、2008 年

（図13）⑴、⑵ Institut fur Ausland-beziehungen e. v. *'Luchan Bernhard'*, 2004.
⑶ ⑷ 田中一良編『ポスター』高原會、1921 年

（図14）高原会『高原』創刊号、1921年、２年２号、1922年
（図15）高原会『高原』１年７号、1921年、２年２号、1922年
（図16）高原会『高原』１年６号、1921年
（図17）『ポスター・コレクション・カタログレゾネ（2)』京都工芸繊維大学意匠工芸資料館、1995年
（図18）（1）『中央美術』第７巻８号、日本美術學院、1921年
（2)、（３）『ドイツ・ポスター 1890-1993』、京都国立近代美術館、2008年
（図19）（1）サントリーミュージアム［天保山］所蔵、G 101-1
（2）サントリーミュージアム［天保山］所蔵、W 236
（3）『ドイツ・ポスター 1890-1993』、京都国立近代美術館、2008年
（図20）（図21）『日本のポスター史』名古屋銀行、1989年
（図22）（図23）（図24）田附與一郎『歐米商業ポスター 』日本広告学会、1926年
（図25）（1）『ドイツ・ポスター 1890-1993』、京都国立近代美術館、2008年
（2)、(3）『日本のポスター史』名古屋銀行、1989年
（図26）『アフィッシュ』第２号、七人社、1927年
☆原著挿絵が不鮮明なものは別書籍から同じポスターの図像を掲載しています。

第２章 「商業美術」と「単化」デザイン

（図１）（1）『1920年代・日本展』図録、東京都美術館ほか、1988年、京都工芸繊維大学所蔵、ＡＮ.2694-2/（59)
（2）『多摩美術大学創立60周年記念展図録　広告デザインの誕生から現代まで』多摩美術大学、1995年
（図２）（1)、(2）筆者撮影
（3）個人蔵ポスターより
（図３）日本廣告倶樂部編『産業美術』日本廣告倶樂部、1940年
（図４）『現代商業美術全集23』「最新傾向広告集」アルス、表紙、1930年
（図５）（図６）（図７）（図８）『現代商業美術全集２　実用ポスター図案集』アルス、1928年
（図９）（図10）『現代商業美術全集１　世界各国ポスター集』アルス、1929年
（図11）『現代商業美術全集23　最新傾向広告集』アルス、1930年
（図12）（1）『広告界』11巻12号、1934年、（巻頭）
（2）『広告界』11巻８号、1934年
（3）商業美術連盟『第二回商業美術展ポスター集成』商業美術出版社、1934年
（図13）水田健之輔『街頭広告の新研究』アトリヱ社、1930年（巻頭題字下図版）
（図14）（1）『現代商業美術全集２』「実用ポスター図案集」アルス、1928年（巻頭写真版図版）
（2)、(3）小沼昇，福田千造『鐵道廣告の知識』交通時論社、1930年
（図15）『現代商業美術全集２　実用ポスター図案集』アルス、1928年
（図16）（1)、(2）Harada, Jiro. “A Japanese looks at his country’s advertising” *Commercial*

art vol.8 1930, Studio, London.

第2部　雑誌『広告界』について

（図1）『広告界』創刊号3巻3号、8巻2号、1931年
　　　　9巻8号（1932年）　廃刊最終号18巻12号、1941年
（図2）『広告界』（1）7巻1号　1930年、（2）8巻1号　1931年
（図3）『広告界』7巻1号　1930年
（図4）『広告界』（1）5巻11号　1928年、（2）5巻5号　1928年
（図5）『広告界』（1）8巻5号1931年、（2）9巻4号1932年、（3）9巻10号1932年、
　　　　（4）10巻1号1933年
（図6）『広告界』11巻2号、1394年

第3章　「レイアウト」って何だ？

（図1）『広告界』6巻4号、1929年
（図2）『広告界』6巻4号、1929年、（巻頭）
（図3）（1）『広告界』6巻6号、1929年
　　　　（2）Charles C. Knights, *Advertising copy and Layout*, Commercial art, London; Prt,1927
（図4）（1）、（図5）（1）、図6（1）、図7（1）、（図8）（1）、図9（1）、室田庫造『廣告レイアウトの実際』誠文堂商店界社、1929年
（図4）（2）、（図5）（2）、図6（2）、（図8）（2）、図9（2）、W. A. Dwiggins, *Layout in Advertising*, 1928, Harper and Brothers Publishers.
（図7）（2）John Dell, *Layouts for advertising : a useful handbook of 700 layout*, frederick J. Ddrake & co, Cicago,1928.
（図10）中川静『広告論』千倉書房、1930年
（図11）『広告界』11巻9号、1934年
（図12）『中央公論』中央公論社、1931年10月号

第4章　文字は広告の主役だ

（図1）『広告界』3巻3号、1926年
（図2）姫路市立美術館『大正レトロ・モダン　広告ポスターの世界』国書刊行会、2007年
（図3）（1）個人蔵
　　　　（2）『広告は語る―アド・ミュージアム東京収蔵作品集』吉田秀雄記念事業財団、2005年、1986-1363
（図4）本松呉波『現代廣告字体撰集』誠進堂書店、1926年
　　　　藤原太一編著『圖案化せる實用文字』大鐙閣、1925年
（図5）（1）『広告界』3巻3号、1926年

(2)『広告界』3巻4号、1926年
(図6)(1)、(2)『日本のポスター史』名古屋銀行、1989年
(図7)『広告界』3巻5号、1926年
『広告界』3巻10号、1926年
(図8)(図9)(図10)　『広告界』4巻1号、1927年
(図11)『広告界』4巻3号、1927年
(図12)(1)『広告界』7巻7号、1930年
(2)『広告界』5巻12号、1928年
(図13)『広告界』7巻10号、1930年
(図14) Jan Tschichold, "New Life in Print", *Commercial Art vol.9* July to December, The Studio,1930, London.
(図15)(1) サントリーミュージアム［天保山］、G 111
(2)『ドイツ・ポスター 1890-1993』、京都国立近代美術館、2008年
(図16) Jan Tschichold, New Life in Print, *Commercial Art vol.9* July to December, The Studio,1930, London.
(図17)『広告界』8巻3号、1931年
(図18)『広告界』7巻9号、1930年
(図19)『広告界』7巻10号、1930年
(図20)(図21)『広告界』8巻6号　1931年
(図22)『広告界』8巻9号、11号、1931年
(図23)『広告界』8巻11号、1931年
(注38の参考図版)
(図1)(図2)『広告界』7巻6号、1930年
(図3)『広告界』7巻3号、1930年
(図4)山川浩二編『新聞広告60年』講談社、1987年
(図5)『広告界』7巻11号、1930年

第5章　広告に写真を使え！

(図1)東京都写真美術館『写真の歴史入門第二部「創造」モダンエイジの開幕』新潮社、2005年
(図2)ひろしま美術館ほか『絵画と写真の交差 - 印象派誕生の軌跡』展図録、美術出版社、2009年
(図3)(1) 飯沢耕太郎『日本写真史を歩く』新潮社、1992年
(2)、(3) 東京都写真美術館『写真の歴史入門　第2部「創造」、モダンエイジの開幕』新潮社、2005年
(図4)中井幸一『日本広告表現技術史』玄光社、1991年
(図5)『日本の広告写真100年史』講談社、1986年

（図６）『日本の広告美術』美術出版社、1967 年
（図７）片岡敏郎編・発行『赤玉盃獲得写真競技会入選画集 第２回』壽屋、1926 年
（図８）飯沢耕太郎『日本写真史を歩く』新潮社、1992 年
（図９）（図10）（図11）（図12）『広告界』４巻８号、1927 年
（図13）『現代商業美術全集』実物見本、アルス、1927 年
（図14）（図15）（図16）『現代商業美術全集 14　写真及び漫画応用広告集』アルス、1928 年
（図17）『広告界』６巻７号、1929 年
（図18）『広告界』６巻９号、1929 年
（図19）（1）松野志気雄『広告写真術』東京朝日新聞発行所、1934 年
　　　　（2）芦屋市立美術博物館『中山岩太』淡交社、2003 年
（図20）（図21）『日本の広告写真 100 年史』講談社、1986 年
（図22）（1）、（2）『国際広告写真展選集』東京朝日新聞社、1930 年
　　　　（3）『日本の広告写真 100 年史』講談社、1986 年
（図23）板垣鷹穂『優秀船の芸術社会学的分析』堀野正雄撮影、天人社、1930 年
（図24）（図25）金丸重嶺、鈴木八郎『商業写真術』アルス、1931 年
（図26）金丸重嶺『新興寫眞の作り方』玄光社、1932 年
（図27）多川精一『広告はわが生涯の仕事に非ず：昭和宣伝広告の先駆者・太田英茂』岩波書店、2003 年
（図28）『広告界』８巻５号、1931 年
（図29）『広告界』９巻２号、1933 年

6章　迷走する商業広告

（図１）（1）『広告界』13 巻５号
　　　　（2）『広告界』11 巻９号、16 頁
　　　　（3）『広告界』11 巻５号、巻頭頁、「にっぽん・めとろ・の・はる」
（図２）松野志気雄『広告写真術』1934 年
（図３）『アサヒカメラ』朝日新聞社、13 巻４号、1932 年４月
（図４）（1）『アサヒカメラ』朝日新聞社、11 巻４号、1931 年４月
　　　　（2）『アサヒカメラ』朝日新聞社、15 巻４号、1933 年４月
　　　　（3）『アサヒカメラ』朝日新聞社、17 巻５号、1934 年５月
（図５）芦屋市立美術博物館『中山岩太』淡交社、2003 年
（図６）（図７）『広告界』８巻 10 号、1931 年
（図８）『広告界』12 巻９号、1935 年
（図９）商業美術聯盟『商業美術展ポスター集成』商業美術出版社、1934 年
（図10）（1）　Institut fur Ausland-beziehungen e. v. *'Luchan Bernhard'*, 2004.
　　　　（2）サントリーミュージアム［天保山］所蔵、93-1460
（図11）（1）サントリーミュージアム［天保山］所蔵、94-1533

(2) サントリーミュージアム［天保山］所蔵、90-0005
(3) サントリーミュージアム［天保山］所蔵、91-0008
(図12) (1)『今竹七郎とその時代』展図録、2003年
(2)『日本のポスター史』展図録、1989年、プレスアルト所蔵
(図13) 川畑直道『原弘と「僕達の新活版術」』、トランスアート、2002年
(図14)『広告界』10巻4号、1933年
(図15)『広告界』14巻9号、1937年
(図16) (1)『キング』12巻11号　1936年、14巻6号　1938年
(2)『主婦之友』12巻6号　1928年、16巻3号　1932年、21巻9号　1937年
(図17)『キング』講談社、14巻7号　1938年、16巻8号　1940年、16巻9号　1940年
『主婦之友』主婦之友社、16巻4号1932年、21巻9号1937年、22巻5号1938年
(図18)『主婦之友』主婦之友社、22巻5号1938年
(図19)『キング』1938年14巻6号、『主婦之友』16巻3号1932年、21巻9号　1937年、22巻7号　1938年

第7章　総力戦と広告の現代化

(図1)(図2) 金子隆一監修『復刻版　NIPPON』7号、国書刊行会、2002-05年
(図3)(図11)(図12)(図13)(図14)(図15)(図17)
永井松三編『報告書　第十二回オリンピック東京大会組織委員会』1939年1月
(図4)(図5)『広告界』14巻4号、誠文堂新光社、1937年、62-63頁
(図6)『広告界』13巻10号（オリムピック特集号)、1936年
(図7)『広告界』13巻10号、1936年、(1) 29頁、(2) 31頁、(3) 24頁
(図8)『広告界付録オリムピックカット集』13巻10号、誠文堂新光社、1936年
(図9)『広告界』13巻10号、1936年、(1) 8-9頁、(2) 12頁、(3) 13頁
(図10)『広告界』11巻2号、1934年、『広告界』12巻4号、1935年
(図16)『広告界』13巻10号、1936年、22頁
(図18)『広告界』13巻10号、1936年、10頁
(図19) (1)『グラフィックデザインのモダニズム』印象社、2000年
(2)、(3)『ドイツ・ポスター1890-1993』、京都国立近代美術館、2008年
(図20)『広告界』14巻10号
(図21)『広告界』15巻6号、11号
(図22)(図23) 立命館大学平和ミュージアム所蔵品
(図24)『広告界』15巻9号、1938年
(図25) 金子隆一監修『復刻版　NIPPON』14号、国書刊行会、2002-05年
(図26) JACAR（アジア歴史資料センター）Ref. A06031059600
(図27)『写真週報』46号
(図28)『宣伝技術』報道技術研究会、218-219頁

（図29）（1）JACAR：A06031063100
（2）『写真週報』31号
（3）『写真週報』46号
（図30）（1）JACAR：A06031061600
（2）JACAR：A06031066800
（3）JACAR：A06031063100
（4）『写真週報』135号
（図31）（1）『写真週報』49号
（2）『写真週報』33号
（図32）（1）『写真週報』14号
（2）『写真週報』23号
（3）『写真週報』25号
（4）『写真週報』 9号
（5）JACAR：A06031061000
（6）JACAR：A06031062100
（7）JACAR：A06031063200
（8）JACAR：A06031064300
（9）『写真週報』71号
（10）『写真週報』161号
（11）『写真週報』239号
（12）『写真週報』211号
（図33）（1）『写真週報』18号
（2）『亀倉のデザイン』六曜社、1983年
（図34）（1）『広告界』16巻6号
（2）『写真週報』173号
（3）金子隆一監修『復刻版　NIPPON』27号、国書刊行会、2002-05年
（図35）（1）JACAR：A06031064300
（2）JACAR：A06031065500
（3）『キング』13巻6号、1937年
（4）『キング』13巻7号、1937年
（図36）（1）JACAR：A06031060400
（2）JACAR：A06031060600
（図37）（1）日本工房『NIPPON』 2号、1934年
（2）写真週報6号、1938年
（図38）『日本の広告写真100年史』講談社、1986年
（図39）JACAR：A06031062100
（注81の参考図版）

（図１）JACAR：A06031064800
（図２）JACAR：A06031078700

終章

（図１）『アイデア』１巻５号、誠文堂新光社、1954 年
（図２）『日本のポスター史展』中日新聞社、1989 年

竹内幸絵（たけうち・ゆきえ）
神戸大学大学院国際文化学研究科修了、博士（学術）。現在、同志社大学社会学部教授。専門は歴史社会学、広告史、デザイン史。編著書に『広告の夜明け——大阪・萬年社コレクション研究』（思文閣出版）、『開封・戦後日本の印刷広告「プレスアルト」同梱広告傑作選〈1949-1977〉』（創元社）、共著に『幻の東京オリンピックとその時代』（青弓社）、『大衆文化とナショナリズム』（森話社）、など。元サントリーミュージアム［天保山］学芸員。第17回鹿島美術財団賞優秀者（2010年）、2012年度日本広告学会賞、第9回木村重信民族藝術学会賞（2012年）。

近代広告の誕生
ポスターがニューメディアだった頃

2011年10月20日　第1刷発行
2022年 6 月20日　第3刷発行

著者——竹内幸絵

発行人——清水一人
発行所——青土社
東京都千代田区神田神保町1-29　市瀬ビル　〒101-0051
電話　03-3291-9831（編集）、03-3294-7829（営業）
振替　00190-7-192955

本文印刷——ディグ
表紙印刷——方英社
製本——小泉製本

装幀——高麗隆彦

ISBN978-4-7917-6619-2　Printed in Japan